本书由四川省社会主义学院、
四川省中华文化学院资助出版

大道無垠

统一战线在四川（1921—1956）

梁平汉 任杰 著

四川人民出版社

图书在版编目（CIP）数据

大道无垠：统一战线在四川：1921—1956 / 梁平汉，任杰著. — 成都：四川人民出版社，2023.3
ISBN 978-7-220-13113-4

Ⅰ.①大… Ⅱ.①梁… ②任… Ⅲ.①统一战线工作-研究-四川-1921-1956 Ⅳ.①D613

中国国家版本馆 CIP 数据核字（2023）第 109207 号

DADAO WUYIN：TONGYI ZHANXIAN ZAI SICHUAN（1921—1956）

大道无垠：统一战线在四川（1921—1956）

梁平汉　任　杰　著

出 版 人	黄立新
责任编辑	蒋科兰　张新伟
封面设计	张　科
内文设计	戴雨虹
责任校对	林　泉　吴　玥
责任印制	周　奇
出版发行	四川人民出版社（成都三色路 238 号）
网　　址	http://www.scpph.com
E-mail	scrmcbs@sina.com
新浪微博	@四川人民出版社
微信公众号	四川人民出版社
发行部业务电话	（028）86361653　86361656
防盗版举报电话	（028）86361653
照　　排	四川胜翔数码印务设计有限公司
印　　刷	成都勤德印务有限公司
成品尺寸	170mm×240mm
印　　张	24.5
字　　数	320 千
版　　次	2023 年 3 月第 1 版
印　　次	2023 年 3 月第 1 次印刷
书　　号	ISBN 978-7-220-13113-4
定　　价	98.00 元

前 言

统一战线是一定社会政治力量的联合。这种联合，在人类社会历史发展过程中，被不同的社会政治力量所运用，古今中外概莫能外。中国如春秋诸侯争霸中的多次“会盟”，战国七雄间的“合纵连横”，汉朝对匈奴的数度“和亲”，三国时蜀国的“东联孙吴、北拒曹操、西和诸戎、南抚夷越”等。国外如公元前 5 世纪，希腊城邦为抵抗波斯入侵建立“提洛同盟”；欧洲 16 世纪尼德兰革命中对立的“阿拉斯联盟”与“乌得勒支同盟”等。在近现代，建立联盟或联合阵线更加频繁和广泛，如第一次世界大战中互相对立的“同盟国”与“协约国”，第二次世界大战中互相对立的“轴心国”与“同盟国”，及战后互相对立的“北大西洋公约国”与“华沙条约国”等。在当今世界经济全球化、政治多极化、信息网络化的形势下，不同国家、不同政治力量为了一定目标而结成的联盟层出不穷，“欧盟”“东盟”“非盟”“二十国集团”“上海合作组织”，等等，不胜枚举。

统一战线在英文中为 united front，此外，united front 还有联合战线、联合阵线、团结阵线等多种译文。其含义有广义、狭义之分：广义的统一战线，是指一些不同的阶级、阶层、政党、集团等社会力量，为了实现一定的共同目标，在具有共同利益的基础上结成的政治联盟①；狭义的统一战线，是指无产阶级（通过其政党）领导的各种社会政治力量在共同目标基础上的自愿联盟，是马克思主义统一战线。

马克思主义统一战线是一门科学，马克思、恩格斯为这门科学奠定了基础，列宁在帝国主义战争和无产阶级革命时代发展了这门科学，中国共产党把马克思主义基本原理同中国具体实际相结合，洞察时代大势，不懈艰辛探索，在持续推进马克思主义中国化、时代化中使这门科学得到最充分的发展，领导各方书写了统一战线理论政策与历史实践相结合的恢宏篇章。本书所说的统一战线就是指马克思主义统一战线，尤其是指以马克思主义为指导思想的中国共产党领导的统一战线，除非书中特别说明，均简称为统一战线。

统一战线是一个具有多维性、多相性、多层次、多领域、多范围等特征的复杂系统。从社会功能作用来看，统一战线是中国共产党实现目标任务的重要工具。最著名的论断是毛泽东在《〈共产党人〉发刊词》中提出的："统一战线问题，武装斗争问题，党的建设问题，是我们党在中国革命中的三个基本问题。正确地理解了这三个问题及其相互关系，就等于正确地领导了全部中国革命。"进而强调："统一战线，武装斗争，党的建设，是中国共产党在中国革命中战胜敌人的三个法宝，三个主要的法宝。"② 统一战线是党的一个重要法宝的观点为历代中共领导一以贯之，不断重申、强调、阐发和发展，提出统一战线是马克思列宁主义战略策略原则的具体运用的观点，统一战线是党的一项长远的战略方针的观点，统一战线是党的总路线总政策的组成部分的观点，统一战线是党在政治上的一个巨大优

---

① 中共中央统战部等编著：《中国统一战线教程》，中国人民大学出版社，2013 年，第 10 页。
② 《毛泽东选集》第二卷，人民出版社，1991 年，第 605—606 页。

势的观点，等等，进一步强调了统一战线的实践性、长期性、全局性、优越性等重要意义、地位和作用。

从国家制度体系看，统一战线是中国宪法确立的政治制度。国家制度（狭义上即指国体）确立国家政权的性质及各社会力量的政治关系，决定国家的其他政治制度，支配国家的整个政治生活。新中国成立之时起临时宪法作用的《共同纲领》规定："中国人民民主专政是中国工人阶级、农民阶级、小资产阶级、民族资产阶级及其他爱国民主分子的人民民主统一战线的政权，而以工农联盟为基础，以工人阶级为领导。"① 周恩来明确指出："我国的人民民主专政是共产党领导下的人民民主统一战线的政权。"② 1954 年新中国第一部宪法诞生，这个宪法以"共同纲领为基础，又是对共同纲领的发展"，并指出"我国的人民民主统一战线将继续发挥它的作用"。③ 之后通过的每部宪法都对统一战线有明确表述，规定了统一战线的领导力量、组织形式、社会基础、政治规范和发展前景等，并规定中国人民政治协商会议是有广泛代表性的统一战线组织。④ 统一战线是中国国家上层建筑的组成部分，是政治制度的一大特征和优势，是中国发扬社会主义民主的一种有效形式，是加强国家政权建设的必要途径，是执政党最广泛坚实的社会群众基础，是推动中华民族伟大复兴的强大力量源泉。

人类社会所存在的历史性、区域性、集群性等基本特征，决定了社会任何政治联盟的建立和存废，从根本上说，都取决于其政治目标的正确与

① 中共中央文献研究室编：《建国以来重要文献选编》第一册，中央文献出版社，1992 年，第 1 页。

② 《周恩来统一战线文选》，人民出版社，1984 年，第 174 页。

③ 中共中央文献研究室编：《建国以来重要文献选编》第五册，中央文献出版社，1993 年，第 521 页。

④ 参见任杰：《爱国统一战线是宪法确立的政治制度》，《中国浦东干部学院学报》2013 年第 3 期，第 65 页。

否及实现程度。中国共产党从成立起就确立了共产主义理想和社会主义信念，在脚踏实地分阶段与时俱进的前行途中不忘初心、守正创新。中国共产党成为执政党后召开的首次统战工作会议期间，毛泽东即特别针对党内存在的“左”的“关门主义”倾向指出：“无产阶级只有解放全人类，才能最后解放自己。中国的工人阶级单求得自己的解放不行，必须求得四个阶级的共同解放。”① 把党的统一战线目标提高到前所未有的普惠程度和崇高地位。“一百年来，党既为中国人民谋幸福、为中华民族谋复兴，也为人类谋进步、为世界谋大同”②，在百年未有之大变局的十字路口，中国以倡导建立全球抗疫统一战线并身体力行的最新范例，不断为人类文明进步贡献智慧和力量，同世界各国人民一道，推动历史车轮向着光明奋进。

从人文价值理念看，统一战线浓缩着中华民族优秀传统和人文追求。理念是灵魂，是行为的内在根据。在任何社会体系中，人文价值理念都处于核心地位和基本层次。在漫长的历史岁月中，中华民族形成了以“和而不同”为核心的认识和处理差异问题的价值理念、人文追求。作为具有不同利益诉求的各党派、各团体、各民族、各阶层和各界人士在共同的根本利益基础上所结成的联盟，统一战线是一致性和多样性的统一体，是“和而不同”人文理念的生动体现。费孝通“各美其美，美人之美，美美与共，天下大同”十六字箴言得到广泛响应，向世界传达了明晰而澄澈的中华民族的心态、境界和理想，而推动构建人类命运共同体的郑重命题，更使统一战线首先成为一个聚合、涵养、内化中华民族共同体意识体系的催化剂、化合体和生态圈，这既是一种真实的身心归属体验，又是一种向善的公共

---

① 中共中央统战部研究室编：《历次全国统战工作会议概况和文献》，档案出版社，1988年，第7—8页。

② 《中共中央关于党的百年奋斗重大成就和历史经验的决议》，《人民日报》2021年11月17日。

价值信念，还是一种共美的责任使命意愿。

从工作方式方法看，统一战线是中国共产党解决问题的重要原则和方式方法。统一战线工作的本质要求是大团结、大联合，统一战线工作的基本目标和精髓是互促互进、合作共赢。统一战线包括不同党派、不同民族、不同阶层、不同群体、不同信仰以及生活在不同社会制度下的全体中华儿女，这种构成上的广泛性、多样性、层次性、复杂性，决定了其同和异、一致性和多样性统一体的基本特征，着眼团结一切可以团结的力量，调动一切积极因素，化消极因素为积极因素的根本要求，形成了平等相待、民主协商、求同存异、人民至上、义利兼顾、自我教育、真诚服务、联谊交友、崇尚和合等重要原则、方式方法和优良传统，广泛凝聚共识，不断增进大团结、大联合。

从长期奋斗实践看，统一战线成为中国革命、建设和改革的重大成果、历史经验、力量源泉和重大政策原则。百年来，中国共产党正确认识和处理不同群体、不同社会力量的关系，建立、巩固和发展最广泛的统一战线，形成了不同于中国历史上和世界上其他政治联盟的鲜明特征：一是有逻辑与历史、价值与利益相统一的崇高理想和远大目标，与其他联盟只是一种策略和权宜之计，往往视各自利益的需要，时而建立，时而瓦解，形成鲜明对照；二是有领导核心与骨干队伍的模范作用和切实实践，与其他联盟主导方唯我独尊，不能以身作则，无法信守承诺，内部各自为政、政策多变，时常为利益分配钩心斗角，形成鲜明对照；三是有中华文明深厚的和合文化根基和广泛的社会群众基础，与其他联盟固有的阶级局限或文化偏见，排斥异己，唯我正确，以强欺弱，为极少数利益集团服务，形成鲜明对照；四是有照顾同盟者利益的合作诚意和有效措施，与其他联盟恃强称霸，以邻为壑，落井下石，崇尚实力至上，参与各方以实力大小分配利益，形成鲜明对照。因此，中国共产党在理论与实践的结合上广泛、持续、牢固地促进了多种社会政治力量的大联合、大团结。

事实表明，中国共产党领导的统一战线既是思想理念，又是实体组织；既是上层建筑，又有社会基础；既是法宝政策，又是制度规范；等等，根本不同于其他政治力量在一定时期为达到一定目标而把结盟仅仅作为手段、策略的暂时性、狭窄性、谋略性和随机性，其具有长期性、广泛性、战略性和牢固性的特征。中国共产党领导的统一战线不但是工具性的重要法宝，而且是宪法确立的政治制度，更是共美性的和合关系；不但是具体性的战略策略，而且是百年奋斗的丰硕成果，更是人文性的价值追求。①

总之，中国共产党领导的统一战线植根于中华民族深厚的以人为本的人文价值、和合中庸的政治文化、厚德载物的道德追求、载舟覆舟的历史警戒，立足中国的基本国情和社会现实，注意中国最大多数人民的根本利益和各方面具体利益的协调兼顾，保障于国家根本大法，适应于全球化地球村人们相互交流日益增加的时代潮流，符合人类命运共同体相互依存和共同发展的美好追求，着眼人的解放和全面发展的最高目标，更有执政党的坚强领导和身体力行，以正确处理“五大关系”为重点，着力于争取人心、凝聚力量，成为中国政治建设和发展鲜明特征的宝贵经验。我们有理由相信，过去能够在异常险恶的国际环境中、在战乱连年积贫积弱的基础上、在由半殖民地半封建旧社会向社会主义新社会再向改革开放的巨大社会变革中，最大限度凝聚起共同奋斗力量的统一战线，在新时代必将为实现第二个百年奋斗目标、实现中华民族伟大复兴的中国梦、实现人们美好生活愿景做出新的贡献而更加熠熠生辉。

百年来，中国共产党把马克思主义基本原理与中国实际相结合，创造性地提出和建立、不断巩固和发展了适合中国国情、具有时代特色的最广

---

① 任杰：《中国共产党宗教政策的百年历程和经验启示》，《中国宗教》2021 年第 7 期，第 83 页。

泛的统一战线，团结带领中华民族书写了人类历史上惊天动地的壮丽诗篇，四川统一战线是其中必不可少的精彩华章。统一战线在四川的实践丰富多彩，历程波澜壮阔，有累累硕果也有沉痛牺牲，有高歌猛进也有曲折低谷，这些以艰辛付出和巨大代价锻铸的辉煌，既是赓续红色基因的无价传承，又是坚持开拓前行的宝贵财富。

人类所拥有的无价之宝最终是自己的经验所得。历史是过去了的现实，现实是正在进行的历史，谁要割断历史，就会受到现实的惩罚，对未来的影响更难以估量。全面、深入、系统地发掘、整理、研究、总结、概括和反映统一战线在四川的光辉历程，对于正确总结四川统一战线的丰硕成果和历史经验，对于全面把握统一战线的历史进程和发展规律，对于弘扬四川统一战线工作的优良传统，对于现实统一战线工作的教育启示，对于社会各界对四川统一战线的深入了解，对于不忘初心、养正固元、以史为鉴、凝聚力量、继往开来、不断前行等的重要意义不言自明。

中国共产党统一战线在四川从马克思主义统一战线思想在四川传播开始至今已有百年。百年风雨兼程，百年奋进辉煌，但尚未有一部记述其事的四川统一战线专门史面世，实为憾事。多年前，我们在参与编撰中共中央统战部组织编著的《中国共产党统一战线史》中，就感觉到了这种欠缺，并注意收集和准备资料，以及撰写和修改提纲提要。值建党百年大庆机缘，我们的努力得到四川省社会主义学院党组书记、常务副院长、中共四川省委统战部副部长王斌元，四川省社会主义学院副院长夏鞍宁等同志的鼎力支持，被列为四川省社会主义学院的重点科研项目，获得四川省社会主义学院、四川省中华文化学院资助出版，对此我们表示由衷感谢，并以此为新中国四川合省 70 年之贺。

本书从理论、政策与实践的结合上，反映了从中国共产党创建到川康合省这一四川历史上最为复杂多变的历史时期，党领导的统一战线在四川的波澜壮阔的演进历程。我们在编写中，坚持导向正确。以唯物辩证法的立场、观点、方法，按照中共中央《关于若干历史问题的决议》《关于建国以来党的若干历史问题的决议》和《关于党的百年奋斗重大成就和历史经验的决议》，对党的统一战线历史进行系统梳理和研究，展现党领导的统一战线在四川的播种生根、栉风沐雨、开花结果的发展历程。

坚持真实客观。以中共中央领导人著作、党和国家的重要文献、有关权威部门编写的党史基本著作和当事者“三亲”资料为基本依据，确保历史史料、资料数据的真实性、准确性和可靠性；同时吸收前贤时俊已有的研究成果和当事者亲友的回溯文稿，力求客观地反映和评价历史。

坚持系统全面。统一战线是党的总路线总政策的重要组成部分，本书把党史的定位和导向融会贯通地体现在四川统一战线的内容中，将共性的内容提纲挈领作为宏观背景和基线脉络，把笔墨放到统一战线在四川的个性上来，力求立体完整地反映统一战线在四川的基本脉络和整体面貌。

坚持突出重点。在内容上着重反映党对统一战线的领导和党的统一战线工作的历史进程、主要成就，同时也对实际发生的其他社会集团合纵连横的联盟关系做了简要提示，体现多种政治力量在四川的相互联系和博弈，更加体现这一时期四川统一战线工作的复杂艰危性和独特丰富性。

如前所述，统一战线是个异常复杂的大系统，“统一战线在四川（1921—1956）”既是个大题目，也是大空缺，这给研究和概括带来极大机遇，也提出了很大挑战，书中疏漏之处难免，作为引玉之砖，敬请方家和读者不吝赐教。

本书参考、汲取和引用了大量相关资料和研究成果，因篇幅有限未能一一注明出处；得到有关单位许多领导同志、专家学者及当事者亲友等同仁们的支持和帮助，难以一一列举，在此一并致以由衷的谢意。

目　录

第一章　建党初期和大革命时期的四川统一战线

第二章　工农民主统一战线在四川

第三章　抗日民族统一战线在四川

第四章 人民民主统一战线在四川

第五章　四川统一战线的巩固和发展

主要参考资料

第一章
建党初期和大革命时期的四川统一战线

四川是中华文明重要发祥地，四川先民为中华文明的延续和发展做出了重大的贡献，谱写了壮丽的篇章。近代以来，鸦片战争、中法战争、甲午中日战争、八国联军侵华及洋务运动、维新变法、辛亥革命、新文化运动、五四运动，冲击着地处中国西南腹心地带的四川人民不断觉醒的存亡意识，反帝反封建浪潮此起彼伏。中国共产党的成立，给灾难深重的四川人民带来了光明和希望。早期共产党人传播马列主义，建立党的组织，积极开展统一战线工作，将革命星火撒播巴蜀大地，发起、领导、组织并推动了以四川国共合作和泸顺起义为标志的反帝反封建的国民革命运动的深入和发展。

第一节 近代四川革命风起云涌

1840 年以前，中国的历史是中国人自己的历史；1840 年以后，中国历史被生拉硬拽进以欧美列强资本主义全球扩张为核心的世界史。1840 年中英鸦片战争中，英国殖民主义用炮舰轰开中国的大门之后，与清王朝封建统治不断加深的腐败相伴，西方列强采取军事的、政治的、经济的和文化的压迫手段快速分解中国传统社会，特别是甲午中日战争后，列强由争夺中国邻国和边疆转为掀起瓜分中国的狂潮，中国作为具有悠久历史的文明古国，开始逐步陷入半殖民地半封建社会的深渊。外国资本—帝国主义与中国清廷封建专制的联合压迫和剥削，使中国民族危机和社会危机日益加深，帝国主义同中华民族的矛盾、封建主义同人民大众的矛盾日趋尖锐，造成深重的民族灾难和民众痛苦。面临生存危机，中华志士仁人发扬自我更新传统，积极学习欧美各种思想和成果，激起中国维新变法，推行一系列改良措施，近代中国社会开始转型。外来的列强凭借武力在中国耀武扬威，使向来崇尚包容、中庸、和平的中华民族各方对武力有了深刻认识，武装“排满”，武装“灭洋”，武装“剿团”，武装“勤王”，武装革命，武装割据，不同社会力量不约而同地采取了暴力斗争方式。救亡图存，争取民族独立和人民解放成为中国各民族的共同任务，或主动或被动，或直接或间接，中国各民族卷入革命大潮，共同开展了反抗外国侵略者和国内反动统治者的斗争，通过社会革命来扭转乾坤。在此宏观环境和时代大潮中，帝国主义势力也伴随教会、商船、军舰不断深入地处中国西南腹心的四川地区，四川救亡图存的抗争和革命此起彼伏，风起云涌。

从首次教案到辛亥革命前的40多年间，四川发生教案上百次①，成为发生教案最多的省份，遍及八九十个州县。最早的1863年重庆教案，因法国公使提出将重庆城内长安寺给予川东主教改建为天主堂，重庆上千团勇和群众，将天主教最大的真元堂及教堂设立的医馆等捣毁。此后影响较大的教案有：酉阳教案（1865）、黔江教案（1873）、邻水教案（1876）、大足

① 陈银昆：《清季民教冲突的量化分析（1860—1899）》，台湾商务印书馆，1991年，第134页。

教案（1890）、成都教案（1895）①、巴塘教案（1905）、大凉山教案（1911）等。

甲午中日战争的失败震惊了川人。古老的巴蜀大地维新运动兴起：创办《渝报》《蜀学报》，组织蜀学会；“公车上书”参加者中有四川举子71人；“戊戌六君子”喋血北京菜市口，其中杨锐、刘光第二人为四川人；兴办近代教育，到1907年创办各类学校7775所，仅次于直隶省，居全国第二；派出青年才俊漂洋过海寻求救亡之路，四川留日学生最多的时候达两三千人。他们大多从爱国的基本立场出发参加了当时的反帝爱国运动，“近代知识分子群形成，成为资产阶级革命运动和立宪运动的政治指导者，在他们的发动和领导下，革命运动和立宪运动蓬勃兴起”②。

更有以武装反对武装的直接斗争。1902年四川义和拳起义遍及数十州县。中国同盟会在日本创建初期会员总数达960人，其中川籍会员达127人，人数在全国各省中仅次于广东、湖南。以爱国为出发点，以革命为救国之途，是四川留学生运动的一个重要特点，不少留学生成为民主革命派

---

① 成都教案：光绪二十一年（1895）端午节，成都人按传统习俗在东校场举行掷果会，传教士与当地儿童发生口角后，竟将儿童抓进教堂，从而激起群众义愤，焚毁美、英、法教堂三所，医院两所，育婴堂一所，及教士住宅若干，打伤法主教杜昂，接着川西、川南、川北的一些州县相继发生“打教”教案。对这起并未涉及人员死亡的教案，清廷处理却十分严厉：总督“刘秉璋着即革职，永不叙用”，开为保护外国人而惩处最高地方长官之先例；与此同时，候补道周振琼，成都知府唐承烈，邛州知州，华阳、乐山、灌县、大邑、冕宁、新津等县知县全部革职；叙府知府，宜宾、双流知县等撤任；崇庆知州，崇宁、南部、大足知县开缺；6名群众被处死，17名群众受军、流、枷、杖处罚；法国天主教堂获赔款白银94.8万两，英美新教获赔款白银4万两。美国驻华公使田贝说：“单是要求赔款和杀戮一些下流社会的匪棍，对整个中国人民来说，还不够发生恐吓的效果。”还必须惩办一些高级官吏，夸称刘秉璋等高级官员的被革职“为外人在华地位创造新纪元”。（卿汝楫：《美国侵华史》第二卷，生活·读书·新知三联书店，1952年，第616页。）

② 四川省地方志编纂委员会编：《四川省志·政务志》，“概述”，方志出版社，2000年，第4页。

的成员和孙中山的追随者。川人邹容所著《革命军》大动人心，在海内外影响广远。孙中山就任临时大总统后，为辛亥革命前后牺牲的 11 位革命志士追授大将军衔，四川籍就有邹容、喻培伦、彭家珍、饶国梁 4 人，为各省之冠。同盟会在四川组织学界、联络会党、运动军队，先后领导了彭州、永宁、江安、泸州、成都、叙府、隆昌、广安、嘉定、黔江等地数十次反清武装起义。1911 年，四川资产阶级立宪派发动保路运动，革命党人以此为契机将其转化为反清革命，举行同志军起义，间接促成武昌起义的成功；9 月 25 日，吴玉章、王天杰领导宣告荣县独立，首开辛亥革命中各地起义独立之先河，进一步鼓舞四川同志军发起进攻，各地纷纷宣布独立；1911 年 11 月 22 日，同盟会在重庆建立蜀军政府，是武昌起义后第 14 个新建立的省级政权。成都的立宪派则转而附和革命，迫使原四川总督赵尔丰交权，并在同年 11 月 27 日宣布四川自治，成立大汉四川军政府，这标志着清王朝在四川统治的最后瓦解。此后经过成都兵变，大汉四川军政府改组，四川建立了以同盟会会员为主体，有立宪派、士绅和军界实力派参加的联合政权①。1912 年 3 月 11 日，成渝两地的军政府合并，组成统一的四川省政权——中华民国四川都督府。4 月，民国政府迁北京，北洋政府开始任免四川省政府领导人。一方面，北洋政府在四川实行高压政策，对四川本土势力进行排斥、迫害乃至残杀；另一方面，四川同盟会及后来的国民党和中华革命党内部领导层矛盾不断，组织涣散，并发生急剧分化。四川经过二次革命、护国战争、护法运动等之后，最后演变为长期军阀混战的局面，人民饱受战争的创伤和痛苦。

辛亥革命终结了统治中国两千多年的君主专制，但没能改变中国半殖

① 四川省文史研究馆、四川省人民政府参事室编撰：《四川国民党史志》，四川人民出版社，1994 年，第 99 页。

民地半封建的社会性质，四川志士重新探索救世良方。1912 年 6 月，吴玉章、黄复生等在成都发起成立四川留法俭学会，设立留法俭学预备学校，更在新文化运动中引发大批四川青年奔赴法国勤工俭学的潮流。在北洋政府时期，四川成为北洋军阀和西南军阀角逐的重要战场，军阀混战次数之多、时间之长、危害之大，为全国罕见，逐渐形成杨森、邓锡侯、田颂尧、刘湘、刘文辉、刘成勋、赖心辉、刘存厚等几个军阀巨头并立的局面，并产生了独特的与之配套的“防区制”①。大小军阀各霸一方，以“防区”为独立王国，各自为政，委任官吏，横征暴敛，赋税总计达 90 多种，有的竟预收几十年的田赋。兵匪横行，百业凋敝，大批民众流离失所，痛苦不堪。

哪里有压迫，哪里就有反抗，社会重大变革迫在眉睫。1917 年俄国十月革命成功，苏俄政府于 1918 年 2 月公告废除中俄不平等条约，又在 1919 年 7 月发表第一次对华宣言，放弃帝俄在华特权。苏俄这些既不同于“东洋”，又区别于“西洋”的面貌一新的现实图景和对华政策，既分化了西方列强对中国的包围格局和围攻体系，又使中国反帝反封建的独立解放运动得到一个大国的同情和支持，更为急切寻求新路的中华志士仁人提供了可供选择的全新前景和路径。

---

① 防区制亦即防区割据，是四川军阀的一个主要特点。民国以后，四川财政总支出中，军费开支居首位。民国五年（1916）护国战争后，因川军扩编，滇、黔各军入川，全年度财政收入仅够军费开支。时任四川督军的滇军将领罗佩金无法应付，令各县征收局将所有税款概解各道，转拨为军饷，即主客各地驻军“就地划饷”，以后演变为“就地筹饷”，再演变为省内的防区割据。民国八年（1919）4 月，时任四川督军熊克武发表《四川靖国各军驻防区域表》，标志四川军阀防区制形成。各个军阀在各自“防区”内，控制辖县的财权，自行委任官吏，指挥“防区内”行政、司法、民事、教育等，成为割据一方的“诸侯”。

第二节 建党初期四川统一战线活动

一、马克思主义统一战线思想在四川的传播

统一战线思想是马克思主义的有机组成部分。《共产党宣言》提出了“全世界无产者联合起来”的统一战线思想；列宁提出坚持在统一战线中的领导地位和工农联盟、全世界无产者和被压迫民族联合起来的统一战线思想并付诸实践，激荡起欧亚波澜壮阔的革命浪潮。1917 年，十月革命一声炮响，给中国送来了马克思列宁主义。中国早期马克思主义者李大钊、陈独秀、李达、毛泽东等在传播马克思主义过程中，结合中国实际，从不同角度宣传和阐述了全世界无产者联合起来、劳工阶级联合、民众大联合等统一战线思想。马克思主义统一战线思想随着新文化运动在四川的发展也在四川地区得以引入、传播和流行。

新文化运动前后，正是四川军阀割据的防区制形成时期。军阀们连年混战，为扩充军备而加重赋税，激起广大人民群众的强烈不满和反抗，志士们继续寻求救国救民之策。四川是新文化运动的重点地区，“四川人人羡慕新思想，容纳新思想，要算二十二行省中第一。就以各种出版物说，如《新青年》《新潮》《新中国》《每周评论》，四川一省的总数都占外省的第一位”①，宣传新思想的刊物广为流行，翻译出版的《共产党宣言》《社会主义从空想到科学的发展》等著作对四川青年很有影响。四川出版的《国民公报》在五四运动前就刊登了马克思主义理论和介绍十月革命胜利的文章。

① 简奕：《90 年前重庆地方党团创建纪事》，《红岩春秋》2016 年第 3 期。

由李大钊、王光祈主要发起的少年中国学会①是五四运动期间诞生的全国最大的进步青年社团，与四川关系密切：7 个发起人中有 5 个是四川人，其中王光祈既是主要发起人，也是最早执行人，还是毛泽东加入少年中国学会的第一推荐人。1919 年 6 月 15 日，以李劼人为书记的少年中国学会成都分会先于总会成立，并在次月创办了四川第一个宣传新文化、新思想的刊物——《星期日》周报，在其存在的一年里猛烈抨击和揭露当时社会的黑暗腐败现象，对俄国十月革命和马克思主义理论作了一些报道和介绍，并在第 19—21 期连续转载了毛泽东在《湘江评论》上连载的《民众的大联合》，文章阐述了“民众联合的力量最强”的观点，说明了以民众的大联合对抗强权、贵族、资本家的主张，揭示了“压迫愈深，反抗愈大，蓄之愈久，其发必速”的阶级斗争规律，指出：民众大联合的基础是共同利益，“共同利益因为我们的境遇和职业不同，其范围也就有大小的不同”。因而联合的方法也不同，为此，首先组成行业协会，实现行业的小联合，然后“由许多小的联合，进为一个大的联合。由许多大的联合，进为一个最大的联合”。② 为了反对帝国主义和封建军阀，要求实现中华民族的大联合，该文充满信心地预言：“中华民族的大联合，将较任何地域任何民族而先告成

① 少年中国学会由李大钊、王光祈主要发起组织，经过一年多筹备，于 1919 年 7 月 1 日在北京成立。国内外会员共计有 100 多人，会员构成复杂，思想倾向各异，主要有无产阶级、小资产阶级、资产阶级右翼和改良派等。正如李大钊所言：“理想中的‘少年中国’未必一致。可是我们的同志，我们的朋友，毕竟都在携手同行。”（李大钊：《“少年中国”的“少年运动”》，《少年中国》1919 年第 1 卷第 3 期。）许多会员成为中国最早的马克思主义者和共产党员，并担任领导任务。他们为了共同的反帝反封建反军阀的社会变革而结成一个思想文化团体，乃至政治斗争的统一战线，又随着革命斗争的实际开展和不断深入分别走上了不同的政治道路。因会员严重分化，学会于 1925 年底停止活动。

② 中共中央文献研究室、中共湖南省委《毛泽东早期文稿》编辑组编：《毛泽东早期文稿》，湖南出版社，1990 年，第 377 页。

功。”① 这些文章一出刊，便极受社会重视，发行量由最初的 1000 多份猛增到 5000 多份，订户由成都而达全川及外省。许多进步青年深受启发。

1919 年 1 月，列强召开巴黎和会，无视中国主权和第一次世界大战战胜国的身份，将德国在中国侵占的山东权益转交给日本，引发了五四运动。5 月 7 日《川报》迅速刊出驻北京记者王光祈发回的消息，5 月 17 日又登出该报主编李劼人加按语的长篇通讯，激起了四川群众的爱国热潮，各地纷纷响应，成立成都学界外交后援会、高师工役外交后援会、川东学生救国团、川东女子救国会、重庆国民外交后援会、成都益州女中女子救国会等群众团体声援，举行示威游行，通电惩办国贼，释放被捕学生。拒签《凡尔赛和约》、抵制日货的运动在全川展开。5 月 30 日，老同盟会员、四川督军熊克武亦通电要求拒绝在《凡尔赛和约》上签字。6 月 8 日，成都学界外交后援会与成都总商会联合成立抵制日货的统一领导机构——成都商学联合会，重庆和许多地方也相继成立类似组织，动员商人抵制日货，号召市民拒用日货。7 月，成都学界外交后援会改为四川学生联合会，并加入全国学生联合会总会，张秀熟任理事长，袁诗荛任副理事长。会后开展了声势浩大的反帝反封建的宣传讲演。1920 年 5 月 23 日，学联机关报《四川学生潮》创刊。之后，成都印刷界劳工互助团、部分校工的劳动自治会以及由重庆 40 多个帮工团组成的重庆总工会等劳工组织相继成立，与学生团体配合，推动了四川反帝反封建浪潮兴起。

新文化运动把资产阶级的旧民主主义革命引向深入，五四运动标志着中国新民主主义革命的伟大开端。新文化运动倡导的民主与科学思想在四川迅速传播，1918 年初，吴玉章在成都发起成立留法勤工俭学会四川分

① 中共中央文献研究室、中共湖南省委《毛泽东早期文稿》编辑组编：《毛泽东早期文稿》，湖南出版社，1990 年，第 394 页。

会，作为老同盟会员的四川督军熊克武和省长杨庶堪等给予了支持，在志诚法政专门学校内创办了成都留法勤工俭学预备学校，该校先后有 200 多名学生分批赴法勤工俭学，次年成立留法勤工俭学会重庆分会。四川赴法国勤工俭学成为潮流，从 1918 年至 1921 年 11 月即有 511 人，居全国之冠，赵世炎、陈毅、聂荣臻、邓小平、李劼人、杨伯恺、刘伯坚、傅钟、李大章、程子健、周钦岳等于这一时期赴欧留学。许多人留学期间，积极参加并领导了进步活动和斗争，回国后成长为中国革命和建设的中坚骨干和领袖将帅，也为党领导的四川统一战线工作准备了一批干部。

二、共产党人在四川的早期统一战线活动

中共首次制定统一战线文件　马克思主义在中国广泛传播并日益同工人运动相结合，促成中国共产党组织的创建。中共在酝酿筹建中，对外，将中国革命与世界帝国主义和无产阶级革命时代联系起来，并作为世界革命的重要组成部分；对内，将关注的目光转向工农大众，促成先进知识分子与工人运动的结合，号召工人积极团结和组织起来，并促成进步团体的联合。1920 年 2 月，李大钊和陈独秀相约筹建共产党组织，并很快得到共产国际的支持和帮助，这些都显示了中国早期共产党人马克思主义统一战线的自觉意识。

1921 年 7 月召开的中共一大宣告中国共产党正式成立。一大纲领和决议旗帜鲜明地把消灭阶级区分、资本家私有制的社会主义和共产主义确定为自己的奋斗目标，提出了工人阶级自身团结统一这个统一战线的核心问题，明确提出联合第三国际，把工人、农民和士兵组织起来等基本要求；但又在第一个决议中提出“不同其他党派建立任何关系”等观点。这反映出新生的中国共产党在对建立革命同盟军问题，特别是与其他政党关系的问题上，思想上还存在模糊认识。

1922 年 7 月，中共二大召开，第一次明确提出了反帝反封建的民主革命纲领，即：革命的性质是民主主义革命；革命的对象是帝国主义和封建军阀；革命的动力是工人、农民和小资产阶级，民族资产阶级也是革命的力量之一；革命的策略是组成各阶级的联合战线；革命的任务和目标是打倒军阀，推翻国际帝国主义的压迫，实现中华民族的独立和中国的统一；革命的前途是向社会主义革命转变。为了贯彻党的民主革命纲领，党的二大通过了 9 个议决案。这些决议案都包含了统一战线思想，其中《关于“民主的联合战线”的议决案》则是党关于统一战线的第一个专门文件。党的二大决议改变了党的一大关于不同其他党派建立任何联系的规定，确立了党在统一战线方面的战略和策略思想。建党初期的共产党人将党的一大、二大关于统一战线的战略策略思想与四川实际相结合，在四川大地深耕播种，使之产生潜移默化的影响。

马克思读书会聚集各界青年　成都是四川的政治文化中心，也是中国的重要都市。作为四川最高学府的国立成都高等师范学校（简称成都高师），聚集了一大批来自省内外的优秀学子，也自然成为影响成都乃至全省的潮流中心。四川马克思主义运动先驱王右木等先进知识分子，以成都高师为阵地，引导学生研究新的社会科学，启蒙、吸引和团结了一批进步知识青年。

王右木（1887－1924），四川江油人。1905 年在府立匡山书院毕业后教书；1907 年考入四川通省师范学堂文科班，毕业后回家乡任中学校长；1911 年再度考入四川通省师范学堂理化科，因家庭困难辍学从教，再复学毕业；1914 年留学日本，1918 年于明治法律学校（今明治大学）政治经济科毕业后回国，婉言谢绝其兄王初龄安排让王右木接任省议会议员职位的打算，次年 9 月应聘国立成都高师学监，兼授日语和经济学课程，并先后在多所学校兼课。虽然王右木“教育救国”“科学救国”的理想没有实现，但他仍为探寻救国真理矢志不渝。王右木在留日期间，参加留日学生的爱国组织“神州学会”，结识李大钊、李达、李汉俊、施存统等先进知识分子，回国后积极投身五四运动，与他们继续保持联系，并通过他们结识了陈独秀等人，成为四川马克思主义运动的先驱。

全国最早研究马克思主义的团体——北京大学马克思学说研究会于1920年3月成立。作为该会的早期成员①，王右木亦创办了成都马克思读书会，起初参加者多为乡亲，但他们大多对马克思主义没有兴趣，活动数次，参与人员所剩无几，于是1921年春马克思读书会在成都高师所在地皇城明远楼重组，主要吸收高师等大专学校思想进步的学生，这是四川第一个以学习、研究和宣传马克思主义为宗旨的团体②。参加读书会的会员由成都高师及成都高师附中学生，发展到成都的工业专门学校、法政专门学校、甲种工业学校、华西大学、女子实业学校、农业专门学校、蚕桑学校等大、中专学校学生。后来又陆续吸收了不少中小学教师、新闻记者和工人，会员由最初的三四十人发展到一百多人。各个学校在四川省学生联合会中的代表，有一半都是读书会成员。1922年2月，在读书会基础上，马克思学会建立。

读书会会员平时自行阅读或以小组活动，定期组织阅读学习马克思主义与社会主义著作和《新青年》《觉悟》《东方杂志》等进步书刊，每周聚会一次以交流学习心得，或举行报告会、讲演会。王右木主讲马克思主义的一些基本原理和马克思著作，并结合形势和社会问题进行分析讲解，组织讨论，努力将理论学习与四川实际联系起来。他还积极参加学界、劳工、

① 罗章龙：《椿园载记》，转引自何盛明：《马克思主义在四川传播的历史条件和播种者的功绩》，载中共江油市委党史工委编：《王右木研究》，四川大学出版社，1989年，第2页。

② 据统计，1920年到1921年6月，全国共有13个城市有研究和宣传马克思主义的团体，成都马克思读书会即为其中之一。

青年、妇女等社会运动，团结了不少进步青年，培养了一批革命骨干，为四川党团组织的建立和统战工作开展播下了革命的种子。张秀熟、袁诗荛、童庸生、蒋雪邨、刘亚雄、李硕勋、廖恩波、康明惠、余泽鸿、刘愿庵、孟本斋、张霁帆、梁国龄等四川早期共产党人都在读书会中受过马克思主义启蒙教育。不少会员从学校毕业后到各地任教或就业，将革命的种子撒播四方。四川正式建团后，成都马克思读书会以团的外围组织形式，开展广泛团结的青年统一战线工作。

创办《人声》报　为扩大社会宣传和影响，在组建马克思读书会的同时，王右木于1921年初自筹经费与袁诗荛创办了《新四川》旬刊，但于当年5月夭折，次年更名为《人声》报，于1922年2月7日创刊发行。《人声》创刊宣言明确提出本报与《新四川》在“为全人类谋均等幸福”的最终目标上一致，但实现目标所取途径有所不同，该报鲜明提出：“直接以马克思的基本要义，解释社会上一切问题”“讨论马克思社会主义之学术的及实际的一切问题”①，该报还介绍了俄国十月革命、世界工人运动和第三国际等情况，激励工人、农民组织起来参加爱国运动，为争取自身福利而斗争，成为四川第一份公开宣传马克思主义、宣传社会主义运动、宣传马克思主义统一战线的刊物。《人声》编辑部就设在王右木家中，他兼任社长、主笔、编辑，内外杂务都干，其时，他每月薪金近200元，却把全家人的生活费压到20元左右，一家数人常以泡菜稀饭为食，而其余薪金用作办报经费。马克思读书会和《人声》报的创立为四川党团组织的建立奠定了思想基础和组织基础。

在马克思主义传入四川之前，无政府主义就在四川青年中流行。为团

---

① 《〈人声〉报社宣言》，载张继禄主编：《中国共产党地方组织在四川的建立》，四川人民出版社，2001年，第54页。

结更多的人一道工作，王右木对无政府主义者努力做争取工作，主动邀请四川无政府主义骨干、《半月》刊编辑吴先忧等到家里会谈，向他们阐述马克思主义观点，希望他们放弃无政府主义立场。当时成都马克思主义影响甚微，让无政府主义者改变观点也非一夕之功，经过坦诚而激烈的论争，王右木虽未能说服吴先忧等人，但双方达成“相互协助”的协议。王右木通过《人声》报等宣传马克思主义，并努力实践，逐步使知识青年分清了马克思主义与无政府主义的区别，“一般学生脑中，颇将马克斯（思）三字印入。成都旧日安派（即无政府主义）空气，已不为青年所重”，有的青年思想发生转变，最终接受马克思主义，成为四川革命运动的骨干。

稍后，四川各地出现了多种宣传马克思主义的刊物和团体，马克思主义研究小组在全川多地建立。1923 年春，王维舟从苏联学习回国返川后，在家乡宣汉、达县一带开展马克思主义的宣传活动。王维舟（1887 年 6 月 10 日—1970 年 1 月 10 日），四川宣汉人，青年时代参加保路运动、辛亥革命、护国战争、护法战争，曾任四川靖国军团长等职，有感于军阀内部钩心斗角、鱼肉百姓，毅然弃官出走，寻求新路；1920 年 5 月在上海加入旅华朝鲜共产党，同年赴苏联学习，并在莫斯科参加十月革命胜利四周年庆祝大会，瞻望革命导师列宁并聆听其讲演；1922 年初回北京，同吴玉章一起组织进步团体“赤心社”，宣传十月革命；回到家乡后，在清溪创办新群女校，接办宏文高小，聘用进步教师，悉心改革教育，培养革命青年，开办群化书报社，并成立了共产主义小组。此外，罗世文在威远组织建立劳农读书会等，万源旅外学生联合会李家俊在达县（今达州市）创办《萼山钟》油印报。随着马克思主义的广泛传播和实践，四川信仰无政府主义的青年大多数先后走上了新民主主义革命道路。

早期共产党人来川活动　除了通过四川内外各种刊物传播新思想，通过川籍先进分子出川带回革命真理并付诸实践外，以邓中夏、恽代英、萧楚女等为代表的一批著名的早期共产党人也纷纷进入四川活动，为四川统一战线拓荒播种。

北京共产主义小组成员邓中夏（湖南宜章人）、黄日葵（广西桂平人），于 1921 年 7 月应邀到重庆参加“暑期讲演会”讲学，他们介绍了北京的五四运动情况，宣传进步思想，提倡革新精神。讲演会历时一月有余。讲学会结束后，邓中夏留在重庆，领导的四川省第二女子师范学校学生反对封建教育的“择师运动”，在重庆青年学生中激起了强烈的反响。

中共早期著名青年运动领袖恽代英（湖北武昌人），于 1921 年 10 月由武汉应聘到泸州川南联合师范学校，先后任教务主任（兼英文教员）、校长。他在学校进行教育改革，引导师生阅读进步书籍，探讨救国救民的真谛。1922 年 1 月，他组织了由 30 名师生组成的寒假旅行讲演团，到泸州、隆昌、内江、自贡、富顺、南溪、宜宾、江安、纳溪、合江等地巡回讲演，往返一月，步行千里，唤起民众的觉悟。同时他积极传播马克思主义革命思想，于 1922 年 5 月 5 日马克思诞辰日成立了马克思学说研究会，引导青年学生接触社会，接触工农，深入社会调查，了解工人和农民的生活状况，认清社会问题的症结，参加社会活动，为川南地区革命斗争的开展播下火种。1923 年 3 月，恽代英应成都高等师范学校校长吴玉章之邀到成都，任教西南公学并兼成都高师教员。恽代英应王右木之邀为成都马克思读书会会员讲解阶级斗争问题，与吴玉章探讨马克思主义，并与王右木约集刘愿庵、邹进贤等青年组织成立学行励进会，创办《励进月刊》，传播革命思想，其后又建立蓉社，发展社员 20 多人。

中共早期共产党人萧楚女（湖北汉阳人）于 1922 年 9 月应邀入川，先后在泸县川南师范、重庆联合中学任教，并创办“重庆公学”；1923 年初到万县省立第四师范学校任教，他在学生中传播革命思想，组织读书会和学行励进会，宣传反对帝国主义、反对封建军阀，传播马克思主义，推荐学习李大钊等人的作品以及中共中央机关刊物《向导》周报上的文章，引导大家学习革命理论。萧楚女的活动引起当局的恐慌和国家主义派的忌恨，6月，萧楚女被万县驻军司令唐式遵勒令离开万县后，应邀到重庆任省立女子第二师范学校国文教员，兼任《新蜀报》主笔，在此后近两年间，他几乎每天写一篇社论，所写文章总共达百万字之多。他与留法回国的社青团员陈毅并肩战斗，揭露封建军阀统治下的罪恶，分析产生这些罪恶的社会根源，宣传新文化，宣传马克思主义和革命思想，当时的报刊赞叹他的文章是“字夹风雷，声成金石”。同时，萧楚女还经常给《向导》《中国青年》撰稿，积极从事青年运动，鼓舞和影响了一批知识青年走上革命道路。

争取教育经费独立运动　从民国初年直到抗日战争全面爆发前，长期的军阀割据和混战，使政府预算大部分用于军事，如1920年军费开支占国家预算的一半，教育经费仅占1.33%左右，还时常被侵占而不能如数拨付，教育经费危机弥漫全国教育界，引发了持续不断的索薪运动，进而发展到争取教育经费独立运动。防区制下的四川战乱频繁，税归军饷，地方教育经费由军阀代征代拨，应上解省教育经费普遍被截留挪用，教育经费奇缺，难以为继。四川马克思主义先驱和早期党团组织在筹建过程中，积极投入革命实践。针对这个社会各界关注和同情的重大问题，王右木组织发动和直接领导了四川争取教育经费独立运动。早在1920年9月，在成都高师全体教职工大会上，王右木就揭露军阀克扣挪用教育经费，导致教职工生活困难、学校工作难以进行的种种罪行，呼吁全体教职员要为教育经费独立据理力争。1922年3月，成都教职员联合会开会要求财政厅补发欠薪，但无结果，各校负责人会议讨论决定开展争取教育经费独立运动，确定了请求省议会议决划拨全川肉税为教育专款的基本目标。王右木被推选为总指挥，事实上承认了共产党人对四川争取教育经费独立运动的领导作用。

王右木以马克思读书会成员和进步学生为骨干，通过四川教职员联合会、四川学生联合会等合法组织形式，组织教师、职工，实行罢课、罢教、游行、请愿，同时利用各派系军阀之间的矛盾和省议会各派议员之间的矛盾做分化工作，争取到部分上层人士的同情和支持。6 月，争取教育经费独立运动形成高潮，成都教职员联合会和学生联合会决定一律罢课、游行。12 日，学生代表去省议会请愿，省议会议长熊晓岩拒绝出面接谈，并扣押了 8 名学生代表。13 日，上千名学生代表再次前往省议会请愿，遭到军警武力镇压，30 余名学生受伤，这激起了全川一系列的请愿、会议、声援迅速展开。重庆教职员联合会召开大会，川东学联组织各校连续举行罢课、游行，声援成都教育界斗争，并同重庆全省教育改进会、中等学校教职员联合会、商学联合会等同派代表分三路向成都行进，沿途宣传。川南、川北各学校通电声援省城斗争，不少议员发表声明阐述事实真相，原四川省省长张澜也发电声援，北京的《晨朝》、上海的《申报》《时事新报》《时报》等都报道斗争实况，在省内外各界人士共同斗争下，省议会被迫通过了各校师生提出的议案。川军总司令兼省长刘湘也被迫同意划拨全川肉税作为教育经费，并设置教育经费收支处经办此事。斗争的胜利显示了团结争取各界人士结成反封建统一战线的优势和力量。

由于各地军阀仍把持肉税拒不移交，决议未能施行，仅拨给数万元经费解决暂时困难。7 月，熊晓岩致函成都地方检察厅指控成都高师学监王右木督率学生捣毁熊宅。军阀刘成勋下令解除王右木在高师的职务并撤换了全省中等以上 30 多名校长和一批进步教职员。

三、四川党团组织的建立

四川团组织的创建　马克思主义理论在四川广泛深入的传播，为四川的进步青年奠定了革命的思想基础，为四川党团组织的建立准备了成熟的条件。先建立共产党组织，再在党组织的领导和帮助下建立团的组织，这是中国共产党在全国建立地方组织的普遍规律。但四川当时的情况却较为特殊，由于1924年前中共中央实行了全党性的“关门主义”路线，以致把许多应该入党的同志关在党外，王右木等仅被委托了建团的任务①。因此成渝两地多是青年先自发建立团的组织，主动请求联系团中央，在团中央和中共党员指导和帮助下经过整顿，得到认可，取得合法地位，再以此为基础发展党员，筹建党的地方组织。也就是说，尽管四川先建团组织，后建党组织，但团组织的创建，却是在共产党人的领导和帮助下开展的。

1921年冬，成都马克思读书会部分成员童庸生、李硕勋、阳翰笙、郭祖劼等人，在理论学习中深感有建立组织的必要，根据《新青年》发表的团组织章程，在成都自发组织成立了四川社会主义青年团，并在四川争取教育经费独立运动中，以四川社会主义青年团的名义于6月10日发表公开宣言支持。四川争取教育经费独立运动取得胜利后，王右木赴上海，与党、团中央取得联系。团中央无力派人入川整顿组织，特委托中共党员王右木等负责“总理组织地方团的事务”②。返川后，他考察了重庆、成都、顺庆等地的团组织，在重庆会见了由团中央俞秀松介绍、回家乡内江建团的廖划平；致函在南充的张秀熟，委托组织川北社会主义青年团；在重庆发展6名团员，建立了以刘砚生为书记的社青团重庆书记部。③按团中央要求直接指导帮助规范了成都团组织，1922年10月15日团员会议在成都实业街王右木家中召开，选举产生中国社会主义青年团成都地方执行委员会的委员和候补委员。虽然王右木得票最高，但由于他已超过28岁，因此由得票

① 参见简奕、黎余：《青山遮不住，云开总有时——试析新发现的第一届团中央文献对破解四川早期党团史诸谜团的重要作用》，《毛泽东思想研究》2014年第2期。

② 李玉贞：《尘封在毛边纸册里的青年团初创岁月——新发现的青年团一大及中执委会议记录略述》，《党的文献》2012年第1期。

③ 参见中共中央组织部、中共中央党史研究室、中央档案馆编：《中国共产党组织史资料（1921—1997）》第一卷，中共党史出版社，2000年，第571页。

第二的童庸生任书记，成都团地委正式成为团中央领导下的四川地方组织。但不久童庸生等退团。作为指导者，王右木坚持执行团章，制定办事细则，先后两次换届改选后，经恽代英推荐和团中央批准，时年 36 岁的王右木于 1923 年 7 月当选成都团地委书记，此后即着手大力发展工人团员，并在年底成立了工人支部。在 1924 年初的半年时间内，团员从原有的 27 人发展到 61 人，建立 11 个支部。

在泸县，恽代英从 1922 年 5 月开始在川南师范学校马克思学说研究会的会员中发展团员，首批 6 人，9 月建立以陈江为书记的泸县地方社会主义青年团。

在重庆，唐伯焜受陈独秀的指示和委托，在 1922 年 4 月左右回重庆准备组建地方团组织。他和周钦岳等联系其他地方入团回渝的青年，于 1922 年 10 月 9 日成立了以周钦岳为书记的重庆团地委，并于 10 月 30 日获得了团中央的承认①，其间因故中断联系，到 1924 年 1 月再次得到团中央发给文件，指导工作，到 1924 年 5 月团员由原有的 23 人发展到 34 人。

此外，1923 年 2 月，从苏联东方大学学习回国、任教于内江县立中学的廖划平筹建了直属团中央领导的社会主义青年团内江团组织。萧楚女 1923 年春在万县地区发展了最早的社会主义青年团员。宜宾李坤泰（赵一曼）等经在成都的宜宾籍团员李佑之等介绍和成都团地委批准，加入青年团并在家乡建立团小组。

四川党组织的创建 四川各地团组织的成立直接为党组织的建立创造了条件。经过长时间的打基础和酝酿，1923 年 5 月，王右木向党中央报告，请求在四川建立地方党组织；8 月，到上海后又转广州向中共中央报告工

① 参见简奕、黎余：《青山遮不住，云开总有时——试析新发现的第一届团中央文献对破解四川早期党团史诸谜团的重要作用》，《毛泽东思想研究》2014 年第 2 期。

作，经过严格考察，其建党要求得到同意；返川后，即在团员骨干中发展党员，并于 1923 年 10 月成立了直属中共中央领导的中国共产党四川（成都）支部，王右木任书记。成都支部初期的党员有梁华（梁国龄）、黄欣、钟善辅、刘亚雄等，下设工人组和学生组。成都支部是四川最早成立的中共党组织，成立后继续领导成都团地委的工作，对外以团的名义开展活动，党团员的工作没有严格区分，王右木继续兼任成都团地委书记，直到次年 3 月团地委执委会换届，由张霁帆担任团地委第 5 届执委书记。成都党支部刚一成立，就按照党的三大决定，领导党团组织积极推进国共合作和改组国民党的工作。

从 1922 年下半年到 1923 年初，重庆、成都、泸县、内江、宜宾、涪陵、綦江、南充、万县等地先后成立团组织，王维舟与冉雨生、胡俊辉、雷玉书等组成共产主义小组，四川（成都）党组织的建立，标志着马克思主义宣传和共产主义运动在四川已发展到一个崭新阶段，在党的领导下，四川统一战线工作做出了开创性贡献。

中国青年共产党的建立与解散 在王右木进行建党活动的同时，吴玉章等人也在成都自发建立另一个马克思主义团体——中国青年共产党。吴玉章经历了辛亥革命的失败，受到俄国十月革命的影响和五四运动的洗礼，“坚决地相信列宁的革命理论和组织列宁的、斗争的、革命的党是必要的”。但是，当时他并不知道中国共产党已经成立，又因年龄原因不能加入社会主义青年团，遂自 1922 年春酝酿组织新政党，联络青年，成立“赤心社”。1922 年 8 月，吴玉章任成都高等师范学校校长，支持校内社会主义青年团和马克思读书会的活动，聘请王右木任高师附中教务主任，保释恽代英并聘其到高师任教，自己也在学生中宣传社会主义。于是吴玉章、杨闇公等 20 余人于 1924 年 1 月在成都娘娘庙街杨闇公寓所秘密成立中国青年共产党，对外称中国 YC 团，并创办机关刊物《赤心评论》，宣传马克思主义，团结了一批进步青年，组成了赤心评论社（简称赤心社），成立了中国青年共产党的外围组织社会主义研究会，并将组织发展到北京。在成都各行业中组建职工会，开展工人运动，1924 年 5 月 1 日，YC 团与成都团地委联合举行纪念五一和追悼列宁大会，遭到军阀杨森破坏，吴玉章、杨闇公被迫离开成都。6 月，杨闇公等去上海，与中共中央和团中央联系中国青年共产党与社会主义青年团合并事宜未果，回重庆后于 9 月参加重庆地方团工作，次年 3 月转为共产党员。吴玉章于 1925 年春在北京加入共产党，认为 YC 团已无必要继续存在，决定将其解散，并按照中国共产党的章程，要求个别成员申请加入中国共产党①。随后，在吴玉章的劝导下，北京 YC 团自行解体，其成员先后加入中国共产党。而成都 YC 团负责人傅双无坚持解散成都 YC 团的条件是集体转入中国共产党，并接办成都党务，为成都党组织所拒绝。大革命失败后，傅双无投靠蒋介石，成都 YC 团成员的郭祖劼、吕寒潭等宣布《赤心评论》停刊，正式解散赤心社。中国青年共产党的独立酝酿组织说明："建立工人阶级政党来领导中国人民的斗争，已经成为中国最觉悟的革命者的共同要求，是客观形势发展的产物。中国共产党在二十世纪二十年代初成立，绝不是偶然的。"② 中国青年共产党的自动解散，促进了马克思主义力量的整合和四川党组织的建立和发展。

组织各界统一战线活动　在建党初期，王右木、吴玉章、杨闇公和入川的恽代英、邓中夏、萧楚女等早期马克思主义者根据四川实际，在以主要精力开展促进工人阶级自身团结统一的工人运动的同时，还在农民、青年、妇女以及知识界等各界积极开展统一战线工作，努力争取、团结、联合各阶级、各阶层同盟者，包括暂时的同盟者，共同进行反帝反封建斗争。

① 《吴玉章回忆录》，中国青年出版社，1978 年，第 156、160 页。

② 胡绳主编：《中国共产党的七十年》，中共党史出版社，1991 年，第 28 页。

王右木一面从事理论上的广泛宣传，一面又积极组织引导社会主义青年团团员和读书会会员声援全国各地的革命运动。开始时，有的团员认为，外地的工人运动与我们关系不大，而我们的工作还很多，不必下工夫去搞声援。他就用“全世界无产者联合起来”的道理来教育大家，耐心进行说服。他说：全国反帝反封建的斗争是一致的，不能有外地和本地之分，只有通过我们所有的革命者共同携手才能冲垮反动势力的堡垒，社会主义才有实现的希望。他在成都领导了声援湖南第一纱厂罢工事件，举行了黄爱、庞人铨的追悼活动，并开展了声援长辛店工人的罢工斗争。河北开滦工人惨遭屠杀的消息传到成都后，王右木领导社会主义青年团积极发动群众，召开大会，开展了反对英、美帝国主义，打倒北洋军阀，支援开滦工人的罢工斗争。

1922 年，四川党团组织还参加“民权运动大同盟”、非基督教运动大同盟，团结和教育人民群众进行反帝反军阀的斗争。10 月 10 日，重庆团地委和重庆总工会（其书记李守白亦为团地委宣传部干事）根据团中央部署，响应北京民权运动大同盟的号召，发动民权运动，与北京、上海、广州等各大城市同时在国庆日组织 3000 名工人、学生示威游行。12 月 4 日，为抗议英帝国主义侵占我国云南片马，重庆工人、学生等 1000 余人举行游行，并成立重庆工学联合会。成都团地委于 1923 年 6 月 15 日推动成立了成都市农工商学联合会筹备处，作为成都各界进行反帝反封建斗争的统一战线组织；7 月推动召开会议，改组四川民权运动大同盟领导成员，王右木、康明惠、钟善辅、孟本斋、刘亚雄等共产党人、青年团员进入领导层和工作班子，陈毅以“四川留法勤工俭学同学会”代表的名义参加会议并担任了会议秘书，增强了党对该团体的领导。10 月，重庆民权运动大同盟发表宣言，表示与成都的四川民权运动大同盟携手合作。

第三节　早期共产党人对四川统一战线工作的探索

一、王右木对四川统战工作的探索

历史资料显示：中共一大前成都“有个别的共产主义者”①；中共一大召开时国内外党员共有 50 多名，成都有“个别通信关系的同志”；1922 年 6 月 30 日，党的二大召开前夕，中共中央执委会书记陈独秀在一个报告中明确指出，全国 195 名党员中，“四川三人”②。那么，当年这三名中共党员究竟是哪三人，很长时期没有定论，直到通过党史权威刊物《党的文献》2012 年第 1 期首次披露的中国社会主义青年团第一届团中央执委会在 1922 年 10 月 14 日的一次会议记录，我们才知道王右木、周钦岳、唐伯焜就是四川最早的三名共产党员③。其中王右木入党时间最早，也是四川党的统一战线工作第一人。在四川建党之初，他以极大精力对统一战线工作从理论和实践的各个方面进行了可贵的探索。

成都以机织帮为代表的手工业工人“颇有革命性”　毛泽东在《中国社会各阶级的分析》一文中指出：“谁是我们的敌人？谁是我们的朋友？这是革命的首要问题。”分清敌我友也是建立党领导的统一战线的首要问题。由于中国社会经济发展的极端不平衡性，四川社会矛盾的表现形式也有其

---

① 陈潭秋：《回忆党的一大》，载知识出版社编：《一大回忆录》，知识出版社，1980 年，第 11 页。

② 中央党史研究室、中央档案馆编：《中国共产党第一次全国代表大会档案文献选编》，中共党史出版社，2015 年，第 38 页。

③ 简奕、黎余：《青山遮不住，云开总有时——试析新发现的第一届团中央文献对破解四川早期党团史诸谜团的重要作用》，《毛泽东思想研究》2014 年第 2 期。

相对的特殊性。王右木深入考察和分析了20世纪20年代初四川各种政治力量及它们之间的复杂关系，把党对中国革命的对象和动力的论述具体化。

王右木对当时四川尤其是成都尚显稚嫩的工人阶级进行了广泛调查和冷静分析。作为传统的手工业城市和消费城市，成都当时依托现代大机器进行生产的近现代工业极少，产业工人只有数千，仅占全市人口的1%左右。其中官僚垄断的兵工厂、造币厂的工人数量最多，成分复杂，包括不少兵痞，内部被军警工头严格控制，且工人工资待遇较其他行业高，反抗意识较弱。而手工业工人和苦力则达十万之多，约占全市人口的三分之一。尤其是织锦业"长机帮"人数最多，开始出现了一定程度的生产集中，大的机房有三四十人，阶级对立明显。王右木发现他们不但数量多，且斗争性也较强，特别是近万人的"机织帮省帮，为成都手工业工人中最有团结力者"，"颇有革命性"①。

封建军阀是四川人民最主要的敌人　由于四川远离边境和海岸线，以及盆周山区和长江三峡的阻碍，减缓了帝国主义对四川的直接侵略，及与四川军阀的直接勾结。辛亥革命后，四川成为北洋军阀和西南军阀角逐的重要战场，四分五裂，各系军阀扩充地盘，混战不休。成都仅从1919年到1924年，就先后为熊克武、吕超、刘存厚、杨森、刘成勋、邓锡侯、刘文辉等不同派系军阀占据，有的几进几出，有时甚至城内被几个军阀分割。这之中虽有以孙中山为首的革命民主派势力与北洋军阀反革命专制之争，但更多的还是各军阀派系之间争权夺利的斗争。王右木认为，随着形势的变化，各路军阀也不断变换招牌，但是无论他们打着什么样的旗号，都是"换汤不换药"，都是四川人民最主要的敌人。

① 梁凌：《王右木开创了以手工业工人为主体的工人运动》，载中共江油市委党史工委编：《王右木研究》，四川大学出版社，1989年，第101—102页。

农民和城市平民是革命的宏大而可靠的同盟军　军阀的割据和混战加速了四川城乡的阶级分化和对立，手工业者、小店主等城市下层小资产阶级日益贫困，甚至破产失业。四川经济的特征使农村与城市关系更加密切，比如向称“天府之国”的成都平原之上，散居的数百万农民向数十万成都市居民直接供应粮食。而粮食价格又为地主、军阀、豪商操纵，农民饱受盘剥和掠夺。王右木敏锐地发现，在封建军阀“特苦苛”的高压下，农民和城市平民是革命的宏大而可靠的同盟军，在他们中蕴藏着“不少天然的可觉悟的矿苗”，甚至可以说“遍地皆是”，只要把他们组织起来，“四川的事，真如摧枯拉朽”①。

为了调动千千万万革命大军，王右木进行了多方面的探索和努力。根据社会主义青年团建立之初主要在学生中发展组织的特征，他提出要多在工人中发展党、团组织；知识界中的社青团员要更多地深入劳动人民中去做宣传组织工作；要同农民谋联络，为此派出社青团员并亲自到农村深入调查；提出将城市贫民“分街集合起来”，使之团结成熟投入革命运动；等等。基于对四川政治经济社会状况和各阶级、阶层力量的对比分析，王右木在他的统一战线工作理论和实践活动中，反映了他建立以手工业工人为领导，广泛团结农民、学生和城市贫民等小资产阶级的下层统一战线，反对封建军阀统治的基本策略。在革命实践中，随形势的变化和斗争的需要，他又促成四川的首次国共合作，使上层统一战线与下层统一战线紧密结合，相得益彰；对敌我友的正确划分，为四川统一战线工作的成长和发展奠定了可靠的理论基石和政策基础。

---

① 任杰：《王右木是党的早期统一战线工作开拓者》，载中共江油市委党史工委编：《王右木研究》，四川大学出版社，1989 年，第 197 页。

二、开辟以手工业工人为主体的工人运动道路

工人阶级自身的团结和统一是中共统一战线的核心内容，也是争取团结广泛同盟军的根基所在。中国共产党作为中国最先进的阶级——工人阶级的政党，一经成立就集中力量开展工人运动，领导掀起中国工人运动的第一个高潮。面对成都近现代工业欠发达的客观情况，是照搬沿海和产业中心城市的经验，以产业工人为领导开展运动，还是从四川实际出发开展工人运动，这对于掌握统一战线的领导权有着重要意义。以王右木为代表的四川早期共产党人坚持实事求是的原则，在深入调研的基础上，根据四川实际，创造性地开拓了以手工业工人为主体的工运道路。

工人运动以促其自能战斗为目标　20 世纪初期的四川近现代工业非常薄弱，最大城市成都也只有兵工厂、造币厂、电灯公司、邮局等近代产业，规模小、基础差、产业工人力量极弱。在“五四”风暴影响下，成都、重庆等城镇纷纷出现自发性的工人小组，还有一些没有群众基础的“招牌工会”鱼目混珠。但是，传统的行帮、袍哥会等封建组织在工人中仍然根深蒂固、影响广泛。同军阀当局的武力镇压并行的是，工场主和封建行帮极力利用手工业工人的固有弱点来破坏他们之间的团结。没有自身的团结和统一，工人阶级就很难成为一个整体进行反帝反封建的斗争，更谈不上领导其他劳动者和同盟者去战斗。在《人声》报上，王右木对工人运动做出了理论概括，强调开展劳工运动要注重现实，注重本地实际情况，注重吸收世界劳工运动的经验教训，注重策略；要促进劳工的阶级觉悟，提高其文化素质；要和世界劳工运动相结合。根据四川和成都工人阶级的实际状况，他形成了以手工业工人为主体开展工人运动的基本思路，并集中精力

付诸实践。他以将“此地劳工扶助成能自我扩张，自能战斗”① 为目标，摘下博士帽，穿上工人装，组织读书会成员到各行业工人经常聚集的茶馆，同工人一起喝茶谈心，吸收工人参加读书会，宣传启发阶级觉悟，揭露四川工党在长机帮工人罢工中欺骗出卖工人利益的工贼实质，利用当时盛行的“拜把子”形式同工人歃血为盟结为兄弟，与几十名苦大仇深的工人结成知心朋友，在斗争中帮助工人，培养工人领袖团结工人群众开展工人运动，赢得了工人们的信任。他还加强了在工人中发展社会主义青年团团员，建立团组织的工作，并推动社青团员更多地深入劳动人民中去做宣传组织工作。

建立成都劳工联合会　1922 年 10 月，成都社会主义青年团成立后，根据团中央指示，派出团员深入工场，开办工人夜校、平民识字班，吸收各业工人参加学习；对工党等旧的不同行帮、派别的工人社团进行改造；在工人中发展党团员，从组织工人小组到建立行业工会，先后建立起长机帮、生绉帮、粗丝帮等 20 余个分工会组织，进而通过全国、全省性的重大事件组织全市性的工人运动，促进他们行动的统一，直至组织的统一。1923 年，北洋军阀吴佩孚镇压京汉铁路工人大罢工的“二七”惨案爆发后，王右木领导成都团地委和马克思读书会成员，发动全市工人举行全市性罢工游行，并在少城公园（今人民公园）召开国民大会，介绍京汉铁路工人团结斗争的情况，痛斥军阀吴佩孚勾结英帝国主义屠杀工人的罪行，声援京汉铁路工人。在中国工人运动处于低潮的 5 月，成都却逆势而上，建立起由长机、生绉、粗丝、建筑、牛骨等帮工人组成的，四川第一个在党直接领导下的工会组织——成都劳工联合会，在成立大会上，散发《人日宣言》

① 王右木：《致施存统信》（1923 年 5 月 5 日），载中共江油县委党史办公室编：《四川马克思主义运动先驱者——纪念王右木诞生一百周年》，四川大学出版社，1988 年。

《劳动五一纪念大会宣言》等宣传资料，通过了关于维护工人正当权益的四项提案。《川报》载文称誉成都劳工联合会“为成都破天荒之工人盛举，是为工人谋福利的真正工人的工会”。成都劳工联合会的成立，是四川工人阶级内部统一战线最初的重要组织成果，标志着成都工人运动在党的领导下跨入了一个新阶段。

成都劳工联合会成立后，把对工人的教育作为重要任务，成都团地委的蒋雪邨、谢国儒等同志在成都高师、省立师范学校、法政学校等开办了工人夜校，争取当时有影响力的教育学术团体平民教育社增设工人教育班，第一期就吸收了300多工人入学。王右木、恽代英等在工人教育班亲自授课，讲解马克思关于“工人阶级的解放应该由工人阶级自己去争取”等基本原理。1923年秋，中国共产党成都支部建立，直属中共中央，王右木将团员中的工人骨干转为中共党员，并建立工人组，成为成都劳工联合会的核心领导。以后，劳工联合会领导各业工人开展了增加工资、保护劳工权益等多次斗争并取得胜利，联合学生联合会等社团举行了声势浩大的抵制日货、反对帝国主义军舰侵入川江等斗争，扩大了社会影响，增强了凝聚力。

争取有群众基础的工人团体开展联合行动 王右木十分注意在工运活动中与其他形式的工人团体进行联合。当时还有主要由学校、机关的传事、工役等人员自发组成的成都劳动自治会，因其在维护会员的某些权益上有所成效，故有一定群众基础。王右木早在1921年建立马克思读书会时就对劳治会开展争取工作，启发其阶级意识，引导他们“从全国会员得其利益上着想”，互通声气。1922年6月，在王右木领导教育经费独立运动斗争最困难的时刻，劳治会公开予以道义支持①。1923年，在民权运动中，劳治

① 《国民公报》1922年5月23日、6月30日。

会发表《民权运动宣言》与成都社青团相呼应。虽然谋求劳联会与劳治会联合起来建立一个统一的工人组织的设想搁浅，但王右木仍继续对劳治会做团结争取工作。直到大革命时期，劳治会与党领导的劳联会、成都市工会在示威、游行和罢工等斗争中多有配合，出现长时期的实际行动的统一。

统一战线工作并不仅仅是联合，也蕴含着斗争。王右木对空有其名的“招牌工会”和“黄色工会”进行了坚决斗争。对工贼无情揭露其反动的两面派嘴脸；对群众则抓紧教育，使之团结到党、团组织领导下的工人团体中来。

以王右木为代表的四川早期共产党人依据马克思主义的基本原理，在对四川工人阶级各组成部分进行广泛调查和冷静分析基础上，根据四川工人实际，创造性地开拓出一条以手工业工人为主体的工运道路。这不仅为四川工人运动在党的领导下以崭新面貌汇入大革命热潮的发展所证实，还得到了党中央在理论上、政治上和政策上的肯定，1927 年党的“五大”通过的《职工运动决议案》指出：在非产业的区域，手工业工人就是无产阶级代理人，应该是这些地方政治上的领导势力。我们要使他组织起来，成为政治斗争的领导力量。

三、对工农联盟武装斗争的探索

劳工专政必自握军权始　以武装的革命反对武装的反革命是中国革命的基本特点。中国共产党成立前后，毛泽东、蔡和森、周恩来、李大钊等先驱者们就对革命武装斗争进行过探索。第一次国共合作的建立和大革命的兴起，为中共掌握革命武装、开展武装斗争提供了极好契机。但是，当时大多数共产党人基于苏俄革命的经验，并不重视军队，而对开展武装斗争的探索则被右倾错误所阻挠而未能燎原，导致第一次国共合作破裂后损失惨重。四川在辛亥革命前后产生了武装斗争的浪潮。民国以来四川大小军阀混战，城乡军匪纵横，封建民团遍布，武力高压造成人民困苦不堪。这种残酷环境更使四川的马克思主义先驱们深刻地感受并较早地发现了工农联盟及工农武装的极端重要性，1923 年 5 月，王右木在给团中央的两次报告中明确提出了将工农“化为有枪阶级”“劳工专政必自握军权始”的独立掌握武装的思想①，并根据四川实际进行了可贵的探索与实践。

从改造民团入手建立工农革命武装　在四川建党初期，王右木派出团员并亲自到农村深入调查，提出在封建军阀“特苦苛”的高压下，农民和城市平民是革命的宏大而可靠的同盟军，要同农民谋联络。他通过实地调查，发现在军阀混战、匪患成灾的四川各地，都有以武装自卫和清匪息民为名而开办的民团组织②，掌握民团武装的团阀往往与军阀和官府勾结，鱼肉乡民，这种险恶的社会环境造就了大批“最易觉悟”“只待组织”的工农群众。1923 年 5 月，他在给团中央的报告中提出了在农村从夺取和改造民团入手，让青年工农进入民团，“暗自握得兵器”，建立工农革命武装，然后同工农运动相结合，与城市贫民互相策应，反抗以军队为支柱的军阀

---

① 王右木：《致施存统信》（1923 年 5 月 5 日、5 月 15 日），载中共江油县委党史办公室编：《四川马克思主义运动先驱者——纪念王右木诞生一百周年》，四川大学出版社，1988 年。

② 民团，又称团练、乡团、自卫团等，是中国传统的地方武装力量，清朝的团练制度将民团推向了高潮，产生了影响中国军制达半个世纪之久的湘军、淮军等。民国时期，由于军阀混战、匪患频频，一些乡绅在“防匪护乡”的旗号下，筹集枪支，组建民团，而官府基于维持社会治安的需要对之予以备案认可。民团在四川开办较早，逐渐形成了按户抽丁的民团制度。民团的组织，通常按照农村地区的基层行政单位分为县、区、乡三个等级。在县城，设有民团总局或总团等；区则设有区民团局或联团局等；乡称为乡团局。在乡团以下，还可设分团。但是，一些民团“武断乡曲，私滥逮捕，擅杀苛罚”，演变为“团阀”，团阀们还相互联合，跨乡联县，形成联团组织。这些联团，操纵乡间一切行政司法实权，权力很大，俨然成为独霸一方的土皇帝。1927 年以后，为对抗中共所领导的“土地革命”，南京国民政府将“兴办保甲、组建民团”作为对付红军游击队活动的重要举措。

统治的具体斗争策略①。也就是说，王右木提出了在党组织领导下，改造旧式武装为工农武装，武装斗争与工农运动、城乡革命斗争互动的统一战线同武装斗争的辩证关系和实现途径，并启发和影响了一批读书会成员和社青团员身体力行。到 1924 年下半年，成都团地委书记张霁帆就向团中央报告：同志“归乡办团者有两处已成功”②。

改造民团的初步尝试　四川建党初期对民团武装的争取和改造的切入方式主要有三种：一是党团员直接进入掌握；二是发展适当人员加入党团再打入民团，掌握民团；三是争取教育发展民团负责人，进而改造民团。

成都马克思读书会和马克思学会成员邹进贤，1923 年 6 月经恽代英介绍加入中国社会主义青年团。入团不久，他就非常关注乡村民团及夺取民团武装问题。1924 年 6 月，他在省立高等蚕业讲习所毕业后回到家乡綦江，被聘为县立高等小学训育主任。他在创办平民学校，组织读书会，发展团员，建立党团组织的同时，分别担任过团练局总参议、区队长和团练总局宣传主任等职，领导党团员和进步青年控制了部分民团武装。1925 年 1 月建立了社会主义青年团綦江县支部，1926 年 1 月，中共綦江支部成立，有党员 9 人③。1926 年，中共綦江支部发动群众赶走县团练局长，由共产党员、团练局参事陈治钧接任，将多数各区团总和督练长掌握在共产党员和国民党左派手中，并开办团练干部学校，由党员担任军事政治教官，先后培训学员 300 余人，使綦江县民团武装基本为共产党所掌握和控制，成为当时四川农民运动开展较好、农民武装力量较强的几个县之一。

---

① 王右木：《致施存统信》（1923 年 5 月 5 日、5 月 15 日），载中共江油县委党史办公室编：《四川马克思主义运动先驱者——纪念王右木诞生一百周年》，四川大学出版社，1988 年。

② 中央档案馆、四川档案馆编：《四川革命历史文件汇集（群团文件·1922—1925）》，内部资料，1986 年，第 175 页。

③ 简奕：《重庆最早党支部之一：中共綦江支部》，《红岩春秋》2016 年第 1 期。

成都马克思读书会成员、团员廖恩波，1923 年暑期回到内江，在组织读书会的基础上，将曾经有过从军经历而倾向进步的黎灌英、谢独开等发展入团，发挥特长开展民团工作。次年，黎灌英被推荐为内江城中区民团副团总，利用合法身份在内江白鹤场开办“民团传习所”，把 120 余名学员编为三队九班，分为政治、军事两科，教员多聘读书会会员。黎灌英任教务长，主讲政治课，讲稿采用恽代英的《政治大纲》；谢独开负责军事训练，兼分队长并任南区民团大队长。1925 年他们又在三多寨举办“团练干部讲习所”，为内江、富顺、威远等地播下革命火种。中共重庆地委建立前后，他们二人转入中国共产党，建立中共内江县特别支部及内江县左派国民党县党部，到 1926 年 7 月，在内江及其附近的富顺县，民团工作已完全被共产党员和国民党左派所掌握。他们推进国共合作，成立了码头、人力车、理发、粪帮等工会组织，并在东兴镇、观音井、白马庙、石子乡、杨家乡等地相继建立了农会、妇女会、青年会等群众组织。

党组织在南川县对民团的改造工作则主要通过争取倾向进步的低级团总发展为党团员，进而控制东西北路的基层民团武装的方式展开；而在涪陵县则主要争取民团上层领袖人物，进而掌握了在涪陵地区举足轻重的涪陵四镇乡团练武装。涪陵四镇乡（君子镇、同乐镇、新盛镇、龙潭乡的简称）历来为涪陵米粮仓，掌握四镇乡团练，几乎就掌握了涪陵地方武装。其时四镇乡团练由辞职归乡的川中名将李蔚如①组训，誉名远扬。1926 年 2 月中共重庆地委成立后，杨闇公等党团高层非常重视对李蔚如的争取工

① 李蔚如（1883—1927），四川涪州人，早年留学日本，参加同盟会，参加辛亥革命和讨袁、护国、护法之役，曾任涪陵军政府司令、四川讨贼军参谋长兼军法长、四川督军署参谋长兼四川陆军讲武堂堂长等职。1924 年，因厌倦军阀混战而解甲归乡后，应家乡人恳请为保护乡梓再度出山，出面组训涪陵四镇乡团练，溃军过境不敢骚扰，驻地军阀也忌惮三分，境内大小匪首纷纷归降。1926 年 3 月，李蔚如加入中国共产党，积极开展农民运动，1927 年 7 月，被军阀郭汝栋（李蔚如的学生）诱捕后杀害。

作，使之看到中国革命的新路而加入中共，从而掌握了团练武装，以办团练讲习所为名，训练骨干，建立农民武装。经过多年的经营和改造，由共产党人掌控的綦江、南川、涪陵 3 县团练武装结成联盟，互相响应。1927 年 1 月，李蔚如率川东农民自卫军 6000 余人围攻南川县城，威震蜀中，有力地配合和支援了泸顺起义。1927 年“三三一”惨案发生后，李蔚如坚持斗争，逆势而上，在 6 月召开涪陵县农民协会代表大会，通过减租决议，决定进一步推进农民运动，发展农民武装，将农民自卫军编成 15 个大队，使四镇乡一时成了川东一带的革命据点。

大革命中做出改造民团决议　1927 年 1 月，杨闇公在专门针对民团工作的《国民党四川省执行委员会对团务工作决议案》中指出，“改造现有民团，将其训练成党指挥的革命武装不仅可能，而且非常必要”，要求在省党部成立“民团运动委员会”，专门“指导此项工作”，“组织一统一全川之团务联合机关，以集中民团力量而打破反动之联合战线”，剥夺地方豪绅对地方民团的控制力，把民团武装掌握在“国民革命战线上”，用新的民团制度取代旧的制度，实现改造和争取民团。

以王右木、杨闇公为代表的四川党组织长期坚持进行民团改造的思想和实践的效果，在大革命时期农民武装斗争的高潮中得到了验证，并在土地革命战争时期薪火相传，乃至延续到迎接解放，不绝于地方史志，演化为一种党领导的具有四川地方特色的工农联盟武装斗争形式，这种通过改造民团，建立和发展为共产党领导的农民武装革命的统一战线思想和策略，当时在全党是独树一帜的。

第四节　第一次国共合作在四川

一、第一次国共合作的形成

1922 年 7 月，中共二大通过了关于建立“民主的联合战线”的决议和实行国共合作的原则；8 月，中共中央执行委员会西湖会议决定，在孙中山改组国民党的条件下，将中共的国共合作形式由最初设想的国共两党以平等地位进行党外联合转向共产党员以个人身份加入国民党、在国民党内实行党内合作。1923 年 6 月，经过激烈争论，党的三大决定采取共产党员以个人身份加入国民党的方式实现国共合作，帮助孙中山把国民党改组为民主革命联盟，同时保持共产党在思想上、政治上和组织上的独立性。

1924 年 1 月，中国国民党一大召开。大会通过的《中国国民党第一次全国代表大会宣言》对孙中山提倡的三民主义作了适应时代潮流的新解释，在事实上确立了联俄、联共、扶助农工的三大政策，将三民主义和三大政策这两个方面联系起来，成为第一次国共合作及国民革命联合战线的政治基础。大会通过的《中国国民党章程草案》，确认了共产党员和青年团员以个人身份加入国民党的原则。尽管国民党内部情况复杂，但改组后的国民党开始成为工人、农民、小资产阶级和民族资产阶级的民主革命联盟。

国民党一大的召开，标志着第一次国共合作的正式形成。这是中国共产党实践民族民主革命纲领和统一战线政策的重大胜利。第一次国共合作的实现，很快促使了国民革命运动的广泛兴起和北伐战争的势如破竹，形成以反对帝国主义在华势力和北洋军阀为目标，席卷中国的轰轰烈烈的大革命。

二、四川国共合作开局较早

四川国民党的风雨历程　甲午战争中国战败后，川人积极参加反清的资产阶级革命活动，早在1903年重庆就出现了四川第一个资产阶级革命小团体——公强会。1905年同盟会在东京成立，川籍会员甚多，董修武、熊克武、但懋辛、吴永珊（玉章）、黄树中等为评议部评议员。同年底公强会首推杨庶堪、朱之洪参加同盟会，之后公强会成员先后加入同盟会。四川先后建立同盟会重庆支部、重庆交通处和同盟会成都分会等秘密组织，组织学界，联合会党，运动军队，并多次举行了武装起义。1911年，同盟会员将四川保路运动转化为反清革命，结束了清王朝在四川的统治，先后在重庆建立以同盟会会员占绝大多数的"蜀军政府"，在成都建立以同盟会会员为主体，并有立宪派、士绅和军界实力派参加的联合政权——"大汉四川军政府"，1912年3月，两政府合并组成"中华民国四川都督府"，由同盟会会员尹昌衡、张培爵分任正、副都督。7月，张培爵被北京政府任命为四川民政长（省最高行政长官）。是年夏，尹昌衡之亲信胡景伊乘机怂恿尹昌衡西征，投向袁世凯，谋得护理都督，开始了对国民党人的排斥和打击。

民国初年，各种政治势力通过组织政党而活跃于政治舞台。同盟会联合多个党派改组成立国民党，1913年初在国会选举中取得多数席位。但是，满怀着对议会制的真诚期望而奔走呼号的国民党代理理事长宋教仁却被袁世凯同党刺杀身亡。孙中山发动了反对袁世凯的"二次革命"，惨遭失败。在此期间，国民党在1912年9月组建了四川支部，由老同盟会会员董修武、张培爵任支部长。袁世凯借故电召四川民政长张培爵入京，委以虚职，后为袁所杀，而由四川护理都督胡景伊兼民政长，独揽四川军政大权。在1913年1月省议会选举中，国民党议员虽获多数，但专司党务的董修武却遭到胡景伊的严密监视、逮捕，后被释放。后来袁世凯心腹陈宧接任四川，率兵到成都不足十日，即罗织罪状再次拘捕国民党四川支部长董修武，最后于 1915 年 7 月 29 日将其缢杀于狱中。袁世凯阴谋称帝，川军第五师师长兼重庆镇守使熊克武等国民党人发动讨袁（世凯）驱胡（景伊）的癸丑（1913）之役，经过一个多月战斗，讨袁军失败，国民党人及将校殉难者达 40 多人，国民党被定为乱党，熊克武、杨庶堪以下四川国民党人从军政人员到报馆主笔，被通缉者多达百余人，主要领导人大都流亡海外，国民党亦被迫转入地下活动。

1914 年 7 月，孙中山在东京成立中华革命党——人数寥寥的秘密团体。1916 年袁世凯称帝失败。五四运动后，孙中山于 1919 年 10 月将中华革命党解散，改建为中国国民党，增加“中国”二字，以区别于民国元年五党合并时的国民党，表示是直接从中华革命党改组而来，继续领导资产阶级民主革命。同盟会会员、中华革命党人和改组后的中国国民党人都先后参加了四川的川、滇、黔各军和北洋军及川军内部的大小战争，并在护法战争中，一度执掌四川军政大权。熊克武、杨庶堪在 1918 年 3 月被孙中山分别任命为四川督军、省长。然而四川的国民党人后分裂为“九人团”和“实业团”，派系之间的分歧与权力争夺激化，一些国民党人蜕变为封建军阀，使川内国民党成为一盘散沙。

1922 年秋冬，在共产国际和中国共产党的帮助下，孙中山开始改组国民党，并对四川寄予了巨大希望①。这是因为四川战略地位重要，更是当时国民党势力较强，控制了部分军权、政权和财权的少数地方之一。1923 年 4 月，孙中山回粤复任大元帅，帮助四川国民党人对立的两派重新携手

① 肖波、马宣伟：《四川军阀混战》（1917—1926），四川省社会科学院出版社，1986 年，第 108 页。

合作①；6 月，孙中山任命熊克武为四川讨贼军总司令，刘成勋为川军总司令兼省长，赖心辉为前敌总指挥，统率川军第一军、第三军、边军与石青阳、吕超、颜德基等部，进行反击吴佩孚动员直、豫、鄂、陕、甘五省兵力组成援川军的五路侵川之战，亦称讨贼之战，此役也被称为北伐战争的前奏；7 月，孙中山又委任熊克武、石青阳为国民党四川总支部负责人，他们团结在孙中山的资产阶级民主革命旗帜下，为四川国共合作提供了重要条件。

共产党人加入四川国民党　1922 年 7 月，党的二大提出了实行国共合作的原则；1923 年 6 月，党的三大正式确定了以国共两党合作为中心的国民革命联合战线方针。推动国共合作在四川落地也就成为中共四川组织的重要任务。

四川开展国共合作在初期争论较大。主要原因就在于四川国民党内部的分裂和自身的劣迹，特别是当时正发生的军阀混战系四川国民党人内讧斗争加剧所导致，四川人民惨遭蹂躏。在争取教育经费独立运动中，国民党军阀和议员的表现更使国民党声名狼藉。许多中共党团员对酝酿中的国共合作持怀疑态度，一方面怀疑团中央要求团员加入国民党的可能性，认为“殊知此地国民党，历来只知捧当权的政府，他们实是通不知民是什么”；另一方面又感到成都社青团力量弱，“通过加入国民党转来主倡劳工民权，确实是力的可靠的事实”，对国共合作的必要性又表示了理解。直到党的三大决定国共合作后，还有社青团员要求团中央改变团员加入国民党的决定。②

① 肖波、马宣伟：《四川军阀混战》（1917—1926），四川省社会科学院出版社，1986 年，第 189—192 页。

② 见任杰：《王右木是党的早期统一战线工作开拓者》，载中共江油市委党史工委编：《王右木研究》，四川大学出版社，1989 年，第 201—202 页。

1923年8月，王右木参加中国社会主义青年团在南京召开的第二次全国代表大会。这次大会主要是贯彻党的三大确定与国民党建立统一战线的方针及团员加入国民党的决议。会后，王右木赴上海转广州向党中央报告工作，加深了对党的国共合作决议的理解。返川后，鉴于四川国民党内部的新的变化，他不计前嫌，在筹建四川党组织的同时，积极促成国共合作。他向团员们传达党的关于国共合作的决议，要求同志们改变对国民党的对立态度。面对社青团员们几乎一致的反对意见，王右木耐心说服教育，向大家反复讲解中国无产阶级革命统一战线的策略问题，说服党团员认识国共合作的重要意义，要求大家要以大局为重，坚决贯彻中央决议。会后，他又找一些团的骨干做工作，使大家对国共合作的策略逐步有了认识。王右木选拔优秀社青团员加入共产党，建立起直属中共中央领导的成都党小组。同时他又积极与四川国民党联系合作事宜，带头以个人身份加入国民党，全力以赴帮助国民党改组，向他们做国共合作的讲演。

四川初次国共合作得到国共两党中央的肯定　1923年10月中旬，国共合作的国民党四川省总支部成立，石青阳任总支部长，熊克武、刘成勋为名誉总支部长，王右木任宣传科副科长。这标志着国共合作在四川的首次建立。

四川首次国共合作的建立使组织建设和群众运动发展迅速。首先，党、团员加入国民党，全力以赴帮助国民党改组，共产党人与国民党员密切合作，关系融洽，圆满完成了国民党改组事宜①。其次，扩大了党、团组织的队伍和影响。1923年底，团中央在关于各地情况报告中指出四川“有二三地团。成都方面已改组改选，现尽力于国民党活动”②，成都社青团一改

① 王功安、毛磊：《国共两党关系史》，武汉出版社，1988年，第37页。

② 《青运史研究》1981年第3期。

长期徘徊状态，到 1924 年初建立起 11 个支部，有 60 余名团员，比半年前翻了一番。再次，党团组织通过国共合作开展群众运动。1924 年 3 月社青团开会商讨“扶助各学校青年国民党为公开的青年国民俱乐部”，广泛组织动员群众参加反帝反封建的国民革命。较全国其他地区而言，四川首次国共合作行动较早、发展较快、合作的层次较高，国共两党中央均予以肯定。1923 年 11 月 24 日，在中共中央三届一次执委会上，陈独秀在《中央局报告》中指出：“四川国民党本有组织，对于我们的同志加入工作者颇信任。”①

1924 年 1 月，国民党一大正式建立国共合作。国民党 24 名中央执委中四川籍有石青阳和熊克武二人，5 名中央监委中有四川籍谢持一人，5 名候补中央监委中有四川籍杨庶堪一人，显示了川人在改组后的国民党中央的重要地位。确定由石青阳和熊克武筹备四川省党部。

但风云变幻，国民党在由北洋军阀吴佩孚侵川而引起的讨贼之战中先胜后败。吴佩孚支持的四川军阀杨森于 1923 年 12 月占领重庆，次年 2 月占领成都。1924 年 5 月，北京政府任命杨森为四川军务督理，邓锡侯为四川省省长，刘存厚为川陕边防督办，刘湘为川滇边防督办。1924 年 3 月，熊克武、石青阳两部失利，退出四川，第一军在川势力瓦解，从此四川再也没有重新建立起统一的全省性的国民党组织，已有国民党组织也处于分崩离析状态。同年 4 月，王右木赴广州开会返川途中，在贵州土城被军阀杀害，四川的党组织遭受了巨大损失，成都的党团工作一时陷入停顿。国共合作双方核心领导的缺失，导致刚刚起步的四川地区的国共合作陷于停顿。

重庆团组织的建立和整顿　1924 年 5 月，成都纪念“五一”和追悼列

① 《中共中央政治报告选辑》(1922—1926)，第 11 页。

宁大会以后，一向标榜“新潮”的军阀杨森逐渐暴露出反革命面目，大肆排挤革命者。客观形势的骤变，以及王右木的牺牲，使重庆被推向了四川革命运动的中心地位。

重庆团地委成立于 1922 年 10 月，但在相当长一段时期内实际工作效果并不理想，领导无力，组织涣散，成立时成员有 10 人，到 1923 年 11 月 14 日有 23 人，其中 8 人是从国外或上海入团后返渝参加重庆地方团组织的，一年间仅发展新团员 5 人。之后重庆团地委出现了一件严重违反组织纪律的“吕潘缔约”事件①，即在南川县工作的重庆地方团的团员潘学海以成都、重庆、泸县三处地方团组织的名义与国民党人、时任四川讨贼军第一路司令的吕超在叙府（今宜宾）缔约，并向吕超请求每月接济 100 元，补助每个工作人员每月 5 元②。这严重违背了共产党、青年团组织在国共合作中保持独立性的原则，等于把四川的主要地方团组织变为国民党的附庸。对此，团中央于 1924 年 9 月 1 日做出了解散这三个地方团组织的决定，并委派萧楚女为特派员，授予他“调阅文件、教育同志、整顿组织之全权”③。萧楚女调查了解后得知，与吕超缔约完全是潘学海个人的行为，与三地团组织无关。但是，一个地方的普通团员竟然私自代表几地团组织与国民党人达成协议，不仅严重违背了组织原则，也反映出早期团组织涣散的问题。萧楚女重点帮助重庆地方团组织进行整顿，通过反对日本商轮“德阳丸案”等实际斗争，使重庆团组织摆脱了“研究小团体”的羁绊，加深了共同认识，并团结了杨闇公、童庸生等重庆团组织的骨干。1924 年 10

---

① 后经团中央查实，“缔约”属于潘学海个人行为，与当地团组织无关。中央档案馆、四川省档案馆编：《四川革命历史文件汇集（群团文件 · 1922—1925 年）》，1986 年，第 202 页。

② 中央档案馆、四川省档案馆编：《四川革命历史文件汇集（群团文件 · 1922—1925 年）》，1986 年，内部资料，第 197 页。

③ 《团中央委任萧楚女为驻川特派员的决定》；萧楚女给团中央的信（1924 年 9 月 18 日），原件存中央档案馆。

月，萧楚女指导重庆团地委进行了初步改组，撤换了唐伯焜的书记职务，由年仅20岁的罗世文担任秘书。1925年1月，重庆团地委再一次改选，杨闇公以公认的才干当选为组织部主任并代行书记职务，成为团地委的核心人物，童庸生先后代理组织干事、宣传干事，罗世文负责学生部工作①。经过整顿，重庆团地委最终达到了统一团内思想、撤换投机分子、巩固团组织的目的。

中共四川地方组织的建立　王右木牺牲后，成都的党组织损失了核心领导，四川党组织建立的重任转到了重庆。根据中共四大《对于组织问题之议决案》之“重庆应努力开始党的组织”的明确要求，1925年3月，杨闇公、童庸生等重庆团地委主要骨干由团员转为中共正式党员，9月重庆团地委再次改选，杨闇公任书记。下半年，党组织建立的步伐加快，部分旅欧、留苏和在北京、上海等地读书或工作的共产党员，先后回到四川。1926年1月，重庆地区最早的中共党组织——中共重庆支部正式成立，直属中共中央领导，留学回国的党员冉钧任书记。与此同时，綦江、宜宾、内江、巴县等地党组织也纷纷建立。1925年12月，刘愿庵调往成都，在清理和整顿团组织基础上发展党员，次年4月中共成都特支成立，党、团组织迅速发展壮大，在彭县、郫县、崇宁、蒲江、青神、绵竹、江油等县建立了党支部。

1926年2月24日，经中共中央批准，中共四川省的领导机构——中共重庆地方执行委员会建立，杨闇公、冉钧、吴玉章任执行委员，杨闇公任书记，程子健、李嘉仲为候补执行委员。地委成立以后，根据工作的需要又先后增设工人、学生、妇女、教育委员会。各地党组织不断建立和发展，党员由7月的42人发展到11月的168人，再到次年3月发展到400多人，

① 黎余：《“潘吕缔约”事件引起的风波》，《红岩春秋》2020年第3期。

成都、内江等10个特支，荣昌、南川等18个支部相继建立。中共重庆地委的成立，改变了四川各地党团组织各自为战和团组织代行党组织领导革命的状况，实现了全省分散的党和团组织的统一领导，勇敢地担负起领导第一次国共合作的历史重任。

三、四川国共合作在同国民党右派的斗争中发展

国共合作受到国民党右派阻挠　国民党一大通过的宣言和章程，是国共合作的政治基础。改组后的国民党已经成为工人阶级、农民阶级、小资产阶级、民族资产阶级的阶级联盟。国民党一大的召开，标志着国民党改组的完成和第一次国共合作的正式形成。国民党内成员复杂，相当一批人虽曾忠实追随孙中山参加反清革命，但始终反对社会革命，反对工农运动，反对国共合作，是国民党中的右派。由于孙中山的坚持，对国民党一大通过的宣言和章程，国民党右派在口头上不能不赞成，但并不愿意执行。是否真正执行大会宣言和章程，实际上成为各地共产党员和国民党左派同国民党右派斗争的核心问题。伴随革命运动的迅速发展，革命阵营内部的反共逆流也在滋长。1925年3月12日孙中山逝世后，原先就坚持反共立场的国民党右派重新活跃起来，国民党内部左、右两派进一步分化，以致国民党左派代表人物廖仲恺被刺，国共合作中的斗争也更加复杂、尖锐。

1924年春，熊克武兵败离川后，国民党在四川的政治、军事等方面已无多大力量，到1925年上半年，工作基本上处于停顿状态。孙中山去世后，重庆等地反动势力更加嚣张，5月中旬，《南鸿》《烛光》等进步刊物被查封，共产党人萧楚女、张闻天、廖划平等被地方当局勒令限期出川。国民党右派重要人物谢持、戴季陶等均为四川人，对四川影响极大。加入西山会议派的石青阳用未成立的国民党“四川执行部”名义，擅自指定曹叔实、朱叔痴、黄复生、张赤父等人筹备四川党务，匆促在7月9日成立

国民党四川省临时执行委员会，以石青阳为指导委员，黄复生、唐德安、朱叔痴、邓懋修等 9 人为执行委员。这个临时执委会及其于 8 月 6 日委派成立的重庆市党部均被国民党右派掌控，不但排斥国民党左派和共产党员，还对内大搞派别斗争，内耗严重，对外工作乏力，群众影响微弱，对国共合作在四川的实现极为不利。

吴玉章整顿四川国民党　为尽快实现四川国共合作，发展四川国民革命运动，1925 年 7 月 3 日，国民党中央执行委员会第 92 次会议议决，任命吴玉章为组织四川省党部筹备员，请其从速入川整顿党务、筹建党部。8 月中旬，吴玉章回川后，首先健全领导机构，对国民党四川临时执委会进行改组，当仁不让成为执委之一，并亲自担任组织部长，着力改变国民党右派控制临时省党部、阻挠优秀青年加入国民党的状况；同时选派以个人名义加入国民党的党、团员充任国民党地方党部筹备员，在省内各区县筹建起区分部；还以“特许”的办法在各学校成立特别区分部，使四川国民党左派力量得到迅速发展壮大，聚集在国民革命的旗帜之下。

根据中共党组织的指示，共产党员、社青团员以个人名义加入国民党，在各地积极帮助创建和发展组织，他们领导的工人运动、农民运动、青年运动、妇女运动等反帝反封建的群众运动在全川四处开花，成为推动四川国共合作和大革命运动的中坚力量。吴玉章还多方筹措资金，开办中法大学，亲任校长，聘请共产党人在学校担任重要职务，在学生中发展革命力量。经过两个多月的整顿，到 10 月中旬，四川国民党共建立区分部 441 个，有党员 8000 余人。不少党部的实际负责人是共产党员，在四川国民党（左派）从省到县区的各级组织中发挥了主导作用，赢得了赞誉和信任。在四川选举出席国民党二大的 8 名代表中，有吴玉章、杨闇公等共产党员、青年团员和国民党左派 6 人。

1926 年 1 月，国民党二大召开，吴玉章为大会秘书长。在国民党左派和共产党的共同努力下，国民党二大通过的《弹劾西山会议决议案》将西山会议派头目谢持等永远开除出党；戴季陶由大会训令，“促其猛省”；大会纪律案决议还开除西山会议派分子、原国民党四川支部长石青阳等的党籍；大会选举了一些国民党左派和共产党的著名人物连任当选，其中吴玉章被选为国民党中央执行委员。会议取得对西山会议派斗争的胜利。同年2月，经吴玉章提议，国民党中常会根据二届一中全会关于整顿四川临时省党部的决议，正式做出了解散原为右派控制的四川临时省执委会的决定，另委共产党员杨闇公、陈宣三、张克勤和国民党左派邓劼刚、李筱亭以及原有执委中的邓懋修、郭云楼、唐德安等8人为执委，以杨闇公、李筱亭、邓劼刚3人为常委，组成新的国民党四川省临时执行委员会。新成立的省党部受在国民党二大上当选的中央执行委员吴玉章指导，以李筱亭为主要负责人，杨闇公为组织部长。国民党四川省党部正式改组取得圆满成功，右派势力在省党部内被彻底打垮，这也标志着四川国共合作基本格局的形成。3月初，临时省党部迁重庆莲花池新址办公，此后，为了区别于右派的临时省党部，莲花池省党部就成为左派省党部的代名词。

国民党左派与右派斗争尖锐　1925年11月，国民党右派分子朱叔痴、张赤父等则趁吴玉章前往广州筹备和参加国民党二大之机，召开所谓的国民党四川省、市党部联席会议，企图把省党部从重庆迁往成都，从而将省党部完全置于国民党右派控制之下，但遭到在省党部秘书处工作的共产党员和国民党左派的坚决抵制，许多县党部、区分部纷纷通电反对迁省党部。次年元旦，广州国民党中央执委会批复，批评临时省党部不遵决议，违反纲纪，下令停止其职权，听候查办……搬迁省党部的阴谋未能得逞。国民党二大后，西山会议派不甘心失败，在上海另立“中央”，在2月广州国民党中央做出解散原四川临时省执委会的决定后，又于3月1日在重庆另设临时省党部（即右派总土地党部），重庆出现两个国民党省党部并立的局面。

由吴玉章、杨闇公直接领导，以李筱亭为首的国民党左派与以石青阳、黄斗寅为首的国民党右派斗争尖锐激烈。莲花池省党部积极维护国共合作，揭露西山会议派少数叛逆行为，通告各级党部严肃纪律，整顿组织。莲花池省党部组织开会，到会数万人；总土地党部开会寥寥无几，恼羞成怒，日相寻仇，不断挑起事端，4 月 25 日，重庆学生和工人讲演队在街头宣传孙中山新三民主义，突遭国民党右派分子组织的流氓毒打，十余人受伤，川东学联和市学联负责人张锡俦等 4 人被打成重伤。中共重庆地委发动社会各团体开展猛烈抗议斗争，右派头领被逼认错道歉，使更多人认清右派总土地党部的反动面目。国民党右派还勾结军阀、流氓等，摧残各地左派党部和群众团体，迫害甚至残杀国民党左派党员、农会会员。11 月，南川县右派捣毁左派县党部，杀害 3 名左派党员，10 名农会会员；长寿县右派勾结驻军逮捕县党部执委；12 月，右派总土地党部发动流氓毒打学生宣传队，试图捣毁莲花池省党部。随着北伐战争的节节胜利，左派带领群众反击，抓住四川军阀刘湘在重庆宣誓就任国民革命军第 21 军军长等职，通电表态效忠国民革命时机，据理力争，促使刘湘 12 月 27 日发出布告，解散右派之总土地省党部。但四川国民党右派同军阀勾结很深，仍暗通款曲，开展破坏活动。

国民党四川省第一次代表大会召开　1926 年 11 月 25 日至 12 月 4 日，国民党（左派）四川省第一次代表大会在重庆中山学校召开，到会代表 60 余人，其中共产党员、青年团员占三分之一。此时，全省国民党有 108 个区党部，882 个区分部，2 万多名党员。会上，共产党人杨闇公作《政治报告》《工人运动报告》《农民运动报告》，刘伯承作《军事报告》，李筱亭、邓劼刚合作《党务报告》，程志筠作《妇女运动报告》，成都、涪陵、宜宾等 17 个县、市党部和一个特别区党部到会作了《党务报告》。会议总结了一年多来四川国共合作的主要情况，确定了以坚持孙中山新三民主义，发展左派力量，反对国民党右派和国家主义派，进一步发动群众支援北伐战争，深入开展以国民革命运动为中心任务的工作方针。会议对总土地省党部右派分子分别作了驱逐出境、除名、警告等处分的处理决议。大会选出了李筱亭、杨闇公、邓劼刚、熊子骏、杨吉普、刘公潜、吴匡时、朱玉阶、刘伯承等9人为省执行委员，刘愿庵、陈宣三、张克勤、陈仲苍、廖划平等5人为候补执行委员，向时俊、李嘉仲、陈达三、吴俭秋、傅双无等5人为监察委员，熊晓岩等3人为候补监察委员①。在会上选出的总共22名执行委员、候补执行委员和监察委员、候补监察委员，全部是共产党员和国民党左派，而共产党员又在其中起了领导核心的作用。

中共重庆地委广泛发展统一战线，推进国共合作，在与国民党右派一系列斗争中，共产党员、青年团员和国民党左派迅速壮大，成为四川政治舞台上举足轻重的力量。

四、国共合作促进四川国民革命风起云涌

国民党四川省党部的改组，为四川党团组织领导群众进行革命斗争活动提供了公开活动的舞台。以声援五卅运动为中心的反帝斗争推动了四川大革命运动的发展。在北伐取得不断胜利的同时，四川人民的反帝斗争也日益高涨，并在万县“九五”惨案后掀起了高潮。

积极开展反帝爱国运动　1925年6月初，上海“五卅”惨案的消息传到四川，以重庆、成都为中心的反帝爱国群众运动在四川各地党、团组织的领导下迅速兴起。重庆团地委联络84个单位和团体，成立了“英、日惨

---

① 张惠昌：《“三·卅一”前国民党左右派在四川的斗争》，载中国人民政治协商会议四川省委员会文史资料研究委员会编：《四川文史资料选辑》第24辑，四川人民出版社，1981年。

杀华人重庆国民外交后援会”，呼吁对英、日实行强硬外交，实现对英、日经济绝交，并要求收回海关，取消租界，撤除巡捕，取缔会审公廨，废除内河航运权等。工人、商界、学界积极响应，自发组织的反帝团体纷纷建立，形成了城乡结合、社会各阶层广泛参加的反帝运动。成都团地委成员联络社会各界成立了“上海英、日惨杀华人案成都国民外交后援会”，并组织全市国民大会和示威游行，抗议英、日帝国主义的暴行。南充、宜宾、泸州等地团组织在发动群众声援五卅遇难同胞的同时，还号召抵制英、日货物。泸州学生焚烧英商运往该地的煤油，宜宾学生开展抵制英商运送的煤油上岸的“仇油”斗争。

正当五卅反帝运动高涨之际，7 月 2 日，英国水兵在重庆又制造了“龙门浩血案”。重庆团地委领导后援会立即发起召开重庆市民大会，愤怒谴责英军暴行，组织群众游行示威，在遭到重庆卫戍司令王陵基派兵镇压后仍顽强斗争。英国人陷入食品无处买、坐轿无人抬的境地，英国军舰被迫离开重庆，军阀被迫释放逮捕的学生和工人。7 月中旬，重庆各界组织的后援会联合组成了“重庆各界外交后援会团体联席会议”，使重庆的反帝组织进一步团结起来，推动运动向纵深发展。11 月初，重庆发生了美国商轮美仁号接连在川江上浪沉中国木船，枪击中国同胞，致 27 人死亡、9 人受伤的惨剧。重庆团地委首次提出争取军人加入反帝爱国运动中来，提出惩凶、赔款、治伤等条件，并出版《美仁轮案专号》，揭露事件真相，还专门派出代表团赴北京向外交部交涉。市民纷纷投入反对美帝暴行的斗争中。在群众的压力下，重庆海关扣留了美仁号，美国驻重庆领事也答应了群众提出的条件。1926 年 3 月 18 日，北京段祺瑞执政府卫队开枪暴力驱散反对英、日等八国通牒的北京各界请愿代表，当场死伤 100 余人，酿成著名的“三一八”惨案。重庆各界团体成立“北京惨案重庆国民外交后援会”，并纷纷发出通电声讨军阀政府罪行。

英舰制造“万县惨案”引起反抗怒潮　1926 年，四川军阀杨森已退至万县，盘踞下川东。党中央派遣朱德策动该部易帜，中共北方区委亦派遣陈毅到杨森部做响应北伐的军事统战工作。针对英国轮船多次在川江肇事，浪沉木船、淹死军民诸事，朱德、陈毅鼓励杨森下令扣留英轮“万通号”。1926 年 9 月 5 日，三艘英国军舰企图劫夺被扣英轮，激战中英舰长达理被击毙，于是蓄意炮击万县县城，打死市民 604 人，伤 398 人，毁民房千余间，制造了震惊中外的万县“九五惨案”。朱德、陈毅立即草拟电文，以杨森名义通电全国；重庆地委以左派省党部名义发动各界组成“万县惨案四川国民雪耻会”，发起了抗议、后援和与英经济绝交等活动；重庆、万县和四川各地反对英帝国主义的群众团体纷纷建立；10 月 5 日，中共中央发出《为英帝国主义屠杀万县告民众书》，在全国掀起了反对英帝国主义的斗争怒潮，并在世界各地引起巨大反响和呼应，成为大革命时期四川规模最大的一次群众运动，影响中外，创造了中国人第一次在长江向英舰开战而迫其逃遁的战例，打击了英帝国主义的嚣张气焰。

革命群众运动的兴起　四川国共合作不断发展，引导工人运动、农民运动、青年运动、妇女运动等反帝反封建群众运动在全川四处开花。

工人运动方面：1926 年 10 月，成都市工会在成都劳工联合会基础上成立，所属 42 个分工会，共有 4 万多名工人，通过了保障工人权利、援助罢工等议案，很快得到中华全国总工会的批准。重庆经过斗争拆散了右派控制的总工会，成立了直接向武汉国民政府立案，并得到全国总工会承认的重庆市总工会。到 1927 年上半年，四川有 13 个县市成立了工会组织，会员达 12 万多人。

农民运动方面：国民党左派四川临时省党部先后选派人员前往广州、武汉农民运动讲习所学习。重庆地委在中法大学组织农民运动研究会，传授农运工作的知识和方法。到 1927 年上半年，营山、江北、綦江、巴县等

15个县建立了农会组织，会员有2万多人。内江、富顺、南川、江津等县部分团练武装为左派县党部成员掌握。为配合和策应泸顺起义，川南组织农民武装抗捐，川西郫县农民自卫军武装围城48天；共产党员、农运讲习所学员石兆祥领导高桥农会组织蒲江、眉山、彭山、邛崃、名山等县32个乡镇近万农民开展打土豪、抗捐抗粮斗争。此起彼伏的农民武装斗争有效牵制了四川军阀武装力量。

青年运动方面：由吴玉章任校长的中法大学四川分校在重庆创办，第一批招收进步学生三百多人，培养了一批急需的革命人才。四川的国民党左派和共产党大力推荐进步青年进入军校学习，1926年冬，四川学生1000余人报考国民党中央军事学校武汉分校，罗瑞卿、陈伯钧、徐彦刚、张锡龙、李坤泰（赵一曼）、游曦等300余名男女学生被军校录取。他们中的许多人后来成为革命骨干。

妇女运动方面：妇女中的党团员数量也有了较大增长，中法大学培养的妇女运动骨干促进了妇女运动较快发展。重庆的党团组织派出党团员到女工集中的地方，开办工人夜校、建立女工工会，开展妇女运动。省立第二女子师范的学生在党团组织的领导下，开展了驱逐封建校长的斗争。1926年12月，四川省各界妇女联合会在重庆成立，标志着四川妇女作为一支有组织的重要政治力量投身到大革命运动中。

省国民党一大召开期间，11月30日重庆各界人士五千多人在巴县中学集会庆祝，次日工农商学兵各界五万余人齐集打枪坝，举行游行示威庆祝，程子健、漆南熏、吴自伟等为主席团，宋南轩、郭勋祺为总指挥，陈仲弘等做慷慨演说，大会还散发告工友、商民、学生、兵友等书，游行队伍经三牌坊、商业场、大什字都邮街等，沿途随从参加者不下20万人，高呼“工农商学兵联合起来”“巩固革命联合战线”“拥护联俄联共扶助农工三大政策”“打倒帝国主义”“打倒军阀”“中华民族独立万岁”等口号，游行队伍浩浩荡荡，革命洪流滚滚向前。①

四川地区出现了党组织坚强、国共合作巩固、群众运动高涨、武装斗争声势浩大的新局面，一跃而成全国革命形势发展最好的地区之一。1926年9月，中共中央给予高度评价："川省现时是最好工作之地，四川工作同志其刻苦奋斗的精神，更有为别省所不及者"②。

五、国共合作点睛之笔——泸顺起义

国共两党酝酿策动川军易帜　1926年7月，国民革命军兴师北伐，大革命进入高潮。居于长江上游的四川军阀原为北洋军阀附庸，对内拥兵自重，互相倾轧，对外则依附于直皖两系军阀。是年初，杨闇公、吴玉章参加国民党二大回川后，即以莲花池省党部名义，进行争取和策动川军部队易帜倒戈工作；黄慕颜、秦汉三等川军将领加入共产党，而原来一些迫害过革命党人的军阀的政治态度也有所转变。中共重庆地委对四川军阀进行了细致调查，详尽分析了四川军阀各派系的军事实力和政治倾向，以及中共在各部队的工作基础等，为中央决策提供参考依据。国民党中央批准成立了以李筱亭、吴玉章、刘伯承为委员的四川省党部特委会，专负川中军事工作之责。北伐军占领武汉后，川军将领更纷纷派出代表与广东国民政府联系，表示倒向国民革命，刘伯承在广州以国民党四川临时省党部特务委员会名义，主持四川各军阀代表谈判，签订协议，促进川军参加国民革命。10月，国民党中央决定派刘伯承以国民党中央特派员名义全面负责四川军事运动。次月初，刘伯承由广州抵重庆，根据中共中央指示，成立中共重庆地委军事委员会，杨闇公为书记，朱德、刘伯承为委员，决定利用

① 张惠昌：《"三·卅一"前国民党左右派在四川的斗争》，载中国人民政治协商会议四川省委员会文史资料研究委员会编：《四川文史资料选辑》第24辑，四川人民出版社，1981年。

② 中央档案馆编：《中共中央文件选集》第二册，中共中央党校出版社，1989年，第353页。

四川军阀内部矛盾，策动一部分军队起义，建立自己的武装，以推动和争取更多的军阀武装易帜倒戈，发展国民革命。

配合北伐举行泸顺起义 根据中共中央决策，四川党组织决定策动驻防顺庆和合川的秦汉三、黄慕颜等三个旅和驻防泸州的袁品文等三个旅，首先举行武装起义，并成立国民革命军川军各路总指挥部，公推刘伯承、黄慕颜为正、副总指挥。国民党省党部成立了“国民革命军北伐四川国民后援会”，发布《告四川全体将士书》，造成强大政治声势，敦促川军参加大革命。

1926 年 12 月 1 日，泸州驻军赖心辉部三个旅提前起义，袁品文、陈兰亭、皮光泽分别任第四、五、六路司令。3 日，顺庆驻军罗泽洲部秦汉三旅、杜柏乾旅起义；5 日，驻合川的黄慕颜与自重庆赴合川的刘伯承按原计划率部到顺庆会师；9 日，起义部队 7000 余人在顺庆召开誓师大会，刘伯承、黄慕颜分别任正、副总指挥，韩伯诚为参谋长，陈毅为政治部主任；黄慕颜、秦汉三、杜柏乾分别就任国民革命军川军第一、二、三路司令，随即联名发出起义通电。起义不久即遭军阀围攻，又因泸州起义部队未能按计划到顺庆会合，被迫撤离顺庆转移开江县。次年 1 月，经中共重庆地委军委会议研究决定，刘伯承赶赴形势紧张的泸州，建立总指挥部，颁布《国民革命军川军各路总指挥部布告》，整顿部队，统一指挥；在各军设政治部、党代表，各团设政治指导员，绝大多数由共产党担任；为培训基层官佐和革命骨干，还筹建泸纳军团联合军事政治学校并亲兼校长，由共产党员和左派人士充任教员。刘伯承号令严明，措置得当，很快使混乱的泸州面目为之一新。革命的泸州，声威远播，引起川中各界瞩目，吸引着反帝、反军阀的各种力量。四川军政、教育、文化各界人士和人民群众，纷纷发来函电，表示对泸州义军的崇敬和支持。附近地区的许多有志青年，也纷纷前来投效。

为配合和策应泸顺起义，中共四川党组织还派人在各地领导组织了声势浩大的农村武装斗争。中共荣县特支以农民协会为主、以五宝镇为中心，领导民团武装抗捐，宜宾党组织负责人郑佑之率农民武装 2000 余人前往支援，会合后成立川南农民自卫军指挥部。此起彼伏的农民武装斗争有效牵制了四川军阀的反动武装，与泸顺起义互为犄角之势，声援和激励了起义部队。

面对泸顺起义的强大压力，对国民革命原持观望态度的四川各派军阀迅速在北洋政府和广州国民政府之间选择后者，但后来又纷纷投靠国民党右派代表蒋介石，向共产党人和国民党左派举起屠刀。3 月 31 日，国民党莲花池省党部（左派）在重庆通远门打枪坝召开群众大会，抗议英、美等帝国主义炮击南京的暴行，四川军阀刘湘部王陵基、蓝文彬和团阀曹燮阳、申文英等却派兵包围会场，造成 200 余人死亡、1000 余人受伤、300 余人被捕，中共重庆地委书记杨闇公、组织部长冉钧，国民党左派省党部执行委员陈达三，群众大会总指挥漆南薰等重要人员惨遭杀害，制造了震惊全国的“三三一”惨案。

刘伯承高举国民革命军义旗　中共重庆地委主要负责人牺牲，莲花池国民党左派党部被摧毁，重庆地委的领导重担自然落在刘伯承肩上。刘伯承以国民革命军川军各路总指挥的名义，一面通电讨伐惨案祸首刘湘，一面积极布置守城。中共泸州党组织和国民党左派人士也积极动员和组织群众支援守城，帮助运送弹药物资，收治伤员；各团体携带慰问品分赴各部队医院和前线，慰问伤病员和前线官兵，鼓舞泸州军民殊死战斗。1927 年 5 月上旬，经过吴玉章的一再努力，武汉国民政府下令起义部队编为“国民革命军暂编第十五军”，任命刘伯承为军长。尽管如此，刚刚易帜的打着国民革命军旗帜的四川军阀仍然联合起来，肆无忌惮地进攻同样在国民革命军旗帜下的泸州起义军。起义军寡不敌众、弹尽粮绝，内部也出现矛盾，刘伯承被迫离开泸州，起义最后于 1927 年 5 月中旬失败。

泸顺起义坚持斗争长达 167 天，参加起义的部队 6 个旅共约 14 000 人。泸顺起义高举国共合作、反帝反封建的旗帜，为北伐战争做出了重大贡献，当国民党右派叛变革命，发生“三三一”惨案和“四一二”反革命政变之后，实际上它又高举起了武装讨伐国民党新军阀的旗帜，进行了艰苦卓绝的斗争，有力推动了四川革命斗争的发展。这次起义虽然在国内反革命势力的联合绞杀下失败了，但它是中国共产党领导武装起义的先声，是党独立掌握武装的一次勇敢尝试，为党建立革命武装、开展武装斗争提供了可贵经验，更是第一次国共合作在四川的点睛之笔。参与领导起义并取得宝贵经验的吴玉章、刘伯承、朱德、陈毅等成为后来南昌起义的骨干和中坚，而这场起义也被誉为“八一南昌起义的预演”。中共中央党史研究室著《中国共产党历史》有如下评价：“泸顺起义是中国共产党力图掌握武装的一次勇敢的尝试，是牵制敌人配合北伐的重大军事行动，同时也有力地推动了四川革命运动的发展，成为党在大革命时期争取改造旧军队的一个范例。”①

① 中共中央党史研究室：《中国共产党历史》第一卷上册，中共党史出版社，2011 年，第 178 页。

第二章
工农民主统一战线在四川

以蒋介石为首的国民党新军阀在帝国主义的支持下，建立起一个代表地主阶级和买办资产阶级利益的独裁专制政权。中国共产党继续推进彻底的反帝反封建的民主革命，领导了十年土地革命战争。在严酷的白色恐怖中，中共四川各级党组织紧紧依靠农民这个革命主要同盟军，建立工农民主统一战线，积极开展农民、工人和士兵运动，与川陕、湘鄂川黔革命根据地的创建和发展呼应，武装起义和游击战争此起彼伏。在此期间，“左”倾路线错误也留下深刻教训。党中央和三大主力红军长征过四川，创造性地开展统战工作，为四川统一战线留下了精彩华章。

第一节　开展工农武装斗争

1927 年春夏期间，在大革命轰轰烈烈、北伐军所向披靡之际，作为国际国内反革命势力总代表的蒋介石在上海发动“四一二”反革命政变，在南京非法另立国民政府①，汪精卫在武汉发动“七一五”反革命政变。他们违背孙中山遗教，违抗国民党一大、二大的宣言主张，向同盟者——中国共产党举起了屠刀，残酷镇压工农革命运动，国共合作全面破裂。忠于孙中山三大政策的著名中国国民党领袖宋庆龄、邓演达等声明脱离国民党中央。中国国民党在1924年1月完成改组实现第一次历史性转折，“已完全背叛革命，出现了第二次历史性转折——从革命党转变为反革命党”。②“清党分共”后的国民党四分五裂，不同的政治派别各执其说、互相攻讦，军事实力派各霸一方，他们都声称奉行三民主义，却分成对立的南京、武汉两个中央政府和南京、武汉、上海三个国民党中央，以及大大小小各自为政的独立王国，蒋桂战争、蒋冯战争、蒋冯阎大战等新军阀间的混战和各政治派别间的争斗愈演愈烈，直到“九一八”之后，迫于各方压力，分

① 1927年4月建立的南京国民政府是分裂与叛变的产物，它的产生没有合法依据。1925年7月1日，国民政府在广州宣告成立，同日公布的《国民政府组织法》规定：“国民政府受中国国民党之指导及监督”。此时的中国国民党是实行国共合作条件下的四个革命阶级的政治联盟，是统一战线的一种组织形式，而不是一般意义上所称的政党。国共合作后的国民党实行民主集中制，国民党中央执行委员会多数委员做出的决定才是国民党中央的决定。为实现国民党对国民政府的指导监督，国民党中央同时修订了中央政治委员会的组织法，规定政治委员会直属中央执行委员会，国民政府施政方针由中央政治委员会决定后，交由国民政府执行，中央政治委员会与国民政府是决策者和实施者的关系。1927年3月10—27日在武汉召开的国民党二届三中全会，进一步确立了国民党中央实行常务委员集体领导制、国民政府委员集体领导制和军事委员会主席团制等。国民党二大选举产生国民党二届中执委共36人，1927年4月绝大多数中执委在武汉，在南京的不到10人；就中央政治会议而言，不但在国民党五届一中全会上已改名为中央政治委员会，并重选了15人为委员，胡汉民、张静江、吴稚晖未被选入；即使以原来的中央政治会议名义，同样存在凑不够法定开会人数的困难：原中政会共有委员21人，其中15人在武汉或拥护武汉国民党中央。于是蒋介石提议，加派萧佛成、蔡元培等9人为中政会委员，这又属非法，因为按中政会组织法规定，中政会委员只能由国民党中央执行委员会推定。所以当时蒋介石等人也不敢说在南京重新成立了一个国民政府，而鱼目混珠地称为“在南京办公”“定都南京”，并在4月18日发表《建都南京宣言》。（参见徐矛：《中华民国政治制度史》，上海人民出版社，1992年，第179—181、198—199页。）

② 李松林、齐福麟、许小军等：《中国国民党大事记》，解放军出版社，1988年，第4页。

裂的国民党宁、粤两个中央才实现统一，结束了全国性的新军阀混战，但国民党蒋介石的反共内战、吞并地方势力图谋更烈，使得神州大地内忧外患不断，天灾人祸横生，中华民族危机更加深重。面对大革命失败后的全国白色恐怖，中共党组织在极端困难的条件下，掀起土地革命的风暴，组织领导武装斗争反抗国民党的反动统治，建立、巩固和发展工农民主统一战线，加强兵运工作，开展了轰轰烈烈的工农武装斗争。

一、工农联盟武装斗争的提出和开展

工农民主统一战线的提出　1923 年 6 月党的三大制定了专门的《农民问题决议案》，提出了联合小农、佃农和雇农的要求。1925 年 1 月党的四大第一次明确提出工农联盟问题，同年 5 月全国第二次劳动大会通过的《工农联合的决议案》，把引导农民参加民主革命和与农民建立巩固的联盟，作为民主革命胜利的保证。大革命失败的一个深刻教训就是，无产阶级要领导中国革命，必须结成巩固的工农联盟，组成统一战线，建立党和人民直接掌握的革命武装。1927 年 4—5 月党的五大，特别是 1927 年“八七会议”以后，党总结了“四一二”“七一五”政变的血的教训，将工作重心由做国民党工作转向发动工农群众上来。毛泽东在井冈山期间所形成的开展武装斗争、进行土地革命、建立革命政权的三位一体的武装割据思想，解决了工农联盟的核心问题。这种思想付诸实践，就是中国共产党领导的工农民主统一战线的实际开端①。1928 年党的六大制定了工农民主统一战线的策略，明确提出中国革命的中心任务：要“力争建立工农兵代表会议（苏维埃）的政权”，“巩固工人阶级与共产党在农民运动与工人运动中的领

① 中共中央统战部编著：《中国共产党统一战线史》，中共党史出版社，2017 年，第 37 页。

导。"①土地革命战争时期的统一战线把工人、农民和士兵群众作为革命的基本力量，为中国共产党深入开展土地革命、巩固工农联盟、发展壮大工农红军、不断扩大根据地提供了政治理论和社会群众基础。因此，周恩来后来把这一时期统一战线的性质定性为"反封建压迫、反国民党统治的工农民主的民族统一战线"②。

四川党组织的重建和发展　1927 年"三三一"惨案后，四川笼罩在一片白色恐怖中，杨闇公、冉钧等中共四川组织领导人惨遭杀害，成都等地军阀也严厉搜捕共产党人，成都市总工会负责人孟本斋以及在涪陵领导农民运动的李蔚如等人先后遭到杀害，中共四川地方党团组织遭到了严重破坏，全川党团员人数由 400 余人锐减至几十人。1927 年 6 月 6 日，中共临时中央政治局常委会议决定派傅烈、周贡植、钟梦侠、刘披云等 5 人入川清理和恢复党的组织。与此同时，为贯彻党的"八七会议"精神，北京、上海、武汉、广州等地的川籍党员在大革命失败后，纷纷回川开展革命斗争。8 月 12 日，直属中央领导的中共四川临时省委成立，傅烈任书记。到 1927 年 12 月，全省党员发展到 600 多人。次年 3 月傅烈等被捕牺牲后，中央又派出戴昆、李鸣珂、穆青等一批干部加强省委的领导力量。到 8 月，全川有党组织的县达 60 余个，党员人数发展到约 2000 人。1929 年 6 月 7 日，中共四川省委成立，正式选举产生了省委委员和候补委员各 9 人，其中刘愿庵、穆青、刘披云、李鸣珂、陈惠为常委，刘愿庵、穆青分任书记和候补书记。1930 年 6 月底党员人数达到 3881 人，建立了 6 个特区区委，32 个县委，36 个特支。虽然屡遭反动势力的残酷打击，四川党的组织屡仆屡起，不断遭受严重破坏，但又不断重建、恢复和发展，不屈不挠地开展

① 中央档案馆编：《中共中央文件选集》第四册，中共中央党校出版社，1989 年，第 216 页。
② 《周恩来选集》上卷，人民出版社，1980 年，第 207 页。

统一战线工作，领导以工农为主体的各界群众革命运动和工农武装斗争的复兴和发展。

职工运动的复兴　四川临时省委建立后，领导农民、工人、学生、市民等各界群众开始了各种形式的反抗国民党反动统治的斗争，使四川革命斗争呈现出复兴之势。1927 年 11 月，中共四川临时省委成立职工运动委员会，书记曾君杰，委员程秉渊、陈翘、程明海、谭喆。职工运动委员会在重庆领导了肠业工人的罢工、大小木工会与老板“工贼”的斗争、木箱工人的经济斗争等运动。以经济斗争为主要内容的罢工在四川此起彼伏，特别是 1928 年 3 月成立的川南特委加强了对川南地区工人运动的领导。自贡盐业工人举行了反解雇、增工资的大罢工，并在社会各界的支持下取得了胜利。成都的人力车工人掀起了罢工风潮，川西特委于 1928 年 1 月 1 日发动全市 3 万余人举行游行示威，声援人力车工人；2 月，长机帮工人罢工；1929 年 6 月，独轮车工人开展斗争，迫使占据成都的二十四军取消对独轮车的抽捐。1930 年 3 月 24 日，重庆铁机织布工人为摆脱“黄色工会”而成立铁机工人联合会，建立党团组织，并通过“赤色工会”纲领。同一时期其他行业的工人斗争先后有十多次。

改造民团以掩护农民运动发展　大革命失败后，四川党组织在总结经验教训中，认识到在领导思想上对工农武装运动没有给予足够的重视，“民团运动不及时”，尤其是没有很好地通过掌握民团武装，“以掩护农民运动之发展”，“在军队和民团中未起党团作用”①，进而制订了夺取民团武装的指导方针和工作规划，将夺取民团武装并改造成为党领导的独立武装作为四川工农武装斗争的重要部分。1927 年 7 月，黎灌英受中共成都特别支部

① 《四川临时省军委制订的军事工作计划》（1927 年 11 月 20 日），载中央档案馆、四川档案馆编：《四川革命历史文件汇集（省委文件 · 1926—1927 年）》，内部资料，1984 年。

派遣到郫县工作，以青塔团练学校教官的身份开办团练干部训练队，培养和发展党员，在此基础上于当年 10 月建立了中共郫县临时县委并任书记，开展农民运动，建立妇女协会、少年宣传队，以及独轮车、理发、篾工等十几个工会组织。1928 年，涪陵党组织利用军阀杨森依靠地方势力兴办民团扩充实力之机，由余洌（共产党员）担任李渡三镇三乡民团大队长；郑益阳（团员）担任金银乡联队队长，张体仁（团员）任联队指导员，实际上控制了金银乡联队，而后发动了涪陵金银乡农民暴动，惩处恶霸多人，然后各自分散隐蔽。各地党组织组织农会，动员农民开展抗捐抗税的斗争，有的地方还建立了多种形式的农民武装。

城市斗争的坚持和发展 1927 年 11 月，川西特委领导教育界继续开展争取教育经费独立的运动。罢课、罢教行动从大中专学校扩展到小学，得到了社会各界的支持和省内外的声援。至当年 12 月 23 日，四川军阀迫于省内外舆论的压力，不得不表示接受“四川省教育经费独立运动成都省立各校学生联合会”提出的条件。四川省教育厅长也被迫辞职。1928 年初，川西特委领导和发动城市市民开展了大规模的反劣币斗争，并联合成都各界 100 多个团体成立“四川各界民众反抗劣币大同盟”，最终迫使反动当局接受了反劣币要求。1928 年 10 月 10 日，党影响和发动重庆百余团体代表在夫子池成立“重庆市民反对帝国主义大同盟”，并发表宣言，要求废除不平等条约，解决外交悬案。反帝大同盟成立后，积极开展反帝斗争，次年 7 月，被国民党中央下令解散。1932 年 10 月，四川基督教年会由于受到成都、重庆、万县等地广大群众的反对受挫，转而计划在自贡召开，自贡党组织即发动自贡非基督教大同盟示威游行表示反对，游行队伍到达自流井福音堂时，从该堂搜出各地文化、经济、矿藏、交通等情报资料，暴露某些传教士披着宗教外衣对中国进行经济文化侵略的事实，经过斗争，各地赴会的传教士纷纷离开。

二、轰轰烈烈的工农武装斗争

1928年10月，国民党中常会通过《中国国民党训政纲领》，规定训政时期由国民党独揽统治权，政府成员由国民党指派，政府对国民党负责；1931年国民会议通过的《中华民国训政时期约法》将其全文移入，正式把国民党的纲领作为全国国民必须遵循的法律。如此，南京国民政府实际上只是国民党实行一党专政的工具。在这样的专制政权统治下，要继续进行反帝反封建的民主革命和土地革命，必须首先直接反抗国民党的反动统治。

四川人民陷入更加深重的压迫和剥削。四川军阀在各自防区内遍设关卡，重征苛敛，预征筹垫盛行。预征田赋从1年预征一两次发展到七八次，甚至多达十几次。截至1935年，刘湘的二十一军将田赋预征到1975年，刘文辉的二十四军预征到1985年，邓锡侯的二十八军预征到1987年，杨森的二十军预征到1989年，刘存厚的川陕边防军更预征到了一百年以后。除预征田赋外，还有各种“地方附加税”，附加税日重一日，往往比正税高几倍到十几倍，盐税有附加数十种，田赋附加有超正税70倍者，其他搜刮勒索更是层出不穷，枪弹捐、壮丁费、马路费、瘾民捐、帐钩捐、草鞋捐、赤脚捐等苛捐杂税名目繁多。1932年天津《大公报》有社论云：“查川省养兵百万，巨酋六七，成都一地，分隶三军，全省割裂，有同异国。其最大特色为兵愈打愈多，帅时离时合，亦友亦仇，随和随战，要之，万变不离其宗者，为扩张私利，保存实力，诛求无厌，剥削地方。”① 在军阀的残酷压榨下，人民生活状况凄惨，各地暴动此起彼伏。

尖锐的阶级矛盾成为党领导的工农武装斗争最可靠的群众基础。根据上级组织的指示，中共党组织带领四川人民用革命的武装反抗国民党军阀

---

① 四川省文史研究馆编：《四川军阀史料》第二辑，四川人民出版社，1983年，第208页。

的血腥统治，积极开展农民、工人和士兵运动，组织暴动、起义达60多次，大体分为四个阶段。

第一阶段。党的“八七会议”对第一次国共合作失败的教训作了初步总结，确定了实行土地革命和武装反抗国民党反动派的总方针，强调必须将工人运动与农民武装暴动相结合，实现“工农独裁”的政权目标，同时也要与国民党左派、下层群众、下层组织联合。据此，1927年10月22日，中共四川临时省委在《关于职工运动原则新指示》中指出，实行土地革命、工农武装暴动夺取政权的时候已经到来，要把工人的意识引导到必须采取暴动夺取政权上来；要以最有力的经济斗争方式动摇统治基础；立即在工人群众中着手组织秘密武装，开展暴动巷战等军事训练，扩大工会组织，领导工人斗争。1927年11月，中共中央临时政治局扩大会议要求实行以城市暴动为中心的全国武装暴动总策略。次年1月，收到中央新要求，中共四川临时省委“重新决定四川今后的工作计划”，针对四川军阀之间即将发生大规模冲突的局面，提出“用民众革命的战争反对军阀屠杀人民的混战”等口号，要求各地立刻开始组织暴动。2月，四川省委制订了《四川暴动行动大纲》，提出“以农民暴动为中心，土地革命为目的”，做好农运、军运以及民团工作，以保证武装斗争的进行，在很短的时间内，组织、发动、领导了15次农民暴动和兵变。由于“左”倾盲动主义的影响，对四川的政治形势做出了错误的估计，春荒暴动付出了惨痛代价：省委书记傅烈等10人先后被捕，除1人被判无期徒刑外，傅烈等9人壮烈牺牲；南溪、宜宾农民暴动失败，上百人牺牲，党、团组织受到严重破坏，农协会员由1万多人锐减至200余人。

第二阶段。1928年夏，党的六大指出，中国仍然是半殖民地半封建社会，中国革命现阶段的性质仍然是资产阶级民主革命，批判了混淆民主革命与社会主义革命界限的所谓“不断革命”论的观点。大会指出，当前中国的政治形势是处在两个革命高潮之间即低潮时期，党的总路线是争取群众，而不是立即举行全国性的起义，强调“左”倾盲动主义和命令主义是当前使党脱离群众的“最主要的危险倾向”，提出要把党的工作中心从千方百计地组织暴动转到从事长期的艰苦群众工作上。根据中央指示，四川省委传达贯彻六大精神，加强了争取群众的工作。在中央特科工作的李鸣珂受中央委派回川任省委委员兼军委书记，改进和提高对武装斗争的组织领导、计划策略，以及战略战术等，1929 年 2 月，制定《关于农村斗争战术的指示》，对于农运、农民武装起义等工作做出新的部署。他根据四川各军阀的特点和他们之间的矛盾，抓住兵运与民（团）运及匪运三种形相似而实不同的环节，一方面主动做陈静珊、陈书农、郭勋祺、潘文华等川军将领的工作，同时深入各县市发动、指导工农兵武装斗争，先后指导了潼南双江兵变、万源固军坝起义、邝继勋部起义等，领导涪陵、彭水、丰都驻军发动兵变，并与涪陵罗云坝农民武装会合，成立四川工农红军第二路游击队，在 10 多个乡建立苏维埃政府和赤卫队，发动群众，开展土地革命，队伍扩大到 2000 多人，活动范围达 1.6 万平方公里，是“工农武装割据”在四川的实践。这一阶段的主要武装斗争还有：1929 年 3 月，潼南赤卫队成立，发动群众，开展土地革命，坚持游击斗争三年多；1929 年 8 月共产党员秦伯卿在忠县石宝寨发动“平民革命军”斗争，次年 8 月率部参加四川红军第三路游击队，失败后率余部坚持斗争，转向湘鄂西到达湖北五里坪，参加贺龙的红军部队，被编为中国工农红军第二军团第二路军，成为四川武装起义部队同主力红军会合的第一支部队。这一阶段党领导的主要武装起义有 11 次。这些起义虽然最终失败，但党和红军已在各界人士和广大群众中产生多种影响，推进了四川革命运动发展。

第三阶段。1930 年 6 月，中央政治局会议通过了李立三起草的《新的革命高潮与一省或几省的首先胜利》的决议，制定了以武汉为中心的全国中心城市起义和集中全国红军进攻中心城市的"左"倾冒险计划，并派人到四川传达该决议和"会师武汉，饮马长江"的计划。在"左"倾冒险主义错误路线影响下，省委决定开展全川的秋收武装暴动，随后成立了党团合一、准备并指挥武装起义的省行动委员会领导全川的武装暴动。行动委员会发出通告，要求各地派党团员到军阀部队组织士兵暴动，建立红军，"会师武汉"；在农村积极发动米荒斗争，实行抢米、没收地主土豪米粮及土地等冒进行动。在不到半年时间内，省行委连续发动了三次兵变和三次农暴。这些武装起义由于指导思想错误，不顾主客观条件仓促起事，旋即失败，使积蓄的力量损失严重，特别是党在川军中的组织力量几乎全部断送。全省 61 个县的特支以上的党组织，有 18 个遭到破坏或停止活动；全省党员由 3800 多人减少到 1500 多人，继 1928 年 3 月省委书记傅烈被捕牺牲、10 月代理省委书记张秀熟被捕之后，1930 年春夏之交，省委连续多次遭到破坏，穆青、李鸣珂、刘愿庵、陈优生、邹进贤等省委领导相继被捕牺牲。

第四阶段。从 1931 年到 1935 年，四川各地党组织发动了 37 次武装起义，与川陕、湘鄂川黔革命根据地和主力红军的斗争相互支援、相互配合，给了国民党反动派以沉重的打击。鉴于重庆白色恐怖程度有增无减，环境极为恶劣，1931 年春，中共四川省委迁到成都。受王明"左"倾冒险主义的影响，四川省委认为全川革命运动"必须迅速地继续地高涨"，党在四川的中心任务和策略路线是发展农民运动和农民武装斗争；加紧兵士运动，造成兵变的前提；加紧反对帝国主义的斗争；加强反对国民党改组派、第三党、国家主义派和取消派的运动；等等。同年 10 月，省委根据中央七月来信，把开展两条路线斗争，反对右倾机会主义作为全川党刻不容缓的任务，并以此推动四川工作的转变，不断执行"进攻路线"、组织农民暴动和兵变，同时又在党内执行残酷斗争、无情打击的方针。与此同时，四川军阀利用叛徒疯狂破坏各地党组织。这些内外因素交织，致使省委在1935年4月遭到毁灭性破坏。

三、对川军的统战工作

民国建立后，四川先后成为北洋军阀、西南军阀和四川各派军阀争夺和混战之地。四川军阀内部始终没有产生如奉系张作霖、西北系冯玉祥、山西阎锡山那样的首脑和头领，任何一方掌权，其余各方就会联合起来将其倒台驱逐，循环不已。四川军阀以军校、军队番号，或同乡、宗族关系等组合成不同派系，如毕业于保定陆军军官学校的刘文辉、邓锡侯、田颂尧等人为首的“保定系”，毕业于四川陆军速成学校的刘湘、杨森等人为首的“速成系”等。它们之间相互盘根错节，虽以同学、同乡和同宗为纽带，但为了扩充实力、争夺地盘又往往兵戎相见，促使川军派别不断分蘖，加之北洋军阀和新军阀多方挑起川、滇、黔军之间的矛盾，四川军阀各派之间钩心斗角，合纵连横，混战不休，对川军的统战工作尤为复杂而艰巨。

策动川军改旗易帜　作为从旧营垒走出来的著名共产党人，吴玉章、朱德、刘伯承等在旧军队中功勋卓著，闻名遐迩，在四川军政各界联系广泛，故旧甚多，具有对川军开展统战工作的天然优势。早在北伐战争之初的1926年7月，朱德回国后立即选择到曾在护国军共事、出国前允诺“虚位以待”的杨森所部开展争取改旗易帜工作①。其时，杨森直接指挥的军队有枪27 000支左右，控制军队十余万人，实力较强，长期盘踞长江中上游的要塞——川东万县一带，防区与湖北紧邻，对北伐军能否攻克武汉并在长江中游稳住局面关系重大。此时，杨森看到国民革命军北伐进展顺利，便向广东国民政府输诚；又到北京找中共北方区委负责人李大钊，请调人

① 中共中央文献研究室编：《朱德年谱（新编本）》（上），中央文献出版社，2006年，第69页。

到万县帮助他工作；同时杨森又与北伐军直接面对的直系军阀吴佩孚关系较深，并对吴佩孚抵御北伐军抱有希望。1926 年 8 月，朱德等抵达万县，受到热情款待。杨森口头上表示赞成北伐，却又借口兵饷来源困难，不愿脱离吴佩孚，并通电宣布就任吴佩孚任命的四川省省长职务，实际上对时局变化抱观望态度。同月 25 日，陈毅受李大钊派遣随杨森的秘书长喻正衡（陈毅的留法同学）到万县，共同争取杨森易帜。紧接着北伐军大败吴佩孚主力，又发生了英轮浪沉杨森运饷船事件，朱德和陈毅抓住时机，说服杨森下令扣留肇事英轮。英舰炮击"万县惨案"的发生，促使杨森通电陈述"九五"惨案真相，提出赔偿、惩凶、道歉要求，引发声势浩大的反对英帝国主义的群众运动，迫使杨森转向广州国民政府。1926 年 9 月 24 日，广州国民政府委任杨森为国民革命军第二十军军长，朱德为党代表并代军政治部主任。但此时杨森不但对就职一事敷衍搪塞，还出师东下公然援助吴佩孚，成为四川军阀中唯一出兵阻止北伐的将领。直到 11 月上旬，进犯武汉的杨森部遭到国民革命军围歼，其前敌总指挥被俘，杨森才被迫派代表赴武汉"请罪"。11 月，杨森在宜昌通电就任国民革命军第 20 军军长兼川鄂边防督办职务，成为四川军阀宣布易帜第一人，但同时又与吴佩孚密电往还，向其表示"忠诚"。

与此同时，由杨闇公、朱德、刘伯承组成的中共重庆地委军委也加强了全川军事运动与工农群众运动的配合。慑于国民革命威力，四川军阀亦派代表与北伐军联系。8 月 13 日，刘湘、赖心辉、刘成勋、刘文辉联名发出讨伐吴佩孚的通电。10 月，北伐军攻克武汉，北伐形势愈渐明朗，四川军阀开始主动改变态度。他们既与蒋介石接触，也向国民政府和国民党莲花池省党部输诚。各军阀将领纷纷"在莲花池党部登记入党"，以致"近来入党注册者，异常踊跃”①。

11月，邓演达以蒋介石的命令发表任命刘湘、赖心辉、刘成勋、刘文辉分别为国民革命军第21、22、23、24军军长。蒋介石又加委刘湘、赖心辉、刘文辉为川康绥抚委员，并指定刘湘为主席。12月，蒋介石又任命邓锡侯、田颂尧为第28、29军军长。

四川各军阀向广州国民政府输诚完全是迫于形势，他们对易帜后能否保有军权充满担忧，虽获得国民革命军职务，却迟迟不愿就职。泸顺起义的爆发使四川各军阀震惧，他们认为必须立即在北洋政府和广州政府之间做出选择，否则将倒台，于是刘湘、赖心辉、刘成勋、刘文辉四人相继宣布就任国民革命军军职。邓锡侯、田颂尧于1927年3月就职。至此，川军全部易帜，名义上归属国民政府统辖。但刘湘就任之后，仍然保持北洋军阀委任的川康督办头衔；而川军中最早被委任并在泸顺起义前已就任国民革命军军长之职的杨森，则仍长时间支持和庇护吴佩孚。

四川国共合作策动并促成了川军各派改旗易帜，但川军头面人物出于自身的阶级利益，又都投到了玩弄权术的蒋介石麾下，为建立国民党新军阀的统治当马前卒。1927年2月，蒋介石加紧叛变革命步伐，图谋在南昌另立中央，特任73人为军事委员会委员，其中川籍人士有刘湘、石青阳、田颂尧、张群、邓锡侯、卢师谛、刘文辉、赖心辉等8人，占总人数的11%之多，反映了蒋介石对四川实力派的倚重。在蒋介石的指使下，四川军阀首先在重庆举起屠刀，制造了“三三一”惨案；蒋介石4月18日建都南京次日，刘湘与川中各军长联名通电拥护；20日，杨森、刘湘、邓锡侯又代表所部致电南京，支持“清共”；5月，杨森再次出兵武汉，铩羽而

① 中共四川省委党史研究室主编：《第一次国共合作在四川》，四川大学出版社，1996年，第99页。

还。四川各实力派一步步投靠蒋介石，实行“清党反共”，激起众多坚持革命的中下级军官和士兵的武装起义和兵变。

兵运工作　民国以后，四川陷于军阀混战，政治秩序崩溃解体，经济发展停滞落后，军阀部队加地方民团武装总数最高时超过百万，财政难以支撑，军阀部队有的铺的是稻草，盖的是薄被，吃的是地瓜红苕，只有几粒大米，士兵冬天还穿着短裤。他们大多数是被抓来的贫苦农民，普通“兵士生活万分痛苦”，“兵士运动很易为发展”。[①] 大革命时期，四川党组织即注重开展对旧式军队改造的兵运工作，并得到中共中央的支持。1926年7月23日，中共中央给重庆地委的《致重庆信》指出，四川军人倒向国民政府，虽是投机革命，但可以分裂军阀的势力，不应拒绝，要借此机会极力扩大民众运动，派人进入军队去做政治宣传。同时提出“希望川军中发生一个左派军队，发生自己的武力”的明确要求。在此前后，中共重庆地委吴玉章、朱德、刘伯承等利用多种关系，一方面在上层活动，一方面在下级军官和士兵中开展工作，先后到顺庆、合川、泸州、万县等地进行调查。刘伯承在重庆浮图关的住处，成了进步军人经常聚会的场所。他不但对老部下做工作，就是对几度兵戎相见的对手也不念旧恶，多方联络。通过这些工作，川军中一批中层将领倾向革命，有的被吸收为中共党员；在驻万县国民革命军第20军杨森部中建立起以卢振纲为负责人的党组织；在驻涪陵国民革命军第20军郭汝栋部，建立以尹肇舟任书记的中共涪陵驻军支部；还有驻防军队中的党员与地方上的党员合编的合川党小组，由刘愿庵和陈毅先后任组长。

---

① 《王叙五自述（红军时期）》，载中共江油市委党史工委：《江油党史研究资料》第8期，1989年，第76页；《中央致四川省委信》（1928年9月29日），转自中共四川省委党史工委主编：《土地革命战争时期四川党领导的武装斗争》（上），四川大学出版社，1987年，第38页。

“八七会议”后，吸取大革命失败的教训，党加强了对军队特别是下层士兵的兵运工作，做出了一系列在国民党军队中开展统战工作的决议和指示。其基本精神是：目前革命斗争的发展，不仅须注意城市工作与乡村斗争的配合适应，同时须注意士兵运动与工农斗争配合适应的发展①；强调兵运工作是争取群众工作的重要组成部分，是统一战线的重要内容，兵运工作的目的是破坏与瓦解敌人军队；兵变成熟的地方，党要适时抓住时机直接领导士兵起义。兵变成功后，要对旧军队改造，使之转化为人民的军队。

发动兵变　共产党员长期持续的统战工作卓有成效，在大革命时期对川军官兵做工作的基础上，从 1927 年到 1933 年，四川党组织在不同派系的川军中建立了 20 个以上的支部和党的秘密组织，最著名的是争取、领导和发动了潼南双江起义、遂蓬旷继勋旅起义和江津兵变等。

潼南双江起义　1928 年 6 月 6 日，驻扎在潼南双江镇的第 28 军第 5 混成旅举行起义。该旅是在泸顺起义失败后被改编的，部队的中共基层组织保存较好。“八七会议”后，省委又派出一批人员到该旅工作，先后发展该旅第 10 团团长刘文仕、11 团团长秦仲文等入党，组织赤潮社，宣传马列主义。第 5 混成旅调驻潼南双江镇后，中共四川省委又派张秀熟、任逖犹等到该部工作。6 月 6 日，军阀李家钰为控制这支队伍，突然派遣 20 多名营连排军官到这两个团任职。当晚，党组织决定以武力对抗改编，举行起义，李鸣珂亲临指挥。起义部队命名为工农革命军独立第一、第二旅，由刘文仕、秦仲文分任正、副司令，并成立了前敌委员会，赵子文任前委书记。部队决定向重庆方向进发，并在途中进行了整顿，计划渡江到綦江，再向酉阳、秀山方面进军，争取与湘西的贺龙部队会合。9 月，该部遭刘湘、

① 中央档案馆编：《中共中央文件选集》第七册，中共中央党校出版社，1991 年，第 318 页。

李家钰前后合围，刘文仕率领部队接受刘湘的改编，随后遇害。部队中的主要领导人先后安全撤出转移。

遂蓬旷继勋旅起义　旷继勋，贵州思南人，早年入川参加反清保路同志军，后投身川军。受进步刊物影响，他开始在队伍中传播革命理论，并于 1926 年底加入中国共产党，受中共四川省委之命在部队中秘密发展党员，该旅团长、营长和政治指导员大多为共产党员。1928 年冬，时任川军邓锡侯部江防军第七混成旅代旅长的旷继勋率部移驻李家钰防区的遂宁、蓬溪边境，发现周边军阀企图借整编之机吃掉该旅，报请中共四川省委批准该旅起义，以保存革命实力。省委遂派罗世文、邹进贤前往参加领导起义，建立了特委。1929 年 6 月，旷继勋带领全旅官兵在遂（宁）蓬（溪）边界举行起义，树起了“中国工农红军四川第一路军”大旗，旷继勋任总指挥，罗世文任党代表，邹进贤任党的特委书记。四川省委发出《为江防军第七混成旅全旅兵士举行革命兵变宣言》给予支持。起义部队迅速解放了蓬溪县城，建立“蓬溪县苏维埃政府”，以“四川省工农革命委员会”的名义委派刘汉秋（原邝旅旅部副官）为蓬溪县苏维埃政府委员长，随后经蓬溪、西充、南部、营山、巴中、渠县、达县等地，准备前往湘鄂西与红三军会合，在梁山（今梁平县）境内被敌人包围而遭失败。旷继勋被省委派人送往上海，参加了中央“特科”的工作，这次起义历时一个月，行程千余里，穿越 12 县，建立了蓬溪和新政（现仪陇县城）两个在四川乃至西南地区最早的县级苏维埃政府。

江津兵变　驻防江津的混成旅旅长张志和毕业于保定陆军军官学校，1925 年应同学刘文辉邀请担任川军总司令部参谋。1926 年北伐军占领武汉时，张志和作为刘文辉代表向国民政府输诚，结识了吴玉章、郭沫若、李一氓、杨闇公等共产党人，开始接触马克思主义，革命意识渐增。1927 年 1 月他任 24 军政治部主任兼混成旅旅长，邀请一些中共党员到政治部传播革命思想。大革命失败后，张志和经中共川西特委批准加入中国共产党，1929 年任 24 军暂编第一师副师长兼第二混成旅旅长，驻防江津，在所部建立了党的秘密支部。1930 年 8 月，上级执行举行暴动夺取大城市的“立三路线”，要求第一师兵变，设想起义成功后建立四川红军第七路游击队，会师重庆后再达“会师武汉”目的。四川省行动委员会本准备于 9 月 5 日在江津举行起义，因计划泄露，遂决定于 9 月 3 日提前起义。但敌强我弱，起义很快失败，因为当初张志和认为条件尚不成熟，不同意该师立即兵变，起义发生时也不在部队。起义失败后，一部分起义官兵突围后辗转到湘西投入贺龙红二军团，另一部分分散隐蔽或遭敌人搜捕。中共四川省委以张“右倾动摇”为由开除其党籍，张志和不得不离开 24 军回乡寓居。

虽然党组织的数十起兵变、起义都失败了，但此起彼伏武装起义的枪炮声打破了巴蜀大地的沉寂，持续地打击了国民党反动势力，刺激了军阀部队的内部分化，也为此后的革命实践和对川军的统战工作积累了经验。

四、“左”倾错误使四川中共组织损失惨重

大革命失败后，反革命的白色恐怖、“左”倾冒险主义路线错误，使四川中共组织受到极大摧残。经过党员们的长期努力，中共在四川军阀控制严格的各地驻军和民团中建立和发展了一批党组织，并以此为核心发动了多次武装起义。但由于“左”倾路线指导思想错误，不少起义不顾主客观条件，仓促起事，损失惨重，使军队中多年积蓄的力量几乎全部丧失。特别是李立三的“左”倾冒险主义路线统治时期，中央指示四川党组织在政治上服从中央路线。据此，1930 年 7 月省委军委会议决定，将全省划为 5 个军区，组织 17 路红军，限 3 个月内发动，会师重庆，以配合全国红军进攻武汉。8 月底召开的省委第一次代表大会提出，党的中心任务是组织政治罢工和农民暴动，争取建立四川革命政权；规定党的组织必须完全军事

化，各级党、团、工会合并，成立统一的行动委员会；决议加紧反对右倾机会主义，坚决肃清右派动摇分子出党。① 此后忠县、合川、江津、自贡、铜梁、荣县、广汉、彭山等多地先后发生兵变、农暴和起义。内江县委提出“只要有组织的地方就要暴动，以斗争来恢复和巩固农会组织”，农协会员到处张贴标语，引起当局的注意而被破坏。荣县行委提出“集小暴动为大暴动，集小胜利为大胜利，会师武汉，建立新政府”的行动口号，将全县 3000 多农民赤卫队整编为四川工农红军第 12 路军第 2 纵队，但被敌围剿，附近富顺、威远计划响应终因事泄而遭镇压。广汉驻军 3000 余人举行兵变，按上级规定实行“要兵不要官”，凡排长以上军官不论是否为党员，一个也不要，一律从士兵和参军的工人、农民中选拔干部。最后在敌人围追堵截中未能达到预期目标，部队官兵分散转移。其间，四川各军阀加紧破坏共产党组织，大肆捕杀共产党员和革命志士。到 1930 年末，全省共产党员由上半年的 3881 人锐减至 1580 人。是年冬，省行委结束，省委恢复，开始纠正“立三路线”，决定停止实行普遍的暴动。省委一方面承认这一时期犯了“左”倾扩大的错误，但仍认为全国处于革命高潮，强调四川党在反对“左”倾残余的同时，要集中火力反对右倾。②

1931 年，九一八事变激起全国人民抗日热情，中共四川省委一方面组织声援抗日活动，并开始了川康等地少数民族地区工作；另一方面受王明“左”倾教条主义影响，把群众自发的抗日运动看作国民党的欺骗行为，规定各级党组织不得参加非党组织发动的抗日运动，把自己的工作局限在少数人的范围内，严重降低了党在抗日救亡群众运动中的影响，也使党组织

---

① 张继禄主编：《中国共产党四川历史大事记》（民主革命时期），四川大学出版社，1997 年，第 130—134 页。

② 张继禄主编：《中国共产党四川历史大事记》（民主革命时期），四川大学出版社，1997 年，第 137 页。

丧失了迅速发展自己的机会，但仍多次被中央指示信批评为右倾。据《商务日报》1935 年 9 月 1 日报道，刘湘的二十一军特务委员会（后为四川善后督办署特务委员会）从 1929 年到 1935 年的 7 年中，捕获、杀害共产党员、共青团员及革命人士 17 000 余人。① 1933 年前后，在蒋介石支持下，刘湘“统一”四川，加紧对共产党的镇压，用叛徒疯狂破坏各地党组织，中共四川省各级组织多次被破坏，1935 年 6 月省委机构被完全破坏，以后甚至有两年多时间没有省级组织。到 1936 年 2 月，仅存的自贡党组织也被破坏，百余市县的党团组织也消失殆尽，全省仅有 68 名党员分散隐蔽在一些地方以小组的形式坚持斗争。

第二节　四川地区革命根据地的统一战线工作

蒋介石在国民党中央的统治地位确立以后，国民党内仍然派系林立，各自为政。国民党地方军阀中，实力较强的早就企图问鼎中央权力，多次举行大规模的反蒋战争；势力较小的为了抵御蒋介石吞并其地盘和军队，也积极抗蒋。这种矛盾和斗争，贯穿在蒋介石统治时期，并对其统治构成直接威胁。蒋介石屡次统督各地军阀“剿共”，也包藏着利用内战消灭异己的目的。地方军阀为防蒋“一箭双雕”“借刀杀人”，也都各怀心思，暗中保存实力。正确利用国民党大小军阀之间的矛盾和斗争，成为各地革命斗争、武装起义此起彼伏，红色政权建立和发展，多次取得反“围剿”胜利的重要原因。

① http://www.ncsjw.gov.cn/qinglianjiyin/dangshibolan/2016-07-13/4210.html.

一、川陕革命根据地的统战工作

川陕根据地的建立和发展　1932 年 10 月，四川军阀大混战的终章“二刘之战”爆发，刘湘、刘文辉两大军阀各自投入兵力数万，战况空前激烈，激发了德阳兵变、升中起义、南江抗捐等斗争。12 月，离开鄂豫皖根据地西征到达陕南的红四方面军乘各路军阀在川中混战正酣之虚，顶着风雪严寒，越过巴山天险，迅速进军川北，在陕南游击队和四川地下党组织的紧密配合下，于 25 日占领通江城，次年 1 月 23 日进入巴中县城，2 月 1 日攻克南江县城，1933 年 2 月 7 日在通江城召开中国共产党川陕省第一次代表大会，选举产生以袁克服为书记的中共川陕省委和川陕省苏维埃政府。之后，红四方面军在 1933 年 6 月中旬粉碎了军阀田颂尧组织的 38 个团、近 6 万人的兵力对红军进行的“三路围攻”，随后开始向外出击，于 8 月至 10 月接连发动了仪南、营渠、宣达战役，先后打败军阀杨森、刘存厚的部队。由此，川陕革命根据地进入鼎盛时期，根据地发展到 8 个县，活动范围扩大到 22 个县。其版图东到四川城口、万源，西至嘉陵江，北抵陕西镇巴、宁强，南控蓬安、南部、渠县、达县，纵横四五百里，面积达 4.2 万平方公里，人口约 600 万，成为当时全国第二大革命根据地。

红四方面军紧接着迎战蒋介石委任刘湘纠集四川各路军阀组织的 110 多个团、20 万兵力对川陕苏区发动的“六路围攻”，经过万源保卫战等长达 10 个月的英勇艰苦战斗，取得反“围剿”的胜利，沉重打击了参与围攻的刘湘及四川其他军阀，刘湘得到的结果是“兵损八万，将损三千，二十年的精华毁于一旦”①；田颂尧的 29 军几乎全军覆没，从此一蹶不振；盘

① 中共达县地委党史工作委员会编：《川陕革命根据地斗争史》，华夏出版社，1989 年，第 354 页。

踞川中二十余年的老牌军阀刘存厚从此退出四川政治舞台；罗泽洲、李家钰部被消灭大半，杨森部精锐损失很大，邓锡侯元气大伤。从此四川军阀对红军非常忌惮，更有敛恶向善者。之后，红四方面军又进行了广昭陕南战役。

红四方面军入川到长征离川的两年多时间内，部队由入川时的 1.4 万多人扩大到 5 个军、8 万余人，脱产的地方武装 2.8 万多人。游击队、赤卫军、少先队、童子团、妇女独立团等地方武装发展到 10 余万人。1935 年 3 月，红四方面军强渡嘉陵江，开始长征。

建立工农民主政权　红军进入川北后，每解放一个地方，首先就建立村苏维埃组织，接着建立乡、区和县的苏维埃政权。在解放泥溪场后建立了第一个县苏维埃政权——赤北县苏维埃政府。红军解放通江县城后的第五天，于 1932 年 12 月 29 日，在通江县成立了以旷继勋为主席的川陕省临时革命委员会，作为川陕省苏维埃政府成立前的最高政权机关。次年 2 月，红军在建立了 5 个县和巴中特别市及陕南特别区苏维埃政府的基础上，在通江召开川陕省第一次工农兵代表大会，到会代表 150 余人，其中妇女代表约 30 名，张国焘作形势与任务的报告，曾传六作反“围剿”动员报告，大会宣布《中华苏维埃共和国宪法大纲》为根据地的根本大法，宪法大纲指出：中华苏维埃共和国是工农民主专政的国家，它的全部政权属于工农兵及一切劳苦大众；任务“在于保证苏维埃区域工农民主专政的政权达到他在全国的胜利”；在革命根据地的工农兵及一切劳苦大众，不分男女、种族、宗教信仰，在苏维埃法律面前一律平等；等等。宪法大纲以法律的形式对苏维埃政权体现工农民主统一战线性质做出了法律保障。大会通过的《川陕省苏维埃组织法》指出，川陕省苏维埃即川陕省工农兵代表大会是川陕省工农兵最高政权机关，它在中共川陕省委的领导下，坚决执行中华苏维埃中央政府所颁布的一切法令和指示，保护工农群众的利益，彻底摧毁帝国主义、国民党、地主豪绅和买办资产阶级的统治等，选举产生以熊国柄为主席的川陕省苏维埃执行委员会，成立了川陕省苏维埃政府，熊国柄为主席①。中共川陕省委和川陕省苏维埃政府的成立，标志着川陕边革命根据地的初步形成，以后于次年 8 月和 1934 年 12 月又分别召开了两次工农兵代表大会，规模越来越大，第二次工农兵大会代表 1160 人，当选委员 32 人；第三次工农兵代表大会代表 1440 人，当选委员 27 人。

在行政区划上，川陕省苏维埃政府的版图逐步扩大。1933 年 1 月川陕省苏维埃政府在初创时期设置巴中特别市和 5 县；1933 年鼎盛时期建置 2 道、1 市、23 县苏维埃政权。其中 22 个县在四川境内，其境域包括当时四川省的通江、南江、巴中、宣汉、达县、仪陇、万源等县全境，广元、阆中、南部、城口、苍溪、营山、昭化等县大部分地区，蓬安、渠县、开江等县部分地区。1935 年 3 月强渡嘉陵江成功之后，在川陕根据地的外围和以西地区又建置了中法市和 13 个县，其中在四川境内有 1 市 11 县，包括当时的剑阁、梓潼、江油、彰明、平武、北川等县的大部分地区。川陕根据地及其外围和以西地区在四川境内共建置 33 县、2 市，地域包括 25 县②。川陕苏区极盛时期，共建立 1 省、1 特别市、23 县级、160 多个区级苏维埃政权、990 多个乡级苏维埃政权和村苏维埃政权 4300 多个③。川陕省各级行政区实行工农兵代表大会制，通过召开各级工农兵代表大会，吸收工农群众参加政权，行使自己的民主权利，使千百年来受奴役受剥削的劳苦大众第一次参加了政权管理工作，集中体现了政权的工农民主统一战

---

① 参见中共达县地委党史工作委员会编：《川陕革命根据地斗争史》，华夏出版社，1989 年，第 47—49 页。

② 参见四川省地方志编纂委员会编：《四川省志·政务志》，方志出版社，2000 年，第 148—149 页。

③ 参见中共达县地委党史工作委员会编：《川陕革命根据地斗争史》，华夏出版社，1989 年，第 133 页。

线性质和要求。

川陕革命根据地建立了以工人阶级为领导、工农联盟为基础的工农民主专政的苏维埃政权，坚持以土地革命为中心的反帝反封建的斗争，开展了轰轰烈烈的土地革命和工农群众运动，在政治、经济、文化、社会等各方面取得了巨大成就。

在经济建设上，广泛深入地开展土地革命，明确了农民对土地的所有权，农民实现了拥有土地的愿望，生产热情空前高涨，在恶劣的战争环境中起早摸黑辛勤劳动，有的还主动开垦荒地，增种早熟作物，粮食连年增产。苏区实行劳动保护并规定合理的劳动报酬，实施了一系列发展农业、工业、商业、金融业的措施，关注白区小商贩和工商人士的利益，在反封锁的斗争中发展工业、手工业、交通运输和商业贸易，通过组织生产、发展经济、建立赤白贸易等，保证了军需民用。在文化建设上，根据地对知识分子和专门人才实行保护、优待的政策，设立了普及义务教育的列宁学校和培养干部的各类学校，出版发行各种革命刊物。川陕苏区十分重视社会教育，到处都办有工余学校、农民学校、农民夜校，对不能脱产学习的广大工农和不能进校学习的部分青少年进行政治、文化、军事教育。针对90%以上的工农是文盲的实际情况，社会教育以识字为主，村村办有识字班，逢场天还在路旁设识字岗，教工农识字。各县、区、乡普遍建立了红场、阅报室、俱乐部，开展军事体育活动，宣传党的政策法令，开展文娱活动，使群众在活动中受到革命教育。在社会建设方面，根据地保护工人、农民、妇女、儿童的权益，注重提高工人的福利待遇，发展医药卫生事业，办有红军医院、工农总医院，开展禁烟运动。这些政策反映了工农群众的利益和要求，得到人民群众的拥护，对动员群众、组织群众、团结群众参加红军，保卫和发展川陕革命根据地发挥了积极的促进作用。

争取联合中上层人士 川陕苏区在主要巩固和发展工农民主统一战线

的同时，也注意了对国民党官兵、地方势力等的开明人士的争取、联络的统战工作。1933 年，蒋介石调第 17 路军总指挥杨虎城所属第 38 军到陕南同红四方面军作战，第 38 军军长孙蔚如与杨虎城商定与红军停战合作，经地下党员牵线，调往陕南“剿匪”前线的孙蔚如以第 17 路军全权代表身份与红四方面军沟通联系，在共同反蒋抗日基础上达成合作协议，并提供无线电通信器材、在汉中建立交通站运送物资等多种方便，免除了红四方面军的后顾之忧。

1932 年秋，经过中共党员李载浦的努力，倾向革命的任玮璋（曾任杨森部旅长、渠县县长）组织平民军，打着“弃杨（森）投田（颂尧）”口号将部队拉到南江县桃园寺后，迅速扩建为“川北民众救国义勇军”，为摆脱军阀夹击，经中共四川省委同意，再编为罗逌琼部 29 军第 3 师川陕边防军。任玮璋部得知红四方面军入川后，立即派出参谋长张逸民等同红军联系，受到红 37 师师长王树声、政委张广才的欢迎。1933 年 1 月三千余众易帜举义，改编为红军独立师，任玮璋任师长，共产党员李载浦、张逸民分任政治部主任、参谋长，1 月 25 日配合红军攻克南江，整编后独立师打了很多胜仗。红四方面军总指挥徐向前多年后还记忆犹新地说：“任玮璋为解放南江做出了贡献。”① 在中共地下党组织的建议下，任玮璋率部起义拉开了白军起义投诚的序幕，同年 3 月，三台中心县委发动盐亭保安大队兵变，成立川北红军第二路游击队；7 月，安县保卫团也发生兵变。次年崇庆分州五团和万县王陵基部及驻剑阁江口的 28 军一部，相继举义兵变②。川陕苏区成立白色士兵工作委员会，开办白区工作训练班，编撰针对白军士兵

① 徐向前：《历史的回顾》，解放军出版社，1985 年，第 271 页。中共南部县委党史研究室编：《红军在盐乡》，四川人民出版社，1990 年，第 9—12 页。

② 中共达县地委党史工作委员会编：《川陕革命根据地斗争史》，华夏出版社，1989 年，第 44—45 页。

的宣传大纲、标语大纲等，向白军宣传红军纪律作风、起义政策、士兵待遇，激发了接连不断的兵变，对打击动摇敌人军心、分化瓦解敌人、壮大苏区革命声势、扩大红军战果发挥了积极作用。

川陕苏区以解决土地问题作为根治千百年来匪患问题的根本，同时也积极开展对地方民团、地方自发武装等各界中上层人士的争取工作。通过地下党员对有爱国情怀的开明士绅进行说服劝导，利用地主豪绅被国民党军阀巧取豪夺的经历，教育引导一些土豪拥护土地革命，主动交出田地、枪械、粮食等支援革命。对土匪进行武力围剿的同时，按照“首恶必办、胁从不问”的政策开展政治瓦解争取工作，给起义官兵、民团、土匪以生活的出路，与苏区群众一样分配土地、保障改恶从善者的正常权益。制定特殊优待政策，保护任用医务等专业技术人才。总之，川陕苏区党组织按照党的总方针，结合川陕边区的实际，制定和实行了一些较为正确的统一战线政策，减少了川陕革命根据地开创和建设的阻力，推进了川陕革命根据地的巩固和发展。

四川党组织和各地群众对川陕苏区的支持　红四方面军得到四川地方党组织和人民群众的热烈欢迎、拥护和支持。红四方面军刚入川时，中共四川省委突破当时中央仍然坚持的以城市为中心的“左”倾冒险主义进攻路线的藩篱，指示中共潼川中心县委发布公告，号召农民武装拥护工农红军①，并于1932年12月27日向全省各级党组织发出拥护红军入川的特别通知，多次决议、布置、开展工农兵等群众运动，以实际行动反对军阀混战，拥护红军入川。各地党组织广泛宣传红军是为老百姓谋利益的军队，宣传川陕革命根据地的优越性和川陕省委所制定的方针政策；组织农民抗

① 中共达县地委党史工作委员会编：《川陕革命根据地斗争史》，华夏出版社，1989年，第41页。

租、抗粮、抗捐、打击土豪劣绅，斗争迅速遍及全川，有力地支援了红军的发展壮大以及革命根据地的巩固。地方党组织还在各地组织工人举行怠工、罢工和示威活动，号召工人不造一枪一弹供国民党进攻红军与军阀混战，不运输进攻红军和军阀混战的武器及辎重，要求增加工资，减少工作时间等。为配合红军扩大革命根据地，建立川北红军情报网和秘密交通线，在四川省委指示下，川北阆中、苍溪、南部三县地下党组织很快和红四方面军总政治部以及川陕省委取得了组织联系，建立起秘密交通线。四川省委沟通了红四方面军与中共中央中断了一年多的联系，地方党组织为根据地输送了大量党团干部和其他专门人才，转递往来信函、文件、刊物以及根据地急需的一些物资情报。四川省委积极开展士兵运动，动员党团员和积极分子 100 多人到川军中当兵策反，使得围攻红军的川军成排成连地投奔红军。党组织还发动川东、川西北游击战，为支援红军先后发动武装起义达 29 次，近万人的川东游击军与红四方面军会合，改编为中国工农红军第 33 军。

中华苏维埃共和国主席毛泽东对川陕革命根据地予以高度评价，指出，“川陕苏区是中华苏维埃共和国的第二个大区域。川陕苏区有地理上、富源上、战略上和社会条件上的许多优势，川陕苏区是扬子江南北两岸和中国南北两部间苏维埃革命发展的桥梁。川陕苏区在争取苏维埃新中国的伟大战斗中具有非常巨大的作用和意义。”①

统战工作中张国焘的“左”倾错误 川陕革命根据地的创建过程中，正值王明“左”倾错误路线统治全党的时期，许多政策不可避免地打上“左”的烙印，而张国焘的顺昌逆亡作风则把“左”的错误推向极致。红四

① 《中国苏维埃》，第 248 页，转引自中共达县地委党史工作委员会编：《川陕革命根据地斗争史》，华夏出版社，1989 年，第 1 页。

方面军在通南巴地区站稳脚跟后，张国焘又继续实行在鄂豫皖苏区的“左”的方针政策，利用肃反排除异己。张国焘在1933年春再次主持肃反，煽动抓“托陈取消派”，拿曾批评他的逃跑路线和家长制作风的领导干部开刀，余笃三等许多从鄂豫皖根据地转战川北的指挥员、老战士遭到杀害。5月，在反“三路围攻”中，川陕省临时革命委员会主席、红四军军长旷继勋为了分化瓦解敌人，致信其在川军的旧识、旅长谢德堪，开展统战争取工作。张国焘查获此信，6月以“通敌”罪名将其秘密处死，还逮捕朱光、王振华，软禁西北革命军事委员会参谋长曾中生，后又将其秘密杀害①。

张国焘打击迫害川陕地方党组织和游击队。1933年10月，王维舟率领的川东游击军与红四方面军会合改编为第33军后不久，张国焘就以当地人多、社会关系复杂为借口，在33军内部大搞肃反和清洗，包括2个师的师长、3个团的团级干部（其罪状是他们过去当过保甲长）在内的300余名干部被无辜杀害。原达县中心县委书记、军政委杨克明被撤职调离前方②。张国焘还对中央派来的干部也随便怀疑打击。1933年8月，中共中央确定川陕苏区领导四川省委，并调四川省委书记罗世文到川陕苏区工作，罗与中央派往苏区的廖承志一同到苏区后，对张国焘在党内搞家长制提出了批评，遭到其排斥和打击，长征途中受到监视，红军会师后，在周恩来、朱德等领导同志和共产国际的干预下，才未被杀害③，直到长征胜利，才在党中央的关怀下得到平反。

张国焘还实行了“左”的阶级政策。据徐向前元帅回忆：张国焘在川

① 参见中共达县地委党史工作委员会编：《川陕革命根据地斗争史》，华夏出版社，1989年，第158—159页；刘统：《北上：党中央与张国焘斗争始末》，生活·读书·新知三联书店，2016年，第47—48、81—84页。

② 王维舟：《我的回忆》；参见冰昆：《王维舟传》，中国展望出版社，1984年，第177页。

③ 张继禄主编：《中国共产党四川历史大事记》（民主革命时期），四川大学出版社，1997年，第168页。

陕根据地，推行的还是王明那一套，许多东西是“左”的。如对地方政策，只要当过保长，多要杀掉，认定的地主、富农的，也要杀掉。把他们通通杀掉，只能扩大敌对势力，吓跑中立者，孤立自己。土地改革、经济政策也“左”，地主不分田，富农分坏田；侵犯中农利益，甚至将一些中农划成地富成分；把小经济人当资本家打倒，搞得根据地商业凋敝。俘虏政策上，要兵不要官，放兵不放官，尤其营以上被俘军官杀掉不少，增强了敌军的对抗报复心理①。对公开起义投诚的白军部队，也实施要兵不要官的杀降政策。南江桃园寺起义的任玮璋部在肃反中绝大多数军官遭到杀害，造成起义部队对共产党的离心离德，乃至一些起义战士“反水”。自此以后，成批成队的白色官兵起义投诚甚少②。

川陕苏区虽然公布了不少优待知识分子和专门人才的条例、文告，但未认真贯彻执行。张国焘荒唐地认为：“知识分子必然是地主富农，地主富农必然是国民党，国民党必然是反革命，反革命必然要杀。”照此逻辑，不少知识分子遭到迫害③。

张国焘还曲解了党的统一战线政策。利用敌人内部矛盾分化打击主要敌人是统战工作的一个重要内容。四川军阀互相钩心斗角，对蒋介石更是时刻提防。红军入川后，他们都认识到，蒋介石打完红军后就要整顿川军，于是派人与红军联系，希望“和睦”相处。1933 年 9 月，张国焘派陈昌浩与杨森派来的代表谈判，对方试探提出和红军平分四川，成都、重庆等好地方归他们，川北归红军。陈昌浩趁机向其了解了许多川军情报，达成互

① 徐向前：《历史的回顾》，解放军出版社，1985 年，第 407 页。

② 中共达县地委党史工作委员会编：《川陕革命根据地斗争史》，华夏出版社，1989 年，第 159、407 页。

③ 中共达县地委党史工作委员会编：《川陕革命根据地斗争史》，华夏出版社，1989 年，第 159 页。

不侵犯意向，对方还将川军通讯密码本送给红军，以示诚意（后来凭此密码本，红军可以随时掌握刘湘部队动向，在反六路“围剿”中发挥了重大作用，不知底细的一般干部、战士把张当成未卜先知的活神仙）。但张国焘却认为利用敌人之间的矛盾是第一位的，要陈昌浩趁谈判不及防备之机攻打杨森。陈提出这样做会树敌过多，在统一战线上失策，在各小军阀中失信，应利用敌人的矛盾中立某些敌人。张说，军事上的胜利是主要的胜利，我们胜利了他们就相信我们了。杨森占据的营山被拿下，使杨森非常气愤①。红四方面军参谋主任舒玉章对陈昌浩这种出尔反尔的做法提出批评，反被关押而后遭杀害②。类似出尔反尔的情况也发生在对待西北军孙蔚如部上。

中国共产党的统一战线是策略，更是战略，具体策略要服从长远的整体的战略，否则就与古今中外历代政客的权谋机变手段没有多少区别了。张国焘曲解党的统一战线政策，不但在政治上搞“清一色”，对敌斗争不分主次，还用政客手段对待被争取的对象，虽能取得成果于一时，但长远则贻害巨大，到后来不得不彻底退出川陕根据地。更有甚者，张国焘在放弃川陕根据地时，实行“坚壁清野”、自绝后路的行为，严重损害党和红军与人民群众的血肉关系，严重损害工农民主统一战线基础，影响长远恶劣，教训非常深刻。

二、创建湘鄂川黔革命根据地

继川陕革命根据地建立后，1934 年春，贺龙等率领中国工农红军第三

---

① 陈昌浩的谈话（1961 年 5 月 10 日），新中国成立后陈锡联任重庆市长时，邓锡侯向其谈过此事，也有意见。参见刘统：《北上：党中央与张国焘斗争始末》，生活·读书·新知三联书店，2016 年，第 87—88 页。

② 徐向前：《历史的回顾》，解放军出版社，1985 年，第 329 页。

军（原红二军团）开始创建湘鄂川黔革命根据地。从1933年底起，贺龙率领红三军挥师进入川东南，以酉阳南腰界为中心，转战酉阳、黔江、石柱及鄂川边境一带。1934年6月下旬，红三军组建了新的军委会机关，从各师抽调部分得力人员组成若干既可作为工作队又可以分散进行武装活动的游击队，分别派往酉阳、秀山、松桃、沿河、德江、印江等地区发动群众，组织革命武装，建立苏维埃，开展土地革命。根据地先后粉碎了川军、黔军、湘军及地方团防武装等数十个团的兵力对根据地的“围剿”。1934年7月21日至22日，湘鄂川黔革命军事委员会在沿河铅厂坝召开了黔东特区第一次工农兵苏维埃代表大会，讨论通过了《没收和分配土地条例》《工农武装问题的决议》《关于苗族问题的决议》和《肃反问题》等六个文件，选举贺龙、夏曦、关向应、卢冬生等80人组成黔东特区革命委员会，正式成立黔东特区革命政府。黔东特区根据地包括了川东南地区的酉阳、秀山以及贵州的沿河、印江、德江、松桃等六个地区，所辖范围纵横100多公里，人口达20万，有17个区革命委员会，170多个乡级苏维埃政权。

1934年8月初，红六军团在中央代表、湘赣省委书记任弼时及军团领导人肖克、王震率领下，遵照中央革命军事委员会的命令，向湘鄂西转移，为中央红军主力战略转移开道，途中遭到敌人袭击，损失很大。红三军派出部队寻找红六军团，10月20日在贵州印江的木黄同红六军团会师，27日在四川酉阳县南腰界召开了联欢会。会后，红三军恢复二军团番号，为策应中央红军的战略行动，红二、六军团进军湘西创建了湘鄂川黔革命根据地。同月29日，中共湘鄂川黔边省委、省革命委员会和省军区成立。根据地采取了一系列的军事行动和建设的措施，与川军和其他国民党军队进行了英勇顽强的反“围剿”斗争。至1935年1月，湘鄂川黔革命根据地已初步建成，主力红军发展到4个师11个团1.2万人，地方武装发展到3000余人。1935年11月，红二、六军团主力东进湖南开始长征后，川、湘、黔敌人乘机向黔东特区大举进犯，致使根据地从原来的纵横 100 公里缩小到 30 公里，苏区人口由原来的 10 万人锐减到 3 万人。

1935 年 9 月，蒋介石调集 130 个团发动新的“围剿”。红二、六军团离开湘鄂川黔革命根据地，开始长征，于 1936 年 2 月 7 日进入黔西北，成立了中华苏维埃人民共和国川滇黔省委及省革命委员会，由贺龙任主席，陈希云任代主席，朱长清任副主席。川滇黔省革命委员会成立以后，发布布告，深入各地组织发动群众，建立苏维埃政权和游击队，开展轰轰烈烈的打土豪、分浮财斗争；贯彻党的民族政策，结合黔西北的实际，广泛宣传党对少数民族的各项政策，规定了严格的纪律；红军还主动帮助生病的少数民族同胞治病，给少数民族群众挑水、打扫卫生等，使他们深受感动，许多人积极为红军带路；等等，瓦解了敌对阶级的营垒，孤立了反革命分子，打击了敌军的嚣张气焰。

三、盆周山区游击武装斗争和工农政府

在川陕革命根据地、湘鄂川黔革命根据地的创建过程中，四川党组织将工农武装反抗的斗争重点地区由中心城市周边转移到盆地周边山区，斗争目标主要是策应主力红军和根据地的革命，斗争形式主要是依托人民群众的游击战争，有力地配合、支援和发展了主力红军的斗争和根据地的创建与巩固。

川东游击军　川东北地区早在建党初期就播下革命火种，大革命时期的泸顺起义更点燃革命之火。1928 年中共达县县委、梁山县委先后成立，宣汉、万源、开江、南部等地建立了党的组织。1929 年初，中共四川省军委书记李鸣珂指导在万源固军坝建立了川东游击军第一路，李家俊任司令员，唐伯壮任政委。队伍很快由 300 多人发展到 2000 余人。面对军阀刘存厚的疯狂镇压进剿，游击军改为城万红军，建立农会，争取开明士绅和团

丁，参加抗捐抗税斗争。在粉碎敌人两次“围剿”后，游击队牢固控制了城口、宣汉、万源三县边境方圆百余里区域，成立了 1 个县农会、4 个区农会、20 多个场的乡农会。1930 年元月，中共四川省委正式任命游击军为四川工农红军第一路游击队。之后，游击队迅速发展，3 月攻下城口县城，广泛建立乡村政权。4 月，刘存厚在第三次“围剿”失败后，调集万余大军采取步步为营的策略，实行集村制，普杀普剿，根据地受到很大破坏。加之四川省委书记刘愿庵、省军委书记李鸣珂相继遇难，缺少补给的游击军遂告失败，一部潜入梁山、达县参加党领导的虎南游击队。1930 年 7 月，他们会合地方武装合编成川东游击纵队，共 1300 多人，枪千余支，不久改称四川红军第三路游击队，以李光华为总指挥，王维舟为副总指挥。但是游击队负责人不听取王维舟等人意见，坚持执行“会师武汉”夺取中心城市的东征，进至石柱县后遭敌伏击失败。1931 年 5 月，省委重组了川东游击军，由王维舟任川东党组织军委书记兼游击军总指挥。川东游击军总结两次失败的教训，决定以井冈山为榜样，建立游击根据地，在农村建立以农协为中心的游击队、儿童团、妇女会，在城镇把工人、知识分子、小商贩和市民团结起来，尽力利用军阀军队与地方政府的矛盾，开展反贪官污吏、打倒军阀统治的运动，分化瓦解敌人。红四方面军入川后，川东游击军积极配合，扩大活动范围，到 1933 年夏，游击队员达到 2000 多人，四处袭击敌人，有力地配合了宣（汉）达（县）战役，并使队伍发展至 1 万多人。川东游击军与红四方面军会合后，11 月改编为中国工农红军第四方面军第 33 军，王维舟任军长、杨克明任政委，下辖第 97、98、99 师三个师。至此，川东游击军从诞生至改编为红 33 军，走完了近 5 年的艰苦历程。

川南游击队　1934 年 8 月，泸县中心县委领导成立了叙永特区游击队，打土豪，破仓分粮；恢复群众组织，摧毁农村封建统治机构；搜集枪支，武装自己，壮大队伍，在斗争中迅速发展。中央红军长征四渡赤水期间，为吸引敌军的兵力，掩护主力红军的作战和转移，1935 年 2 月，中央决定抽调三军团六师政委徐策、干部团上干队政委余泽鸿、八军团民运部长戴元怀、夏才曦和泸县中心县委书记邹凤平 5 人组成中共川南特委，同时抽调红军 400 多人枪，同叙永特区游击队会合，组建成川南游击纵队。游击纵队伪装主力红军，纵深穿插，迷惑和牵制敌人，一举攻克筠连县城，配合中央红军取得四渡赤水的胜利。其间，为了支援中央红军，1935 年 3 月，泸县中心县委还领导合江县石顶山农民举行武装起义，成立了川滇黔边区工农红军游击队，在合江、赤水等地与敌激战，坚持一个多月。在中央红军巧渡金沙江后，川南游击队的武装斗争还使蒋介石误认为红军主力仍在川南。1935 年 7 月，川南游击纵队与红军黔北游击队会合，党组织改为川滇黔边区特委，部队改为中国工农红军川滇黔边区游击纵队，随后又与川南地方的南六游击队会合，深入发动群众，宣传党的民族政策，在少数民族地区立足生根，将游击区扩大到川南、滇东北、黔西北 20 多个县，部队发展到千余人。是年冬，在川滇黔军和国民党薛岳部 20 多个团约 6 万人的重兵“会剿”下，游击队损失重大。1936 年 2 月，川滇黔边区特委在文兴落柏林召开扩大会议，总结了一年来开展游击战的教训，强调把边区的根据地建设作为中心工作①。6 月，游击队与红二、六军团所部会合，改编为中国工农红军川滇黔边区抗日先遣队，共有八九百人，在川滇黔边区开展艰苦卓绝的游击战，至 1937 年春在敌重兵“围剿”下失败，余部坚持到 1947 年。

巴山游击队　1935 年 2 月，红四方面军为西渡嘉陵江到川西策应中央

① 裴国法：《英雄的川滇黔边区红军游击纵队》，《西南师范大学学报》（人文社会科学版）1987 年第 3 期，第 73 页。

红军，抽调 300 多人枪在旺苍组建了由刘子才、赵明恩领导的留守游击队，后来游击队扩建为独立师，并以红四方面军三十一军的名义在川陕边坚持武装斗争。游击队打退了国民党军队和民团的多次进攻，使游击区不断扩大。1936 年 3 月在胡宗南的“围剿”下，损失巨大的游击队进行整编和总结，将独立师缩编为营，建立南江桃园根据地，纠正过去“左”的做法，加强统战工作和群众工作，建立“两面政权”，与民团武装合作，建立了以南江县桃园寺为中心的纵横约 100 里的游击根据地，活动范围和影响纵横约 300 里。在国民党军队包围封锁下，巴山游击队独立自主地在大巴山腹地艰苦卓绝地坚持游击战争达 5 年之久，沉重地打击了敌人，高扬了革命的旗帜，鼓舞了当地民众的斗志。

党领导的武装斗争和基层政权星罗棋布　川北地区的农民武装斗争蓬勃开展。中共四川省委重视在剑门关外开辟根据地，1931 年在升钟先后建立中共支部、区委和游击大队，共产党员张逸民任大队长，省委特派员覃文任政委。1932 年夏，阆南县委于江震先后在南部升钟和阆中老观一带建立农协，组织了两支游击分队，开展打击土豪、袭击民团、夺枪分粮的斗争。11 月下旬，党组织发动升钟 5000 多农民、宝城 3000 多名游击队员和农协会员开展了震惊川北的“升保暴动”，摧毁了敌区、乡公所，成立川北工农红军。在遭到多倍敌人围攻之后，总指挥张逸民和共产党员李载浦等化整为零，突破重围，长途跋涉，转赴南江，与倾向革命的任玮璋创建的“川北民众救国义勇军”（简称川北民军）会合，实行有利于军民的政策，支持群众抗捐斗争，后主动易帜汇入红四方面军。1933 年以后，于江震等又多次到升钟地区恢复党组织和革命武装，开展游击战争。南江、通江、巴中等地抗捐斗争也此起彼伏，为红四方面军入川创建革命根据地提供了深厚的基础。1933 年 6 月，上川南抗捐军在邛崃起义，转战邛崃、大邑、蒲江、名山、洪雅等县，建立游击区，次年初余宏文率余部重新组织游击队，9 月改名为川康边中国工农红军游击大队，活动在邛崃等 5 县，发动群众抗粮抗捐，有的地方开展土地革命，持续达两年，隐蔽下来的游击队员或参加红军，或转入地下坚持斗争。1935 年红四方面军在西征途中在纵横二三百里的嘉陵江与北川间，成立了 16 个县市、48 个区、240 个乡的苏维埃政府和 1 个回族自治政府。在川东云阳和川西南雅安、洪雅、青神等地，党组织和党员积极筹备和发动武装起义，牵制国民党兵力，策应和配合了主力红军作战和长征。

第三节　红军长征过四川的统战工作

一、红军长征过四川

1934 年 10 月，中央苏区红军第五次反“围剿”失利，被迫实行战略转移向西突围，但在退却中又犯了逃跑主义错误，在连续突破国民党军队的四道封锁线后，红军和中央机关由出发时的 8.6 万多人锐减到 3 万多人。在危急关头，多数中央领导同志采纳毛泽东的建议，放弃到湘西同红二、红六军团会合的计划，利用贵州由王家烈等三大派军阀分别控制、统治薄弱的机会转兵贵州。1935 年 1 月，红军攻克黔北重镇遵义后，于 15 日至 17 日召开了著名的遵义会议，在同共产国际中断联系的情况下，独立自主做出了一系列重大决策。遵义会议结束了“左”倾教条主义错误在中央的统治，实际上确立了毛泽东在党中央和红军的领导地位，在极其危急的情况下挽救了党、红军和中国革命，是中国共产党历史上一个生死攸关的转折点，标志着中国共产党在政治上走向成熟。

遵义会议之后，中央红军于 1 月下旬首次进入四川，在川、黔边界四渡赤水，迂回穿插于敌重兵之间，于 5 月 3 日再由云南禄劝县皎平渡巧渡金沙江，进入四川会理，摆脱了数十万国民党军队的包围圈。刘伯承担任红一方面军先遣队司令，发挥在川军的声望和熟悉地理民情等优势，为全军开路，安全过彝区，强渡大渡河，飞夺泸定桥，翻越夹金山，6 月中旬会师红四方面军。经过休整，根据中央政治局两河口会议“集中主力向北进攻”的决定，8 月下旬，中共中央机关和红一、红三军和军委纵队穿越阿坝水草地，至 9 月 17 日突破川甘边界的天险腊子口进入甘南。中央红军在四川经历的时间长达 9 个月，占中央红军长征时间的四分之三。

红四方面军为了策应中央红军的长征，于 1935 年三四月间，发起强渡嘉陵江战役，歼敌万余人，控制东至嘉陵江、西到北川、南起梓潼、北抵川甘边界纵横二三百里的广大地区后，撤离川陕苏区，向川西北挺进；5 月，红四方面军发起土门战役，在茂县与北川交界之千佛山激战，突破邓锡侯部设置的防线，攻克土门，占领茂县等地，击溃敌 23 个团，歼敌 1 万多人，通过北川河谷地带。6 月中旬，红四方面军同中央红军在川西北懋功（今小金县）会师。但是张国焘坚持南下四川盆地建立根据地的错误方针，在中共中央北上后更于 10 月 5 日公然另立“中央”，转战川西，先后发动了绥（靖）崇（化）丹（巴）懋（功）、天（全）芦（山）名（山）雅（安）邛（崃）大（邑）战役，损兵折将。红军受阻百丈关后不得不于 1936 年 2 月开始西向道孚、甘孜。张国焘的分裂行为受到朱德、刘伯承等人的反对，南下碰壁、损兵近半、被迫西进康北的严酷事实，教育了红四方面军广大指战员。加上中共中央的极大关怀，会师后第二方面军的促进，种种因素促使张国焘于 6 月 6 日宣布取消自己的“中央”，随之电告中央准备北进。

红二、红六军团于 1935 年 11 月从湖南出发，冲破重重围追堵截，横扫湘黔滇，渡过金沙江，经过滇、川、藏交界处现名为香格里拉的中甸，分左右两个纵队于1936年5月初进入四川康藏地区，6月与红四方面军在甘孜胜利会师。此后拥有1.4万余人的红二、红六军团同红三十三军合编为红二方面军。7月，两个方面军分左中右三路纵队沿四川西缘共同北上，翻雪山、过草地，红四方面军则是再翻雪山，三过草地。在克服重重困难后，红军于8月上旬经包座离开四川进入甘南。10月，红二、红四方面军与红一方面军西征部队在甘肃会宁实现大会师，宣告中国工农红军长征胜利结束。

自党中央率领红一方面军从1935年1月进入川南，到红二、红四方面军1936年8月走出雪山草地离开四川，红军三大主力长征期间在四川境内转战20个月，经过全省近一半即69个县（区），加上在川陕和湘鄂川黔革命根据地的川属各县，红军足迹遍布全川百余县。四川是红军长征中路程和时间最长、经过地域最广、自然环境最险恶、敌我战斗最复杂、党内斗争最激烈的省份，也是开展统战和民族宗教工作成效最显著的省份。中共中央和各路红军灵活有效地开展对地方实力派、少数民族和宗教上层人士的统一战线工作，为长征胜利、建立抗日民族统一战线乃至建立人民民主统一战线积累了宝贵经验。

二、争取地方实力派

在国民党中，那些拥有地盘和军队，又与蒋介石中央军存在矛盾的力量，称为有实力的反对派或地方实力派。蒋介石在国民党中央的统治地位确立以后，地方军阀中，南方的桂系、粤系，北方的冯系、阎系等实力较强，早就企图问鼎中央权力，取蒋代之。他们也同外国势力有联系，多次举行大规模的反蒋战争。势力较小的地方军阀，为了抵御蒋介石剥夺地盘，消灭其军力，也积极拒蒋抗蒋。这种矛盾和斗争，始终贯穿在蒋介石统治时期，并对其统治构成直接威胁。蒋介石屡次严令西南各路军阀“围剿”

长征中的红军，并派中央军跟进，就是要达成消灭红军、削弱西南军阀、将中央势力深入西南腹地的三重目的。地方军阀为防蒋“一箭双雕”“借刀杀人”，也都各怀心思，暗中保存实力。充分利用地方军阀与南京政府错综复杂的矛盾，争取地方实力派也成为红军突出重围、转战四川、北上抗日、实现长征胜利的一个重要原因。

红军长征入川前夕，四川军阀共有6个军47个师，在各自防区割据、相互混战、彼此防范，为红军利用军阀间的矛盾提供了机会。红军长征经过之地，四川军阀一方面怕红军入境推翻其统治而大力防堵，另一方面又怕蒋介石派兵趁追击红军的机会削弱并控制其地盘，有时“畏南京军甚于畏红军”，于是对红军采用了“保境守土，驱逐为上”对策和“送客式追击，敲梆式防堵”战法。四川军阀和蒋介石这种貌合神离的关系，尤其是地方实力派不肯为中央军“火中取栗”，担心中央军“鸠占鹊巢”的微妙心态，客观上为红军长征过四川提供了便利。

朱德、刘伯承等从四川走出去的中央红军领导人，对西南军阀之形成及其演变、各派军阀之强弱、布防情况、作战特点以及与中央军及各地方实力派之间的关系了如指掌，对国民党新老军阀割据本质认识深刻，甚至对川军重要将领性格心理都有所了解，故充分利用国民党中央军与地方军之间的矛盾和猜忌，对不同军阀采取不同策略。中央红军洞悉四川军阀的心理，采取不进入四川腹地而沿西部山区北进的策略。1935年1月，中央红军到达遵义，蒋介石命刘湘派三个师入黔阻击红军。刘湘深知自身的存在是建立在蒋介石与共产党的矛盾上面的，吩咐下属潘文华，红军入川“如系假道他去，则开放进路，切不可截堵”。为应付蒋介石，就派忠于自己，也同情共产党的郭勋祺去执行这个“剿共”又“存共”的任务。郭部到贵州经过土城之战阻击红军进入川南后，即尾随红军，始终保持一天行程的距离，未与红军作战。同年春夏，奉命布防的邓锡侯黄隐部于安县、绵阳一带阻击红四方面军被击溃后，又奉命往天全、宝兴阻击红军。当红一方面军欲与在理县、茂县的红四方面军会师时，朱德亲自向奉命率部企图侧击红军的邓锡侯密信，提出“国难当前，应停止一切内战，一致抗日，如兄部愿来，我们欢迎，如有困难，暂时不来，希望互不干扰”。邓阅后随即密令追击的黄隐部与红军保持一天行程的距离，以应付蒋介石。1935 年 5 月，中央红军飞夺泸定桥、跨越大渡河后，蒋介石部署川军，企图将红军困死在雅安地区。为此，蒋介石急电杨森，促其速派精锐部队到荥经、天全、芦山一带防堵。与朱德有旧的杨森既惧英勇善战的红军，又恐中了蒋介石的借刀杀人圈套，遂派其侄杨汉忠与朱德联系，提出“互不侵犯要求”。朱德复信道：“……吾侄深知兔死狗烹，鸟尽弓藏；殊甚嘉许，已按来意，饬敕敝部先头部队与贵军切取联系”。双方遂达成互不侵犯协定。后杨森令杨汉忠在荥经让路，杨部朝天放枪以掩人耳目。于是，中央红军荥经县境基本无战事，顺利通过杨森防区，使敌人在天全、芦山、宝兴碉堡未成之时仓促应战，给红军打下天全、芦山、宝兴以及迅速北上创造了有利条件。

三、开创党的民族宗教工作

宣传党的民族宗教政策　1935 年初，中央红军进入民族杂居的川南，帮助中共川南特委领导的中国工农红军川南游击队制定了《川南工农劳苦群众目前斗争纲领》。在实施《纲领》中建立了叙永县两河镇界首山苗民政府。中央红军巧渡金沙江进入川西南地区，更把在“行军中应争取少数民族”作为重要任务。川西地区社会形态千差万别，民族习俗和宗教信仰各不相同。红军在长征沿途发表有关决议、布告、宣言，张贴标语、口号等，宣传党的民族宗教政策。尊重各少数民族的风俗习惯，积极宣传实行中国境内“各民族一律平等”、红军和各族人民是一家等政策。1935 年 5 月 19

日，过彝区临行前，毛泽东要先遣队执行党规定的民族政策，与彝族沽基家族首领结盟修好。他对强渡大渡河先遣队刘伯承说：先遣队的任务，不是去打仗，而是宣传党的民族政策，用政策的感召力与彝民达到友好。只要我们全军模范地执行纪律和党的民族政策，取得彝族人民的信任和同情，彝民不会打我们，还会帮助我们通过彝族区，抢先渡过大渡河①。过彝区时，为不打扰彝族群众，毛泽东同军委纵队的同志露宿在树林中。中共中央以中国工农红军总司令朱德的名义发布了通俗易懂的《中国工农红军布告》：

“中国工农红军，解放弱小民族；一切彝汉平民，都是兄弟骨肉。可恨四川军阀，压迫彝人太毒；苛捐杂税重重，又复妄加杀戮。红军万里长征，所向势如破竹；今已来到川西，尊重彝人风俗。军纪十分严明，不动一丝一粟；粮食公平购买，价钱交付十足。凡我彝人群众，切莫怀疑畏缩；赶快团结起来，共把军阀驱逐。设立彝人政府，彝族管理彝族；真正平等自由，再不受人欺辱。希望努力宣传，将此广播西蜀。”②

布告简明概括和传达了中国共产党关于民族问题的基本主张，即各民族一律平等、各民族都是骨肉兄弟、尊重少数民族风俗习惯、反抗封建军阀压迫、建立民族区域自治以及红军严明纪律等思想和政策，而且用行动加以阐释。红军过彝区时，“不住民房，不拉民夫，赈恤贫乏”，朱德还亲自带领官兵帮助躲藏的彝民把粮食种上，感动得彝民陆续回家卖粮给红军，有的给红军指路，有的因此参加了红军，使红军顺利通过了从未有汉人军队通过的地区，迅速渡过了大渡河。这使蒋介石凭借大渡河天险，南攻北堵，围歼红军，使红军成为“石达开第二”的图谋终成泡影。

争取少数民族上层人物　红军明确提出“绝对不打彝民的土豪”“不打

---

① 中共中央文献研究室编：《毛泽东年谱（1893—1945）》上卷，“1935 年 5 月 19 日”，中央文献出版社，2002 年。

② 《朱德选集》，人民出版社，1983 年，第 29 页。

藏族土豪”等针对少数民族上层的统一战线政策。红军主力从冕宁县到大渡河，要经过大凉山彝族地区，当时彝族家支之间争斗不断，又对汉人疑忌很深。先遣队发布《中国工农红军布告》，宣传党的民族政策。1935 年 5 月 22 日，红军参谋长刘伯承率领先遣队和彝族果基家支头人小叶丹在彝海边歃血结盟，并将一面“中国夷民红军沽鸡支队”队旗赠予小叶丹，任命他为支队长。红军借路北上，经七天七夜安全顺利通过二百里最大彝族聚集区，为抢渡大渡河赢得了时间。羌族土司安登榜深受党的民族政策的教育和感染，毅然放弃家业率 200 名羌族勇士随红军踏上征途，成为红军中唯一一位土司出身的指挥员。红四方面军第 30 军进驻甘孜时，李先念代表红军与康区最大的德格土司签订了互不侵犯协定，德格土司为红军筹集了大批粮草。

尊重宗教信仰自由 红军指战员严格遵守党的宗教政策，争取宗教界人士与红军的合作。朱德到甘孜后，与甘孜县白利寺五世格达活佛先后 9 次会面，促膝谈心，互赠礼品，鼓励他为涉藏地区的解放事业努力奋斗，双方结下了深厚的友情。红军与甘孜寺、白利寺签订了互助条约，建立中国共产党第一个少数民族地区自治政府——甘孜博巴政府，格达活佛当选为副主席。1936 年 7 月，红军继续北上，朱德为格达活佛在红缎上留下了“红军朋友藏族领袖”8 个大字，并将自己的八角红军帽送给格达，以作纪念。红军离开后，格达活佛组织僧俗救护、转移红军伤病员，先后接纳千余名伤病员隐藏白利寺内。1936 年甘孜寺及其属下的 7 个寺庙支援红军粮食 19 万斤。在以格达活佛为代表的革命群众掩护下，红二、红四方面军留在康北高原涉藏地区的 3000 余名伤病员，绝大多数都被藏汉人民掩护或安全转移，伤愈后又重新走上了北上抗日的道路。在川西北和康北的藏族地区，在宣传信教自由的同时，又努力实行政教分离政策。明确规定：“活佛大喇嘛只许传教，无权过问政治，一切政权归苏维埃或人民革命政府”“群众有信仰喇嘛教的自由，反对强迫信教，强迫当喇嘛”。

社会制度的局部变革　红军在川西少数民族地区转战一年多，对当地落后的社会制度实行了局部变革，成为中国共产党最早综合处理民族问题和宗教问题的区域。如解放越西、冕宁县城后，废除了反动政府控制彝族首领的“轮班坐质”制度；红军在川西北藏族地区 17 个县实行了土地革命；红军帮助建立了一批革命政权，并吸收上层人士参加苏维埃自治政府，建立冕宁县革命委员会，下设两科一室，其中一科叫弱小民族科，当为党领导的最早的民族工作专门机构。1936 年 5 月 1 日，博巴（即卜巴）第一次代表大会在甘孜召开，成立中华苏维埃博巴（藏族）自治政府，阿坝藏族苏维埃，茂县、理县、汶川羌族工农兵苏维埃，等等。这些变革措施为新中国成立后在民族地区进行民主改革积累了经验，对党的民族政策和宗教政策的形成具有开创意义。

党的民族政策得到少数民族的赞誉和拥护，在人力、物力及道义上积极援助红军，甚至踊跃参军，壮大了革命武装力量。大凉山地区越西县短期内就有七八百人参军，还专门成立了“倮倮连”。三大主力红军过境凉山、阿坝、甘孜期间，彝、藏、羌、回、汉各族人民为支援红军做出了重要贡献。特别是在红军留驻阿坝期间，当地承担了 10 万主力红军的供给保障任务。据不完全统计，当时阿坝各族人民支援红军粮食达 3000 万斤，各类牲畜 20 多万头；有 5000 余人参加红军，涌现出天宝（藏族）、红色阿訇肖福祯烈士（回族）、红色土司安登榜烈士（羌族）等一大批少数民族革命英雄。毛泽东曾对此给予高度评价，称之为“牦牛革命”。

长征是播种机，红军在四川广泛宣传共产党革命真理和北上抗日救国的政治主张，给万马齐喑的国统区的四川人民指出了光明。红一、红四方面军在四川懋功胜利会师后，对民族工作进行了总结和归纳，在中共中央政治局沙窝会议上形成了党的比较系统的民族宗教政策。

第三章
抗日民族统一战线在四川

华北事变后，中华民族危机不断加深。中国共产党勇敢挑起时代赋予的历史使命，积极推动建立了以国共合作为基础的抗日民族统一战线。四川成为国统区抗战最后的根据地。吸取第一次国共合作中的经验教训，中共四川地方党组织在中共南方局的直接领导下，加强统一战线工作，贯彻抗战、团结、进步的方针，团结各界开展抗日救亡运动，密切与四川地方实力派关系，推动川军出川抗战，广交朋友，同各民主党派和各界民主人士团结合作，为维护、巩固和扩大抗日民族统一战线，为抗日民主运动的兴起和发展，为抗战胜利做出了独特的贡献。

第一节　抗日民族统一战线的建立

一、抗日民族统一战线策略的制定

九一八事变后中共开始调整政策　1931 年九一八事变发生后，中国共产党立即发出全民族抗日的号召。随着日军侵华扩大、中国危亡加重，在中日民族矛盾逐渐上升为主要矛盾，国内阶级矛盾降为次要矛盾的历史背景下，1933年1月17日，中华苏维埃临时中央政府、工农红军革命委员会发表宣言，提出红军愿在停止进攻苏维埃区域、保证民众的民主权利、武装民众创立武装的义勇军等三条件下与任何武装力量订立共同对日作战的协议，首次提出了全国军队联合抗日的主张。同月，中共中央在一封指示信中除继续强调建立下层统一战线之外，还提出“在某种程度和范围内，或能实行上层统一战线”，“与民族资产阶级的某一部分实行统一战线”①，表明党已经开始调整政策，朝着建立全民族的抗日统一战线迈进。1934年4月24日发布的《中国人民对日作战的基本纲领》，提出了著名的抗日救国六大纲领。这个文件虽然仍揭露了国民党的卖国内战政策，但不再坚持推翻国民党政府是进行对日作战的前提条件；放弃了打倒一切帝国主义的口号，主张联合日本帝国主义的一切敌人。这都表明党关于建立抗日民族统一战线思想的重大发展。而1935年1月遵义会议确立毛泽东在党中央实际的领导地位，为全党纠正“左”倾关门主义，提出党的抗日民族统一战线策略创造了条件。中央红军进入四川并与红四方面军胜利会师后，6月26日两河口会议正式确立了北上抗日的战略方针，开辟了团结内部，联合友军，粉碎蒋介石的灭共计划，首先造成西北抗日局面，组成全国抗日民族统一战线，动员一切力量战胜日本帝国主义的现实途径。

1935年，日军加紧侵略华北，蒋介石一再妥协退让，相继发生了“察哈尔事件”“河北事件”“张北事件”和“华北五省自治运动”等，使民族危机日益加深。1935年夏，远在莫斯科参加共产国际七大筹备工作的吴玉章，了解到共产国际关于各国共产党根据世界反法西斯战争的迫切需要和各国的实际情况，重新确定建立世界反法西斯统一战线的新精神后，立即

① 中央档案馆编：《中共中央文件选集》第9册，中共中央党校出版社，1991年，第30—32页。

与中共驻共产国际代表团团长王明共同起草了《为抗日救国告全体同胞书》，经过代表团讨论定稿后，提交共产国际七大，并于8月1日在莫斯科以中华苏维埃中央政府、中国共产党中央委员会名义发表，这就是著名的《八一宣言》①。该宣言提出了抗日救国十大行政方针，强调了建立包括上层在内的统一战线，对1928年以来盛行的“左”倾关门主义进行了初步纠正。而后吴玉章在共产国际七大会议长篇发言做出阐述，并于12月9日在法国巴黎出版的《救亡时报》创刊号上指出：“在民族危机空前严重的条件下，中国唯一出路就是全民族一致对外，建立全国救国的联合战线”②，公开向国内外传达了党对民族矛盾和阶级矛盾的新认识和建立抗日民族统一战线的策略方针。

自1934年10月中央红军开始长征后就与共产国际失去联系的中共中央，并未获悉宣言内容，但从华北事变使民族危机加深的形势中，开始考虑建立更广泛的抗日民族统一战线问题。1935年10月中央红军到达陕北后即明确指出：党要毫不犹豫地去与一切反日讨蒋的团体和个人进行联合，共同作战，“统一战线是抗日反蒋的总的策略”，并提出了“统一战线的组织形式与领导方法”等具体策略。③ 11月13日发布宣言，红军提出愿同“一切抗日反蒋的中国人民与武装队伍”联合起来，反对日本帝国主义。11月中旬，中共中央得知共产国际七大精神和《八一宣言》内容后，同月28日发表了与《八一宣言》内容基本相同的《中华苏维埃共和国中央政府、中国工农红军革命军事委员会抗日救国宣言》，把《八一宣言》提出的十条

① 宋健：《论吴玉章对抗日民族统一战线的独特贡献》，载中共四川省委党史研究室、四川省中共党史学会编：《抗战时期的中共四川组织》，四川人民出版社，2015年，第314页。

② 《吴玉章文集》，重庆出版社，1987年，第1127页。

③ 中共中央文献研究室、中央档案馆编：《建党以来重要文献选编（1921—1949）》第5册，中央文献出版社，2011年，第432—435页。

行政方针发展为“十大纲领”，标志党的抗日民族统一战线策略方针的初步形成。

瓦窑堡会议决议建立抗日民族统一战线　在地下党组织领导下，由北平学生开始的“一二·九”抗日救亡斗争迅速发展成为全国规模的群众运动。1935年12月召开的瓦窑堡会议上，中共中央讨论制定了新形势下党的政治路线和战略方针。毛泽东与博古在“是否联合民族资产阶级参加抗战”的问题上发生尖锐争论。博古以“中间势力是最危险的”为由，反对联合民族资产阶级抗日，毛泽东等对此进行了尖锐的批评。中央通过的《关于目前政治形势与党的任务决议》和毛泽东《论反对日本帝国主义的策略》的报告，分析了日本侵略者打进中国之后社会各阶级之间相互关系的变化，确立了建立抗日民族统一战线的总方针，提出联合民族资产阶级，开展抗日民族解放战争，把国内战争与民族战争结合起来。毛泽东指出：“在民族危亡的关头，民族资产阶级有参加革命的可能，国民党统治营垒将进一步分化，英美派买办集团在一定条件下也将被迫参加抗日。因此，我们要把敌人营垒中间的一切争斗、缺口、矛盾，统统收集起来，作为反对当前主要敌人之用。”① 党的任务就是把红军的活动和全国的工人、农民、学生、小资产阶级、民族资产阶级的一切活动汇合起来。在抗日战争中党的基本策略是联合民族资产阶级和一切同盟者；共产党和红军在这个统一战线中的领导作用，“不但要充当发起人，而且应当成为坚强的台柱子”。决议和报告着重指出共产党和红军在这个统一战线中的具有决定意义的领导作用，在着重批评党内在过去长时期内存在的狭隘的关门主义和对于革命的急性病问题的同时，提醒全党汲取1927年无产阶级放弃领导权而导致革命遭受失败的教训。瓦窑堡会议决议和毛泽东的报告，解决了党的政治路线和策

---

① 《毛泽东选集》第一卷，人民出版社，1991年，第134页。

略问题，为建立抗日民族统一战线提供了理论依据。

二、推进抗日民族统一战线的形成

促成局部抗日民族统一战线局面　瓦窑堡会议后，党加强了对统一战线工作的领导，中央政治局多次开会研究统一战线工作，确定整个统一战线工作和对东北军的统战工作由毛泽东负责。毛泽东提出，党和红军应把抗日统一战线放在第一位，实现与蒋介石联合，争取中间阶层，推动全国抗日运动，并在统一战线中保持党的独立性。在白区重建和加强遭受严重破坏的党组织，争取国民党上层人士和地方实力派。对驻扎在西北地区的以张学良为首的东北军和以杨虎城为首的国民党军第十七路军的统战工作首先取得突破，促成西北地区红军、东北军、西北军“三位一体”局部抗日统一战线局面的形成。进而到 1936 年 12 月以前，中国共产党与晋、绥、察、冀、滇、桂、川、新、甘、陕等省的地方实力派初步建立了联系，推动了全国范围的抗日民族统一战线的建立。

从抗日反蒋到逼蒋抗日　华北事变后，蒋介石和国民党中央对日本的态度也逐渐发生了变化。据此，中共中央通过多种渠道向国民党方面提出停止内战、一致抗日的主张，并公开放弃反蒋口号，倡导国共重新合作。1936 年 1 月 29 日，中华苏维埃共和国主席毛泽东发表谈话表示，倘蒋能真正抗日，中华苏维埃政府当然可以和蒋介石联手，第一次明确表示了中共可与蒋介石联合抗日的态度。3 月 27 日，毛泽东在政治局会议上分析了国民党内左右翼情况，决定采取区别对待方针。4 月 25 日，中共中央发表《为创立全国各党各派的抗日人民阵线宣言》，首次公开把国民党列入抗日统一战线的对象。5 月 5 日，毛泽东和朱德代表红军发表《停战议和一致抗日通电》，实际上是公开宣布党的抗日反蒋政策转变为逼蒋抗日政策。中共中央 8 月 12 日发出《关于今后战略方针》，提出“请蒋抗日”口号；25 日发表《致中国国民党书》，公开向蒋介石伸出和解之手。9 月 1 日、17 日，中共中央先后发出《中央关于逼蒋抗日问题的指示》等党内指示和决议，明确提出将“抗日反蒋”口号改为“逼蒋抗日”方针，指出“在逼蒋抗日的方针下，并不放弃同各派反蒋军阀进行抗日的联合。我们愈能组织南京以外各派军阀走向抗日，我们愈能实现这一方针”。因此，毛泽东、周恩来等中央领导亲自开展统战工作，多次致信国民党军政大员、地方实力派和社会知名人士，促其为停止内战、团结抗日出力；毛泽东还致电朱德、徐向前、贺龙等红军将领，要他们利用旧日关系做国民党将领的工作，并明确要求朱总司令致书王均、毛炳文，徐向前同志致书胡宗南及其他黄埔生，贺龙同志致书何柱国各部及胡（宗南）部，发展我们的影响。不懈努力得到许多国民党上层人士和地方实力派等的赞许和呼应。

虽然自 1935 年冬起国共两党进行了多次秘密接触，但国民党以灭共为目标的极苛刻的条件使谈判没有结果，蒋介石仍然聚集重兵企图对陕北根据地发动新的“会剿”，却遭到来自国民党内部的挑战。1936 年 6 月两广军阀陈济棠、李宗仁、白崇禧等发动了抗日反蒋的“两广事变”；8 月绥远的傅作义展开了对日作战，取得了百灵庙大捷；张学良、杨虎城为了“停止内战、联共抗日”在多次向蒋介石“苦谏”“哭谏”无效后，采取了“兵谏”，12 月 12 日发动了震惊中外的西安事变。此后西安事变的和平解决，成为时局转换的枢纽，粉碎了亲日派和日本帝国主义者的阴谋，促进了中共中央“逼蒋抗日”方针的实现。

工作重点转向建立抗日民族统一战线 此后，中共中央采取一系列重大步骤，把工作重点由工农民主统一战线转向推进抗日民族统一战线的建立。1937 年夏，中国共产党白区工作会议召开，总结了“八七会议”以来特别是瓦窑堡会议以来白区工作的经验，比较系统地揭露和批评了关门主义和冒险主义的错误。刘少奇在报告中阐述了党与群众的关系，公开工作与秘密工作的关系，领导群众斗争的策略以及党的思想转变等问题。会议着重阐明在西安事变和平解决的新形势下，党在白区工作的基本方针、策略和任务，以及为实现这些必须做的党的组织工作和群众工作，要求党在白区的实际工作中贯彻抗日民族统一战线的政策。

上述党的重大决策都为四川统一战线工作转轨和发展提供了政策依据和行动指南。

三、第二次国共合作的形成

1936 年 8 月 25 日，中共中央在《中国共产党致中国国民党书》中第一次正式提出实行第二次国共合作的主张。西安事变极大震动了蒋介石，使他意识到如果再坚持对内反共打内战，对外对日妥协退让的政策，那么他甚至将在国民党内失去支持，无法稳固统治下去。次年 2 月国民党五届三中全会召开，讨论、制定对共产党、对日本的政策。为推动抗日民族统一战线的形成，1937 年 2 月 10 日，中共中央致电即将召开的国民党五届三中全会，提出五项要求和四项保证作为国共第二次合作的基本条件。五项要求是：停止内战，集中国力，一致对外；保障言论、集会、结社之自由，释放一切政治犯；召集各党各派各界各军的代表会议，集中全国人才，共同救国；迅速完成对日抗战之一切准备工作；改善人民的生活。并指出，如果国民党将五项要求定为国策，共产党愿意做出四项保证：停止武力推翻国民政府的方针；工农政府改名为中华民国特区政府，红军改名为国民革命军；特区实行彻底的民主制度；停止没收地主土地的政策，坚决执行抗日民族统一战线的共同纲领。① 五项要求和四项保证是中共为实现第二

① 中央统战部、中央档案馆编：《中共中央抗日民族统一战线文件选编》（中），档案出版社，1985 年，第 385—386 页。

次国共合作所做出的一种有原则、有条件的让步，其原则性表现为：一是国民党必须抛弃内战独裁和对外不抵抗的政策；二是在特区和红军保持共产党的领导，保持工农已取得的权利；三是在国共两党关系上必须保持共产党的独立性和批评的自由。“实行这种让步是为了去换得全民族所需要的和平、民主和抗战。”①

中共的这五项要求和四项保证引起巨大反响，得到国民党内部抗日派的赞同，并推进了抗日派同以汪精卫为首的亲日派的斗争。宋庆龄、何香凝、冯玉祥等人在国民党五届三中全会上提出恢复孙中山先生的联俄、联共与扶助农工三大政策案，呼吁国共两党第二次合作，最终通过了一个实际接受中国共产党提议的决议案，表明国民党的政策已经由内战转向抗日，由反共转向联共，抗日民族统一战线初步形成。

从 1937 年 2 月中旬起，国共两党代表在西安、杭州、庐山、南京等地举行多次谈判，推进蒋介石履行其在西安事变中做出的“停止剿共，联红抗日”等六项承诺，促进国民党早日实行联共抗日政策，实现全民族共同抗战。1937 年 7 月 7 日，日本帝国主义制造了卢沟桥事变，发动了全面侵华战争，进而在上海发动“八一三”事变，将战火燃烧到国民党统治心脏地区。急于调红军开赴华北抗日前线的蒋介石，在国共谈判中表现出较多的合作意愿，终于达成协议。国民党当局同意不向红军派遣国民党人员，将陕北红军改编为国民革命军第八路军（简称八路军）并设总指挥部，将南方八省红军游击队改编为新编第四军（简称新四军），在国民党统治区的若干城市设立八路军办事处，派出中共代表团负责与国民党的联系和谈判，出版发行中共主办的《新华日报》，陕甘宁革命根据地改称陕甘宁边区，为中共中央所在地等。

① 《毛泽东选集》第一卷，人民出版社，1991 年，第 258 页。

七七事变爆发后，1937 年 7 月 15 日，周恩来等向蒋介石送交《中国共产党为公布国共合作宣言》，提出迅速发动全民族抗战、实行民主政治、改善人民生活等基本要求，重申共产党为实现国共合作的四项保证。中共中央希望以宣言作为国共两党合作的政治基础。9 月 22 日，国民党中央通讯社发表搁置两个多月的《中国共产党为公布国共合作宣言》；次日，蒋介石发表《对中国共产党宣言的谈话》，承认了中国共产党的合法地位。从反蒋抗日、逼蒋抗日、请蒋抗日到联蒋抗日，经过艰难曲折的谈判，中共宣言和蒋介石谈话的发表，标志着以国共两党合作为基础的抗日民族统一战线正式形成。

第二节　团结各界开展抗日救亡运动

一、四川党组织的恢复和重建

在白色恐怖中坚持统一战线工作　大革命失败后，反革命的白色恐怖，利用叛徒的疯狂破坏，“左”倾冒险主义的路线错误，使四川中共组织受到极大摧残。1935 年国民党中央军势力借追剿中央红军长征入川后，进一步加强了对四川地方政权的控制和对共产党及进步人士的残酷镇压。全面抗战爆发前，全省仅有 68 名党员分散在成都、重庆、泸州、宜宾等地，形成

6个系统互不隶属的小组织坚持斗争。1935年1月，张曙时①受上海党组织派遣到川东开展武装起义工作，但抵达时云阳暴动已经失败，重庆党组织遭到破坏。失去组织联系的张曙时于是转而开展上层统战工作，利用蒋介石企图控制四川所引起的与时任四川省政府主席刘湘的矛盾，争取刘湘走上反蒋抗日之路。1936年春张曙时到成都，确立了通过上层工作来接近下层，进而建立群众基础的工作方针和计划，审慎工作，联系恢复失掉组织关系的党员，并在刘湘军政系统发展党员，影响地方当局改善白色恐怖的恶劣环境，促进抗日救亡群众运动的酝酿兴起，由秘密走向公开活动。与此同时，在声援北平学生"一二·九"运动的过程中，一些从外地转移到四川的党员和分散隐蔽的共产党员在运动中团结积极分子，开展抗日活动，为四川各级党组织的恢复和重建打下了基础。

重建四川党组织　瓦窑堡会议后，中共中央反复强调共产党在抗日民族统一战线中的领导作用，提醒全党记取第一次国共合作破裂的惨痛教训。据此，中共在四川推进建立抗日民族统一战线中，积极争取和坚持领导权。上海党组织先后派张晓峰、曾学圃、胡春浦、周俊烈、刘连波等同志回川，在开展统战工作的同时重建党组织，发展一批党员。1936年10月，张曙时到重庆，通过学生运动领导人、重庆各界救国会成员刘传茀，与《新蜀报》编辑、重庆救国会总干事漆鲁鱼取得联系，指导重庆各抗日救亡进步力量加强团结，发展统一战线，使重庆抗日救亡运动进一步明确了指导思想，

① 张曙时（1884—1971），江苏睢宁人。1905年加入同盟会。辛亥革命前就读于法政学堂，毕业后做过审判厅司法行政和律师工作，曾任南京临时政府司法筹备处秘书、建业大学校长。1922年加入改组的国民党，任国民党（左派）江苏省党部常委。1927年春，任江苏省政府执行委员兼秘书长。"四一二"政变后转移至武汉，主持国民党十六省党部驻汉代表联合办事处。参加南昌起义，被推选为革命委员会常委兼党务委员会主席。组织中国国民党临时行动委员会（农工民主党前身）并任组织部长。1932年加入中国共产党，在上海、天津、四川等地从事统战工作。曾任察哈尔抗日同盟军政治委员会委员兼秘书长。

促进了团结。1936 年 10 月，韩天石、王广义等根据党的指示从北京、山东转学进入四川大学，联系抗日活动中的进步学生秘密成立了受北平“民先”总部领导的中华民族解放先锋队成都部队（简称“民先”），创办公开刊物《活路旬刊》宣传抗日救亡，并在内部建立了党组织。

1937 年，全面抗战爆发后，日本侵略军步步进逼，北平、上海、太原、南京等城市相继失守，大片国土沦陷，国民政府被迫迁往重庆。根据中央关于由反蒋抗日、逼蒋抗日转变到联蒋抗日的方针，重建四川党的组织和建立抗日民族统一战线的步伐日益加快。1937 年 3 月，张曙时奉令赴延安，直接向党中央负责同志汇报工作，毛泽东要他以中央特派员的名义回四川仍做秘密工作，发展组织。另派公开工作的李一氓与刘湘及其他地方军系接洽，以后再加派人员。① 七七事变后，张曙时重返四川，继续开展上层统战工作，并恢复重庆漆鲁鱼等人的党籍、吸收党员、成立党的组织；与张曙时一同回川的李一氓不久奉调返回延安，由罗世文回川接替。11 月，邹凤平、廖志高、于江震等受中央委派从延安回四川恢复和重建四川党组织，同在川的张曙时接头，着手筹建省工委。于江震等人到南充，筹建中共川北工委，恢复重建川北各地党的组织，先后拜访张澜、鲜英等社会贤达，宣传中共抗日救亡主张和政策。泸州、重庆、梁山、万县几个重点地区，也先后清理和接收关系，恢复党的基层组织，建立抗日民族统一战线，领导抗日救亡群众运动。

成立四川省工委　1938 年 1 月 10 日，中共中央直属的四川省工委在成都成立，由邹凤平、廖志高、张曙时组成。邹凤平任书记，廖志高任副书记，张曙时负责情报、统战工作。为了从组织上加强统一战线工作机构建

---

① 张曙时：《我在四川做统战工作的一段经历》，载中国人民政治协商会议西南地区文史资料协作会议编：《抗日民族统一战线在西南》，四川人民出版社，1990 年，第 56 页。

设，省委首次设立了统一战线工作专门机构，由罗世文任统战部长。四川省工委随后划归中共中央长江局直接领导，并逐步健全省工委组织。1 月 18 日，长江局会议听取罗世文关于四川工作的汇报后，21 日长江局副书记周恩来起草的致中共中央书记处的电文，提出了对四川工作的意见。电文指出：四川已无疑地成为抗战最后的根据地，成为连接西南和西北的枢纽，而很快地变成全国各实力派争取的中心。共产党和红军过去在四川的影响虽然大，但目前党的工作却极为落后，尚没有达到开展我们自己影响和组织的目的。同时提出，在重庆设立《新华日报》分社，以此分社及各地《新华日报》代派处为公开接洽中心，扩大影响；努力发展军事工作；不放弃运用上层联络，推动各方特别是川中实力派抗战。电文强调了抗战时期四川的战略地位，并提出了四川统战工作的重点任务。23 日，中央书记处回电，同意长江局对四川的意见。根据长江局的请求，中央先后派出程子健、郑伯克、阚思颖等一批川籍干部回川开展工作。

四川省工委加强了抗日民族统一战线工作，在运用上层联络推动各方特别是川中实力派抗战的同时，加强了下层统战工作，推动公开的群众性抗日救亡运动不断兴起和发展，并在抗日救亡运动中清理失去联系的党员，恢复和发展组织。到 1938 年 6 月，全川的党员由原来的 100 多名发展到 300 多名；到同年 11 月，全川已在近 20 个市县建立组织，党员发展到 3258 人。1938 年 11 月下旬，省工委决定解散，分别成立川西、川东两个特委领导全川党的工作。川西特委（次年 1 月因西康建省，改名为川康特委）领导成都、川西、川北、川南一部分和川康边的工作，由罗世文为书记，邹凤平为副书记，张曙时为统战部长；川东特委兼重庆市委，领导重庆及川东万县、涪陵和川南泸州、宜宾等地，由廖志高为书记。抗战后期为预防国民党顽固派的反共突然事变，还设立过分属南方局领导的川康特委、川南特委、川北特委、上川东特委、下川东特委等省级党组织。

二、四川抗日救亡群众运动的兴起和发展

抗日救亡群众运动的兴起　1931年九一八事变爆发，激起了中国人民强烈的抗日爱国热潮。四川各界民众反日救国会、四川各界民众抗日救国大会、成都市民反日会、成都工人反日团等反日团体纷纷成立，举行集会、游行、罢工、罢课、罢市，查抄日货等行动。重庆人民发起的收回王家沱日租界活动经过两年多斗争取得胜利，1931年9月24日，在日本租界租期约满后，重庆市政府派军警接管了王家沱日租界。1931年9月29日，成都工商学兵各界300余团体5万余人举行反日大游行，涪陵、泸县、乐山、西昌、绵阳等地的反日大会、游行示威此起彼伏。中共四川省委组织开展援助东北抗日将领马占山的运动，掀起了参加抗日义勇军的爱国热潮。但在王明“左”倾教条主义影响下，省委又把此起彼伏的群众自发的抗日运动看作反动当局的欺骗行为，规定各级党组织不得参加非党组织发动的抗日运动，拱手放弃了对汹涌澎湃的抗日救亡群众运动的领导和影响。

1932年爆发上海“一·二八”抗战，日本帝国主义侵略中国步步深入。面对空前严重的民族危机，四川人民抗日救亡运动进一步发展。成都、重庆、南充、宜宾、泸县、自贡、涪陵、万县、内江、绵阳、乐山等地各界群众开展多种形式的反日运动，要求国民政府立即对日宣战，要求川军出兵抗战救国。1935年在声援北平“一二·九”的运动中，一些分散隐蔽的共产党员建立中华民族解放先锋队成都部队（简称“民先”），并通过它去联合各抗日团体，成立有共产党人参加的四川省各界抗敌后援会。原红军江西省军区卫生部长漆鲁鱼在中央红军长征后从中央苏区脱险，辗转回到重庆，和几个与党失去联系的党员及积极分子一起，利用《新蜀报》和《商务日报·副刊》，开展抗日救亡宣传，建立了重庆救国会，在文化、学生、职业青年、妇女、工人等各界建立组织，以秘密和公开相结合方法不

断扩大影响和团结范围。其间，成都、重庆、绵阳、宜宾、南充等地近120个市、县相继建立抗敌后援会等组织，以此为起点，四川的抗日救亡运动渐次兴起，先后开展了援助绥远抗战、上海救国会“七君子”、募捐慰劳等多种抗日救亡运动。

加强对抗日救亡运动的领导 西安事变的和平解决，党在四川的抗日民族统一战线工作及群众性抗日救亡运动深入发展，成都各界救国联合会、重庆市文化界救国联合会等各地多种抗日救亡组织纷纷成立。在全国抗日救亡运动和党的抗日民族统一战线政策的影响下，经过中共党员张曙时等人的工作，四川军阀首领刘湘表示愿与共产党合作反蒋抗日，还派出代表到陕北与中共联络。同时释放一批监禁的共产党员，开放群众的爱国运动，为四川抗日救亡运动的兴起提供了必要的政治氛围。

1937年全面抗战爆发后，中共加强了对四川抗日救亡运动的领导，在重建党组织的过程中逐步成为四川抗日救亡团体的领导核心。七七事变的当天下午，成都以“民先”队员为骨干的天明歌咏团，高唱《义勇军进行曲》《枪口对外》等抗日歌曲上街游行，声援华北守军，成为全省乃至全国行动最快的群众性抗日救亡团体。7月8日，在著名文化人士、共产党员车耀先和韩天石等发起下，成都各界救国联合会发起召开援助平津抗战将士市民大会，参加大会的各界民众达3万多人，这是成都也是全省最先响应全面抗战的一次群众性抗日动员大会。漆鲁鱼任总干事的重庆各界救国联合会逐步成为重庆抗日救亡运动的核心。成都、重庆、宜宾、南充、自贡、泸州、万县等地的中共党员和组织，迅速行动起来，在抗日救亡运动中起到了带头作用。王伯杰、甘树人等中共党员在刘湘资助下创办的《建设晚报》、《新时代》旬刊都发表一系列文章进行抗日宣传。《新时代》旬刊还以较大篇幅转载了《中共中央关于目前形势与党的任务的决定》以及毛泽东的《中国抗日民族统一战线在目前阶段的任务》等中共领导人的重要文章。

车耀先创办的《大声周刊》（后更名为《图存周刊》）宣传中共的全面抗战路线，宣传抗日民族统一战线新政策，使中共抗日民族统一战线主张政策广为人知，动员民众积极参加到党领导和组织的群众性救亡运动热潮中。

反对日本在成都设立领事馆　九一八事变后，日本帝国主义加快侵华步伐，妄图进一步染指地处中国腹心地带的四川。日本政府向南京政府施加压力，要求在既无日侨，又非通商口岸的成都设立领事馆。此事被披露后，激起了全川乃至全国人民的强烈谴责。日方凭借其军事力量的强大和民国政府的妥协政策，不顾川人的强烈反对，于 1936 年 8 月，公然派遣原日本驻华大使馆中国情报部部长岩井英一等一行，乘坐轮船由南京经重庆，西上成都。这激发了四川反日浪潮，8 月 18 日，重庆、江北、巴县等地 100 多个社会团体的代表举行“江巴各界民众反对日本非法在蓉设领大会”，会后分六组向有关当局请愿。20 日成都市商会代表举行游行示威，强烈反对日本在成都设立领事馆。22 日，成都各界民众反对日本在蓉违法设领大会成立，连日集会，游行示威，发表宣言，拒绝岩井到蓉，“誓死反对日本在蓉设领”。23 日，日本设领先遣人员一行五人到达成都，住进骡马市街大川饭店。消息传出，24 日举行了万人参加的反对日本设领大会和游行示威，愤怒的群众当天傍晚包围了大川饭店，捣毁了该店经理室，围殴了先遣设领人员，致二死、二伤。部分群众还涌向东大街、暑袜街、春熙路等地捣毁了长期贩卖日货的 8 家商店，史称“成都大川饭店事件”。事后，刘湘受到南京政府的责难，通过黄慕颜问计于张曙时，张提出，这是日本不断侵略中国引起的地方群众的爱国行动，主要责任应由日本人承担。政府为维护国家民族主权计，当以地方事件来解决。后赔偿日人抚恤金、医药费及损失费 98 000 余元。1936 年 9 月 13 日，日本驻华大使川越茂向外交部部长张群交涉成都大川饭店事件，居然提出了中日经济合作、冀察绥晋实行自治、日本有权在长江沿岸各地驻军以保护日本利益和修改中国学校教科书、务将其反日宣传删除净尽等四项无理要求。交涉理所当然不可能有结果，但由此可见日本挑起事端的狼子野心。大川饭店事件，挫败了日本在成都设领事馆的政治阴谋，进一步活跃了四川各阶层民众抗日救亡运动，确立了刘湘抗日的决心，不久，他在一次公开演讲中宣称：蒋介石不抗日，我们要抗日！表明了其当四川抗日领袖的雄心。

三、坚持和壮大抗日民族统一战线

四川成为国统区抗战最后的根据地　1937 年 10 月 29 日，蒋介石在国防最高会议上讲话，确定四川为抗日战争的大后方，重庆为国民政府驻地。11 月，日军进逼南京，20 日，国民政府发表《迁都重庆宣言》，26 日国民政府主席林森到达重庆；1938 年 12 月国民政府及其各部、院、会开始在重庆办公，国民党中央党部亦迁渝办公，接着各国使馆迁渝。1939 年，1 月建置西康省，实行川、康分治；5 月升格重庆为行政院直辖市；1940 年 9 月 6 日，国民政府发表训令，“明定重庆为陪都”①。重庆成为抗战时期首都，成为全国的政治、行政中心。在此期间，大批的人员、物资以及军政机关、工矿企业、文教单位、金融机构陆续迁川，四川成为国统区抗战最后的根据地，成为连接西南和西北的枢纽，成为抗战时期中国政治、经济、军事、文化的中心，也成为全国各种政治力量争取、斗争和合纵连横的中心。1939 年 9 月，身任国防最高委员会委员长、国民党总裁、军事委员会委员长、行政院长（1939 年 11 月 20 日起）的蒋介石亲兼四川省主席；同年 12 月，兼任四川省禁烟督办公署督办；1940 年 5 月 8 日，还兼任四川省烟毒总检查督察团团长；11 月 1 日，又兼新成立的四川省经济建设委员会

---

① 《国民政府公报》渝字第 290 号，1940 年 9 月 7 日，转引自四川省地方志编纂委员会编：《四川省志・政务志》，方志出版社，2000 年，第 112 页。

委员长，将四川置于其直接控制之下。在对日抗战非常紧张的形势下，由全国最高统帅亲自兼任一个省级政府的首脑及其多个部门负责人的情况，不仅在中国，就是在全世界各国都是极为罕见的，也可见四川在中国抗日战争中举足轻重的地位，统一战线在四川更成为第二次国共合作的风向标和国统区统战工作的缩影。

贯彻全面抗战路线推进各界抗日救亡活动　全国抗战一开始，中国共产党就提出了全面抗战路线。这个路线具体体现在抗日救国十大纲领上，即：打倒日本帝国主义；全国军事总动员；全国人民总动员；改革政治机构；实行抗日的外交政策；实行为战时服务的财政经济政策；改良人民生活；实行抗日的教育政策；肃清汉奸卖国贼亲日派，巩固后方；实现抗日的民族团结。这十大纲领也是中共在抗日战争时期的基本政治主张和坚持长期抗战、争取最后胜利的具体道路。中共的全面抗战路线把实行全民族抗战与争取人民民主、改善人民生活结合起来，把反对外敌入侵与推进社会进步统一起来，正确处理了民族矛盾与阶级矛盾的关系，得到海内外广泛拥护和响应，推动国统区抗战后方基地的四川各界群众抗日救亡运动蓬勃发展。在共产党的领导和影响下，自 1936 年冬，学生、妇女、新闻记者、文化界、业余等三十几个单位团体发起组织各界救国联合会。随着刘湘、刘文辉等四川实力派上层人物政治态度向“联共抗日”转变，他们对共产党及其所辖地区内爱国抗日救亡活动的态度也明显转为帮助与扶持。1937 年 3 月中旬，成都各界救国联合会召开成立大会，刘湘的顾问黄慕颜还代为设法借用会场，刘湘军队中的核心团体“武德学友会”也对大会暗中支持。刘湘还曾保护在其辖区内活动的中共地下党员和抗日积极分子免遭镇压。曾有国民党四川省党部用公函通知省政府，说救亡团体有赤色分子，请政府禁止或封闭刊物，张曙时得到消息后，立即派人给刘湘等人做工作，当省务会议讨论到封闭抗日刊物一事时，刘湘便“大加反对，置之不理”，事后还派人去安慰抗日民众团体，嘱其“不要做得太红了，免得省党部借口捣乱”。争取刘湘等四川实力派采取较开明的措施，在一定程度上保护了参加四川抗日救亡运动的中共地下党员和爱国群众，从而为四川各地抗日民主运动的蓬勃开展和救亡团体的建立创造了较良好的社会政治环境。

中共地下党员和进步人士利用到刘湘所办川康绥靖公署各种中下级（团营连级）军官培训班讲课的机会，一方面和学员接近交谈，广交朋友；另一方面又在讲课中“谈时事、谈民主、讲民主”，“利用刘湘的讲台，利用刘蒋之间矛盾，宣传党的抗日民族统一战线，宣传党的方针政策”①，以激励广大川军将士的抗日爱国热情，由此形成了四川民众日益高涨之抗日救亡怒潮及要求川军出川抗战之强烈呼声，与中共对川军中上层人士重点统战工作的有机结合、良性互动之有利局面。对此，张曙时曾在给中共中央的报告中指出：“在这种上下层配合与联系作用上，影响是很大。”②

内迁企事云集四川　抗日战争爆发以后，华东和华中的许多工商界人士抱着与敌人斗争到底的决心，把自己的企业搬迁到西部继续从事生产，以支持长期抗战。著名实业家胡厥文等动员上海机器工厂克服重重困难内迁四川，上演了规模空前的民族工业大迁徙的历史壮剧。1938 年秋湖北宜昌沦陷前夕，四川民族资本家、航运业巨子卢作孚指挥了“宜昌大撤退”，领导所创办的民生公司用自己的船只，经过 40 天的奋战，抢运了聚集在宜昌的 150 万余人员、100 万余吨物资，为保存当时中国的政治实力、经济命脉以及教育文化事业做出巨大贡献和牺牲。民生公司有 16 艘船只被炸沉炸毁，69 艘船只被炸伤，117 名员工壮烈牺牲，76 名员工伤残。到 1940 年，

① 中共成都市委党史研究室编：《八年抗战在蓉城》，成都出版社，1994 年，第 721—722 页。

② 中央档案馆、四川省档案馆编：《四川革命历史文件汇集（省工委、特委文件·1937—1939 年）》，内部资料，1986 年，第 20 页。

已有 250 余家工厂迁入四川，省内外大量官僚资本和民族资本兴办了工业。到 1944 年，工业企业增加到 1 万余家，职工总数达到 26 万多人①。周恩来、董必武在重庆期间，十分重视民族资产阶级工作，多次同康心如、余铭玉、吴晋航、卢作孚等民族资本家交往，向他们宣传中国共产党的主张，鼓励他们以国家民族利益为重，支持他们坚持抗日、民主和发展民族工商业的要求。

沦陷区的大批大专院校和科研机构等事业单位也迁来四川。1937—1944 年先后迁川的大专院校达 48 所，其中迁重庆的有国立中央大学、复旦大学等 21 所，迁成都的有燕京大学、金陵大学等 6 所，迁万县的有 4 所，迁乐山的武汉大学，迁宜宾李庄的同济大学，迁江安的戏剧专科学校等。内迁院校条件非常困难，物资奇缺，生活艰苦，以至于“校长养猪”“教授种菜”。国难深重，前方将士效命疆场，后方教授尽瘁讲坛，尽管生活艰苦，条件简陋，仍孜孜以求，坚持严谨的治学精神，进取的学术风尚，坚持抗日救亡活动，涵养御强敌、争民主的政治空气。鉴于当年八国联军洗劫紫禁城的历史教训，故宫文物的精华部分南迁上海，转至南京，再分北、中、南三路西迁四川。不少全国知名的学者、教授、艺术家如陶行知、晏阳初、黄炎培、梁漱溟、张伯苓、陈望道、周谷城、吕振羽、余上沅、曹禺、洪深、王星拱、朱光潜、张志让、周鲠生、叶圣陶等都云集四川，盛极一时。这不仅培养了一大批科技人才、推出了一系列学术成果，而且为四川文化繁荣和社会发展做出了无可估量的贡献。此外，还有一批中等学校内迁四川各地。四川党组织逐步开展对内迁文教单位的工作，扩大影响，发展党员，培养干部，建立组织，推动了抗日救亡运动和抗日民主运动的发展。

① 任杰主编：《中国西部概览·四川》，民族出版社，2000 年，第 27 页。

第三节　积极推进四川实力派联共抗日

经过辛亥革命后二十余年的争斗，到全面抗日战争爆发时，四川军阀形成以刘湘为首领，包括刘文辉、邓锡侯以及刘湘系统的潘文华等在内的四川地区实力派。他们同蒋介石的关系复杂，一方面双方为了共同利益而相互利用和勾结；另一方面各自利益互相冲突又不可调和，成为以中国共产党为代表的进步力量同国民党顽固势力之间的中间力量。九一八事变后，随着全国抗日救亡运动的蓬勃高涨，四川党组织根据中共中央指示，及时将党的工作重点逐渐转移到发动各阶层人士抗日上来，加紧争取四川实力派共同抗日。经过艰苦细致的统战工作，在全面抗战爆发前后，刘湘、刘文辉、邓锡侯等四川实力派上层人物政治态度基本上转变到愿与中共联合抗日的立场上来了。

一、蒋介石与四川实力派的控制与反控制斗争

蒋介石集团在新军阀混战中确立统治地位　国民党右派背叛孙中山，实行反共政策后，国民党左派宋庆龄、邓演达等与右派决裂；右派内部也四分五裂，有蒋介石、汪精卫、孙科、胡汉民、冯玉祥、阎锡山、桂系、西山会议派等派别，他们虽然在反共反人民上一致，相互勾结，绞杀革命，但又都为争夺国民党中央的最高权力而展开激烈的角逐。1927 年 4 月 12 日，蒋介石发动“四一二”反革命政变；4 月 15 日，以汪精卫为首的国民党中央决议开除蒋介石党籍、取消其国民革命军总司令职务；4 月 18 日，蒋介石“建都南京”，南京国民政府的合法性广受质疑。7 月 15 日，汪精卫

发动“七一五”政变后，新桂系军阀李宗仁联合汪精卫，逼蒋介石于8月14日宣布下野，又联合以反共“先进”自居的西山会议派，在9月逼汪承认“防共过迟”，“自劾下野”，于是武汉、南京、上海三个国民党中央由对峙转变为成立国民党中央特别委员会，代行国民党中央职权而宣布“统一”。汪精卫不甘大权旁落，又回武汉支持湖南军阀唐生智对抗李宗仁，再依附粤系张发奎，于是南京与武汉由对峙而合流再到对立，进而发展为宁粤对立。下野后寻求日本、美国等支持的蒋介石则利用各派矛盾，先后搞垮西山会议派与国民党特委会，逼迫汪精卫出国，气走国民党元老粤系胡汉民，在冯玉祥等支持下于1928年1月宣布复任国民革命军总司令，东山再起。蒋介石、冯玉祥、阎锡山、李宗仁分别担任国民革命军第一至第四集团军总司令，形成四大实力派的妥协局面后，4月再度北伐，联合向奉系军阀进攻。1928年6月4日，张作霖败退关外，在皇姑屯被日本关东军埋设炸弹炸伤去世；6月20日，新疆督办杨增新宣布新疆易帜；7月19日，热河奉军主将汤玉麟宣布热河易帜；12月29日，在国民革命军队伍不进入东北、南京不干涉东北军政并接济巨额军饷、“暂缓设置”国民党东北党部等条件下，张作霖之子张学良等抵御了日本帝国主义的无理干涉，通电宣布奉天、吉林、黑龙江、热河四省易帜，南京国民政府完成了全国范围内的“形式统一”。

蒋介石攫取中央政权后，不断强化独裁专制，于1929年3月一手包办召开了国民党三大。出席代表的80%为蒋介石圈定或指派，大会改选中央党部，宣布永远开除李宗仁、李济深、白崇禧等人党籍，使蒋介石集团在国民党中央占据了统治地位，这进一步激化了蒋介石与冯、桂、阎等地方实力派矛盾。会议解决不了矛盾就兵戎相见，于是先后发生了蒋桂战争、蒋冯战争、蒋冯阎大战①等一系列新军阀混战。另外打出国民政府牌子的，先有1930年中原大战中成立的以阎锡山为主席的北平国民政府，后有1931年汪精卫因蒋介石软禁胡汉民成立的广州国民政府，出现宁（南京）粤（广州）分裂。在宁粤之间又一场战争一触即发之时，日本发动了九一八事变，全国人民对军阀忙于内战不满，要求停止内战，共同御侮，宁粤双方止兵。在南京、广州、上海由蒋介石、胡汉民、汪精卫分别主持召开国民党四大后，又通过一番明争暗斗，蒋决定联汪排胡，与汪达成蒋主军、汪主政联袂登台的协议，于是在1932年1月中央政治会议上选汪为行政院长，在3月国民党四届二中全会上，推举蒋介石为国民党军事委员会委员长。至此，以蒋介石集团为代表的国民党统治中心基本确立，也开始对长江上游的四川投向更多的注视。

蒋介石势力进入四川不断强化控制　北伐战争前后，四川各派大小新老军阀合纵连横，脚踏多船，看风使舵，在北京政府和广州政府双方同时下注，左右逢源。北伐战争的节节胜利，促使四川军阀易帜被编为国民革命军，但仍然拥兵自重，处于半独立状态。一方面国民党新军阀的反共反人民活动得到四川各派军阀一致支持和响应，实行白色恐怖；另一方面则是四川军阀继续各据防区，拥兵自重，混战不休，竞相争夺四川霸权。20世纪30年代初几成刘文辉、刘湘叔侄“二刘”争霸四川之势。在1929年蒋桂战争和中原大战中刘湘支持蒋介石，而刘文辉在1930年中原大战中公开反蒋，支持蒋介石的刘湘战后被委为四川善后督办。经过1933年的“二

① 蒋冯阎大战又称中原大战，是中国近代史上最大的一次军阀战争。战火东起山东，西至襄樊，南到长沙，北至山西，双方动员兵力100万，死伤30万人。战争初期，阎（锡山）冯（玉祥）军队进展顺利，蒋（介石）本人在朱集车站火车上几乎束手被擒。9月18日，张学良在蒋以全国陆海空军副总司令官职和巨款、地盘利诱下，发表拥蒋通电，并以调停为名派重兵入关，占领平津，战争形势急转直下。从1930年4月5日蒋介石下达讨伐令起到11月初阎、冯宣告失败，通电下野，战争历时半年。

刘”之战，刘湘击败刘文辉，在对付红军的共同目标下，四川善后督办改为四川“剿匪”总司令。但在红四方面军几次沉重的打击下，刘湘声称耗资一千九百万，官损五千，兵折八万，难以为继，遂于 1934 年 11 月到南京向蒋介石求援。双方经过讨价还价，最后达成“合作”条件：蒋介石任命刘湘为四川省主席和川康绥靖公署主任，授权他撤销军阀的防区，统一指挥川军，统一四川军政，并拨给他“剿赤”军费，而刘湘则同意开放四川门户，在重庆设立国民政府军事委员长行营参谋团（简称“参谋团”）“会剿”红军，监督“剿共”。

1935 年 1 月，参谋团到重庆，以贺国光为主任。贺与四川军阀刘湘、杨森、王瓒绪、唐式遵等系四川陆军军官速成学堂同学，对其知根知底，入川后即从军事、行政、财政等各方面加紧了对四川地方实力派的控制，而以军事为重点。

一是通过“参谋团”垄断了四川的军事大权。根据《入川参谋团组织大纲》规定：（一）参谋团主任主持团务，处理“剿匪”一切事宜，并协助四川“剿匪”军总司令行使职权，委员长未在行营时，拟定作战命令，交四川“剿匪”军总司令执行。（二）政治训练人员，分赴各部队担任政治训练事宜。（三）高级参谋除筹议“剿匪”诸事宜外，还轮流担任督导员，督察各路军作战，并负责情报工作等。这就使参谋团主任贺国光实际上凌驾于刘湘之上，控制了刘湘和川军各部的指挥权。

二是利用四川军阀的派系矛盾，封官委爵，分化、收买川军。在军队整编中，原为国民革命军军长的杨森（20 军）、刘文辉（24 军）、邓锡侯（28 军）、李家钰（原 22 军改为新 6 师）、孙震（29 军）等仍然分别为陆军军长，先后授邓锡侯、刘文辉、杨森等中将加上将军衔①，以牵制刘湘；又委任刘湘为总司令，委其部属唐式遵为21军军长，潘文华为23军军长，王缵绪为44军军长，表面上使刘湘扩大嫡系部队的野心得到了满足，实际上是分化、收买了刘湘的部属，从而加强了控制。

三是举办峨眉山军官训练团，蒋介石亲任团长，轮训川军团长以上和营级军官，以及文官县长、中学校长以上4000余人。1938年夏，蒋介石开办四川党政人员训练班，县长、县党部书记长集中进行政治训练，一个月间到训练班达38次。受训结束后，连原来主张抗日救亡的县长也转而压制抗日救亡运动，取消抗日救亡团体，甚至逮捕其领导人。② 还开办中央陆军军官学校成都分校，千方百计拉拢川军的师、旅、团长，封官许愿，使他们归顺“中央”，不断削弱和控制刘湘、刘文辉、邓锡侯等部川军。

随参谋团入川的还有以复兴社康泽为总队长的2000多人的特务组织——军事委员会别动队，在针对共产党和进步人士的同时，也监视、分化、瓦解各地方实力派所掌握的部队。别动队入川后，一是在川军各部调整、改组政工机构，军、师设政训处、团设政训主任、连设指导员，将带来的队员分别安插到各部队；二是在全省保安机关建立政工机构，省和专区设政训室，将各县团队分别组织总队、大队或独立中队等以控制地方武装；三是举办各种训练班，调各县各级壮丁队长、队附，商会、工会理事、监事及大中学生参加集训，将大批集训人员拉入特务组织复兴社或其外围组织等。

---

① 国民政府时期，北洋政府1912年将官设上将、中将、少将三级；南京政府于1935年将上将军衔区分为特级、一级和二级三个等级，后增设上将和中将加上将两个等级，即上将分特级、一级、二级、上将和中将加上将五个级别。

② 张继禄主编：《中国共产党四川历史大事记》（民主革命时期），四川大学出版社，1997年，第236页。

1935 年 11 月，在中央红军长征离开四川后，以追剿中央红军名义入川的参谋团不但没有跟随离去，反而正式成立重庆行营，以顾祝同为主任，贺国光为参谋长，杨永泰为秘书长。重庆行营辖川、康、滇、黔、藏，虽不是一级政权，却具有相当大的行政权力，蒋系中央势力以重庆为基点，控制西南数省，也进一步加强了对四川的控制。重庆行营设驻川财政监理处，把全省的税收分为国税和省税，所有国省两税悉数解存中央银行重庆分行联合金库，并加强对地方财政金融税收及军政费等方面的监督。11 月，国民政府实行币制改革，蒋介石集团趁机以法币将四川的黄金、白银大量兑换运走，并把四川各银行原有的黄金、白银也大量运走，逼使刘湘、刘文辉、邓锡侯、田颂尧等川康地方实力派所开设的造币厂和银行纷纷破产倒闭。从此蒋介石统一了川康的财政金融，在财政经济上控制了地方实力派的命脉，也标志以蒋宋孔陈四大家族为代表的中国官僚资本完成了对四川金融业的垄断。

四川地方实力派的反控制斗争　在军阀混战中，蒋介石常用重金收买、封官许愿的办法，分化、瓦解对手部属，很多时候双方还未开战，对方内部就先乱套了。这一招屡试不爽，给四川地方实力派留下阴影。针对蒋介石步步加强的控制，成为“四川王”的刘湘也采取了反控制措施。他将省政府迁到成都，以成都为四川政治中心，放手开展统一军政的工作；扩大所部第 21 军中原来的“武德学友会”，并在其中成立一个秘密组织“武德励进会”，吸收骨干军官参加，团结所部拥刘防蒋，与国民党在川的各种特务组织暗中进行针锋相对的斗争。刘湘还开办川康绥靖主任公署军官研究班等训练班，对在峨眉军训团受过训的军官和成都军校毕业的军官进行

“再教育”，清理思想，对投蒋拥蒋的军官，即不予任用①。他还办理县政人员训练班，灌输“川人治川”的思想，并暗示县政人员要拥刘防蒋，只有跟着刘湘走，才能被省政府委派去当县长、区长。此外还分四期调训了全川各县市乡镇的联保主任共约四千余人，旨在训练他们拥刘防蒋。经过上述训练，绝大多数县政和乡保人员倾向刘湘，致使在蒋刘明争暗斗中，蒋介石的势力难以普遍深入地方基层。这使刘湘和蒋介石双方的矛盾日益尖锐。

二、推动四川实力派走向抗日战场

以“四川王”刘湘为重点开展工作　蒋介石借“追剿”红军之机派遣参谋团及别动队入川之后，采取各种手段向四川全面渗透，这使得川康地区的地方实力派代表人物刘湘、刘文辉、邓锡侯等都有了岌岌可危之感。在这种形势下，团结抗日既是社会各界的一致呼声，也成了川康地区地方实力派免遭吞并的唯一途径。同时，为了应对蒋介石不断强化的控制政策，刘湘等川康地方实力派不得不考虑同反蒋势力的联合抗争，而在抗日反蒋各派政治势力中，坚决有力的中国共产党成了他们的关注重点。中共鉴于国内政治局势的转变，从团结抗战的角度出发，对于川康地方实力派也积极地开展了统战工作，并以当时兼掌四川军政大权、掌握军队最多、影响最大的有“四川王”之称的刘湘作为工作的重点。

土地革命战争前期，四川实力派多以“拥蒋反共”为基本策略，其中以刘湘为代表。早在1927年，刘湘就与蒋介石联手向共产党人和国民党左派举起屠刀，制造了震惊全国的“三三一”惨案，之后对四川共产党反复

① 邓汉祥：《刘湘与蒋介石的钩心斗角》，载四川省政协文史资料委员会编：《四川文史资料集粹·政治军事编》，四川人民出版社，1996年。

镇压，中共各级组织多次被破坏，杨闇公、傅烈、刘愿庵、穆青、苟永芳等众多共产党人惨遭屠杀和逮捕。1933 年 10 月，刘湘就任国民政府任命的“四川剿匪总司令”职，叫嚣“三个月内肃清赤匪”，向红四方面军发动进攻，历时近一年却被打得惨败，不得不向蒋介石求援。蒋介石势力趁机入川，渗入党、政、军各部门，文武夹攻，刘湘与蒋介石集团的矛盾日益尖锐。有鉴蒋介石借“追剿”红军之机入黔后迅速解决贵州军阀王家烈的前车之覆①，不得不多方寻找出路以求自保，先后派出代表与广西桂系李宗仁、白崇禧，西北军冯玉祥，西安张学良、杨虎城，山西阎锡山等联系，暗中联合抗蒋。

1935 年初，受党组织派遣入川的张曙时，抓住刘、蒋之间的矛盾，利用矛盾，进而推进刘湘走向抗日道路。其时，蒋派参谋团入川驻重庆后随即改为重庆行营，逼迫刘湘将省政府迁成都，而刘多年盘踞重庆利益攸关，不愿让出重庆而退往成都，从而与蒋产生矛盾。张曙时认为，刘在重庆有在蒋介石压迫和欺骗下而投蒋的可能，不如劝其迁往成都，既可脱离蒋的势力范围，还可团结川军抵制蒋介石消灭异己的阴谋，用“川人治川”口号反蒋还不够，要由反蒋走上抗日这条路。于是主动以刘湘老友傅春吾的名义致信刘湘，晓之以抗日救国大义，指明四川在将来的抗日战争中居重要战略地位，说明蒋介石为达到独裁统治，一贯消灭异己、吞并杂牌军的阴谋手段和实例，省府迁成都有利而无害，希望刘湘准备做抗日民族英雄，

① 王家烈（1893—1966），贵州桐梓人，蒋介石因其“剿共”有功，1932 年 2 月任命其为贵州省主席兼二十五军军长。1934 年底国民党中央军尾随红军入黔，次年 3 月蒋介石飞贵州免去王家烈省长职，之后内外夹攻，扼制其军饷，收买其部下，逼其于 4 月底辞去军职。之后，贵州省政府全面改组，省府委员及各厅厅长全部撤换，大部分军官被降职、降级。这样，民国初年形成的黔系地方势力瓦解，黔系军阀政权归于覆灭。（详见谢本书、牛鸿宾：《蒋介石和西南地方实力派》，河南人民出版社，1990 年，第 89、125—126 页。）

团结抗日的势力，反对不抗日的人①。刘湘对这封长信表示佩服，7 月省府迁移到成都，拉开了与蒋的距离。以后张曙时还通过多种渠道对刘系核心人物做工作，通过他们去影响刘湘。1935 年 5 月下旬，曾任邓锡侯二十八军政治部主任、成都市政府秘书长的黄子谷受中共党组织派遣回川，配合红军北上抗日，开展抗日宣传工作。次年秋他再次回川，推进刘湘支持中共联合抗日主张，支持抗日宣传。国共合作期间曾任泸顺起义副总指挥、国民革命军暂编 15 军副军长，后任军长的黄慕颜，在张曙时的授意下，通过邓锡侯面见刘湘，劝其改进地方政治，重视民众信任，与各党派团结抗日，取得民众拥护，期以排蒋固川。黄慕颜被委任为四川省清乡委员会办公厅主任后，又任川康绥靖公署参赞，与刘湘的亲信人物等交往甚密，在刘的内部推动刘湘反蒋抗日。

刘湘由“拥蒋反共”转向“联共抗日” 1935 年夏，刘湘派亲信张斯可到泰山会晤西北军首领冯玉祥将军，向冯请教应付当前时局的方略，请求派人帮助整训部队。冯玉祥从北伐起与蒋介石合作，在宁汉对立中倾向于蒋介石，同意“分共”，支持下野的蒋介石东山再起，两人还拜把换帖，但很快便体验到蒋氏利用并最终消灭西北军的毒辣，于是 1929 年起兵反蒋。其主要将领被蒋收买，战局转胜为败，被迫下野隐居泰山。通过痛苦反思，九一八事变后，他接受共产党停止内战共同抗日的主张，与共产党再度合作，大声疾呼联合抗日，反对妥协投降。对刘湘之请，冯玉祥慨然应允，进而提出同共产党交朋友之计。中共通过冯玉祥先后派遣汪导予、李荫枫、郭秉毅、高兴亚到川。高兴亚以冯玉祥的亲身经历，从刘湘的切身利害出发，说明了要反蒋，就必须一要抗日，二要联共。他们被刘湘聘

---

① 张曙时：《我在四川进行统战活动的回忆》，载四川省政协文史资料委员会办公室、中共四川省委统战部党史办公室合编：《风雨同舟》，四川人民出版社，1991 年，第 36—39 页。

为顾问或教官，并参加了刘湘军队核心组织武德励进会，郭秉毅更被刘湘委予川康绥靖公署政治部主任、四川省保安司令部政治处主任和武德励进会副秘书长等重任，深得刘湘信任①。

经过内外上下多方面工作，面对蒋介石的不断紧逼，刘湘感到只有联共才能生存下去，于是刘湘的思想由一贯反共改变为反蒋、抗日、联共、建川，并从1936年开始同共产党建立联系。为与共产党合作，刘湘对于四川境内的抗日救亡运动也采取了一定开放政策，曾指派专人“经常与群众团体接洽”，未对群众集会、结社等抗日救亡运动多加干涉；对国民党四川省党部的某些“反共防共政策”则予以抵制，多次拒绝省党部要求的解散救亡团体、查封进步刊物乃至逮捕中共党员的命令；在西安事变后无条件地释放了张秀熟等被关押的政治犯，为中共党组织在四川的活动提供了较之过去更为宽松的空间。

中共中央与刘湘建立直接联系　中共为建立抗日民族统一战线，将反蒋抗日转变为逼蒋抗日，进而实行联蒋抗日方针。西安事变发生后，刘湘致电张学良、杨虎城，表示支持“西安事变”，有“杀蒋介石以安天下”的想法，特派黄慕颜为代表，携带张曙时的信到西安与中共代表洽谈，受到周恩来接见。中共方面和平解决西安事变的政策方针，对于刘湘等川康地方实力派产生了巨大的影响，刘湘深有感触地说：“共产党真是以大局为重，不计个人恩怨。……这事确是为国家大局着想，抛弃历年和蒋的积怨，标举外御其侮的大义，并有当家作主的风度，非有伟大的眼光和气魄，决不能做到这步。”② 至此，川康地区的地方实力派在日本帝国主义加紧侵略，中日之间的民族矛盾空前激化以及同国民党中央政府的矛盾日益尖锐

① 参见高兴亚：《冯玉祥派我劝说刘湘参加抗战》，载中国人民政治协商会议西南地区文史资料协作会议编：《抗日民族统一战线在西南》，四川人民出版社，1990年。

② 《中央盟讯》1987年第8期，第20页。

的形势下，加之中共统战工作的推动，政治态度逐渐转变。1937 年 6 月，《川、桂、红协定》达成后，张斯可代表刘湘邀请在桂林的中共中央代表张云逸到四川工作，表达了加强与中共中央直接联系的愿望。张云逸电报中央后，毛泽东回电立即派人到川；8 月，张曙时以中央特派员身份再度入川，与刘湘建立了联系；刘湘也派出代表王干青到延安与党中央建立联系。通过多种途径多种方式的长期工作，刘湘从一个地方军阀向抗日将领转变，政治态度由“拥蒋反共”转变为“联共、拒蒋、抗日”，写下了有益于人民的篇章。1938 年刘湘出川抗日因病在武汉去世后，《新华日报》登出毛泽东的唁电：“国家失一栋梁，川军失一主帅。”还发表《悼刘湘》：“川康绥靖主任刘湘死了，抗日的积极分子又弱一个。他在过去怎样，我们可以不论，但从这次抗战开始后，他是统一战线中的一个有力分子……我们谨向刘将军的英灵敬献民族解放的敬礼!”①，对刘湘给予高度评价。

达成《川、桂、红协定》　1936 年 6 月，粤系军阀陈济棠和桂系军阀李宗仁、白崇禧等不满蒋介石的不抵抗政策，发动了“两广事变”，将所属军队改称为“抗日救国军”，打出“北上抗日”的旗帜，出兵湖南，同南京政府形成对峙之势。中共中央支持了这一事变，但在形势逆转，蒋桂冲突加剧的危急时刻，又从有利于抗战角度出发，向李宗仁提出同蒋介石和平解决事变的意见。在全国人民强烈要求团结抗日的舆论压力下，事件得以和平解决，陈济棠下野。李、白深感中共抗日的诚意，派出代表到陕北与中共订立了《抗日救国协定草案》，确定了双方的合作关系。1937 年 3 月，张曙时到延安向中央领导汇报了四川上层统战工作。中央认为，与李宗仁、刘湘联合抗日的条件基本成熟，决定以张云逸为全权代表，到桂林和川、桂实力派谈判合作抗日事宜。6 月中旬，张云逸到达桂林时，沿街列队挥

① 郑光路：《新华日报：活跃在成都的抗战新军》，《成都日报》2015 年 7 月 4 日。

旗，鞭炮齐鸣，高调“热烈欢迎共产党代表莅桂!”既反映了其接受共产党巩固国内和平、团结抗战的主张，同时也有以此与蒋介石博弈的意图和策略。针对川、桂对蒋介石不信任，对中共提出的逼蒋抗日方针缺乏信心的顾虑，张云逸按照毛泽东、朱德、周恩来电示，向他们分析了全国形势和西安事变后逼蒋抗日、建立抗日民族统一战线的可能性，强调在当前民族危机的紧急关头，各地方实力派“只有以抗日民主与蒋（介石）比进步才能生存发展，如以军阀政策与蒋比前后，则只有失败”①，我们联蒋亦只有在抗日和民主道路上推动。

经过多次协商，6 月 26 日《川、桂、红协定》达成，内容共七条：（一）以巩固和平统一，实行民主政治，抗日收复失地为目的；（二）召开国防会议，应充分接收各方抗日领袖主张；（三）树立抗日旗帜，扩大宣传；（四）开放民众抗日运动，改善人民生活，释放政治犯；（五）努力国民会议制宪运动和指定代表名额分配于各党派；（六）抗日力量彼此间之互助；（七）如各方同意此纲领，即组织共同纲领之机构，此种组织乃予以充分力量推动中央领导抗日为任务，不得含有分裂民族统一战线的意味。

四川、桂系与中共达成联合抗日、建立抗日民族统一战线的协议之时，正值国共谈判推进蒋介石履行“联红抗日”等承诺的紧要关头，紧接着发生了七七事变。7 月 14 日，毛泽东就广西、四川等地方当局对全国抗战应采取的方针问题又致电张云逸强调，为坚定蒋介石抗日决心，“各方应表示诚意，拥护蒋氏及南京抗日政策，不可有牵制意”，提出各方一面促成蒋氏建立全国抗战之最后决心，一面自己真正地准备一切抗日救亡步骤，并同南京一道做去。“此种方针甚关重要，请与李总司令（即李宗仁）及川代表

① 中共中央文献研究室编：《毛泽东年谱（1893—1949）》上卷，“1937 年 6 月 24 日”，中央文献出版社，2002 年。

张斯可先生恳商决定。盖此时是全国存亡关头，又是蒋及国民党彻底转变政策之关头，故我们及各方做法必须适合于上述之总方针。”① 又指出，“四川的整军计划，应照刘主席（即刘湘）已表示的方针去做，不可发生波折”②。表达了中国共产党团结各方致力抗战的真诚愿望和切实践行。

川军与八路军共同抗战　《川、桂、红协定》是抗日战争时期外敌当前，中华民族处于危亡时刻，中共推动建立抗日民族统一战线，通过各种渠道争取地方实力派联合抗日的成功范例，也是联合地方实力派从反蒋抗日到逼蒋抗日，再到联蒋抗日的成功范例，直接促进了川军、桂军奔赴抗战第一线，及八路军与川军、桂军在正面战场的合作抗日。10 月 4 日，毛泽东就对待交八路军指挥的国民党军队的方针问题，致电朱德、彭德怀、任弼时并告八路军各师负责人，指出：“我们对于国民党交给我们指挥之部队，应采取爱护协助态度，不使他们担任最危险的任务，不使他们给养物资缺乏。对作战应使他们主要打几个小胜仗，对动员民众应详告以政策、方法，对他们多取商量，表示殷勤爱护之意，力戒轻视、忽视、讥笑、漠不关心及把他们置于危险地位等错误态度。经过上述方针，争取他们与红军团结一致，使他们真心愿意围绕于红军周围。为达上述目的，除作战指挥由上级负责外，对他们应取态度及方法须向全军指战员进行教育，使此方针能全体彻底执行之。”随后又表示同意彭德怀意见，由周（恩来）电蒋介石调主力军入晋，以调川军为宜③，表达了红军与川军合作抗日的期盼。但这种良好预期后来却因刘湘去世、川军分化及晋军排斥等多种因素而未

① 中共中央文献研究室编：《毛泽东年谱（1893—1949）》中卷，“1937 年 7 月 14 日”，中央文献出版社，2002 年。

② 张继禄主编：《中国共产党四川历史大事记》（民主革命时期），四川大学出版社，1997 年，第 215 页。

③ 中共中央文献研究室编：《毛泽东年谱（1893—1949）》中卷，“1937 年 10 月 4 日”“1937 年 10 月 17 日”，中央文献出版社，2002 年。

能实现。

1937 年 10 月，从北路出川的第七战区第二十二集团军到达西安后，蒋介石一纸手令将其改拨归阎锡山的第二战区指挥，转向山西方面加入太原战场。川军到达后要求补充物资，阎锡山则推诿说：山西方面的一切武器弹药和军需物资，早已运过黄河储存于潼关附近，所以在太原实无办法，拒绝补充。结果仅送了山西造的轻机枪 20 挺给第 41 军作为礼物了事。战场吃紧，第二战区长官急不暇择，把一个还在行军纵列中的第 41 军，拿来成旅、成团、成营地分割使用、直接指挥。结果在战场上，一个军成了若干大小无头之蛇，军长孙震到达前方时，41 军打得不成形式了；集团军总司令邓锡侯到太原时，第二十二集团军的人马只剩半数，各军师连作战地区的军用地图一张也没有。邓锡侯正在焦急时，周恩来亲自带来了平型关缴获的日本军用地图送给他，他大为感动地说："患难见知己。"更有甚者，友军在战场上撤退时竟不通知川军，以致 11 月 6 日集团军总司令兼 45 军军长邓锡侯在太原附近的南畔村陷入日军包围并受伤，经卫队奋力保护和八路军游击队掩护方才脱险①。而后邓部奉命在山西洪洞县整顿，恰与八路军总部相距甚近。邓锡侯同老友朱德久别重逢，格外亲切，感慨万分，特别是他此次满腔热忱率部出川抗战，阎锡山等不给补充，川军衣物单薄，武器装备窳劣，在娘子关等地作战中死伤惨重，使他看清了国民党中央军对地方军的歧视态度；南畔村遇险，又使他认清了国民党内部的倾轧实质。在与朱德的会晤交谈中，他增强了对共产党的认识和抗日的决心，多次请朱总给第二十二集团军团级以上军官讲游击战术，向官兵训话，使川军将士大受启发，增强了抗日杀敌的信心。朱德特地登门看望 127 师师长陈离

① 胡临聪：《二十二集团军出川抗战概述》，张宣武：《东回村遭遇战》，载四川省政协文史资料研究委员会、四川省人民政府参事室合编：《川军抗战亲历记》，四川人民出版社，1985 年，第 19—20、31—33 页。

等，以丁玲为团长的西北女子战地服务团深入师旅团部为川军做慰问演出，八路军与川军还经常开展联欢活动，增强了两军的团结和友谊。1938 年 2 月，为策应平汉、津浦两线战事，八路军总司令朱德、副总司令彭德怀受任二战区东路军总、副总司令，川军李家钰部等拨归其指挥。

经过李宗仁争取，邓锡侯第二十二集团军第 41、45 军调到鲁南归第五战区司令长官李宗仁指挥，补给枪支和大批子弹及迫击炮，终在 1938 年三四月间的台儿庄战役中展示了中国军民联合抗日的异乎寻常的巨大威力。台儿庄战役前，中共周恩来、叶剑英等提出了实行阵地战的守势与运动战的攻势相结合的作战方针方法的建议，被李宗仁、白崇禧基本上接受；同时，中共领导的八路军、新四军和人民抗日武装在苏鲁冀广大地区进行游击战、破袭战，阻滞日军，有力地支援了台儿庄作战；邓锡侯部第二十二集团军之孙震第 41 军，以劣势之装备与兵力，在滕县阻击绝对优势之敌达 3 天半，第 122 师师长王铭章以下 3000 余人殉国，为台儿庄会战争取了时间，奠定了胜利的基础。

川军将领与新四军协同作战　在国民革命军序列中，新四军先后编入潘文华第二十八集团军、唐式遵第二十三集团军序列①，共同抗战。1938 年春，新四军陈毅一支队与郭勋祺第 50 军的防区在皖南毗邻，交往甚密。陈向郭阐述中共抗日民族统一战线政策和新四军敌后抗战的原则策略，使郭深受启发，受邀向 50 军直属部队官兵宣讲抗日救国和抗战必胜的道路，大大鼓舞了士气。郭令所部掩护新四军先遣支队通过其防区，东进敌后作战，还先后支援新四军步枪 30 余支，子弹 4 万发，军服、白衬衣各 500 套

① 韦显文、支绍曾、耿成宽等编写：《国民革命军发展序列》，解放军出版社，1987 年，第 128、220 页。

等军需物资[1]。两军多次合作击伤击沉日军舰船。1939年2月，美国著名记者史沫莱特访问两军后，在其《中国的战歌》中写道，50军与新四军“像亲兄弟一样并肩作战”。郭与新四军的关系被人告密，1939年冬蒋介石借故撤去郭勋祺军长职务，郭认为“要继续抗战，只有投奔新四军”，于是与少数高级军官商量后，派员找到项英联系率部加入新四军事宜，中共为维护抗日民族统一战线而婉拒[2]。在滕县战斗身负重伤的第45军副军长兼第127师师长陈离伤愈出院后驻防老河口地区，与新四军李先念部毗邻，李先念三次亲到127师与陈离会晤，共商团结合作、协同作战等问题。陈离赠予新四军电台、药品、军团地图和枪支弹药及棉衣等急需物资。在鄂北大洪山一带并肩战斗，协同作战，多次粉碎了日伪进攻。1940年冬，陈离获悉蒋介石发给汤恩伯部消灭大洪山新四军的作战电令后，及时设法通报新四军，使之迅速转移，避开了反共顽军的包围圈[3]。事件发生后，陈被疑为通共但无证据，被撤去军职回川闲居。中华人民共和国成立后，李先念多次在不同场合特别地提到，陈离在他最困难的时候冒着生命危险，给新四军五师以经济上和物质上的援助，如果没有陈离及时将蒋介石“围剿”大洪山的阴谋予以通知的话，后果不堪设想[4]。

三、川军将士出川抗日

川军主动请缨出川抗敌　早在1932年上海“一·二八”事变时，四川

---

① 《当代四川》丛书编辑部编：《当代四川统一战线》，四川人民出版社，2000年，第17—18页。

② 罗显功：《疾风劲草 患难相知——忆郭勋祺与陈毅的一段友谊》，载四川省政协文史资料委员会办公室、中共四川省委统战部党史办公室合编：《风雨同舟》，四川人民出版社，1991年，第316—317页。

③ 陈离：《我与新四军合作抗日》，载四川省政协文史资料委员会办公室、中共四川省委统战部党史办公室合编：《风雨同舟》，四川人民出版社，1991年，第310—313页。

④ 金雷：《“桃色将军”陈离》，《档案春秋》2013年第2期。

就成立四川民众督促川军出兵大会，组织四川省抗日救国大会请愿出兵代表团，分别向四川军阀当局请愿，要求川军停止内战、限期出川抗日等。在党的抗日民族统一战线政策和全国抗日救亡热潮推动下，川军抗战爱国热忱大大激发。1937 年七七事变发生后，川军将领们认识到只有举起抗日的旗帜，只有出川抗日，才能保卫国土，才能保持自己的军队不被蒋介石裁减。正在重庆参加整军会议的川军将领情绪激昂，纷纷请缨，刘湘、邓锡侯、刘文辉等即发表谈话，表示愿率部参加对日作战。刘湘于 1937 年 7 月 10 日、13 日两次致电蒋介石和南京国民政府，指出："和平果已绝望，除全民抗战外，别无自存之道"，并表示自己"愿率川军供驱遣抗敌"；邓锡侯说：我们过去拿着枪杆，枪口只是对内，打了多年内战。现在应一致对外，才对得起民族，对得起自己良心。在 8 月 7 日召开的最高国防会议上，刘湘慷慨陈词，竭力主战，表示四川可出兵 30 万，供给壮丁 500 万和粮食若干万石以支持抗战，"四川所有人力财力，均可贡献于国家"，愿意率领川军出川杀敌，一举扭转会场气氛。会后，共产党代表周恩来、朱德、叶剑英等亲临刘湘寓所，赞誉他积极抗战的决心。刘湘回川后，即约请川军将领商洽出川抗日的具体部署，迅速完成川康各军整编。

1937 年 9 月 5 日，四川各界民众欢送出川抗日将士举行大会在成都少城公园（今人民公园）举行。此时距七七事变爆发不到两个月，首批川军即正式出川开赴抗战前线。刘湘及各军、师、旅长和各界代表千余人到会。四川大学学生抗敌后援会向出川将士赠送印有"努力杀敌"的毛巾 1200 条；赠送锦旗 16 面，分别绣着"为民族解放而战""把我们的血肉筑成我们新的长城"。邓锡侯激昂讲演：我们四川人是具有爱国传统精神的。黄花岗烈士有四川人；辛亥革命有四川人；护国之役也有四川人。当前国家民族面临生死存亡关头，我们身为军人受四川人民二十余年的供养，当然要拼命争取历史的光荣，借以酬报四川人民。潘文华慷慨陈词：我们一定要血战到底，收复失地，把日本侵略者赶出中国去！做到胜则生，败则死，不成功，便成仁。许多爱国将领还预立遗嘱，表示其誓死抗战以报效祖国之坚强决心。川军第145师师长饶国华致信亲友表示：“只要开始抗日，我就站在战争的最前线！”又致信妻儿：“余此去，为国而战，义无反顾。自古忠孝不能两全，老母年高，望尽心奉养。”① 第122师师长王铭章出征前预立遗嘱：“此次出征，很可能为国战死。如果是为国战死了，这是我的夙愿。”广大川军中下级官兵纷纷请缨杀敌。北川县农民王者成，赠给儿子王建堂的竟是一面“死”字旗：白布旗正中写了个大大的“死”字，旗上写道：“国难当头，日寇猙狞。国家兴亡，匹夫有分。本欲服役，奈过年龄。幸吾有子，自觉请缨。赐旗一面，时刻随身。伤时拭血，死后裹身。勇往直前，勿忘本分！”

出川川军全部脱离七战区建制　川军执行了蒋介石“军队国家化”的指令，接受了国民政府的整编，各路将领集议抗战事宜，决心捐弃前嫌，开赴抗日前线。为避免川军被分散瓦解，出川前刘湘向蒋介石提出三点要求：不分割川军建制，并由自己统一指挥；各部留三分之一的部队驻守原防；对出川抗战部队的装备、武器要作必需的补充。蒋当面一一承诺，但背后又开始了一连串的分化瓦解动作。

“八一三”淞沪抗战爆发后，国民政府军委会决定出川抗日川军编为第二路预备军，刘湘为司令长官，邓锡侯为副司令长官，辖两个纵队，担任平汉铁路方面的作战任务，总部设许昌。1937年8月18日，刘湘约集邓锡侯、孙震、李家钰、刘文辉商谈整军和出川抗战问题。经协商决定：四川绥署直辖的唐式遵、潘文华、王缵绪三个军各出两个师，邓锡侯、孙震部

① 吕伟权：《饶国华将军事略》，载中国人民政治协商会议四川省成都市委员会文史资料研究委员会编：《成都文史资料选辑》第10辑，内部发行，1985年，第172页。

各出两个师，李家钰部出一个师。共 11 个师出川抗战。出发时又增加绥署一个直辖师，两个直辖旅，以及李家钰军全部，共计 14 个师 2 个旅。出川前，刘湘召集各军长开会说，为避免川军出川后被分化瓦解，已取得蒋介石同意，出川各军统归本战区（第七战区）指挥，不得分割使用，希各军长知照。第二十二集团军出发前，刘湘还特别叮咛邓锡侯、孙震：川军出去，一定不让分割建制。北上后，必待全军和全集团军集中才渡河；必待川军全部集中才参加作战。按计划两路人马最终到许昌集结，限各部在 10 月中旬到达指定地点。

10 月 15 日，国民政府改任刘湘为第七战区司令长官，辖两个集团军，任邓锡侯为第二十二集团军总司令，孙震为副总司令；刘湘兼第二十三集团军总司令，唐式遵为副总司令。但是，川军实际上出川后即被分散处置，出川前所承诺的武器、装备也未能到位，川军出川抗战经费 460 万元，国民党中央指定由四川自筹。10 月中旬，当由川东大道出川的第二十三集团军的 148 师陈万仞等部刚到汉口，即接到由武昌行营转来蒋介石的手谕，拨归第一战区战斗序列，由程潜司令长官指挥，部队随到随上火车，开赴新乡、卫辉一带候命，阻击日军，打了一仗后，正奉命跟进，忽奉蒋的命令将该集团军调往浙江、江苏、安徽一带，参加拱卫京畿的外围战；杨森第 20 军则调往淞沪战场。由川北大道出川的第二十二集团军 41 军孙震等部到达西安时，忽接西安行营主任蒋鼎文转蒋介石命令，将第二十二集团军第 41、45 军划入第二战区序列，受阎锡山司令长官指挥。第 47 军由李家钰率领到达西安后，行营亦转达蒋介石的命令，一部分开往山西长治、长子受卫立煌指挥，一部分开往河南新乡受程潜指挥。至此，出川的两个集团军，全部脱离七战区建制。

第七战区昙花一现　刘湘在成都得知蒋介石出尔反尔，出川的两个集团军已被调离第七战区建制，自己成了光杆司令时，心急如焚，不顾身体有病，于11月9日离川经汉口到南京，要求蒋介石归还建制，担任一个战区的作战任务。面谈几次，问题尚未解决。1937年11月20日，国民政府发表宣言，移驻重庆办公。刘湘以四川省主席身份立即发电“谨率七千万人，翘首欢迎”。同时刘向蒋介石请求，将川军两个集团军调集在一起，由刘指挥负责保卫南京，未得到明确答复。11月28日刘湘旧病复发，转送到汉口万国医院治疗。经过短期治疗，病情稳定下来，得知南京失陷，感叹异常，日思惩敌，调遣所部反攻芜湖。同时刘湘开始会见一些社会贤达，当时董必武、张澜、沈钧儒等都曾到医院慰问，并畅谈抗日大计。1938年元旦，蒋介石以刘氏病重为由，发布嫡系亲信将领陈诚为第七战区副司令长官并代理司令长官职务、任命第二十三集团军副总司令唐式遵接替刘湘兼任的第二十三集团军总司令职务的命令。部队被肢解，指挥权被剥夺，刘湘在医院得悉蒋介石的这两道命令后，于1938年1月20日吐血而死①。第二天，蒋介石即明令撤销了第七战区和第七战区司令长官部。第七战区从成立到撤销不足百日，在这一时段的国民革命军战斗序列中没有留下痕迹，如风吹过。一心消除异己的蒋介石以几道军令，就把刚出川的川军分得个七零八落，更使刘湘病亡，实现了借抗日肢解川军、搞垮刘湘的夙愿。蒋介石档案《事略稿本》写下其当时心境：（1938年1月20日）“下午，探刘湘病，访汪精卫谈党务。晚得报刘湘病故不胜悲悼。既而曰：‘甫澄逝世，私情可痛，然从此四川得以统一于中央，抗战基础稳定，未始非国家之福。’”②

---

① 参见乔诚：《刘湘出川抗战前后》、岳星明：《二十三集团军出川抗战概述》、胡秉璋：《反攻芜湖》，载四川省政协文史资料研究委员会、四川省人民政府参事室合编：《川军抗战亲历记》，四川人民出版社，1985年，第6—10、140、168—169页。

② 叶健青编辑：《事略稿本》（41），国史馆印行，2010年，第74页。另，文内称蒋20日“下午探访刘湘”，多种资料没有发现有此记载，或许系委托别人代为探访。

蒋介石视刘湘之死为“国家之福”，表达了双方尖锐的矛盾，但其立论基础却似是而非。对于全面抗战、国府迁川，包括刘湘在内的四川实力派都是积极支持、热忱欢迎，刘湘在8月初最高国防会议上表态“四川所有人力财力，均可贡献于国家”。如果真正坚持抗战救亡和民主进步，蒋介石何来四川统一于中央、抗战基础稳定之顾虑？又怎么会将这种顾虑系于一人之存亡？蒋氏自认为“从此”四川收入囊中，欣喜溢于笔端，但是高兴得过早了。因为刘湘突然去世，舆情风起，病死、气死、毒死、害死……各种说法民间演绎甚多，既加深了四川地方实力派的分化，又促进了反蒋力量的警惕和集合。蒋介石看似达到预期目标，但怎么能想到这为十余年后难以在四川重建立足基地，最终从成都黯然离开大陆埋下祸根？

从川军出川抗战到无川不成军　1937年夏，首批川军分北、东、南三路奔赴抗战前线。

北路。第二十二集团军总司令邓锡侯，副司令孙震，辖孙震第41军、邓锡侯第45军、李家钰第47军。所辖各军从1937年9月初开始，遵国民政府军委会令开赴河南郑州集结待命。第41军（欠第123师）、第45军（欠第126师）沿川陕公路出川，10月中旬到宝鸡，转乘火车到西安，未得武器、装备补充，即得蒋介石令调往山西，划入阎锡山第二战区。第41军归第二集团军孙连仲指挥，得令在阳泉下车阻击敌军，并在上下龙泉附近掩护主力撤退。第125师扼守洪洞、沁源一线，第122师击溃散敌，收复平遥。12月，蒋介石令邓锡侯率第41军、第45军由山西东调鲁南，改归第五战区李宗仁指挥。两军后激战台儿庄，转战豫南鄂北，直到抗战胜利推进到郑州、许昌、漯河接受日军投降。第47军1937年9月从西昌出发沿川陕公路北上，12月抵达山西长治，归属第一战区副司令长官卫立煌指挥，转战晋东晋南；1939年冬与第14军、第17军（高桂滋部，名义上隶属，实际仍驻陕西）组成第三十六集团军，李家钰任集团军总司令兼第47

军军长，参加河南黄河防务；1944 年 5 月豫湘桂战役中洛阳失守，第三十六集团军撤退时中敌埋伏，5 月 21 日李家钰及总部随行官兵 200 余人全部阵亡①，由李宗昉继任军长。1944 年底第 47 军重新调归第二十二集团军建制。

东路。第二十三集团军总司令刘湘，唐式遵副之，辖唐式遵第 21 军、潘文华第 23 军、郭汝栋第 43 军（仅第 26 师），从川江出川的第 148 师于 1937 年 10 月中旬到达汉口，蒋介石即令将该集团军划归程潜的第一战区，部队即开赴河南新乡、卫辉，后又奉蒋介石令调往江浙一带，拱卫南京外围；第 26 师从贵州都匀出发开赴上海，直属第三战区指挥，于是上演了长途千里、装备窳劣的川军掩护装备优良的中央军西撤而逆行东进、激战上海的悲壮惨烈场面②。刘湘去世后，第二十三集团军划归第三战区，唐式遵为总司令，辖第 21 军、第 50 军。潘文华第 23 军与叶挺新四军合编为第二十八集团军，潘为总司令兼第 23 军军长③。第二十三集团军参加了从 1937 年 11 月下旬至 1938 年 1 月的太湖、泗安广德和反攻芜湖三战，第 145 师师长饶国华与广德城共存亡，自戕成仁。之后第二十三集团军主要担任长江南岸江防任务，并参加了浙赣路战役。其间，第二十三集团军既有郭勋祺部、陈离部与新四军的合作抗战，也有派出两师一团在第三战区副司令长官上官云相指挥下参与“皖南事变”对新四军的伏击和围攻。

南路。杨森第 20 军于 1937 年 9 月由贵州奔赴上海第三战区，归第十九集团军薛岳指挥，参加了淞沪会战。1938 年春杨森升为第二十七集团军

① 张光汉：《三十六集团军出川抗战概述》，载四川省政协文史资料研究委员会、四川省人民政府参事室合编：《川军抗战亲历记》，四川人民出版社，1985 年，第 426 页。

② 何聘儒：《二十六师抗战纪要》，载四川省政协文史资料研究委员会、四川省人民政府参事室合编：《川军抗战亲历记》，四川人民出版社，1985 年，第 251—252 页。

③ 韦显文、支绍曾、耿成宽等编写：《国民革命军发展序列》，解放军出版社，1987 年，第 128 页。

总司令兼20军军长，该部先后被划归第五战区、第九战区，参加了徐州会战、武汉会战、长沙会战等，1944年秋转战退至贵州。

抗战时期，自川军第二十二、二十三集团军和第20军第一批出川抗战，第二批于次年5月出川之后，还有数批出川抗战的川军。刘湘去世后，1938年3月，刘湘留川部队被编成第二十九集团军，以王缵绪任总司令，许绍宗为副总司令，辖彰诚孚第44军、许绍宗第67军，同年5月轮运出川至湖北兰溪登陆，归李宗仁第五战区指挥。时王缵绪代理省政府主席未出川，以许绍宗代理总司令。王陵基任总司令的第三十集团军，辖王陵基第72军、张再第78军两个军①，1938年顺江东下出川，经沙市、岳州，归陈诚第九战区指挥，首战于瑞昌。范绍增经第三战区顾祝同举荐委为军长后返川组建第88军（只辖马昆山新21师），1939年春从南川出发徒步出川，穿湖南到江西弋阳，被列为第三战区总预备队②。此外还有李宗鉴任旅长的独立第35旅等。

在全面抗战的8年中，川军先后编为7个集团军调赴抗战前线，此外还有单独出川附于其他集团军的独立师、独立旅等，计达12个军以上③，共约40余万人（不包括以后各部队自行补充数），转战7万余里，足迹遍及山西、河南、山东、上海、江苏、湖北、广西等13个省市，先后参加了淞沪会战、太原会战、徐州会战、武汉会战、南昌会战、枣宜会战、鄂西会战、常德会战以及三次长沙会战等正面战场上几乎全部大的会战。此后，四川不断为抗战前线补充兵员，但很难再组成成建制的川军出川，而抗日

① 韦显文、支绍曾、耿成宽等编写：《国民革命军发展序列》，解放军出版社，1987年，第183页。

② 李文密：《第八十八军出川抗战的回忆》，载四川省政协文史资料研究委员会、四川省人民政府参事室合编：《川军抗战亲历记》，四川人民出版社，1985年，第234—235页。

③ 中共四川省委党史研究室：《中国共产党四川历史》第一卷，中央文献出版社，2009年，第322页。

的大战场上，却随处可见四川子弟兵，以至有了“无川不成军”之说。据不完全统计，川军在战斗中为国捐躯者26.3万多人，负伤35.6万多人，失踪2.6万人①，总计达64.6万人。此外，四川还向抗战前方补充兵源多达300万人，伤亡64万人，约为同期全国的20%，为全国之最，为正面战场做出了最大贡献。四川军队出川抗战得到全川人民人力、物力、财力以及舆论的热烈支持。

四、密切与川康地方实力派的关系

在蒋介石与川康地方实力派的控制和反控制的斗争中，共产党根据抗日民族统一战线的方针政策，支持川康地方实力派团结抗日而反对蒋介石独裁统治和对日妥协投降的斗争。西安事变后，中共以抗日爱国民族利益大业为重，和平解决事变的方针举措，感动和警醒了刘湘、刘文辉、邓锡侯等四川实力派首领，播下联共的思想种子，促使他们转变策略，走上抗日救亡的进步道路。

延安重视川康上层统战工作　党在建立抗日民族统一战线过程中，加强了对四川地方实力派的统一战线工作。早在1937年七七事变之前的6月，毛泽东就应刘湘代表张斯可之邀决定派李一氓到四川，不久李即入川做川军统战工作。9月，罗世文持毛泽东手函和刘湘常驻延安代表王干青的介绍信到成都，与刘湘指定的张斯可、高兴亚等刘部官员接头，并担任川康绥靖公署顾问，主要开展上层联络工作。原川军将领，江津兵变失败后被错误开除党籍的张志和出国考察回国后坚持抗日，于1937年9月应李一氓之邀赴延安，将所著《现代战争论》送给毛泽东，毛泽东与之通宵畅

① 中国人民政治协商会议西南地区文史资料协作会议编：《西南民众对抗战的贡献》，贵州人民出版社，1992年，第6页。

谈。张志和要求留在延安工作，毛泽东说：你莫看国民党现时对我们还好，这是靠不住的，将来一定要打我们的。蒋介石与地方军阀是有矛盾的。你与四川军阀的历史关系最深，你可以策动他们。第一步要他们不要做蒋介石的忠实走狗，不要与我们认真作对，只可随便应付一下；第二步要他们在国共战争中保持中立；第三步最好把他们拉到我们这边来共同革命。这项工作很重要，你努力吧！对张志和留在延安工作的要求则回答说："白区党的组织多被敌人破坏，以你在四川的地位和关系是我们最好的人选。"① 并具体分析了做好工作的有利条件。张志和欣然接受使命，回川后先后在邹凤平、张曙时等领导下，重点开展了对川康军队的上层统战工作。

南方局成立后对川康军政首脑的统战工作更加频繁、直接和深入，周恩来、吴玉章、董必武、林伯渠、王明等中共领导人，往来延安重庆经过成都，常常与刘文辉、邓锡侯、潘文华等川康实力派首领见面恳谈，交换意见②，建立起友好合作关系。1942 年夏，中共派遣地下工作者分别在刘文辉、潘文华部设立秘密电台，建立起与延安党中央的直接联系，进入实际配合阶段。

四川省政府主席职位之争　蒋介石视刘湘之死为"国家之福"，认为完全掌握四川的时机已到，第七战区司令长官、川康绥靖公署主任、四川省政府主席刘湘 1938 年 1 月 20 日刚一闭眼，次日即明令撤销第七战区和七战区司令长官部，撤销川康绥靖公署，任命张群为四川省政府主席。这一做法激起留川将领的强烈反对。刘湘部属钟体乾等以刘湘新故，中央即命张群主川，实属趁火打劫，意图宰割四川之举，当夜即在成都组织群众游行反对。刘湘高级幕僚张斯可电邀刘文辉自西康到成都与潘文华等共商对

① 张弢英：《张志和的革命活动》，载四川省政协文史资料委员会办公室、中共四川省委统战部党史办公室合编：《风雨同舟》，四川人民出版社，1991 年，第 113—114 页。

② 匡珊吉、杨光彦：《四川军阀史》，四川人民出版社，1991 年，第 565—568 页。

策，遂由王陵基、钟体乾等师旅长数十人联名通电拒绝张群来川。这迫使蒋介石慎重处理，决定张群暂缓到川，川康绥署继续成立，29日国民政府宣布："在新任四川省主席未到任以前，省政暂由省府秘书长邓汉祥代理，川康绥靖主任，暂由总参议钟体乾代理。"

2月10日，张曙时向中共中央报告刘湘去世后的四川政局及上层统战工作情况，提出党的统战方针是：运用上层推动、促进他们，把四川造成抗日实际行动的国防根据地，改善民众生活。2月15日，毛泽东致电刘湘生前代表王干青称，刘公新丧，川军失一主帅。希望顾全大局，坚持抗战总方针，正确处理中央与地方等各方面的关系，走联合抗战的道路①。中共党组织贯彻抗日民族统一战线政策，认为这时反蒋对抗战不利，于是由张志和等出面做川军将领工作，向张斯可、刘文辉等宣讲大敌当前，团结为重，应当抵御外侮，支持蒋介石抗战，反对其控制川政，应适可而止；同时策动近20个保安团团长联名通电愿出川抗战，由此劝导王陵基率军出川抗战，随后到重庆向其在保定军官学校的同学、时任重庆行辕主任的蒋介石亲信顾祝同疏通，为王陵基争得第三十集团军总司令头衔，使投靠蒋介石的王缵绪掌握保安团的企图大打折扣②。

蒋介石顾虑已成抗战大后方的四川，若是动荡不安极为不利，为平息四川各方对其派张群入主川政的反对情绪，权衡再三做出决定：一方面封官许愿，分化拉拢川军将领，陆续发表邓锡侯为川康绥靖公署主任，潘文

① 张继禄主编：《中国共产党四川历史大事记》（民主革命时期），四川大学出版社，1997年，第226页。

② 张松涛：《四川民盟策动川康军政人员起义概述》，载中国人民政治协商会议全国委员会文史资料委员会《文史资料选辑》编辑部编：《文史资料选辑》第22辑，中国文史出版社，1991年；高兴亚：《冯玉祥派我劝说刘湘参加抗战》，载中国人民政治协商会议西南地区文史资料协作会议编：《抗日民族统一战线在西南》，四川人民出版社，1990年，第233页。

华为副主任、第二十八集团军总司令，王缵绪为第二十九集团军总司令（4月命王代行四川省主席职留川，但该集团军开赴鄂东北），王陵基为第三十集团军总司令，刘文辉为重庆行辕副主任，又以西康建省为条件，委任刘文辉为西康建省委员会委员长，郭勋祺、郭昌明等师长升任军长，各人均官升一级，缓和了与川康军人的矛盾。另一方面，蒋介石自行转圜，准四川自行推举人选。四川省军政界本欲推举潘文华，但因潘体弱多病，遂推王缵绪上报于蒋。4 月 26 日，国民政府行政院决议由王缵绪代理四川省政府主席。1938 年 8 月，批准张群辞职，改任重庆行营主任，正式任命王缵绪兼四川省政府主席。

被任命为第三十集团军总司令的王陵基，请张志和为其参谋长，共赴江西前线抗日。在一年多时间里，川军由败转胜，王陵基因败撤职，又因胜复职，还获得褒奖，引起蒋介石的注意。他派员到前线调查，得知张志和用毛泽东的《论持久战》作教材训练部队，并有中共党员汪道予、于渊参与训练。调查人员告密说张是共产党员，于是蒋要王陵基清查。1939 年夏，张志和被迫辞去集团军参谋长职返回成都，继续开展西南实力派的工作，沟通了川军与滇军的联系①。

成都川军倒王事件 蒋介石最终任命刘湘旧部王缵绪任四川省政府主席，既因王系中途投刘，与刘有隙；更因王早在 1935 年参加峨眉山军官训练团时，即与南京方面挂上了钩，刘湘生前对他就已加以防范；而王在代理省主席后，于 6 月投靠复兴社，获得蒋介石的认可。王缵绪由代理而正

---

① 张彀英：《张志和的革命活动》，载四川省政协文史资料委员会办公室、中共四川省委统战部党史办公室合编：《风雨同舟》，四川人民出版社，1991 年，第 114—115 页。张松涛：《四川民盟策动川康军政人员起义概述》，载中国人民政治协商会议全国委员会文史资料委员会《文史资料选辑》编辑部编：《文史资料选辑》第 22 辑，中国文史出版社，1991 年。

式就任四川省主席后，充当了蒋在四川的代理人，大量撤换地方人员，特别是安排复兴社、CC 系的人出任重要职位。新任民政厅长胡次威“带了沦陷区县政人员二百多到重庆，准备安顿。教育厅长杨廉带了沦陷区中学以上各教职员三千余人（皆 C. C.）到渝，准备在全川教育界陆续安插”，却听说事情“颇不易办”，只好“个别设法安顿”。1939 年 3 月，CC 系骨干郭有守接任教育厅长后，“继续把省立各学校和主要私立校、县立学校校长一律换成 C. C. 分子”。同时，不少复兴社人员也逐渐被王缵绪任命为专员或县长。更有甚者，同军统特务等勾结一气，把刘文辉、邓锡侯、潘文华等每次密商对付蒋介石和国民党中央的情况详报。刘文辉看到国府刚迁渝两个月，就把刘湘搞垮、逼死后，更强化其反蒋决心。他同四川的邓锡侯、潘文华和云南实力派首领龙云等捐弃前嫌，加强合作，联合反蒋。1938 年 7 月，云南省主席龙云路过成都，刘文辉、邓锡侯、潘文华等趁机同龙商讨了川滇康三省联合反蒋问题，大家意见一致，签订了一个协定，要点是：（一）一致拥护抗战国策；（二）如有违反抗战国策者，即为川滇康三省之公敌，共同反对之；（三）为确保抗战国策之实现，三省在军事、政治、经济各方面实行合作，关于合作具体办法另行派员商定。以后确定龙云与刘文辉单独联系，因龙军事上有优势在军事上负责，因刘与共产党有联系在政治上负责。这个协定促进了西南实力派的团结，联合开展反蒋控制和对日妥协的斗争①。事后，曾参与商议此事的王缵绪却向蒋合盘告密。对此，刘、邓、潘等无法容忍，于是策动彭焕章等 7 位师长于次年 8 月 5 日联名上书蒋介石，列举王缵绪祸川十大罪状，要求撤去其省主席职务，以谢川人，并调集军队进逼成都，摆出武力驱王之势。

① 刘文辉：《走到人民阵营的历史道路》，载中国人民政治协商会议西南地区文史资料协作会议编：《抗日民族统一战线在西南》，四川人民出版社，1990 年，第 254—255 页。

蒋介石分别召集刘、邓、潘及王到重庆，好言安抚，只好叫王缵绪自动辞职，体面下台，并提出自兼四川省主席，贺国光任省府委员兼秘书长，负责处理省府日常事务。1939 年冬，王缵绪离川赴前线履职第二十九集团军总司令。

蒋介石主川后，直接加强了对四川的统治和对川康地方实力派的控制。四川地方实力派分化重组，继续同蒋介石开展控制与反控制的斗争。蒋介石为给张群入主四川铺平道路，进一步笼络川康军政要员和金融、工商、文教等上层人士和社会名流，组建川康经济建设委员会，自兼委员长，命张群代表负责工作。1940 年 11 月 1 日该委在成都正式成立，同时召开第一次全体委员会，决定设立资本金为 7000 万元的川康兴业公司，由张群为董事长。张群据此与刘文辉、邓锡侯、潘文华等进行政治交易终获支持。同月 13 日，行政院通过决议，张群任成都行辕主任兼理四川省政府主席。

成都驱王事件发生之时，正是武汉、广州失守，汪精卫等从四川出走、公开投敌，国民党开始推行消极抗日、积极反共政策，中国团结抗战局面出现严重危机的时候。面对民族矛盾和阶级矛盾交织的空前复杂的国家政局，中共从抗战全局出发，坚持民族矛盾始终是第一位的，各阶级的利益必须服从全民族的利益。而蒋介石却把川局不宁看得比汪精卫投敌和日本乱华还严重，认为："汪倭乱华犹为小焉者"，"川事复杂不定，殊为可虑，此乃为一切问题中之根本，故外交无论如何吃紧，仍以此为念也"。因果主次关系完全颠倒，其亲信甚至散播刘文辉是"亲汪派"、潘文华要"逮捕救亡学生"等破坏团结抗战的谎言，扬汤止沸，只能使四川政潮不断。川康特委就成都倒王事件向南方局写出专题报告，在叙述事件经过、影响和总结后果及教训的基础上，提出了在冲突复杂尖锐环境中，坚持团结，推动进步，反对后退，争取发展等工作方针和策略，扩大了党的影响，使顽固分子的反共阴谋稍微和缓①。

推进川康实力派团结进步 党对四川地方实力派的统战工作不断深化，加强与各方上层的联系和解释、调解，进行耐心细致的工作，帮助他们坚定抗战到底的信心，同时又及时引导他们扶助群众运动，走上民主进步的革命道路。1939 年 9 月 8 日，在重庆召开的国民参政会第一届第四次会议上，针对蒋介石的独裁统治和对日妥协等错误事实，毛泽东、陈绍禹、秦邦宪、林祖涵、吴玉章、董必武、邓颖超联名提案中，批评蒋介石政府“对一切进步力量，时加打击”，要求“明令保障各抗日党派之合法权利”，“严令禁止对共产党及其他抗战党派之歧视压迫行为”②。这些意见也就包含了对蒋介石打击、压迫抗日的川康地方实力派的批评，并要求保障他们的合法权利。

刘文辉登上西康省主席之位后，与四川实力派达成共识，同中共接上关系。虽然其军事实力较小，但是毕竟恢复了在政治上的地位，从而更加坚定了他反对蒋介石并与之周旋到底的信心。1942 年 2 月，周恩来单独约见刘文辉，指出当前全国人民的要求是：坚持抗日，反对投降；坚持团结，反对分裂；坚持进步，反对倒退；而关键则在于坚持民主，反对独裁。提出“团结是为了斗争。对蒋介石政府的一切反动政策措施，都须给以坚决反对和有效抵制。西南地方力量在现阶段有条件这样做，大胆行动起来，共产党愿意在政治上给以支持”③。向其指出了前进的政治方向和信心。1941 年春，刘文辉与知识界进步人士李相符、杨伯恺、马哲民、黄宪章、

---

① 张继禄主编：《中国共产党四川历史大事记》（民主革命时期），四川大学出版社，1997 年，第 256 页。

② 中央档案馆编：《中共中央文件选集》第十二册，中共中央党校出版社，1991 年，第 162、168 页。

③ 刘文辉：《走到人民阵营的历史道路》，载中国人民政治协商会议西南地区文史资料协作会议编：《抗日民族统一战线在西南》，四川人民出版社，1990 年，第 250 页。

邓初民、朱蕴山、沈志远等成立了以“全民团结，坚持抗日，反对独裁，实行民主”为宗旨的“唯民社”，刘文辉任社长，先后创办《唯民周刊》《大学月刊》《青年园地》《民众时报》《华西晚报》等，宣传团结抗战，反对独裁，推动民主。1943年，张志和介绍邓初民、马哲民、黄松龄等进步教授到雅安为“西康省训团”讲学，以提高西康军政人员的政治认识。其间，张志和还设法团结刘文辉、邓锡侯、潘文华三部主要人物组织一个座谈会，刘指派段升阶、吴景伯，邓锡侯指派陈静珊、余中英，潘文华指派钟体乾、乔毅夫为代表，由张志和召集，每周开一次会。会前由中共秘密代表张友渔详细指导，并供给新华社消息，以免他们偏听偏信反动派的欺骗宣传，并设法沟通了川军与滇军的联系①。万县县委书记欧阳克明争取团结了下川东军界首脑、万县警备司令兼《万县日报》社社长刘光瑜、总编辑李春雅，在报上宣传党的抗日方针和主张，并在1938年6月《万县日报》全文连载毛泽东5月发表的《论持久战》。党组织通过教育、帮助，将第九行政区保安副司令发展为秘密党员后，进一步把下川东各县地方实力派团结到抗日统一战线之中。张秀熟回忆感慨：“总之，当时（抗战时期）党的统战工作十分活跃，具有无限的生命力。从上层、中层到工人、学生、群众，都在抗日的旗帜下团结起来了。”②

---

① 张松涛：《四川民盟策动川康军政人员起义概述》，中国人民政治协商会议全国委员会文史资料委员会《文史资料选辑》编辑部编：《文史资料选辑》第22辑，中国文史出版社，1991年。

② 张秀熟：《我在抗战期间从事统战工作的回忆》，载中国人民政治协商会议西南地区文史资料协作会议编：《抗日民族统一战线在西南》，四川人民出版社，1990年，第66页。

第四节　积极争取抗战的光明前途

一、中国共产党抗日统一战线策略原则

在抗日民族统一战线基础上的第二次国共合作，是双方各有军队、政权的合作，是既无统一战线的组织形式，又无两党见之于文件的共同纲领的合作。这表明抗日民族统一战线中，既有共同的民族敌人，又存在着复杂的阶级矛盾，必然会造成统一战线中的矛盾和冲突，必然会出现难以预料的复杂的斗争局面。在抗日民族统一战线中，由于国共两党间存在着“全面抗战”和“片面抗战”两条不同的抗战路线，加上复杂的国际国内形势，如何处理统一战线中的统一与独立、团结与斗争的关系，成为极为重要的问题。中国共产党在认识和解决这些问题中及时总结了一系列抗日统一战线策略原则。

统一战线中的独立自主原则　中共中央汲取历史的经验教训，强调必须明确共产党的全面抗战主张和国民党的片面抗战主张之间存在原则分歧，在党内在全国均须反对投降主义，并对王明的右倾错误进行了抵制和斗争。毛泽东指出，投降主义有两种，一种是民族投降主义，它引导中国去适应日本帝国主义的利益，把中国变为日本的殖民地。抗日民族统一战线中存在左、中、右三个集团，以大地主、大资产阶级为主体的右翼集团，是民族投降主义的大本营。另一种是阶级投降主义，它引导无产阶级去适应资产阶级的改良主义。阶级投降主义实际是民族投降主义的后备军，是援助右翼营垒而使战争失败的恶劣倾向。在统一战线中，是把国民党提高到共产党所主张的抗日救国十大纲领和全面抗战呢，还是把共产党降低到国民

党的地主资产阶级专政和片面抗战呢？他强调：要坚持全面抗战，坚持抗日民族统一战线的路线，反对民族投降主义，必须反对共产党内部和无产阶级内部的阶级的投降主义。必须尖锐提出谁领导谁的问题，必须坚决地反对投降主义。①

1938 年 9 月 29 日至 11 月 6 日，中国共产党在延安召开扩大的六届六中全会。全会确定，要不断巩固和扩大抗日民族统一战线，用长期合作来支持长期战争，同时，要坚持统一战线中的独立自主原则。毛泽东提出要正确处理民族斗争和阶级斗争、统一性与独立性的关系，指出统一战线中的合作和让步都是以承认对方为前提的，不能因合作和统一而抹杀党派和阶级的独立性及其必要的权利，否则合作就变成了混一，必然牺牲统一战线。正确的方针应该是既统一，又独立。

抗战、团结、进步方针　1938 年 10 月，广州、武汉相继失守，抗日战争进入战略相持阶段。日本加紧了对国民政府的政治诱降活动。国民党统治集团内部的投降、分裂、倒退活动日益严重。1938 年 12 月，国民党副总裁、中央政治委员会主席汪精卫飞离四川出逃，公开投敌，并在南京拼凑伪国民政府。以蒋介石为代表的国民党亲英美派虽然还在继续抗日，但表现出极大的动摇性，推行消极抗日、积极反共政策。1939 年 1 月，国民党五届五中全会虽然声称要"坚持抗战到底"，却把对付共产党问题作为重要议题，实行"一个主义""一个政党""一个领袖"的专制主义，制订了"溶共""防共""限共""反共"的方针。按此在各级党部设立反共的"特别委员会"，陆续制定和秘密颁发了《限制异党活动办法》《异党问题处理办法》《处理异党实施方案》《沦陷区防范共产党活动办法草案》等一系列反共措施和办法，并在各地大搞反共摩擦事件，先后掀起了三次反共高潮。

① 《毛泽东选集》第二卷，人民出版社，1991 年，第 392 页。

是坚持抗战、团结、进步，还是妥协、分裂、倒退？成为国共斗争的中心。

中共中央分析战略相持阶段到来后国际国内的复杂形势，发表《为抗战两周年纪念对时局宣言》，提出“坚持抗战，反对投降；坚持团结，反对分裂；坚持进步，反对倒退”三大政治口号，动员全党和全国人民为克服投降反共逆流，争取时局好转而斗争，坚持团结的立场，尽量支持国民党内外的爱国力量，使国民党留在抗日阵营内，巩固和扩大抗日民族统一战线。

发展进步势力、争取中间势力、反对顽固势力策略 1939年冬至1940年春，国民党顽固派向敌后抗日根据地发动较大规模的武装进攻，掀起了第一次反共高潮。在反对国民党顽固派反共摩擦的斗争中，党内有的人认为这次反共高潮表明国共合作已经破裂或就要破裂，可以无限制进行斗争的“左”的倾向逐渐发展起来；同时，也有人对国民党反共政策的严重性认识不足，不敢同国民党顽固派斗争而存在右的倾向。对国民党的反共摩擦，中间派民族资产阶级的一些代表人物，虽然对国民党独裁和抗战不力表示不满，但对共产党的主张也抱有疑虑，有的提出了在国共之间走第三条道路的政治主张。

毛泽东及时总结打退国民党反共顽固派掀起的第一次反共高潮的斗争经验，对共产党的抗日民族统一战线的政策和策略作了系统深刻的阐述，提出“发展进步势力、争取中间势力、孤立顽固势力”的策略总方针，并对根据这些策略原则所规定的许多具体政策作了明确的论述，强调这三个环节不可分离，“在抗日统一战线时期中，斗争是团结的手段，团结是斗争的目的。以斗争求团结则团结存，以退让求团结则团结亡。”① 在反对国民党顽固派的斗争中，对他们还能抗日、不愿破裂国共合作方面加以联合，对其动摇妥协、坚持反共反人民方面则进行坚决斗争，加以孤立。面对国

① 《毛泽东选集》第二卷，人民出版社，1991年，第745页。

民党军队的进攻，党领导的人民军队按照自卫原则，给予坚决回击，随即顾全大局，主动提出休战。

有理、有利、有节原则　在反对国民党顽固派斗争中，提出了在反摩擦斗争中“利用矛盾，争取多数，反对少数，各个击破”、对国民党实行又联合又斗争的策略以及“有理、有利、有节”原则。有理，就是自卫原则，“人不犯我，我不犯人，人若犯我，我必犯人”，坚持斗争的防御性；有利，就是胜利原则，不斗则已，斗则必胜，绝不可进行无计划无准备无把握的斗争，坚持斗争的局部性；有节，就是休战原则，要“适可而止”，使斗争告一段落，坚持斗争的暂时性。只有这样，才能使统一战线中的顽固派以后不敢轻易搞分裂、进攻以及向日寇妥协。“抗日民族统一战线政策，既不是一切联合否认斗争，又不是一切斗争否认联合，而是综合联合和斗争两方面政策。”①

这些策略原则使党得以在复杂多变的环境里更熟练而恰当地处理统一战线中各种矛盾和问题，避免了“左”、右倾错误，为粉碎国民党顽固派发动的反共高潮，巩固和发展抗日民族统一战线奠定了策略基础，对国统区统一战线工作具有极为重要的指导意义。

二、坚持团结进步，反对分裂倒退

南方局全面领导四川统战工作　在十四年抗日战争中，四川充满着光明与黑暗、抗日与投降、团结与分裂、进步与倒退、民主与反动的错综复杂的斗争。抗战初期，全川军民一致奋起，走上抗日救亡前线，川军将领率部出川，在正面战场与日军浴血奋战。但是，国民党领导集团的反共立场未变，从抗日战争进入相持阶段后，实行消极抗战、积极反共的政策，

---

① 《毛泽东选集》第二卷，人民出版社，1991年，第763页。

随着国民政府迁川，强化对四川的控制，普遍建立国民党、三青团组织，对国共合作全面抗战设置重重障碍。中国共产党坚持实行“发展进步势力、争取中间势力、孤立顽固势力”的抗日民族统一战线策略总方针，成为全民族抗战的中流砥柱。就全国范围而言，抗日战争时期的主要矛盾，决定了中共的工作重心在抗日战区和敌后。作为大后方抗战最后根据地的四川，是国民党统治中心区域，是第二次国共合作联络枢纽，对抗日民族统一战线的坚持和巩固具有特别重要的意义。党的六届六中全会决定撤销长江局，设立南方局。1939 年 1 月 16 日，中共中央南方局在重庆正式成立，周恩来为书记，博古、凯丰、吴克坚、叶剑英、董必武为常委，周恩来兼统一战线委员会负责人，下设军政、党派、社会、青年、妇女等组，组长分别为叶剑英、博古、董必武、蒋南翔、邓颖超。次年 10 月，董必武、叶剑英分别兼任统一战线委员会正、副书记（主任）。以后又在统战委增设了外事组和经济组，王炳南、钱之光（后许涤新）分任组长。南方局全面领导和指导了处于国民党统治中心区域的四川统一战线工作。

周恩来开展统战工作做出表率　在国统区极其复杂的情况下，南方局处于秘密状态，其领导人对外以中共代表或国民参政员的身份出面活动。南方局在周恩来等人领导下，创造性地贯彻执行抗战、团结、进步的方针，支持国民党合作抗日的积极因素，克服其破坏团结抗日的消极因素，在揭发国民党顽固派破坏抗战、破坏团结的斗争中，特别重视争取和团结中间势力，通过各种公开的和秘密的渠道，同国民党民主人士、民主党派、无党派人士等广泛接触，积极开展地方实力派、民族工商界人士和文化教育等各界人士的统战工作，使他们了解共产党的主张，并逐步取得他们的信任，巩固和发展了抗日民族统一战线，推动了四川抗日民主运动的发展。

抗击反共逆流，维系国共合作抗战大局。1941 年 1 月，国民党军 8 万余人伏击和围攻新四军军部及所属皖南部队 9000 余人，除 2000 余人突围外，一部被打散，大部壮烈牺牲或被俘，军长叶挺被扣，副军长项英遇害，制造了震惊中外的皖南事变。面对严重形势，中共以抗日大局为重，在军事上严守自卫，在政治上坚决反击。根据中共中央指示精神，冲破国民党的层层新闻检查，《新华日报》发表了“为江南死难者致哀”和“千古奇冤，江南一叶；同室操戈，相煎何急”的周恩来题词手迹，在重庆和整个国统区引起很大反响。南方局广大干部动员起来，加强同国民党中层人士和各民主党派、各界人士的联络，揭露国民党顽固派破坏抗战和反共的阴谋，并散发了朱德、彭德怀等为皖南事变发出的通电。南方局领导成员及工作人员还以合法身份加强同外国驻华使馆、国际友人及海外华侨的联络，通过散发国民党制订的反共文件和大量确凿的材料，揭露国民党的内战阴谋，争取国际国内同情和支持。各民主党派、民主人士纷纷发表通电，谴责国民党倒行逆施、清除异己、破坏抗战的罪行，一致要求国民党停止以武力攻击共产党，停止内战，使以蒋介石为首的国民党顽固派在政治上极其被动。通过斗争，也促使不少站在中间立场的民主党派和各界民主人士痛切感受到国民党的横暴和自身生存的危机，从而逐步靠向中国共产党，并进一步团结起来，参加中共领导的抗日民主运动。

南方局和周恩来在国民党统治中心的四川地区，团结和领导人民群众同国民党顽固派反共、投降势力进行了英勇而又机智的斗争，几度力挽濒临破裂的国共关系，为巩固发展抗日民族统一战线，坚持全民族抗战，推动抗战时期民主运动的发展，提高共产党在全国的威望和世界的影响做出了极其重要的贡献，并为全国解放战争时期第二条战线的形成奠定了基础，成为统战工作的经典华章和宝贵财富。

以发展进步势力为统战工作的中心环节　在南方局领导下，在党组织恢复和发展的基础上，通过加强党员学习和集中培训，不断提高党员质量，严格履行入党手续，以巩固和壮大党的组织。中国共产党成为抗日民主运动的领导者和组织者，在四川形成重庆、成都两个民主运动中心。川康特委以成都为中心，1939 年 9 月，党员发展到 4500 多名。川东特委以重庆为中心，到 1939 年 10 月，党员发展到 3600 多人，同时在四川实力派中加强共产党的组织活动，虽然人数不多，但在统战工作中的能量较大。

四川党组织在开展中上层统一战线工作的同时，广泛开展下层统战工作。在由国共两党以及地方实力派共同参与组建成立的“四川各界抗敌后援会”中，共产党员基本掌握了中下层组织，带动了大批抗日救亡团体的成立。党组织在这些后援会、救国会的骨干中发展党员，建立组织，建立“民主青年联合会”“民主青年协会”等外围革命组织，团结文化教育界人士和广大师生积极参加党领导的抗日民族统一战线，成立抗敌后援会、抗日救亡民族先锋队、川大抗敌救国团等各种抗日救亡组织，出版抗战刊物，传播党的抗日主张，提振全民抗战信心和斗志，反对汪精卫卖国投降，揭露国民党政府积极反共、消极抗日的反动政策。同时，党组织以工人、农民、青年、妇女为主要对象，开展一些关系群众切身利益和民主权利的具体斗争，推动群众性抗日救亡运动和民主运动互动共振，持续发展，鼓舞和增强了四川人民坚持和支援抗战的信心和行动。

反对汪精卫投敌卖国　武汉沦陷前后，国内投降、分裂、倒退的危机日益严重，国民党统治集团内部严重分裂，国民党副总裁、中央政治委员会主席、国防最高会议副主席、国民参政会议长汪精卫偕同其妻、国民党中央监察委员陈璧君，国民党中央执行委员、代理宣传部长、蒋介石侍从室副主任周佛海，国民党中央执行委员、四川省党部主任委员陈公博等，1938 年底乘机离开四川经昆明去越南河内。1938 年 12 月 29 日，汪精卫以致国民党中央党部蒋总裁电（即“艳”电）的方式，赞成日本所提“睦邻友好”“共同防共”“经济提携”三原则，公开投降日寇。1939 年元旦次日，《新华日报》即发表社论《汪精卫叛国》，揭露汪精卫自绝于中华民族的反动实质，指出："在'睦邻友好'之名词下，承认割让满蒙，允许在一切重要都市中寇兵常驻，将中国沦为日本之殖民地；在'共同防共'名词下，挑拨内争，为敌人以华治华的诡计作先导；在'经济提携'的名义下，将中国沦为日本经济上的奴隶牛马。"四川党组织发动各阶层人民群众纷纷举行集会，开展坚持抗战到底、反对投降卖国、声讨汪逆的群众运动。1939 年 4 月 20 日，重庆 46 个行业工会代表集会，在成立重庆市总工会的大会上通过声讨汪精卫投敌叛国等决议案。川康特委成立以程子健为书记的五月革命行动委员会（简称行委），在行委领导下，1939 年 5 月 1 日，由成都工人抗敌宣传队出面主持，成都各救亡团体参加，组织各界群众 5000 余人在中山公园举行五一劳动节纪念大会，并声讨汪精卫卖国投敌行径；5 月 7 日，由成都青年抗敌协会出面动员各抗日团体在少城公园召开万人大会，将国民党的四川省党部召开的"精神总动员大会"，变成坚持抗战、驱逐陈公博的反汪投敌的群众大会，会后进行了火炬游行。8 月，汪精卫在香港所办《南华》等三报的职工响应内地讨汪肃奸运动，举行罢工，得到四川人民的热烈支持，报纸纷纷发表支持文章和评论，重庆、成都、自贡、眉山、宜宾等四川各地普遍开展电慰活动，踊跃捐献，从一角、两角到一元、两元，在不到 5 个月的时间内，仅重庆工人即捐款 7900 万元，有力打击了亲日投降反共的反动气焰。①

揭露顽固派妥协投降图谋 以汪精卫为代表的国民党亲日派公开投敌卖国后，以蒋介石为代表的国民党亲英美派的抗战动摇性增加。1939 年 1 月，国民党五届五中全会在重庆举行，虽然仍然主张抗日，但把"抗战到底"解释为"恢复七七事变以前原状"；同时确定了"溶共、防共、限共"

---

① 四川省文史研究馆、四川省人民政府参事室编撰：《四川国民党史志》，四川人民出版社，1994 年，第 221 页；张继禄主编：《中国共产党四川历史大事记》（民主革命时期），四川大学出版社，1997 年，第 251—252 页。

的反共方针。由此，国民党的政策转向消极抗日、积极反共，团结抗战的局面出现严重危机，反共逆流在四川也蔓延开来。

对此，中共实行抗日民族统一战线策略原则，揭露妥协派把大后方抗战根据地的四川变为妥协投降基地的图谋，反击国民党顽固派的无理进攻，决不轻言让步，推动民主运动发展。遵照“坚持抗战，反对投降；坚持团结，反对分裂；坚持进步，反对倒退”三大政治口号，四川党组织根据南方局指示，一方面巩固党的组织，发动群众，同投降、分裂、倒退逆流进行斗争；另一方面，根据发生变化的形势，及时传达学习中央指示精神，明确提出，投降是当前的主要危险，国民党顽固派反共即是为投降做准备。国民党顽固派可能突然袭击，思想上要有充分准备。各地党组织逐步从大发展转为巩固，停止公开的大规模的群众运动，转变工作方式，抗日救亡运动由大型变为小型，由集中变为分散，从半公开转入隐蔽。1939 年 8 月 18 日，中共中央政治局会议上，中共南方局常委博古在报告南方党的工作中，报告了川康特委、川东特委在党组织建设和领导新闻宣传、青运、工运、农运等方面的工作，指出：川西工作环境较好，但被国民党中央逐渐注意；川东工作环境更坏，国民党中央势力很大。听取报告后，毛泽东发言充分肯定了南方党的工作，并表扬了四川党的工作。他说：党的工作路线以浙江、广东、四川等省为好。①

应对成都“抢米事件”　国民党顽固派第一次反共高潮中，在全国各地不断制造反共摩擦事件，成都则发生了“抢米事件”。在国民党政府成都行辕的策划指挥下，特务们收买流氓痞棍，于 1940 年 3 月 14 日晚集队呼啸过市，到新南门外地方实力派川陕边区绥靖主任潘文华所办的重庆银行

---

① 张继禄主编：《中国共产党四川历史大事记》（民主革命时期），四川大学出版社，1997 年，第 257 页。

的仓库时，便把库房门砸开，把仓库囤积的大米暴露在群众面前，并煽动老百姓去抢米。当时的穷苦市民，争先恐后去抢米的确实不少。当晚成都进步报刊《时事新刊》编辑、中共党员朱亚凡正在新南门外印刷厂，他听到外面叫嚣闹嚷之声，起身前去观看，即被警察逮捕，他们以此为借口，诬陷共产党四川省委计划进行暴动，3 月 16 日逮捕了川康特委书记罗世文和车耀先、洪希宗、郭秉彝、汪导予等二十几名共产党员和进步人士，将朱亚凡诬陷为抢米事件组织者和指挥者后立即枪杀。国民党军警还捣毁了《新华日报》成都营业分处，查封了《时事新刊》社，逮捕工作人员王震东等 20 多人。不久，国民党成都行辕又颁布了《川康防止奸党对策》，在四川各地大肆搜捕迫害共产党员和进步人士。

南方局、中央书记处紧急部署与国民党当局进行交涉。川康特委根据中央和南方局的指示，一方面采取紧急措施，迅速撤退干部，转移机关，防止事态进一步恶化；另一方面团结多数，争取地方实力派，揭露国民党顽固派的阴谋。郑伯克通过地下党员黄松龄会见四川地方实力派要人，争取他们的同情和支持，并通过他们出面保释了一批被捕的共产党员和群众。潘文华对流氓痞棍抢劫重庆银行仓库时即有所触动，加之川陕边区绥靖公署顾问郭秉彝被捕，更使潘文华对国民党顽固派的认识有所提高。为了进一步揭露“抢米事件”的反共阴谋，南方局还起草发布了《中国共产党成都市委员会为成都抢米事件真相告成都市同胞及全川同胞书》。经过有理、有利、有节的斗争，粉碎了国民党顽固派嫁祸于共产党，妄图破坏川康党组织的阴谋。《新华日报》成都分销处恢复营业，特务停止了公开大规模的抓捕，却拒不释放罗世文、车耀先（中共党员、原川军团长，在川康特委统战部主要分管军事方面工作，是成都著名餐厅“努力餐”的创始人）并将他们转押到重庆、贵州关押。1946 年 8 月 18 日，罗世文、车耀先二人于重庆歌乐山松林坡被国民党反动派秘密杀害。

面对国民党顽固派的反共逆流，中共四川党组织认真贯彻在国民党统治区域“隐蔽精干，长期埋伏，积蓄力量，以待时机”[①] 的十六字方针，坚持与国民党顽固派进行“有理、有利、有节”斗争的“三有”原则，切实贯彻南方局对党员提出的“勤业、勤学、勤交友”的“三勤”方针和“职业化、社会化、合法化”的“三化”等要求，适时调整党的组织，转移骨干，对党组织的形式，斗争方式等作了一系列转变，更加广泛地开展统一战线工作，用以克服投降危险，争取时局好转。

三、争取、扶持和联合中间力量

引导民主宪政运动　抗日战争时期，是否要实行民主政治，始终是国共两党政策的主要区别之一。共产党积极支持大后方的民主宪政运动，努力引导宪政运动的积极发展方向。1939 年 9 月，在国民参政会第一届第四次会议上，共产党和其他民主党派人士提出了七个有关民主宪政的提案，其中心主题是要求国民党政府“立即结束党治，实行宪政”。经过中共参政员与参政会的其他中间力量的共同努力，经过激烈辩论，最后通过《请政府明令定期召开国民大会，制定宪法，实施宪政案》。蒋介石指定黄炎培、张君劢等 19 名参政员组成宪政期成会（后又增加章伯均等 6 人），协助政府促成宪政。同年 11 月，国民党五届六中全会表示接受国民参政会决议。1940 年 4 月，国民参政会讨论由黄炎培、张君劢、罗隆基等提交的国民参政会一届五次大会的《中华民国宪法修正案》，争论激烈。蒋介石指示将修正案交国民政府办理，遂石沉大海。9 月，国民党政府宣布国民参政会延期。1940 年 12 月，毛泽东发表《新民主主义的宪政》的演说，明确指出，“目前准备实行的宪政，应该是新民主主义的宪政”，“就是几个革命阶级联

---

① 《毛泽东选集》第二卷，人民出版社，1991 年，第 756 页。

合起来对于汉奸反动派的专政”。中国现在的顽固派，“一面谈宪政，一面却不给人民以丝毫的自由”。这场长达一年的宪政运动虽因国民党的压制而未得到应有的民主宪政成果，但使各中间党派及无党派民主人士对国民党假民主本质有了进一步认识，并受到了共产党的新民主主义宪政主张的启迪和教育，推动了中间党派由分散活动走向联合行动，同时也为与共产党进一步合作打下了基础。

1943 年下半年至 1944 年，国际反法西斯战争节节胜利，中共领导的人民军队在一些地方开始了对日、伪军的攻势作战。但国民党却继续采取限共反共政策和避战观战的态度，在正面战场的豫湘桂战役中一败涂地，1944 年春至冬的短短 8 个月中，损兵五六十万人，丢失 146 座城市、总计 20 多万平方公里国土，6000 多万同胞沦于日寇铁蹄之下。这激起各阶层人士强烈不满，国内外舆论普遍要求废除国民党一党专政，实行民主政治，以增强抗战力量，掀起了第二次宪政运动的高潮。1944 年元月，黄炎培、沈钧儒等在重庆主持的民主宪政问题座谈会恢复举行。2 月，张澜在成都成立民主宪政促进会，得到全国各界人士响应。3 月，中共中央决定参加宪政运动，审时度势，进而认为，要求国民党改弦更张的时机已经成熟，提出了组织联合政府的新的政治主张。9 月 15 日，中共参政员林伯渠根据中共中央指示，在国民参政会上正式提出立即结束一党统治、建立各抗日党派民主联合政府的主张。这个主张在国内外引起强烈反响。9 月 24 日，张澜、沈钧儒、冯玉祥、董必武等各民主党派、民主人士和共产党的代表 500 多人在重庆举行会议，要求实行民主，结束国民党一党专政。10 月 1 日，宋庆龄、郭沫若、张澜等 72 人发起追悼文化界爱国先进战士邹韬奋的大会，参加大会的各界人士近千人，一致谴责国民党践踏民主、迫害爱国人士的罪行。10 月 10 日，中国民主同盟发表对时局的主张，赞同中共主张，要求“立即结束一党专政，建立各党各派之联合政权，实行民主政治”。① 重庆、成都等地大学师生纷纷举行国是座谈会，要求改组国民政府及其军事统帅部，成立民主联合政府。民族工商界人士呼吁经济民主，迫切要求国民党取消经济“统制”。海外侨胞也发表宣言，举行集会，拥护关于成立民主联合政府的主张。

国民党当局开出的“准备实施宪政”的许诺，没有达到它所热切希望的目的，却暴露了真独裁、假民主的面目。1945 年 3 月 1 日，蒋介石发表演讲，公开拒绝召开党派会议，拒绝成立联合政府的主张，引起国民党统治区各界的强烈不满，激起大后方民主运动的高涨，并形成重庆和成都“两个民主运动的中心”。

民主党派的建立　宪政运动加强了各界民主人士的联系，产生了联合起来共同斗争的迫切愿望。1939 年 11 月，参政会中热心国事、主张团结抗战、实施民主宪政的人士组织起来，成立了统一建国同志会。

1941 年 1 月，国民党顽固派蓄意制造了震惊中外的“皖南事变”。一些中间党派的领导人和民主人士在对国民党十分失望的同时，深感进一步组织起来反对内战独裁和争取民主之必要。章伯钧、丘哲等代表中间党派找到中共代表周恩来、董必武、叶剑英等沟通，请求中共能对将要成立的统一组织给予支持，周恩来当即表示积极赞同，随之给予了切实的援助。3 月 19 日，统一建国同志会中的青年党、国家社会党（后改称民主社会党）、中华民族解放行动委员会（后改为中国农工民主党）、职教社、乡村建设派及部分无党派人士等，在重庆成立了中国民主政团同盟，推举黄炎培为主席，后来黄炎培因事出国，推举张澜为主席。1942 年 1 月，全国各界救国

① 《对抗战最后阶段的政治主张》，载中国民主同盟中央文史资料委员会编：《中国民主同盟历史文献》，文史资料出版社，1983 年。

联合会正式加入。1944 年 9 月 19 日，中国民主政团同盟在重庆特园召开全国代表会议，决定将原来以党派团结为基础组成的中国民主政团同盟，改团体会员制为个人参加，并改名为中国民主同盟（简称民盟），吸引更多无党无派的民主人士参加民盟组织。为了进行统战工作，杨伯凯、田一平、李相符等共产党员也以个人名义参加。民盟的成立，加强了中间党派之间的联系，成为中国共产党在抗日战争时期坚持抗战、民主团结的可靠朋友。

1941 年夏，王昆仑、郭春涛等一部分国民党民主派以及国民党政府中担任幕僚的进步人士，在周恩来、董必武、王若飞的帮助下，在重庆秘密成立中国民族大众同盟（后改名中国民主革命同盟，又称小民革），参加者发展到 200 余人。小民革的成立及其活动，对争取国民党上层进步人士，分化国民党顽固派，巩固抗日民族统一战线，起了重要的作用。

1943 年 2 月，在南方局支持下，谭平山、王昆仑、陈铭枢等国民党内部的进步人士等在重庆组织民主同志座谈会，推动国民党民主派组织起来，筹建了三民主义同志联合会（简称民联）。1944 年，李济深、何香凝从事抗日民主活动，为另一个国民党民主派的组织——中国国民党民主促进会（简称民促）的建立奠定了基础。

1945 年夏，中华职业教育社领导人黄炎培、迁川工厂联合会负责人胡阙文，以及章乃器、施复亮等开始联系民族工商业界、金融界代表人物及与工商界有密切联系的知识界和经济工作者等，酝酿成立政治团体，134 人参加发起签名，经过 20 多次大小会议协商，确定组织名称为民主建国会，并草拟了民主建国会成立宣言、章程、政纲和组织原则等文件。1945 年 12 月 16 日，民主建国会成立大会在重庆白象街实业大厦召开，通过了《民主建国会成立宣言》等重要文件，选举了领导机构。

1944 年，从各地到重庆的一部分文教科学技术界的人士，由许德珩、褚辅成、潘菽、梁希、税西恒、张西曼等发起民主科学座谈会，主张“团结、民主，抗战到底”，自然科学座谈会的学者也陆续加入。次年 7 月，褚辅成等六名参政员应毛泽东、周恩来的邀请，从重庆赴延安考察、会谈，并产生《中国共产党关于停止国民大会从速召开政治会议的建议——中共代表与褚辅成、黄炎培等六参政员延安会谈记录》。1945 年 9 月 3 日，民主科学座谈会更名为九三座谈会，次年 5 月 4 日在重庆青年大厦召开九三学社成立大会。

这些党派从酝酿到成立，都不同程度受到中共统一战线政策的感召；而一经建立，又进一步扩大和加强了共产党同广大爱国民主人士的联系。各民主党派的反帝爱国和要求民主的政治主张，与中共新民主革命时期的纲领主张基本一致。抗战期间，各民主党派旗帜鲜明地与中国共产党通力合作，在国民党统治区建立起空前广泛的抗日民族统一战线。

团结中间力量坚持抗战　面对国民党正面战场的一再溃败，国民党统治集团内部投降派、亲日派活动猖獗，社会上也存在着抗战“必败论”“亡国论”的悲观论调。针对这种情况，中共大力宣传党的全面抗战、全民抗战、持久抗战的正确主张，批判国民党政府片面抗战的路线，指出其严重弱点在于始终限制于军队的单纯抗战，而不动员全国人民实行全面抗战。中共广泛争取民族资产阶级、开明绅士、小资产阶级上层人士等中间势力，使抗日民族统一战线政策在四川得到了更加广泛的支持和拥护，增强了各界人士和广大群众抗战必胜的信心和勇气。当郭沫若因创作《屈原》遭到国民党顽固派种种攻击和迫害时，周恩来挺身而出，进行了针锋相对的斗争，在道义上给以支持，在安全上进行保护。周恩来把为郭沫若五十大寿、郭沫若创作二十五周年举行纪念会作为一场重大的文化斗争来对待。1941 年 11 月 16 日，值郭沫若 50 岁生日，周恩来在《新华日报》专门发表文章给予高度评价：“鲁迅是新文化运动的导师，郭沫若便是新文化运动的主将。鲁迅如果是将没有路的路开辟出来的先锋，郭沫若便是带着大家一道前进的向导。”南方局大力支持老舍主持的中华全国文艺界抗敌协会的活动，团结了一大批著名的作家、导演和演员，培育了许多文艺新秀。营救因抨击孔祥熙、宋子文的腐败而被国民党逮捕入狱的著名经济学家马寅初，使其被释出狱。

抗日战争全面爆发后，中国劳动协会理事长朱学范拥护中国共产党领导的抗日民族统一战线，接受中共提出的关于工人联合抗日的主张。1939年，朱学范在重庆拜见了周恩来，扼要地介绍了世界劳工组织开会的情况，提出，中国劳动协会应该同陕甘宁边区总工会合作，作为统一的工会在国际活动。周恩来当即表示："这样很好，我来向陕甘宁边区总工会建议，加入中国劳动协会为团体会员，共同开展国际活动。"不久，中国劳动协会在重庆召开第二届年会，通过了陕甘宁边区总工会加入中国劳动协会为团体会员的决议。1945 年 2 月，解放区工会和中国劳动协会排除了国民党当局的阻挠，共同组团，出席了在伦敦召开的世界工会代表大会，使世界各国工会第一次听到了中国解放区工会代表的声音，也了解了中国工人团结一致、共同抗日的决心。

在反特抗暴中争取民主　1944 年 10 月 31 日，国民党成都市政府派数百名警察包围成都市立中学，镇压抗议校方贪污学生伙食费的罢课学生，发生了打伤学生 30 余人、逮捕 40 多人的“市中惨案”，激起成都各校师生和社会各界的愤怒。为反抗国民党特务机关的迫害，中共川康特委通过成都民主青年协会（民协）领导了这场斗争，成立“民协校际委员会”，组织“成都市大中学学生声援市中事件后援会”，组织请愿团，发动全市大中学学生数千人参加的抗议警察暴行大会并举行示威游行，提出严惩凶手等明确的斗争目标，迫使省政府接受惩凶、恤伤、保障人身自由等要求，撤销市中校长职务，成都市市长和省会警察局长“引咎辞职”，斗争取得胜利，

“成为四川民主运动由低潮进入高潮的转折点”①。

1945 年 2 月 20 日，国民党特务在重庆打死电力公司工人胡世合，制造“胡世合惨案”，激起电力工人和市民的强烈愤怒。南方局决定因势利导，发动一次群众运动，打击国民党的嚣张气焰，为大后方民主运动的高涨开辟道路。《新华日报》报道胡世合惨案并发表社论，在群众中隐蔽起来的共产党员和党的外围组织行动起来，向民盟、民革等民主人士说明惨案真相，组织工人群众广泛采取各种方式，控诉特务分子的法西斯暴行，揭露国民党的专制独裁，许多工厂、学校、团体也发表声明和宣言，声讨特务罪行。工人、市民群众前往致祭者达 20 多万人次，形成一个以工人为主体的声势浩大的反对国民党特务统治、争取民主自由的群众性运动，迫使国民党当局枪毙了行凶特务，为死难工人胡世合举行公祭，并抚恤其遗属，斗争取得胜利。这是在重庆党组织长期隐蔽之后的第一次大规模群众斗争，标志着民主运动高潮的到来。

中共加强与中间政治力量的合作，多次以聚餐、座谈等形式与救国会、青年党、国社党、职教社等党派团体领导人会谈，共同商议国是，增进政治上的认同。重庆文化界发起向国民党要求实行民主的签名运动，在郭沫若起草的《对时局进言》上签名的著名文化界人士有 300 余人。由中共组织的“小的宴会经常在车耀先的‘努力餐’餐馆楼上进行，每星期至少一次，参加的人有党、政、军、学各界知名人士……有时人多就举行大的宴会……周恩来每次从延安去重庆路过成都，我们就借机举行座谈会，请他做报告，情况更是热烈”，黄炎培、叶圣陶、沙汀、何其芳、李劼人等著名人物也经常聚会于此，一时间，“努力餐”成了中共四川党组织与进步人士

① 张继禄主编：《中国共产党四川历史大事记》（民主革命时期），四川大学出版社，1997 年，第 292 页。

的活动中心①。

《新华日报》社论《感谢四川人民》　在抗日战争中，四川人民做出了惨重牺牲和巨大贡献，重庆、成都等重要城市损失巨大，78%的市县遭到日军轰炸，死伤5万余人，炸毁房屋23万多间，日本军国主义对四川人民欠下了累累血债。在抗日战争中，在国民党统治区，四川是抗战必需的人力、物资和钱财的主要供应地。抗战初期，40万川军开赴前线，之后四川又征兵约300万人充实部队，出川抗战将士伤亡约占全国的20%；四川500万人次参加公路和空军基地建设；贡献粮食1200万吨以上，仅1941—1945年，四川共征收稻谷8228.6万市石，占国统区征收稻谷总量的38.75%，稻麦总量的31.63%；四川还生产供应了大量军需物资②。

1945年8月14日，日本政府照会中苏美英四国政府，接受《波茨坦公告》。次日，日本天皇广播《停战诏书》，宣告无条件投降，四川人民与全国人民一道终于迎来抗战胜利。10月8日，《新华日报》特地发表《感谢四川人民》社论，指出：四川人民对于正面战场是尽了最大最重要的责任的：直到抗战终止，四川的征兵额达到302万多人；为完成特种工程服工役总数300万人以上；供给粮食总额8000万石以上，占全国征粮总额的三分之一。仅从这些简略统计，就可以知道四川人民对于正面战场送出多少血肉，多少血汗，多少血泪！

抗日战争时期，全国各抗日力量代表人物聚集四川。党吸取了第一次国共合作中的经验教训，在推进抗日民族统一战线中坚持独立自主的原则，对国民党既团结又斗争，打退了三次反共高潮，并针对国民党的一党专政提出了建设民主的联合政府的政治主张；风云际会，广交朋友，党在四川

---

① 张秀熟：《我在抗战期间从事统战工作的回忆》，载中国人民政治协商会议西南地区文史资料协作会议编：《抗日民族统一战线在西南》，四川人民出版社，1990年，第65—66页。

② 任杰主编：《中国西部概览·四川》，民族出版社，2000年，第27—28页。

的统一战线各层次工作全面展开，统一战线法宝作用全面展现，统一战线工作成果全面展示，赢得中外民主进步人士的广泛赞许。最重要的是，民族资产阶级、上层小资产阶级及民主党派、无党派人士中许多人通过参加抗日民族统一战线，明显改变了对中国共产党的认识，同党建立起团结合作、共同奋斗的关系，为向人民民主统一战线的发展和中国共产党领导的多党合作制度的建立打下了坚实基础，确立了统一战线与武装斗争和党的建设一起成为党战胜敌人的三个主要的法宝。

第四章
人民民主统一战线在四川

抗日战争胜利后，中国面临着两种前途、两种命运的大决战。中国共产党代表全国各族人民利益，提出和平、民主、团结的方针，毛泽东率中共代表团亲赴重庆谈判，广泛团结各界人士，中共与民主党派共同维护政协决议，积极争取实现国内和平民主，巩固扩大最广泛的人民民主统一战线，在四川迅速形成了反对国民党内战、卖国、独裁统治的第二条战线。随着人民解放战争的节节胜利，各民主党派地方组织配合中共地下组织策动地方武装斗争，积极开展对地方实力派和国民党将领的工作，刘邓潘彭县起义和众多国民党高级将领起义投诚，彻底粉碎了国民党蒋介石在川西建立“陆上基地”的梦想，广大群众护城、护厂、护校，配合解放军的军事进攻和城市接管，迎来了四川的解放。

第一节　人民民主统一战线的形成与发展

一、“和平、民主、团结”方针

抗战胜利后的形势　抗战胜利后，中国人民与世界各国人民一样，都迫切需要一个和平安定的环境，休养生息，重建家园。中国共产党从人民根本愿望出发，主张团结一切爱国民主力量，把中国建设成为独立、自由、民主、统一、富强的新国家；中间势力和各民主党派纷纷呼吁和平；而国民党统治集团则企图依靠美国政府的支持，剥夺人民已经取得的权利，使中国社会退回到一党专制的独裁统治。

抗战刚结束，8 月 25 日，中共中央发表《目前对时局的宣言》，公开阐明中国共产党争取和平民主、反对独裁内战的基本立场，针对蒋介石坚持“内战、独裁、分裂”的行径，将过去“抗战、团结、进步”三大口号及时转变为“和平、民主、团结”的口号，要求国民党政府立即实施承认解放区的民选政府和抗日军队，避免内战，严惩汉奸，承认各党派合法地位并召开各党派和无党派人士的会议，商讨成立举国一致的联合政府等为主要内容的六项紧急措施。次日下发党内通知，进一步说明国内斗争沿着和平方向发展的可能性和坚持统一战线原则的必要性；强调坚持统一战线策略原则：又团结，又斗争，以斗争之手段，达团结之目的；有理有利有节；利用矛盾，争取多数，反对少数，各个击破等项原则，必须坚持，不可忘记。① 确立了力争和平建国，同时做好应战准备的方针。

重庆谈判 抗战时期，蒋介石的精锐军队大多退到西南和西北的大后方。蒋介石为发动内战争取时间排兵布阵，于 1945 年 8 月中下旬连续三次发出“万急”电报，邀请中共中央主席毛泽东到重庆商讨“国际国内各种重要问题”。8 月 28 日，毛泽东和周恩来、王若飞等在美国驻华大使赫尔利、国民党代表张治中陪同下由延安飞抵重庆。在重庆期间，毛泽东与蒋介石多次直接商谈，并应蒋介石之请下榻其官邸林园，蒋介石亦到中共代

---

① 中共中央文献研究室、中央档案馆编：《建党以来重要文献选编》第二十二册，中央文献出版社，2011 年，第 659 页。

表团驻地——重庆张治中官邸桂园回访。经过初步商谈后，从 9 月 4 日到 10 月 5 日，中共代表周恩来、王若飞在毛泽东领导下，同国民党政府代表张群、张治中、邵力子共进行十二次谈判。中共代表团在谈判中把原则的坚定性和策略的灵活性结合起来，对国民党的无理要求予以坚决拒绝，同时做出同意撤退南方八个解放区的部队、大幅缩编人民军队等重大让步，从而争取了主动，赢得了全国人民与社会各界的支持。为了争取国民党上层人士理解中共政治主张，减少谈判阻力，谈判期间，毛泽东、周恩来、王若飞等会见和拜访了国民党各派军政要员于右任、孙科、戴季陶、居正、翁文灏、何应钦、邹鲁、叶楚伧、陈立夫、吴铁城、张伯苓、白崇禧、程潜、陈诚等，向他们介绍共产党对时局的主张，表明对和谈的诚意，希望他们能够支持。他们也表示要“和平建国”，陈立夫还表示对这次国共谈判要“尽心效力”。

通过 43 天既谈又打（上党战役）的斗争，1945 年 10 月 10 日下午，周恩来、王若飞同王世杰、张群、张治中、邵力子在重庆桂园客厅签署《国共双方会谈纪要》（简称《双十协定》）。双方协议：必须共同努力，以和平、民主、团结、统一为基础；长期合作，坚决避免内战，建设独立、自由和富强的新中国；双方确定召开有各党派代表和社会贤达出席、讨论和平建国方案的政治协商会议。会谈达成的协议还有：迅速结束国民党的“训政”，实现政治民主化，承认人民享有一切民主国家人民应享有的民主自由权利；党派平等合法；取消特务机关；释放政治犯；“积极推行地方自治，实行由下而上的普选”；等等。对军队和解放区政权两个根本问题，由于国民党当局执意要取消解放区的人民政权和人民军队，此作为悬而未决的问题留待继续商谈。

重庆谈判的举行和会谈纪要的发表，表明国民党方面“承认了中共的地位”，“承认了各党派的会议”①，同时使中国共产党关于和平建设新中国的政治主张被全国人民所了解，推动了全国和平民主运动的发展。《双十协定》是国共两党第一次以双方平等协商的方式产生的正式文件，这个文件的签订是人民力量的胜利，是人民民主统一战线的胜利。

毛泽东在重庆开展统战工作　毛泽东在重庆期间，在周恩来等人协助下，与重庆左、中、右各方面代表人物进行了广泛接触，交换意见，宣传解释党的政治主张和方针政策，使中间力量进一步增进了对中共的了解。为加强与国民党民主派和地方实力派接触，毛泽东等会见了宋庆龄、冯玉祥、谭平山、柳亚子、潘文华等著名人物，畅谈形势和中共政策。会见柳亚子和尹瘦石时，毛泽东应柳之请手书《沁园春·雪》相赠，应尹之请约时画像，后柳尹举行诗画联展，引起轰动。毛泽东和周恩来还多次以会见、宴请、座谈等方式会晤各民主党派和爱国人士张澜、沈钧儒、黄炎培、罗隆基、章伯钧、王昆仑、许德珩，以及社会知名人士郭沫若、章士钊、马寅初等，阐明中国共产党的和谈立场，通报有关情况，听取并交流对谈判的意见，形成民主建国的共识。

毛泽东三次到民主之家特园去拜望民盟主席张澜，介绍共产党的主张和两党谈判情况。当张澜表示蒋介石是在演鸿门宴时，毛泽东从容地说：“他要演民主的假戏，我们就来他一个假戏真做，让全国人民当观众，看出真假，分出是非，这场戏也就大有价值了。”9月15日，毛泽东与张澜作长时间会谈。张澜说，应当将两党几经谈拢的问题公之于众，免得蒋介石将来不认账；如你们不便提，我可以采取给两党公开信的方式把问题摊出来。毛泽东赞同他这个建议②。

---

① 《周恩来选集》上卷，人民出版社，1980年，第252、253页。

② 参见钱之光：《回忆在第十八集团军重庆办事处的战斗岁月》，载中共中央党史资料征集委员会编：《中共党史资料》第14辑，中共党史资料出版社，1985年，第206页。

毛泽东与林学家梁希、心理学家潘菽等交流时政，会见许德珩夫妇，鼓励他们把民主科学座谈会搞成永久性的组织，团结起来进行斗争，促成了九三学社的建立。毛泽东还宴请青年党负责人左舜生、何鲁之等人，会晤国家社会党负责人蒋均田等，阐述中共的政治主张。

毛泽东、周恩来等在会见饱经战乱的工商界人士章乃器、吴蕴初、刘鸿生、李烛尘、范旭东、胡西园等时，赞扬了他们为发展中国民族工业所做的贡献，同时指出，在半殖民地半封建社会的中国，民族资本是得不到发展的，只有在国家独立、民主、自由之下，民族工商业才有发展前途，并介绍了中国共产党对待民族资本的政策。

毛泽东、周恩来广泛地会见和接触了文化、新闻、青年、妇女等各界人士和朋友；多次会见美、苏、英、法、加等外国驻华使馆官员、外国记者和各国援华救济团体人士等国际友人，与他们广泛交谈，希望他们为实现中国战后的和平民主做出贡献。10 月 8 日，毛泽东出席张治中在国民党军委礼堂举行的盛大欢送宴会发表演说："中国今天只有一条路，就是和，和为贵，其他的一切打算都是错的。"①

中共代表团的这些活动以及在谈判中多次做出让步，增进了各界人士对中共政治主张的理解，使中共的立场得到各民主党派和各界民主人士的普遍同情和支持，扩大了中共的政治影响，形成了一股强大的反对内战独裁、要求和平民主的政治和舆论压力，促进国共谈判取得一些积极的成果，推动了大后方民主运动进一步高涨，使党在四川的统一战线工作跃升到一个前所未有的高度、深度和广度。

政治协商会议内外的斗争 1946 年 1 月 10 日，政治协商会议在重庆召

① 中共中央文献研究室编：《毛泽东年谱（1893—1949）》下卷，"1945 年 10 月 8 日"，中央文献出版社，1993 年。

开。原商定由国民党、共产党、民主同盟和社会贤达等四方各派 9 名代表，共 36 人参加，但由于由三党三派组成的民主同盟中的青年党发难，强求在民盟 9 个名额中独占 5 个，从而挑起代表名额风波。中共顾全大局，为了避免中间派分裂，主动让出两个代表名额，迫使国民党也让出一个，另增加两个名额，满足青年党 5 个名额的要求，粉碎了国民党分化、削弱民盟，操纵“多数”，以控制政协的图谋。会议成员总数增加到 38 人，其中国民党 8 人，共产党 7 人，民主同盟 9 人，青年党 5 人，社会贤达（无党派人士）9 人。共举行了 10 次全体会议和多次小组会议，于 1 月 31 日闭幕。会议参加者社会背景复杂，政治倾向各不相同，基本上形成了左、中、右三种政治势力。以中国共产党为代表的革命力量，力争建立一个民主联合政府；民主同盟基本上是中间势力，主张通过和平改良方法建立资产阶级议会制民主的国家；国民党及其附属（从民主同盟中分裂出去的青年党）顽固坚持大地主大资产阶级的国民党一党专政。会议的中心和焦点是军队国家化和政治民主化问题。三种政治势力在建立什么样的国家问题上存在分歧，在会上展开了尖锐复杂的斗争。中共同以民盟为代表的中间派，在反对国民党一党专政、反对内战、要求和平民主这些基本问题上，有着许多共通点。在会议召开之前，民盟代表同中共代表约定：双方携手合作，互相支持。在会议进行期间，中共代表与民主同盟代表和无党派民主人士在会下进行磋商，本着求同存异的精神取得共同意见，并在一系列问题上采取联合行动，同国民党展开了有理、有利、有节的斗争。

政协会议召开期间，民主建国会、民主促进会、三民主义同志联合会等民主党派，纷纷向会议提出意见或建议书，要求国民党立即结束一党专政，切实保障人民的各项民主权利。1946 年 1 月 11 日，政治协商会议陪都协进会成立，邀请政协会议代表到会向重庆各界报告会议情况，听取民众意见，先后举行了八次各界民众大会，听众踊跃，气氛热烈，有力配合了政协会内的斗争。国民党当局连续派遣特务跟踪威胁到会的政协代表，并且采取放爆竹、敲小锣、扔石头的方式扰乱会场，谩骂、殴打会议主持人、政协代表和到会群众，打伤政协代表郭沫若、王若飞、张东荪等人，制造了“沧白堂事件”。民盟政协代表黄炎培、张申府家遭到国民党宪警的非法搜查，激起公愤。

经过会内会外的激烈斗争，1 月 31 日，政协会议通过了政府组织案、和平建国纲领、国民大会案、宪法草案案、军事问题案等五项协议。政协协议虽然不同于中国共产党所主张的新民主主义纲领，但它公开否定蒋介石的一党专政和内战政策，确定了民主改革的总方向，有利于和平建国，不利于国民党一党专政的独裁统治，因而受到人民群众的欢迎。它激起了亿万善良的中国人对于实现全国的和平、民主、团结、统一的热烈期望。协议较多地吸收了中间人士的意见，这使中间人士尤其感到振奋。政协协议的通过，是中国共产党与民主党派、爱国民主人士密切合作，并同国民党中坚持民主进步的人士共同努力的重大胜利。

二、第二次国共合作的破裂

蒋介石依靠美国准备内战　《双十协定》签订不久，蒋介石不顾避免内战的承诺，加紧从大后方调兵遣将，并在 13 个省区挑起武装冲突。其实，蒋介石打内战的方针早已确定，在抗日战争进入相持阶段时，日本对国民党采取政治诱降为主、军事打击为辅的方针，国民党当局由妥协动摇抗日转为消极抗日，积极反共，发动了众多反共摩擦活动乃至军事进攻，不但遭到国内爱国抗日力量的坚决反对，也遭到国际反法西斯阵营的谴责，迫使国民党参加多次谈判。

1945 年夏抗战胜利在即。4 月到 6 月，中共在延安召开七大，制定了新形势下的路线。毛泽东指出：在中国人民面前摆着光明的中国和黑暗的中国两种命运，我们的任务就是“放手发动群众，壮大人民力量，团结一切可能团结的力量，在我们党的领导下，为着打败日本侵略者，建设一个光明的新中国，建设一个独立的、自由的、民主的、统一的、富强的新中国而奋斗”。为了建立新中国，当前重要而迫切的任务是建立民主联合政府，并拟定了建立联合政府的具体步骤。

但是，美国为了在战后独霸中国，采取了扶蒋反共的政策。1944 年 11 月上任的美国驻华大使赫尔利公开宣称美国只同国民党合作，不同共产党合作，扬言要帮助蒋介石武力统一中国。在美国的扶持下，蒋介石坚持独裁，准备内战。1945 年 5 月，国民党在重庆召开六大，蒋介石宣布 1945 年 11 月 12 日召开“国民大会”，结束训政，还政于民。但是，这个国民大会的代表，还是国民党在抗战前圈定的；大会所要讨论通过的宪法，还是 1936 年 5 月 5 日由国民党宣布的《五五宪草》；国民大会的职权，还得由国民党中央研究决定。显然，这种“还政于民”不过是为继续坚持国民党一党专政披上一件合法的外衣，并借以抵制人民要求成立民主联合政府的主张。蒋介石在大会上说：“今天的中心工作，在于消灭共产党！日本是我们国外的敌人，中共是我们国内的敌人！只有消灭中共，才能达成我们的任务。”① 国民党六大通过了内外有别的两个关于中共的决议案，制定的是一条坚持独裁、准备内战的路线。

1945 年 8 月 10 日，日本发出乞降照会；同日，朱德命令各解放区敌伪向中共领导的人民军队投降。第二天，蒋介石迫不及待地连发三道命令：要解放区的抗日军队“就地驻防待命”，不得向敌伪“擅自行动”；要国民党军队“积极推进，勿稍松懈”；要伪军“切实维持地方治安”，抵抗人民

① 张兴定、陈岳军、阚孔璧主编：《国民党在大陆和台湾》，四川人民出版社，1991 年，第 101 页。

军队受降，伪军摇身一变成“国军”，许多汉奸头子成了国民党的“先遣军总司令”。8 月 12 日，远东盟军总司令麦克阿瑟对日本政府和中国战区日军下令，命令日军只能向蒋介石政府及其军队投降。国民政府陆军总司令何应钦密令各战区印发蒋介石在 1933 年“围剿”红军时编订的《剿匪手本》，甚至向侵华日军总司令官冈村宁次下令，命令日军向抗日武装部队“收复”失地（即进攻解放区）。重庆谈判期间，国民党军第二战区司令长官阎锡山所部侵入山西上党解放区，遭到自卫反击；蒋介石还命令四个战区的司令长官傅作义、胡宗南、孙连仲、李品仙等，分别率领所部沿铁路线向解放区进犯，加紧排兵布阵。9 月 30 日，美国海军陆战队 18 000 余人从日本冲绳岛开至塘沽登陆。10 月 1 日，美国海军陆战队 1400 余人，在冀东解放区的秦皇岛登陆，配合国民党军侵占了冀东解放区的港口和城镇，进驻天津、北平、唐山等地，为国民党进占华北、抢占东北建立战略基地。与此同时，在美国海空军运输力量支援下，国民党军大肆抢占华北、华东、东北战略要地，企图抢夺抗战胜利果实。美、蒋、伪、日大合流，气势汹汹，玩弄和谈阴谋，仅仅为了准备内战争取时间。

《双十协定》刚刚签订，蒋介石就调集军队进犯解放区，形成（山海）关外大打、关内小打的局面。国民党挑动内战、破坏和平，一方面遭到中国共产党和解放区军民的坚决反击：中共抽调军队和干部争取控制具有重要战略地位的东北地区，坚决从日、伪军手中收复失地，并对进犯的国民党军进行必要的自卫作战，阻滞了国民党军深入华北、进军东北的行动。另一方面激起全国人民的强烈愤慨：1945 年 11 月 19 日，郭沫若、沈钧儒、陶行知、黄炎培等 500 余人在重庆举行反内战大会，成立各界反对内战联合会，号召全国人民动员起来，用一切方法，包括罢工、罢市、罢课等方式来制止内战；号召国民党军队官兵拒绝内战；呼吁早日成立联合政府，反对美国干涉中国内政。由四川而及全国发展“反对内战、争取民主”大规模的爱国民主运动。

国民党在军事上、政治上都遭到失败，蒋介石还不敢贸然撕毁《双十协定》。1946 年 1 月 10 日，国共双方达成停止国内冲突的协议后下达停战令，同日政治协商会议在重庆开幕。出席会议的有国民党、共产党、民主同盟、青年党和无党派人士代表共 38 人。经过 22 天会议，通过政府组织案、国民大会案、和平建国纲领、军事问题案、宪法草案等五项协议。

争取和平民主运动 国民党的内战政策和国民政府各级军政官员在原沦陷区的掠夺性接收，激起要求和平民主的广大人民的强烈义愤。中国共产党积极支持各界社会民主力量发动和组织起来。

1945 年 10 月 1 日，中国民主同盟在渝召开临时全国代表大会，通过纲领、政治报告和宣言，要求民主，反对内战；民盟代表大会还清除了青年党势力，成立了以张澜任主席的民盟中央，成为中共在与国民党谈判中的重要同盟者。

1945 年 11 月 5 日，毛泽东以中共发言人名义发表谈话，呼吁全国人民动员起来，用一切方法制止内战。国统区各界人士和民主党派纷纷响应。三民主义同志联合会、民主建国会、中国民主促进会、国民党民主促进会、九三学社等民主党派相继成立，发表对国是的主张，一致要求实现和平、民主和团结。《中华论丛》等十大期刊社联合出版专刊，26 家大型杂志也联合发出呼吁，要和平，不要内战。中国共产党与各民主党派和许多民主人士团结合作，为争取和平、民主建国而共同斗争，推动国民党统治区内爱国民主运动迅速兴起。

政协会议后，中国共产党决心坚定地维护和遵守停战协定和政协会议通过的各项协议。政协会议闭幕后第二天，中共中央发出党内指示，要求全党准备为坚决实现这些决议而奋斗。

但是，国民党顽固分子却放肆诋毁政协协议，认为政协协议“系国民党的失败”，攻击宪章原则“背叛孙中山的遗教”，甚至有人提议监察院弹劾国民党出席政协会议的代表。1946 年 3 月的国民党六届二中全会和 4 月的国民参政会，公然推翻政协协议提出的宪法原则，完全否定了政协关于国会制、内阁制和省自治制的协议，并从根本上推翻了政协会议关于改组国民政府的协议。战后中国和平走向民主化的最佳机遇，就在国民党强硬派充满私欲的反对声中瞬间丧失。这表明，国民党统治集团不仅根本反对中国人民建立新民主主义国家的要求，就连欧美资本主义国家所实行的民主制度也不能容忍。

围绕遵守实现政协协议，还是破坏撕毁政协协议，各方展开了激烈斗争。政协闭幕后，1946 年 2 月 10 日，政协陪都协进会、中国劳动协会、重庆市商会等 23 个团体组织在重庆较场口举行各界庆祝政协会议成功大会。国民党特务及暴徒数百人捣毁会场，殴打庆祝会总指挥李公朴，主席团成员郭沫若、施复亮、马寅初、章乃器及与会群众，负伤和失踪合计 60 余人，制造了较场口血案。参会工人奋不顾身救护主席团成员和民主人士脱险，保卫青少年学生安全撤出，并抓获冲击会场的打手一名，从其身上搜出重庆卫戍司令部稽查处的密信、盗用大会名义印制的栽赃口号以及奖金 5000 元，人赃俱获，押交地方法院惩办。较场口血案激起全国人民的强烈抗议。周恩来亲自主持中外记者招待会，揭露国民党顽固分子破坏双十协定、政协决议和反共反人民的罪行，《新华日报》等报纸刊登事件真相；重庆 11 个青年团体、200 多名新闻工作者、工会组织以及中央大学、重庆大学等高校学生纷纷成立陪都“二一〇”血案后援会，发表联合声明，抗议特务暴行，呼吁惩办祸首、释放无辜被捕者、取消一切特务机关等；成都金陵大学、华西大学、齐鲁大学等高校学生联合会等团体和各界人士共 5000 多人在成都华西坝集会并示威游行，抗议暴行；合川、泸县等地也开展声援活动，迅速掀起一场大规模的反暴斗争。较场口事件亲历者、民主建国会创始人之一的黄墨涵作《较场口庆祝政协成功大会被暴徒破坏》诗为记："陪都政协会，各党皆赞同。成立五条件，可称是折中。人民喜不寐，筹备大庆功。章（乃器）施（复亮）最热诚，邀我共作工。并定开会日，发言鼓舌锋。孰意甫登台，台下涌群凶。暴徒刘野樵，挥拳逞威风。（施）复亮受重伤，斯会竟告终。此非偶然事，反动谋进攻。民主遭挫折，意志更沉雄。"

第二次国共合作彻底破裂　国民党在完成内战准备后，于1946年6月进攻宣化店中原解放区，悍然发动了向解放区的全面进攻，扬言三五个月内消灭共产党领导的人民军队。全面内战爆发，战争形势非常严峻。处于明显劣势的共产党能否打败国民党的进攻？党内有人存在怀疑和顾虑；一些中间党派和民主人士为谋求和平，也认为共产党应当进一步对国民党采取退让政策；国内外广为流传的"美苏必战""第三次世界大战不可避免"等观点也反映了人们对中国内战的担忧。国内外形势复杂严峻。敢不敢以革命战争迎击反革命战争？能不能在战争中打败国民党反动派？1946年4月，毛泽东在《关于目前国际形势的几点估计》中，针对人们对国际形势的悲观估计和对国内局势恶化的担忧做出了回答。他提出，美苏之间隔着一个由欧、亚、非洲的许多资本主义国家和殖民地、半殖民地国家所构成的辽阔的中间地带。美苏之间可能实行某种妥协，这种妥协的实现只能是各国人民斗争的结果，而且这种妥协并不要求各国人民在自己的国内斗争中跟着妥协。也就是说，中国人民坚决地以革命战争反对蒋介石的反革命战争，不但不会导致第三次世界大战，反而以自力更生的原则发展自己的力量，取得革命战争的胜利，将成为阻碍帝国主义发动新的世界战争的重要因素。毛泽东的分析，解决了国际范围内的斗争如何与各国人民的国内斗争互相配合的问题，这是党的国际统一战线思想和策略的一个重大发展。党在对国内外形势、战争性质进行清醒估计和科学分析后明确指出，美苏之间不会爆发战争，我们必须而且能够打败蒋介石的进攻，进而在政治、军事、经济和舆论等方面制定和实行了粉碎国民党军事进攻的方针政策。

在集中军事力量向解放区发动全面进攻的同时，国民党统治集团还加紧采取步骤破坏和平谈判和破裂国共关系。1946 年 10 月 11 日，国民党军队不顾中共方面的再三警告和各界人士的强烈反对，占领晋察冀解放区首府张家口。被“胜利”冲昏头脑的蒋介石，撕毁关于国民大会应由改组后的各党派联合政府召集的政协协议，当天下午宣布 1946 年 11 月 12 日召开“国民大会”。蒋介石的一意孤行，使民主党派、民主人士和广大人民进一步认清了国民党当局坚持独裁和内战的真面目。在重庆的民盟中央主席张澜一日三次电话民盟总部，反对民盟参加“国大”，坚嘱不可提交名单，叮咛再三，决与中共采取一致行动。民盟总部当即发表声明，并通过决议，将背叛民盟立场，参加“国大”的民社党清除出盟。

由于国民党内部派系矛盾严重，国民党与民社党、青年党之间明争暗斗，“国大”代表产生五花八门，矛盾重重，预备会就闹了 7 天。代表中国民党占 85%，此外只有青年党、民主社会党①和若干“社会贤达”。会议期间，蒋家嫡系与桂系、复兴社与 CC 系的斗争以及一切派系之间的斗争不可开交。在吵闹中通过的《中华民国宪法》，虽然在条文上体现了一定的民主原则，但不过是 1936 年国民党包办制定的《五五宪草》的翻版，披上一层“民主”外衣也掩盖不了代表大地主、大资产阶级利益，维护国民党一党专制的实质，只能成为世人眼中的闹剧。蒋介石对国民党籍国大代表明确亮底：“这次修改宪法就是为了共产党。”②

对这场“制宪国大”闹剧，共产党和民盟坚决反对，拒绝出席。在

① 中国民主社会党（简称民社党），是由原国家社会党和民主宪政党于 1946 年 8 月合并组成的。

② 李松林、齐福麟、许小军等编：《中国国民党大事记》，解放军出版社，1988 年，第 385 页。

“国民大会”召开的第二天，周恩来举行记者招待会，发表严正声明，指出：“现在开幕的一党‘国大’，不但使中共及第三方面最近在商谈中的协议成为不可能，并且最后破坏了政协以来的一切决议、停战协定与整军方案，隔断了政协以来和平商谈的道路，这一党‘国大’还要通过一个所谓宪法，把‘独裁’合法化，把‘内战’合法化，把‘分裂’合法化，把‘出卖国家与人民利益’合法化”，“我们中国共产党人坚决不承认这个‘国大’，和谈之门已为国民党政府当局一手关闭了”①。随后，周恩来结束国共谈判返回延安。1947 年 1 月 29 日，美国宣布退出国共关系调停。次日，国民党政府宣布解散三人小组及北平军调部。2 月 3 日，美国驻延安联络团人员撤离。此后，美国政府更加公开地、肆无忌惮地帮助蒋介石打内战。2 月 21 日，国民党当局迫使军调处执行部中共代表叶剑英等返回延安。3 月 5 日，国民党强迫中共驻南京、上海、重庆的代表全部撤退。至此，通过谈判争取和平的大门，全部被国民党当局关闭，长达十年之久的国共合作关系彻底破裂。

中共四川省委的公开和撤离　1946 年 5 月初，国民政府还都南京，中共代表团和重庆局（即南方局，迁南京称南京局）亦迁往南京。之前于 1946 年 4 月 19 日，中共中央批准成立四川省委，直属南方局（南京局）领导。书记吴玉章，副书记王维舟，宣传部长傅钟，组织部长于江震，统战部长程子健，社会部长杨超，秘书长魏传统等。4 月 22 日，中共四川省委在重庆召开第一次会议，重庆局书记董必武出席。4 月 30 日，周恩来在重庆举行的最后一次记者招待会上，宣布中国共产党在四川设立省委，并介绍吴玉章为省委书记，王维舟为省委副书记。这既是整个国统区唯一公开的省级党组织，也是四川解放前唯一公开的一届省委。周恩来指出，四川

① 《周恩来选集》上卷，人民出版社，1997 年，第 244 页。

省委的成立，是中共按照《双十协定》，忠实履行“从四川开始逐渐把各省的省委都公开起来”的协议。

中共四川省委公开后，吴玉章和王维舟四处活动，争取合法地位。1946 年 5 月 19 日，爱国民主人士冯玉祥在北碚召开张自忠殉国纪念会，吴玉章以中共四川省委名义撰送挽联：“已使日寇灭亡，忠魂可慰；再令生灵涂炭，民命何堪!”被放在灵堂最显著位置，各报纸纷纷加以报道。挽联既抨击了国民党的内战行径，又公开争取了省委事实上的合法地位，引起了国民党方面的注意。之后，国民党中央令重庆行营查复，重庆行营代主任、重庆市长张笃伦向吴玉章叫苦：“你们公开我是知道的，但手续不周到……你看该如何电复中央呢?”吴玉章立即指出：“第一，蒋介石在政协开幕时答应的四项诺言中，有各党派平等合法的一条，我们的公开是有根据的；第二，中国共产党是有组织的政党，我们在这里有办事处、有报馆、有党员，就应有党的组织……我们的理由是很充足的。”① 吴玉章有理有据，张笃伦无话可说。经过一番交锋，国民党被迫承认了中共四川省委的合法地位。

中共四川省委成为中国共产党在国民党统治区公开树立的第一面旗帜。这反映了中共为实现政协决议而奋斗的诚意，准备开展和平合法斗争，将全党的工作转变到非武装的群众的与议会的斗争中去，用心去学习与组织合法斗争，以及上层统一战线与下层统一战线工作的配合，把党的工作推进到全国范围。同时，中共清醒地认识到蒋介石接受政协协议是被迫的，美国和中国的大资产阶级还有许多阴谋，中国民主化的道路，依然是曲折的、长期的②。吴玉章、王维舟等积极组织、开展和参与了一系列公开活

① 叶介甫：《吴玉章在重庆的革命岁月》，《红岩春秋》2020 年第 10 期。

② 中央档案馆编：《中共中央文件选集》第十六册，中共中央党校出版社，1992 年，第 62、63 页。

动，扩大人民民主统一战线，壮大人民力量，孤立反动势力，开展有理、有利、有节的斗争。由于时局逐渐恶化，国民党的报纸天天造谣，或说王维舟已到川北搞武装，或说中共要在重庆搞暴动，阴谋制造事端，破坏省委。根据上级指示，1946 年 6 月，王维舟、程子健、魏传统等离开四川赴南京调延安，张友渔接任省委副书记兼宣传部长、统战部长和《新华日报》代社长等职，在第二条战线继续坚持斗争。

全面内战爆发后，国民党在政治、军事方面连连失败，再也不能容忍中共和《新华日报》在国统区合法存在下去了，1947 年 2 月 28 日限令中共驻南京、上海、重庆三地担任谈判联络工作的代表于 3 月 5 日前撤退，彻底堵死国内和平大门。2 月 27 日深夜，国民党重庆当局派出军警包围突袭四川省委和《新华日报》馆，强令《新华日报》停刊，中共在渝人员 249 人被软禁。在成都，国民党当局也实施大逮捕，由于党组织已获情报而转移，避免了损失。川康绥靖公署也发出命令：各县市中共人员停止活动，于 3 月 5 日前撤退完毕。3 月 1 日，美国驻重庆副领事布得到曾家岩会见吴玉章，带来中共中央同意撤退的电报。1947 年 3 月 8 日至 9 日，中共四川省委机关和《新华日报》馆工作人员共计 380 多人，先后从重庆撤离去延安。

中共四川省委领导机构遭突袭被迫撤离后，四川地下党组织因之一度失去与上级机关的联系，直到同年 5 月才恢复了与中央的联系。

三、人民民主统一战线纲领和政策

统一战线战略地位的确立 抗日战争初期，中国共产党通过建立和发展抗日民族统一战线策略，成功地坚持了全面抗战。1939 年 10 月，毛泽东在《〈共产党人〉发刊词》中，深刻总结中国革命的历史经验，阐述了中共统一战线的发展规律和地位作用，明确指出：“统一战线问题，武装斗争问题，党的建设问题，是我们党在中国革命中的三个基本问题。正确地理解了这三个问题及其相互关系，就等于正确地领导了全部中国革命。”强调指出，“统一战线，武装斗争，党的建设，是中国共产党在中国革命中战胜敌人的三个法宝，三个主要的法宝。这是中国共产党的伟大成绩，也是中国革命的伟大成绩。”① 这表明中国共产党人不仅把统一战线作为一种策略，更把统一战线视为战略，从而与历史上的或其他组织的结盟、联合等区别开来。

在世界反法西斯战争和中国抗日战争接近最后胜利的前夜，1945 年 4 月至 6 月，中共在延安召开七大，系统地总结中国革命的基本经验，制定了党在新形势下的路线，提出抗战胜利后，建立一个以全国绝大多数人民为基础而在工人阶级领导之下的统一战线的民主联盟的国家制度，即新民主主义的国家制度。指出“几个民主阶级联盟的新民主主义国家，和无产阶级专政的社会主义国家，是有原则上的不同的”，“不可能、因此就不应该是一个阶级专政和一党独占政府机构的制度。”② 制定了新民主主义国家在政治、经济、文化各方面的纲领，提出了实现中国工业化的宏伟任务，宣布要让有利于国计民生的私人资本主义有一定程度的发展，并首次明确提出要以是否发展、解放生产力作为评判一切政党政策的根本标准。毛泽东指出：“中国一切政党的政策及其实践在中国人民中所表现的作用的好坏、大小，归根到底，看它对于中国人民的生产力的发展是否有帮助及其帮助之大小，看它是束缚生产力的，还是解放生产力的。”③

周恩来在所作《论统一战线》的专题发言中，回顾了抗日民族统一战线的形成和发展过程，总结了党在统一战线问题上的经验教训。指出：大

① 《毛泽东选集》第二卷，人民出版社，1991 年，第 605—606 页。
② 《毛泽东选集》第三卷，人民出版社，1991 年，第 1061—1062 页。
③ 《毛泽东选集》第三卷，人民出版社，1991 年，第 1079 页。

革命、十年内战和抗日战争三个时期的统一战线，是有不同的形式和性质的。但是这三个时期的统一战线又都属于新民主主义的统一战线，因为新民主主义是我们三个时期统一战线的政治基础。“新民主主义的统一战线，就是无产阶级领导的人民大众的反帝反封建的统一战线。”① 周恩来强调，要建立一个巩固的新民主主义的统一战线，就是要认清楚敌人、队伍和司令官这三个问题。领导权问题，是统一战线中最集中的一个问题。右的是放弃领导，“左”的是把自己孤立起来，成了“无兵司令”“空军司令”。右倾是把整个队伍送出去，“左”倾是把整个队伍推出去②。

中共七大确立了毛泽东思想在全党的指导地位，“关于革命统一战线的理论和政策”是毛泽东思想的重要组成部分。七大全面总结了建党以来统一战线正反两方面的经验教训，从党的政治路线、党的纲领、总路线的战略高度，阐述了中国革命统一战线的问题，对全党提出“统一战线是一门专门科学”“我们要学会这一门科学”的要求，为统一战线的发展提供了理论基础、政策依据和实践范例。

人民民主统一战线的形成　抗战胜利后，中国面临两种命运和两种前途的大决战。为了维护国共合作，团结全国人民建立新中国，中共发表对时局的宣言，阐明了争取和平民主、反对独裁内战的基本立场，提出了和平、民主、团结三大口号作为和平建国的总方针。认为国民党内部矛盾甚多，困难甚大，在内外压力下，有可能“造成两党合作（加上民主同盟等）、和平发展的新阶段”③，并为此做出极大努力，亲赴重庆谈判，签订《双十协定》；参加政协会议，签订政协协议；签订停战协定，坚守国共调

① 《周恩来选集》上卷，人民出版社，1980 年，第 207 页。

② 《周恩来选集》上卷，人民出版社，1980 年，第 220 页。

③ 中共中央文献研究室、中央档案馆编：《建党以来重要文献选编（1921—1949）》第 22 册，中央文献出版社，2011 年，第 659 页。

处。但是，国民党统治集团屡次出尔反尔，不断撕毁协议，悍然于1946年6月对解放区发动全面进攻，进而在1947年3月强迫中共驻南京、上海、重庆的代表全部撤离，将通过谈判争取和平的大门封死。中国共产党坚持和平、民主、团结的方针，团结中间力量，孤立反动势力，开展反对国民党专制统治、争取实现民主政治的斗争。虽然未能制止全面内战的爆发，但通过重庆谈判、政治协商会议和停战谈判，有力宣传了自己的主张，表明了为和平民主而奋斗的诚意，揭露了美国政府一面调处国共争端，一面积极援助蒋介石、助长其发动内战的事实，为建立广泛的人民民主统一战线在政治上、思想上、组织上做了重要的准备。

以1947年6月刘邓大军千里挺进大别山为起点，人民解放战争由战略防御开始转入战略攻势，一年时间攻守易位，用事实向全国人民证明，共产党有力量打倒蒋介石。1947年10月10日，《中国人民解放军宣言》提出了“打倒蒋介石，解放全中国”的口号，并发出“工农兵学商联合起来，组织反蒋统一战线”的号召。中国共产党领导的中国人民与美帝支持下的国民党蒋介石集团的矛盾成为中国社会主要矛盾，中共及时把抗日民族统一战线发展成为最广泛的人民民主统一战线，实现了统一战线任务的重大转变和发展。

在这一时期复杂斗争中，不但民主党派和无党派民主人士，而且国民党除少数反动集团外的上层人士、中产阶级，再也不想给蒋介石集团抬轿子了，不仅更加同情和支持共产党的主张，而且积极投身到人民民主革命的斗争中去。

人民民主统一战线的纲领政策的全面阐述　1947年12月，毛泽东在中共中央十二月会议所作的《目前形势和我们的任务》报告和会后所写的会议总结，对人民解放军转入战略进攻后党需要解决的一系列重大问题作了纲领性的说明，全面阐述了党关于人民民主统一战线的纲领和政策。

（一）关于人民民主统一战线的广泛性和重要性。毛泽东指出，从表面看，现在的统一战线比抗日战争时期的统一战线似乎是缩小了，但实际上由于蒋介石的反动面目暴露无遗和中间路线的彻底破产，中国共产党获得了蒋介石统治区工人阶级、农民阶级、城市小资产阶级和中等资产阶级等广大群众的同情和支持，因此，"联合工农兵学商各被压迫阶级、各人民团体、各民主党派、各少数民族、各地华侨和其他爱国分子，组成民族统一战线，打倒蒋介石独裁政府，成立民主联合政府"是党的最基本的政治纲领，新民主主义的革命的统一战线"比过去任何时期都要广大，也比过去任何时期都要巩固"，强调"中国新民主主义的革命要胜利，没有一个包括全民族绝大多数人口最广泛的统一战线，是不可能的"。①

（二）关于坚持统一战线领导权的重要性和实现领导权的正确途径。毛泽东总结大革命以来党在建立统一战线方面的经验教训，强调统一战线必须在中国共产党的坚强领导之下，"没有中国共产党的坚强领导，任何革命统一战线也是不能胜利的"。② 并指出："领导的阶级和政党，要实现自己对于被领导的阶级、阶层、政党和人民团体的领导，必须具备两个条件：（甲）率领被领导者（同盟者）向着共同敌人作坚决的斗争，并取得胜利；（乙）对被领导者给以物质福利，至少不损害其利益，同时对被领导者给以政治教育。没有这两个条件或两个条件缺一，就不能实现领导。"③

（三）关于革命胜利后由四个阶级"坐江山"的政权建设。毛泽东批评了"贫雇农打江山坐江山"的错误观点，指出："在乡村，是雇农、贫农、中农和其他劳动人民联合一道，在共产党领导之下打江山坐江山，而不是单独贫雇农打江山坐江山。在全国，是工人，农民（包括新富农），独立工

① 《毛泽东选集》第四卷，人民出版社，1991 年，第 1256、1257 页。

② 《毛泽东选集》第四卷，人民出版社，1991 年，第 1257 页。

③ 《毛泽东选集》第四卷，人民出版社，1991 年，第 1273 页。

商业者，被反动势力所压迫和损害的中小资本家，学生、教员、教授、一般知识分子，自由职业者，开明绅士，一般公务人员，被压迫的少数民族和海外华侨，联合一道，在工人阶级（经过共产党）的领导之下，打江山坐江山，而不是少数人打江山坐江山。”①

（四）关于人民民主统一战线的重大政策。在经济方面，宣布了新民主主义革命的三大经济纲领，即“没收封建阶级的土地归农民所有；没收蒋介石、宋子文、孔祥熙、陈立夫为首的垄断资本归新民主主义的国家所有；保护民族工商业”。提出没收官僚资本是中国共产党新民主主义革命总路线内容的一个重要发展，是为把新民主主义革命转变为社会主义革命进行准备的重要条件。制定了彻底实行土地改革的政策、保护民族工商业的政策、团结教育和任用知识分子的政策，等等。

（五）反对“左”、右倾错误。指出，必须树立战略上藐视敌人，战术上重视敌人的思想，才不会犯“左”倾或右倾的错误。要依据具体情况，决定反对和防止右倾或“左”倾的方针。一般是：在遇到暂时挫折的时候容易犯右的错误，取得很大成绩时容易犯“左”的错误；在同资产阶级合作的时候，必须反对右倾，而在同资产阶级分裂的时候，必须防止“左”倾。强调：政策和策略是党的生命，各级领导同志务必充分注意，万万不可粗心大意②。

此外，阐述了建立国际反对帝国主义统一战线的思想。指出，“我们和全世界民主力量一道，只要大家努力，一定能够打败帝国主义的奴役计划，阻止第三次世界大战使之不能发生，推翻一切反动派的统治，争取人类永久和平的胜利。”③

---

① 《毛泽东选集》第四卷，人民出版社，1991 年，第 1268—1269 页。

② 《毛泽东选集》第四卷，人民出版社，1991 年，第 1298 页。

③ 《毛泽东选集》第四卷，人民出版社，1991 年，第 1260 页。

党的十二月会议确定的一系列人民民主统一战线方针政策，及时纠正和防止了工作中出现的“左”的偏向，团结争取了一切可以争取的力量，发展和壮大了人民民主统一战线，指导和推进国民党统治区爱国民主运动发展为第二条战线，展示出中国新民主主义革命的全新画卷。

第二节　第二条战线在四川

一、国民党加强独裁统治

官僚集团鲸吞抗战成果　官僚资本是半殖民地半封建旧中国特有的经济形态。它包括国家垄断资本和国民党大官僚的私人资本两个密切联系的组成部分。随着南京国民政府的建立，以蒋介石为首的大官僚实行独裁统治，一方面继承了前朝的官办企业，并着力于控制银行业，进而垄断全国财政、金融和经济；另一方面以“四大家族”为代表的家族资本和派系资本，则利用国家政权和国家资本的独裁垄断地位，通过公私不分、假公济私、化公为私的手段而逐步发展起来。官僚资本在这一发展过程中，在国际上，一方面使中国经济依附于美、英等外国资本，大量低价出口原材料、进口工业制品，从而进一步得到国际垄断资本的扶持，另一方面又通过军火、贸易和借债等国际买办活动，攫取回扣和各种买办性独占经济利益；在国内，它则与农村的封建势力密切联系，维护农村的封建土地制度，压制民间私人资本，使生产力长期难以发展。官僚资本在抗日战争期间有了很大发展，这种发展既源于抵御外来侵略的客观需要，也不乏深层的独裁政治的主观动因，而后者随抗战时间延长愈趋明显。蒋宋孔陈四大家族就借口“非常时期”，在国统区实行战时经济统制，通过金融垄断、滥发纸币、金融投机和蚕食剥夺等手段，对工人、农民、民族工商业者和广大平民疯狂劫夺，大发国难财，在四川尤为突出。四大家族的官僚资本从抗战初期占全国工商金融业的百分之几猛增到1945年的50%以上。

抗战胜利后，官僚资本进一步加强了对国民经济的垄断。从陪都重庆飞到收复区的各机构接收大员很快到达，一时颇为风光，不但从日伪手中接收工厂、企业、码头、仓库和战败国德国、意大利在华投资，而且捕风捉影，不择手段，将大量民间私人资产指为敌产，然后加以任意没收，占为私有，使官僚资本极度膨胀，垄断了全国的经济命脉。以此为后盾，国民党执政集团在美帝国主义扶持下，加速了独裁统治，接收变为"劫收"，使原沦陷区人民对国民党政府的希望迅速归于破灭，民族工商业者极为愤懑，激起各阶层民众强烈不满。

大批国民党高官在到收复区进行掠夺性接收的同时，对曾作为大后方抗战基地、为抗战胜利做出重大贡献和牺牲的四川也不手软。原内迁四川工厂因抗战结束后市场需求骤减，苦难加重，大部分陷入瘫痪状态。迁川工厂联合会主席胡厥文、全国工业总会代理事长胡西园、中国工业协会总干事吴羹梅等为代表，先后与经济部长翁文灏、财政部长俞鸿均交涉请求政府贷款，以解救民族工商业濒临破产的困境。无果后，他们又推举出内迁工厂老板代表向行政院长宋子文乃至国民政府主席蒋介石请愿交涉。重庆一家外国人办的英文报纸《自由西报》将请愿情况登载出来，并加按语说："以一个资本主义国家的最高行政机关行政院，而被本国的资本家所包围，一个国家最高行政长官行政院长为群众所窘，弄得被迫屈服，这真是一桩世界新闻。"

不少私营企业主认为战时内迁工厂为挽救民族危亡，不避艰险，几经迁徙，损失惨重，现在抗战胜利，正是大展宏图、振兴实业的时候，政府将会念及战时内迁工厂的困难和损失，拨一些敌伪工厂由内迁厂接收。但无情的现实打破了这些人的梦想，敌伪资产早被国民党接收大员接收。当事人回顾说：国民党政府对战时内迁工厂，在争取日本赔偿物资问题上是一毛不拔的；在优先承购敌伪工厂问题上，是以标售 29 个单位来装点门面作遮羞布。大量好的敌伪工厂，都被四大家族一口吞下。战时内迁工厂返沪后绝大多数无法复工，这些厂主唉声叹气，满怀复厂热情，结果是一场春梦①，从而进一步认识到只有反对国民党独裁统治，中国才有出路。

国民党统治集团出卖中国权益　鸦片战争后，中国是多个帝国主义国家争夺的半殖民地国家，第一次世界大战中，欧洲列强无暇东顾，给了日本帝国主义独霸中国的机会，使中国成为半殖民地半封建国家。二战期间，由于中国参加了国际反法西斯阵线并在战争中做出巨大牺牲和贡献，使英美等国交还在华租界，给予中国关税自主等权利。抗战胜利后，中国政府没收了德、日、意等轴心国在华企业及资产，大伤元气的英、法等欧洲列强失去对国外投资的能力。国民党政府为在国共斗争中获得美国支持和援助，又引狼入室，与美国签订了许多实质上不平等的公开的和秘密的条约或协定②，从而使美国垄断资本侵入中国达到空前的规模。战后美国取得了从天上到地下，从海上到陆地，从政治到经济，从物质到文化，从现在到将来，应有尽有无所不包的新特权，从而使国统区成为美国垄断资本主义的附庸。

美国不仅攫取种种特权，为美货在华倾销创造了极为有利的条件，而

① 吴频迦：《内迁工厂回到上海后》，载中国人民政治协商会议全国委员会文史资料研究委员会编：《工商经济史料丛刊》第 2 辑，文史资料出版社，1983 年。

② 主要有《关于美国驻华军事顾问团之协定》（1946 年 4 月 29 日）、《中美友好通商航海条约》（1946 年 11 月 4 日）、《中美空中运输协定》（1946 年 12 月 20 日）、《关于美国武装部队驻扎中国领土之换文》（1947 年 9 月 3 日）、《关于美国救济援助中国人民之协定》（1947 年 10 月 27 日）、《中美在华教育基金协定》（又称《中美文化协定》，1947 年 11 月 10 日）等。

且国民党政府非但不保护民族工商业，还配合美国倾销，制定了极为有利于美货倾销的低汇率和关税减免。战后美国经济即由战时的繁荣迅速转入困境，工业品市场需求骤降，而大批军人复员回乡，这样每年 200 亿美元的工业品只有 80 亿美元的商品能找到市场。如此中国成为美国大量“剩余”物资倾销的最为广阔的市场，理所当然地受到中国民族工商业的强烈抵制和反对。闻名海内外的“猪鬃大王”、中国进出口贸易协会总干事古耕虞，因为在一个会议上提出，战后建设不能把希望寄托在美国的贷款上，而是要靠自己的经济力量扩大出口，在被全国商会选举获得参加世界经济会议代表团成员资格后，被蒋介石以“宁缺毋滥”的理由亲笔取消，而后还迫使他辞去了进出口贸易协会总干事和其他团体的职务。1947 年 10 月，国民政府与美国签订的《国际关税与贸易一般协定》，对美国最为重要的 110 项物品减免了进口税，使许多美国商品减免了 1/2 到 1/6 的关税，大大增加美国商品在中国市场的竞争力。1946 年美国商业性输华商品总值 3.2 亿多美元，占中国商业进口总值的 57.2%，加上联合国善后救济总署的“援助救济”物资，美国输华商品总值即达 4.397 亿美元，占中国包括联合国救济总署“援华”物资在内的进口总值的 61.3%。1948 年更上升为 66.5%。美货除公开输入中国倾销外，还通过走私特别是武装走私进入中国。有人估计，走私进口货物为通过海关进口货物总值的二三倍。也有人估计，进口货物的 90%均为走私入口的①。

四川经济陷入空前危机　随着美货倾销、内战爆发、币制改革、外汇紧张、通货膨胀、物价飞涨，中小企业首当其冲，最早走向破产。到 1945 年底，大后方共有 5998 家工厂，其中重庆有 1649 家、四川有 1158 家，绝大部分是中小工厂，其生产量约占工业总产量的 80%，不仅支持抗战赢得

① 任杰、梁凌：《中国政府与私人经济》，中华工商联合出版社，2000 年，第 149—151 页。

最后胜利，而且为民族工业发展奠定了必要基础。抗战胜利后，中小企业主欢欣鼓舞，满以为中小企业在战争中尚可生存，在战后重建中将更加发展壮大。但国民政府实行国家垄断资本主义政策，使这些中小私营企业主的希望像肥皂泡般很快破灭。在战时饱受管制、限价、征购、验收、运输、贪污敲诈等摧残，早被压得焦头烂额、遍体鳞伤的中小企业，又被逼得走投无路，奄奄一息。如织布业，抗战胜利后，军需署于 1945 年 12 月 18 日发令停收军布，到 12 月 30 日即刻停收，前后不到半月，令许多织布厂措手不及，迅速破产。为谋自救图存，许多中小企业主不得不奋起斗争。根据南方局指示，在 1942 年成立的军布联谊会的基础上筹组中小工业联合会，其间向政协会议送交“意见书”，提出紧急救济中小工业的具体方案。1946 年 3 月 7 日，中国中小工厂联合会正式成立，选举徐崇林为理事长；到当年 6 月，先后在成都、兰州、上海等地成立分会；到 9 月底，会员工厂已发展到 1186 家，包括 33 种工业，成为当时国内最大的一个由中小民族资本家和手工业主组成的工业团体。为争取自身的生存和民族工业的前途，中小工联极力争取贷款，反对国民政府轻工业国营政策及官僚独占性的各种措施。当局视之为眼中钉，必欲去之而后快。最后，在 1946 年 10 月，这个“拥有会员 1200 家以上，为大后方民族工业家们在新的民族危机面前的一个团结自救的组织”被国民党当局下令解散了①。中小工厂联合会被解散，并不能掩饰中小企业大批倒闭的现实。1946 年 12 月 16 日《联合晚报》重庆航讯报道，四川中小联合会原有会员 1200 家，已关闭 80%；全国工业协会重庆分会的 470 余家会员厂，停工了 2/3；迁川工联会尚在川

---

① 方卓芬：《我所知道的中共中央南方局经济组的活动》，载中共中央党史资料征集委员会编：《中共党史资料》第 6 辑，中共党史资料出版社，1985 年；徐崇林：《中国中小工厂联合会在重庆》，载中国人民政治协商会议四川省委员会文史资料研究委员会编：《四川文史资料选辑》第 19 辑，四川人民出版社，1979 年。

的100家工厂，开工者仅20家；其他也是名义上的生产和半生产状态①，市场日益萧条，四川整个工业、商业纷纷破产倒闭。32年后，徐崇林回忆道：我们闹了将近一年的请求贷款，尽管终成泡影，但却具体有力地揭露了国民党反动当局摧残民族工业的狰狞面目，深刻而实际地教育了广大中小厂家，倘不争取政治民主，反对独裁政治，断难争取中小工业的生存和发展②。

二、四川爱国民主运动高涨

蒋管区统一战线工作方针　为了加强对国民党统治区人民运动的领导，1946年2月1日，中共中央发出指示，要求把党的工作推进到一切大城市去。3月，中共中央进一步指示各地党组织，选派一批适宜的干部到大城市去开展职工、学生、青年及妇女运动并进行统战工作。1946年底，中央对中央城市工作部改组，周恩来兼任部长，李维汉任副部长。

1947年2月底，国民党当局强迫京、沪、渝中共代表撤退，彻底堵死了国共和谈大门。面对即将到来的镇压恐怖，党为避免不必要的损失，及时调整斗争策略，将全国性的政治斗争有计划地转移到地方性的经济斗争中去，以巩固群众斗争的基础，把中国革命发展到新的人民大革命阶段，广泛扩大人民民主统一战线，积极促进蒋管区人民对国民党统治集团的斗争，形成和发展为党领导的配合武装斗争的反抗国民党独裁统治的第二条战线。

周恩来起草文件，指示国统区党组织“应扩大宣传，避免碰硬，争取中间分子，利用合法形式，力求在为生存而斗争的基础上，建立反卖国、

---

① 王相钦：《中国民族工商业发展史》，河北人民出版社，1997年，第626—627页。

② 徐崇林：《中国中小工厂联合会在重庆》，载中国人民政治协商会议四川省委员会文史资料研究委员会编：《四川文史资料选辑》第19辑，四川人民出版社，1979年。

反内乱、反独裁与反特务恐怖的广大阵线”①，制定了蒋管区统一战线工作的方针、原则和策略。

（一）关于蒋管区工作方针。应暂时保持平静状态，不作过于刺激过于突进的进攻性的发动，而多作防御性的合法形式的呼吁和声诉。一切带全国性的政治斗争，应从参加这一斗争的群众本身的生存问题上着想，有计划地转移到带地方性的经济斗争中去，以深入和巩固群众的基础②。就是要保护党及民主进步力量，以继续加紧开展人民运动。为此目的，既要坚定勇敢，又要机智谨慎。

（二）关于蒋管区工作原则。党的组织要严守精干隐蔽，平行组织，单线领导，不转关系，城乡分开，上下分开，公开和秘密分开等原则。“高级领导机关更须十分隐蔽，少开会，少接头，多做局势研究与策略指导工作。总之，蒋管区的城市工作，一切要从长期存在打算，以推动群众斗争，开展统一战线。”③

（三）关于蒋管区工作斗争策略。将直进与迂回、集中与分散、公开与秘密、合法与非法等手段，既区别又结合，使一切群众斗争都为着开辟蒋管区的第二战场，把人民的爱国和平民主运动大大地向前推进④。在向蒋介石政权要饭吃，要和平，要自由的斗争中，适当地提出实行民主自由，没收官僚资本，实行土地改革等口号。

---

① 《关于在蒋管区的工作方针和斗争策略的两个文件》（1947 年 2 月 28 日、5 月 5 日），载《周恩来选集》上卷，人民出版社，1980 年，第 269 页。

② 参见中央统战部、中央档案馆编：《中共中央解放战争时期统一战线文件选编》，档案出版社，1988 年，第 150 页。

③ 《关于在蒋管区的工作方针和斗争策略的两个文件》（1947 年 2 月 28 日、5 月 5 日），载《周恩来选集》上卷，人民出版社，1980 年，第 270—271 页。

④ 参见《关于蒋管区群众斗争方针的指示》（1947 年 5 月 5 日），中央统战部、中央档案馆编：《中共中央解放战争时期统一战线文件选编》，档案出版社，1988 年，第 157 页。

（四）加强和统一党对蒋管区统一战线工作的领导。1947 年 4 月 29 日，中共中央发出关于中央城市工作部工作方针及各地城市工作部工作办法的指示，决定成立中央和各级党委城市工作部，规定中央城工部的任务是在中央领导下，研讨与统管党在蒋管区的一切工作（包括工、农、青、妇），并负责训练这方面的干部。城工部内分党务、统战、农村、文教、顽军五个组。

紧接着，5 月 6 日，中共中央发出通知，决定将上海中央分局改为上海中央局，以上海局管辖长江流域及西南各省。钱瑛以上海局委员身份领导包括四川在内的西南地区工作。3 月上旬公开的四川省委被迫撤离以后，与上级党组织失去联系的四川党组织开始恢复与中央的联系。8 月底，成都工委改建为川康特委，以蒲华辅为书记，马识途为副书记，领导西康、川西、川南及川北部分地区的党组织。10 月 10 日，川东临时工作委员会成立，书记王璞，副书记涂孝文，领导上川东、下川东和川南地区党组织。四川党组织的恢复和发展为四川人民民主统一战线的兴起和第二条战线的形成打下了坚实的组织基础，由此出现了国统区群众运动与人民解放战争紧密配合，国统区各大区域间的群众斗争相互呼应的革命新局面。

1947 年 12 月 25 日，毛泽东在陕北作《目前形势和我们的任务》的报告，指出人民解放军已转入全国规模的进攻，“这是一个历史的转折点。这是蒋介石的二十年反革命统治由发展到消灭的转折点。这是一百多年以来帝国主义在中国的统治由发展到消灭的转折点”。这个报告很快传到国统区，四川党组织进行了传播和学习，人们从这个报告中更加了解中共的政治主张，认识了革命胜利发展的前途，更加寄希望于共产党，增强了人民民主统一战线的凝聚力。

反内战运动　抗战胜利后，人民需要休养生息，国家需要和平建设，然而，蒋介石为实行独裁统治，发动全面内战。中共四川省委按照中央国统区工作方针，放手发动群众，加强统战工作，发展进步势力、争取中间势力、孤立顽固势力，特别是紧紧抓住争取中间势力这个关键，团结一切可以团结的人，争取一切可以争取的力量，积极开展了“反内战、要和平”的民主运动。1946 年 6 月 13 日，《新华日报》发表社论《动员起来，争取长期停战》，吴玉章与鄢公复、黄墨涵商议，由他们动员重庆长安寺长老如初大和尚举办 7 天重庆佛教同人祈祷和平法会，鄢公复亲披袈裟，高举“勿再发生战争”等大幅标语，同手敲木鱼、口诵经文僧众一起游行。6 月 19 日，重庆各界名流黄墨涵、黄次咸、邓初民等 4271 人签名，致电蒋介石、毛泽东，要求停止内战，呼吁和平。次日，《新华日报》用两个整版全文发表致电及签名人员名单。随后以此签名为基础成立了重庆人民和平促进会，并推黄默涵、王卓然、鄢公复、徐崇林、黄次咸五位代表向蒋介石“陈民之苦，诉民之疾”。毛主席于五日电复：“重庆黄墨涵、黄次咸、邓初民等先生钧鉴：奉读来电，甚佩卓见！坚持和平，反对内战，乃今日中国之惟一国是，敝党决秉此方针奋斗到底，尚祈一致努力，以期和平之实现。毛泽东谨复微。”但结果却是蒋介石发动的全面内战。

抗战胜利后，中国劳动协会不赞成国民党的内战政策，发表 23 条政治主张，惹怒了反动当局。反动派对劳协领导人朱学范等进行了一连串政治迫害，在较场口事件中重伤劳协人员；1946 年 8 月 6 日，国民党当局派出军警特宪和指使“重庆市总工会”头目，分 5 路包围中国劳动协会重庆分会及所属机构，“接收”了重庆工人福利社、劳动协会分会等单位，并逮捕了 38 人，制造了震惊全国的重庆“八六”事件。事件发生后，《新华日报》发表短评、消息和社论等，对由地方性的重庆市工会接收全国性劳工组织中国劳协提出质疑，呼吁社会各界“严重注意事件的发展”，声援朱学范的呼吁，并走访著名律师史良等，揭露“接收”阴谋。朱学范举行记者招待会，并向世界工联、各大国总工会特别是美国劳联和产联发电报，说明事实真相。重庆、成都工人和解放区及上海等地工会纷纷集会、发表宣言、致函劳协或国民政府，抗议迫害劳协的暴行，并慰问受害者。郭沫若、茅盾、叶圣陶、周建人、许广平等 68 位文化界著名人士致函慰问声援劳协。在国际国内舆论面前，国民党当局不得不于 9 月中旬陆续释放被捕劳协工作人员，斗争取得初步胜利。但由于国民党对爱国民主力量的迫害日益加强，在中共帮助下，劳协先在香港建立总部，后移东北解放区，再作为团体会员加入中华全国总工会，实现了中国工人阶级组织的大联合和统一。

反美抗暴运动　抗战胜利后，国民党政府为了进行内战，进一步投靠拥有世界头等经济实力和军事实力的美国；美国也企图把中国变成其势力范围，对国民党政府提供派遣军事顾问团、海军陆战队来华等多方面的援助。从抗战胜利到 1946 年 10 月，南京政府就与美国签订了一系列不平等条约或协定，美帝取得了在华的领空权、领海权、铁路投资及领事裁判权等。11 月，又签订了《中美友好通商航海条约》，这个条约以法律的形式确定和强化了美帝早已存在的对国统区的政治、经济、财政和军事的控制权，以后又签订了许多协定使“中美商约”具体化，从而使美国对华商品输出和资本输出达到独占的地位和空前的规模。美国军队在包括重庆、成都在内的中国领土上以“太上皇”自居，横行霸道，强奸妇女，侮辱国人，激起中国人民极大义愤，在党组织领导下，全国各大城市开展“美军退出中国运动”。1946 年 10 月，重庆 24 个社会团体发表宣言，要求美军立即退出中国，保持中国主权完整；陪都青年联谊会等团体联合发出“致全国青年书”，提出“美军立即退出中国”“美军立即停止支持国民党进行内战的一切援助”等四项紧急呼吁。11 月，四川大学 500 余师生，举行座谈会和示威游行，表示坚决“反对断送民族利益的中美商约”“要求独立自主的通商条约”。成都、重庆党组织先后发动社会各界开展反美签名运动、反对签订《中美友好通商航海条约》运动。

1946年12月24日，美国兵在北平强奸中国女大学生沈崇事件发生后，触发反美抗暴的爱国斗争进入一个新阶段。1947年1月3日，重庆大学等31校代表举行联席会议，成立重庆市学生抗议美军暴行联合会，决定举行罢课和示威游行。6日，冲破当局设置的重重障碍，63所大中学校12 000余人举行抗暴大游行，并派出代表到美国驻重庆领事馆递交抗议书，到重庆行辕请愿，正式提出严惩凶手、美军立即撤出中国、赔偿受害者的精神物质损失等要求。成都各大中学的学生纷纷集会，散发抗议书；四川大学、华西大学等校师生举行抗议集会，发表抗议美军暴行宣言，通过要求美军退出中国、美国政府必须向中国人民道歉等决议，并向四川省政府请愿。学生的爱国斗争，得到了四川各界人民的有力支持。重庆大游行前，工人、各校教职工、妇女界、文化界、工商界和各民主党派纷纷集会，成立后援会，发表宣言，抗议美军暴行，支持学生正义斗争；大游行后，又有15所大中学校组成宣传队，分散各地宣传，宣传队员屡遭特务毒打，但不畏强暴，坚持斗争达60天之久。重庆各界人士邓初民、聂绀弩、徐崇林等15 368人，就美军暴行事件签名致书美国总统杜鲁门，要求立即撤退驻华美军。民盟重庆支部、民主建国会重庆分会、九三学社重庆分社等民主党派、群众团体16个单位，联合发表宣言，坚决主张驱逐美军、废除“中美商约”。四川大学师生500余人，举行“中美商约”座谈会和示威游行。①

反饥饿、反内战、反迫害运动　蒋介石发动全面内战，官僚资本迅速膨胀，战争费用急剧增加，军费占财政支出的80%。国民党当局加紧对大众百姓的极度搜刮，大批民族工商业濒于倒闭，农业经济凋敝，通货膨胀，物价飞涨，城乡广大人民的生活日益恶化，民怨沸腾。到1947年7月，物

① 四川省文史研究馆、四川省人民政府参事室编撰：《四川国民党史志》，四川人民出版社，1994年，第266页。

价较抗战前已上涨6万倍，生活指数增加六七千倍。靠工资收入和助学金维持生活的公务人员、教职员和学生的生活陷入极度的困境。抗战期间解囊倾室、贡献尤多的四川人民在战后更遭劫难，饥荒遍野，不断积累着怒火。继反美抗暴运动之后，一个更大规模、更广影响、更加持久的反饥饿、反内战、反迫害运动在四川兴起。1947年春，梁山小学教师联合会开展全县性反饥饿争温饱罢教活动，迫使当局同意增薪要求；乐山美亚工人罢工，要求将工钱折成实物发放，工人代表被厂方抓走后，工人开展绝食斗争，迫使放人；5月5日，成都米价连日上涨，引发抢米风潮，当局逮捕数人，殃及无辜，竟将2个在场拍照的照相师污为“指使者”而立刻枪决，当晚全市戒严。5月20日，京沪苏杭地区学生在南京举行反饥饿、反内战游行示威，被国民党军警打伤多人，酿成“五二〇”血案。四川青年学生闻声奋起声援，成都数千学生举行罢课和示威，并赴省政府请愿；重庆成立反饥饿反内战学生联合会，统一领导全市学生运动；自贡、南充、广安、剑阁、泸州、营山、蓬溪、涪陵、万县等地学生纷纷投入。重庆、成都、开县、合川、江津、巴县、巴中等地教师也通过先后罢教、要求增薪等方式参加斗争。

全川各地反饥饿斗争不断发展。四川物价持续上涨，零售物价1947年比1946年上涨12倍，其中粮食上涨15倍，民众生活更加困难。川康党组织从经济斗争入手，提出了“要饭吃、要和平、要自由”的口号，组织各校学生开展助学运动，以解决读书难、吃饭难的问题。进入1948年，物价上涨有增无减，素有“天府之国”美誉的成都郊区及眉山、仁寿、华阳等地接连发生贫民结队吃大户和抢米事件；1月4日，成都30余所私立学校教职员工会集省政府请愿，要求平价供应教职工食米，否则由政府接办学校；随后58所私立小学1200名教师亦游行请愿增加补助，供应平价米。3月正值春荒，成都米价月初每石322万元，到月底涨为550万元，许多学校伙食团停伙。中共地下党组织趁势发动了向国民党政府要平价米的斗争，3 月 25 日，成都各省立学校罢教，要求补发欠薪，各校校长到省政府请愿，教育厅长被迫到场当面允许拨款补发 1 月至 3 月欠薪。

四川民众日益困苦，而国民党对四川壮丁、粮食的征调日益加紧，正值春荒时节，粮食部长亲到成都督办军粮，四川省政府主席邓锡侯拒绝如数调粮，而后被蒋介石派王陵基取代。1948 年 4 月 9 日，王陵基就职四川省政府主席典礼，地下党组织发动各院校数千大、中学生游行，前往省政府请愿。王陵基不仅拒绝学生要求，反而下令军警镇压，当场打伤刺伤一批学生，抓捕 132 人，酿成“四九”血案。随后，成都市各校成立后援会，实行无限期罢课，营救被捕学生，得到清华、北大、中大、交大、武大、重大、浙大等全国许多学校的声援和响应，纷纷罢课集会游行，声讨王陵基，谴责蒋介石。在省内外社会舆论的强大压力下，成都当局被迫答应学生的主要要求，每人每月配售平价米 2 斗 3 升，陆续全部释放了被捕学生。

三、民主党派与中共并肩战斗

民盟主席张澜被殴打受伤　抗战胜利后，随着国民政府还都南京，各民主党派中央总部迁离四川后，其在四川的组织和成员在各自中央领导下，与中共合作，积极参加争取和平，反对内战；争取民主，反对独裁，抗议美军暴行的民主运动。尽管民盟等民主党派主张“以民主的方式争取民主，以合法的行动争取合法的地位”，但国民党当局还是对其残酷迫害。1946 年 7 月 11 日、15 日，著名民主人士李公朴、闻一多先后在昆明被国民党特务杀害。中共四川省委和民盟、民建等民主党派立即发出唁电，组织重庆 50 多个社团发起成立“李闻血案后援会”，发表宣言，提出限期缉拿凶手处以极刑等要求。在中华路青年馆公开举行李公朴、闻一多追悼大会，吴玉章、鲜英、史良、邓初民等悲愤发言，黄墨涵送挽联“四日杀两贤、天下事已可知矣，一手掩众目、国中人岂尽盲乎”。

8月18日，四川各界人士在成都荣光电影院举行追悼李（公朴）、闻（一多）两烈士大会。民盟主席张澜在致辞中要求严惩凶手及幕后主谋人，希望前赴后继，力争民主之实现，并表示自己“决步两同志之后尘，为中国民主和平，鞠躬尽瘁，死而后已”。国民党特务预谋捣乱会场，大会刚结束，张澜到会场门口，即被特务围殴受伤；大会会务负责人张松涛在太平街被殴打致重伤。光天化日下的特务暴行，引起省内外各界人士愤慨，中共代表团周恩来、董必武，中共四川省委吴玉章及郭沫若等各界知名人士纷纷来电慰问，严词谴责国民党特务的卑鄙行径和反民主罪行。民盟省支部向川康绥靖公署和省政府提交《备忘录》表示强烈抗议，民盟中央机关报《民主报》发表社论《还象不象一个政府?》，对张澜主席被特务侮辱事件表达愤慨、抗议和谴责；民盟总部致电川康绥靖公署主任邓锡侯与四川省政府主席张群，要求查办省会警察局长，以申法纪。在各方压力下，国民党政府迫不得已在10月16日将省会警察局长徐中奇撤职。

六一大逮捕　1947年3月，国民党彻底关闭和谈大门后，在对国统区共产党人严酷镇压的同时，也加强了对民主党派和民主人士的攻击，散播种种谎言，5月3日公布了一个捏造的《中共地下斗争路线纲领》和所谓“政治观察家谈话”，公开污称民盟、民进、三民主义同志联合会等组织“已为中共所实际控制，其行动亦均遵循中共意志而行”，民盟与各民主团体所倡导之民主统一战线“亦准备甘为中共之新的暴乱工具”，为其镇压民主制造借口。6月1日凌晨，成都、重庆同时戒严，国民党特务机关四川省特委会、中统、军统、稽查处和省会警察局的特务分子倾巢出动，以“潜伏之共党、特务及其同谋分子”之罪名，在成都、重庆实行大逮捕，共产党员、民盟骨干和新闻、教育、文化、出版、工商等各界进步人士270余人被捕。“六一大逮捕”激起社会各界愤怒，重庆大学教授会等致函重庆行辕，发布紧急宣言，重庆大学、女师学院、中央工校等宣布无限期罢课并派出代表到重庆行辕请愿，戏剧界、出版界等上书当局，呼吁全国社会人士声援各校师生，要求政府立即释放被捕学生、优抚负伤人员、严办不法军警等。被捕人员坚持斗争，迫于社会各方营救和内外强大压力，反动当局分批释放了民盟省支部主委张志和、成都市分部主委范朴斋等被捕人员，他们所声称的10多个重点“嫌疑分子”，也在1949年初李宗仁任国民政府代总统，为和平谈判下令“释放政治犯”时被释放。3名共产党员1949年11月27日牺牲于歌乐山军统集中营。青年学生在斗争中对国民党独裁专制加深了切身体验和明确认识，纷纷参加党领导的斗争活动和进步组织，中共重庆市委建立的外围核心组织六一社成立不到半年，成员发展到三四百人，1948年冬改名为新民主主义青年社，在城乡工作中团结了一批各界青年。

中共与民主党派的合作加强　国民党出尔反尔，撕毁各方参加通过的政协协议，发动全面内战。各民主党派同中国共产党一道，反对内战、独裁政策，遭到了国民党反动派的残酷迫害，李公朴、闻一多、杜斌丞等重要骨干相继遇害。当民盟拒绝参加“国大”后，国民党加紧对其打击迫害，诬蔑和攻击民盟是“新的暴乱工具”，是中共的“尾巴”。他们派遣大批特务，对民主同盟、民主促进会、民主建国会、农工民主党、三民主义同志联合会等民主党派成员和民主人士进行监视、恐吓、逮捕和绑架。1947年10月27日，国民党政府内政部发言人宣布民主同盟及其化身民主建国会等组织已为中共所控制，为“非法团体”，明令对其成员的一切活动“严加取缔”，民盟被迫宣布解散。随之，民盟四川省、市负责人亦被迫登报发“解散启示”，以后利用国民党中央与地方实力派的矛盾，经四川省政府主席邓锡侯作证，抵制了特务头子徐远举、徐中齐索要盟员名册的企图①。国民党的残酷镇压，使得民主党派期望国民党实行民主的幻想彻底破灭。各民主党派处境日益艰难，一部分成员离散了，一部分转入地下隐蔽活动。

随着人民解放战争由战略防御转入战略进攻，第二条战线的斗争也不断广泛、深入地发展，中间阶层迅速转向人民阵营，进入中国民主革命的新高潮。共产党坚持实行民主联合政府主张，与国民党的独裁专制形成鲜明对照，民主党派和无党派民主人士彻底转向了中国共产党。中国国民党革命委员会的成立表明了国民党民主派和其他爱国民主分子的大联合及其与以蒋介石为首的国民党反动派的公开决裂，促进了国民党内部的分化，进一步孤立了反动顽固派。民盟在香港召开民盟一届三中全会，宣布不承认蒋介石政府宣布民盟为“非法团体”之无理而又狂妄的举动，不接受解散民盟的任何决定，并恢复民盟总部。会议的召开标志着民盟与美蒋反动派的公开决裂，与中国共产党的全面合作。各民主党派在中国共产党的帮助和影响下，重新结合起来，采取更加坚定的立场和政治主张，反对国民党的反动统治，他们打破了走资本主义道路、建立资产阶级共和国的幻想，认识到只能在靠近共产党或靠近国民党中做出抉择，其中绝大多数人接受了中国共产党的政治主张，批判了中间路线，拥护新民主主义革命路线，站到人民革命阵营中来，实现历史性转变。即由调解国共争端、促进国内和平，转变到公开与共产党合作，支持人民解放战争，反对国民党反动统治，在政治上接受中国共产党的领导。1948 年，各民主党派中央响应中共“五一”号召，公开宣告站在人民革命一边。

四川民主党派工作方式由公开转为地下，由和平的手段转为革命的手

① 参见民盟四川省委文史委员会编：《四川民盟史稿》，四川人民出版社，1995 年，第 86—87 页。

段，与中共地下组织携手合作，配合人民解放军的强大攻势，开展群众斗争，开展和策动了争取川康地方实力派、“倒王反蒋”、策动刘邓潘起义等一系列反蒋斗争，策动地方武装起义，促成当地的和平解放和迎接解放军，有的甚至献出宝贵生命，为新民主主义革命胜利做出了自己的贡献。

第三节　广泛争取团结各界上层民主人士

一、上层统战工作的开展

蒋介石强化独裁　国民党蒋介石集团在与共产党、与人民大众、与国民党内部其他派别斗争的过程中始终坚持专制独裁。借助抗战，蒋介石集团在排斥党外异己党派、不断制造反共摩擦的同时，也在国民党内部不断强化在党政军各方面的集权，力图从形式上到思想上消弭国民党内的民主派和地方实力派等异己派别。全面抗战爆发不久，国民党军事委员会取消副委员长、常务委员制，加强了蒋介石作为委员长的职责；1938 年在国民党临时全国代表大会上，蒋介石被推选为国民党总裁；1943 年国民政府主席林森因乘车与美国兵所开卡车相撞车祸去世后，蒋介石以行政院长代理主席之职，再进为主席，全面独揽军、党、政大权；国民政府立法院、行政院、司法院、监察院和考试院五院由对国民党中央执行委员会负责改为对国民政府主席负责；各院正、副院长由中执委会选任改为主席选任；国民政府主席任期由二年改为三年，连任一次改为连选连任，进一步加强了蒋介石个人作为国民政府主席对于政权的操控。1945 年夏，抗战胜利在即，国民党在重庆召开六大，制定战后国民党和国民政府的基本政策。会上长期存在的几种势力之间的内斗继续，不满国民党现状，要求和平、民主，主张建立民主联合政府的民主派，坚持独裁专制甚至内战的顽固势力，及脱胎于地方实力派的拥有杂牌军的军人集团之间的斗争进一步公开化。尽管国民党总裁改终身制的提议遭到反对，但大会仍以起立赞同的方式选举蒋介石连任总裁，并在六届一中全会开幕典礼时，以蒋介石监誓，全体中央执监委员和候补执监委员宣誓“服从总裁命令，信仰本党主义”，确立了蒋介石个人独裁地位。

蒋介石集团在确立其在国民党中央的统治地位的过程中，其内部也不断产生次生派系。以张群、王世杰等为代表的政学系掌控了部分行政权；陈果夫、陈立夫兄弟领导的 CC 系掌控了党务；陈诚、胡宗南等黄埔系掌控了军事；孔祥熙、宋子文等蒋介石姻亲控制财政金融大权；等等。这些拥蒋派系对蒋个人权势的巩固和提升，具有重要的助推作用；而这些派系之间的恶性倾轧和竞争，在国民党内部形成一种持续的内耗和自毁机制，又对国民党整个生命系统产生了深刻的负面影响。以此而言，这些功能不同的拥蒋派系既是支撑蒋介石走上权力巅峰的重要基石，又是导致国民党最终溃败的恶性肿瘤。此后国民党内的不满情绪日增，内部派系矛盾更加尖锐复杂以致分崩离析。

国民党民主派与蒋介石集团分道扬镳　国共《双十协定》签订后，1945 年 10 月在重庆，以团结国民党民主派、反对蒋介石独裁为目的的三民主义同志联合会（简称民联）正式成立，选举谭平山、陈铭枢、郭春涛、杨杰、柳亚子等 17 人为中央临时干事会干事，宣布“中国国民党应立即自动结束党治，建立举国一致的民主联合政府”，并提出针对国民党的改革方案。会议选举陈铭枢为主席，郭春涛为常委兼秘书长。1946 年民联设立政治会议，推李济深为主席。1945 年 12 月 30 日，李济深、何香凝、蔡廷锴等筹组的另一个国民党民主派组织定名为中国国民党民主促进会（简称民促），次年一月，民促第一届理事会通过对时局的宣言，主张“国民党立即无条件地还政于民”，“立即无条件停止内战，全国军队，各驻现地，听候调整”。1946 年初，政协会议召开，国民党的民主派频繁活动，促进了政协协议的达成。1946 年 5 月，李济深、冯玉祥、张澜、陈铭枢、刘文辉、龙云、余心清、蒋光鼐等在重庆聚兴城银行密会分析时局，认为有两种前途：一种是政协成功，国共合作，组织联合政府，在和平、民主、团结、统一的基础上建设国家；另一种是蒋介石破坏政协协议，国共决裂，进行全国内战。在后一种情况下，“我们就联合国民党内部可以联合的力量，组织团体，展开反蒋斗争”①。这次会议，标志着四川地方实力派中的一部分已经与国民党民主派实现了具体的联合。

解放战争转入战略反攻后，1947 年 11 月，民联、民促和国民党其他爱国民主人士在香港举行中国国民党民主派第一次联合代表会议。次年元旦，中国国民党革命委员会（简称民革）在香港正式成立，宣布赞成中共提出的新民主主义的基本纲领，推举宋庆龄为名誉主席，李济深为主席。民革的成立表明了国民党各民主派别和其他爱国民主分子的大联合及其与蒋介石集团的公开决裂，促进了国民党内部的分化，进一步孤立了反动顽固派。民革成立后，刘文辉被推举为川康分会主任委员（化名杨宗文）。民革中央将任命通知和朱蕴山亲笔信派专人间道送到成都。9 月 15 日，民革川康分会正式成立，随后以国民党军政人员为对象发展组织，以各县的保安团队和自卫武力为对象联系地方武装②。

利用矛盾分化打击蒋介石集团　蒋介石集团次生的各个派系都必须依附于蒋，因而彼此之间既有合作，又常有矛盾与冲突，尤其以政学系与 CC 系之间的矛盾突出，甚至 1936 年发生了 CC 系暗杀政学系头目杨永泰的事

① 谢本书、牛鸿宾：《蒋介石和西南地方实力派》，河南人民出版社，1991 年，第 284 页。

② 刘文辉：《走到人民阵营的历史道路》，载中国人民政治协商会议西南地区文史资料协作会议编：《抗日民族统一战线在西南》，四川人民出版社，1990 年，第 250 页。

件。抗战胜利后，政学系出身的技术官僚认为民力已尽，一旦发生内战，大量民众无以为生，反而易受共产主义的影响，同时必将影响美国对华援助，得不偿失。因此当蒋介石迫于国内外压力需要，召开政协会议与中共和其他团体沟通时，国民党代表几乎均由政学系成员出任，最终使政协协议得以达成。与此相反，控制党务的 CC 系等，无视中共实力发展的现实和国际环境的变化，主张以和待战；在政协协议签订后，既为了维护国民党垄断的政治权力，也为了打击政学系政府要员，纠集国民党内不愿放弃任何既得利益的压倒性力量，撕毁政协协议，挑起全面内战。派系矛盾随战局演变而跌宕起伏，不断深化。

政协会议后，中共中央努力争取蒋介石国民党向民主方面转变，认为政协会议后国民党内部已起分化，一派主张与各党派合作，除开国民党内的民主派外，邵力子、王世杰、张治中，以及政学系的张群和于右任等，最近都转到这一派，他们愿意支持政协决议；另一派则反对政协决议，CC 系、复兴社的领导成分等属于这一派。这两派正在形成，斗争已开始激烈化。因而要求对国民党的态度必须细心谨慎，“我们的方针是争取蒋介石国民党继续向民主方面转变，以实现国家民主化，孤立国民党内部的反动派。”① 吴玉章作为中共代表参加了政协会议，利用过去在同盟会、国民党内的特殊关系，四处奔走，广泛联系，与国民党民主派和一些有影响的元老频繁接触，交换意见，争取得到他们的合作与支持。

1946 年 4 月，吴玉章被任命为在国统区唯一公开的中共四川省委书记，在国民党发动内战、局势紧张的条件下，积极开展争和平、反内战，争民主、反独裁的斗争。李公朴、闻一多在昆明被暗害后，重庆空气更加紧张。中共四川省委决定隆重召开追悼会，以打击国民党反动派的嚣张气焰。吴

① 中央档案馆编：《中共中央文件选集》第 16 册，中共中央党校出版社，1992 年，第 72 页。

玉章特请邓初民、史良、鲜特生等人去做时任成都行辕主任、四川省政府主席张群的工作，张群终于同意担任李闻追悼会的发起人和大会主席。7月28日，追悼会隆重举行，6000多人参加。追悼会由张群主持，请重庆参议会议长胡子昂第一个讲话，官方拟了一个做“参考”的发言稿，暗示按当局意思讲话。胡子昂看也没有看，一开口就讲和平、进步、团结，还强调了重庆市的安全、人民的生活、地方的安全，非和平不可，吊唁词毕三呼“要和平!”正义之言受到欢迎，全场掌声如雷，如此开场定调，后续再讲“戡乱”那一套已经办不到了①，追悼会的走向打破了官方预设轨道，打击了国民党特务暴徒的嚣张气焰。

军事上的接连溃败，加剧了蒋介石集团内部矛盾，西南军政长官公署长官张群与四川省主席王陵基的矛盾显化。张群为了“巩固西南，保卫四川”，不得不拉拢西南的地方实力派，对刘文辉、邓锡侯、潘文华等表示友好，引起王陵基的极大不满。刘邓潘则借用张群这张牌，开展“驱王拥张”运动。熊克武组建川康渝民众自卫委员会得到张群批准，王陵基向蒋介石告状，自卫会被迫转入地下而加强了组织。重庆市长杨森也对王陵基不服，认为自己做川军高级将领比王资格老，战功多，王现为省长，可管七八十个县，而自己仅为重庆市长，“油水”相差悬殊，故常不听王陵基指挥。杨森同张群也早有私怨，风雨飘摇中更貌合神离，各自为政。张群拉拢四川地方势力为蒋介石集团火中取栗目的没有实现，四川地方拥蒋头目之间矛盾重重，加速政局分裂和社会解体。当蒋介石1949年底到成都布局“川西决战”，声称撤销王陵基省主席之职，由邓锡侯主持川政之时，已时过境迁、覆水难收了。

---

① 胡子昂：《我的一次秘密使命》，载四川省政协文史资料委员办公室、中共四川省委统战部党史办公室合编：《风雨同舟》，四川人民出版社，1991年，第121页。

二、川康实力派走向人民阵营

党在建立抗日民族统一战线过程中，加强了对四川地方实力派的统一战线工作。周恩来、吴玉章、董必武、林伯渠、王明等中共领导人，先后与刘文辉、邓锡侯、潘文华等四川实力派首领见面会谈，就如何团结抗日交换了意见①，与中共建立了友好合作关系。1945 年 8 月 15 日，日本正式投降。在全国人民欢庆胜利之时，因抗战对敌而暂时缓和的国内各种矛盾也重新开始显露出来，并趋于激烈。通过一系列工作，共产党提出的“西南自保”主张在四川地方实力派中产生了很大影响，不仅对发展进步力量、孤立顽固势力起了很大作用，而且促成他们最终站向了人民民主阵营，共同迎来四川解放。

对刘文辉的工作　川军第二十四军军长刘文辉（1895—1976），四川大邑人，1916 年毕业于保定军官学校，十年间由上尉参谋升至军长，鼎盛时期拥兵 7 个师、20 多个旅、140 多个团，兵员 14 万多之众，据有川西全部和川东、川南的一部分，共 70 多个县，以军事实力当上四川省政府主席、川康边防总指挥、国民党中央委员等。30 年代初与刘湘“二刘”之战失败后，辞四川省主席一职，退守西康；1939 年西康建省后任西康省主席。蒋介石入川后多次通过派出军队、特务乃至设置行辕的方式图谋西康。刘文辉因前有其在蒋桂大战、中原大战中屡次反蒋之举，近有刘湘人亡之鉴，面对蒋氏紧逼处处设防。为摆脱危机，他不得不从各方面寻求援助。抗日战争时期，1938 年 4 月刘文辉到武汉，中共中央特派与刘早有交往、声誉良好的吴玉章与其洽谈，向他指明参加抗战和靠拢人民的光明出路。刘十分感动，表示要使自己的政治生命来一个新的转机。此后，路过成都的董

① 匡珊吉、杨光彦：《四川军阀史》，四川人民出版社，1991 年，第 565—568 页。

必武、林伯渠、王明两次和刘文辉晤谈，向他介绍了中共抗日民族统一战线政策，以及反对蒋介石对日妥协投降的主张。川康特委书记罗世文应刘文辉邀请担任二十四军高级军事顾问。1939 年王若飞、董必武、林伯渠、吴玉章等中共代表多次与其会晤，商量救亡图存。1942 年 2 月，通过张志和，刘文辉第一次与周恩来见面。周恩来向刘分析政治形势，指出抗日救国的道路，表示愿与西南地方民主力量合作，联合起来坚持反对蒋介石政府的一切反动政策措施。此后，双方关系由一般联系开始进入实际配合的阶段，中共中央派出王少春携带电台到雅安刘文辉部，建立了与延安的直接联系，直到雅安解放。1943 年至 1945 年间，面对蒋介石的步步进逼，刘文辉接受中共王若飞对蒋介石反动集团外强中干本性的分析，坚持“以眼还眼，以牙还牙”的抗蒋策略，克服了一个个难关，切实感到了中共的有力支持①。1945 年 2 月，中共张友渔与刘文辉在成都方正街住所做二人交谈，分析世界和中国革命形势，讲解革命理论、统一战线政策，研究西南地方力量面临的形势和对策等，每天一两个小时，连续一个多月，被刘文辉称为“等于进了一次政治学校”。共产党的诚恳关怀、热情支持与蒋介石的政治排斥、军事压迫，二者对比鲜明，后来刘文辉回忆说：“这种切身经历驱使我同共产党的关系日益亲近，而同国民党反动派的关系则越来越乖离了。”② 刘文辉还秘密参加了民盟、民革，并委为民革川康分会主任委员（化名杨宗文），积极从事反蒋民主运动，终于闯过重重难关，迎来新生。

对邓锡侯的工作　邓锡侯（1889—1964），四川营山人，1911 年保定

① 参见《当代四川》丛书编辑部：《当代四川统一战线》，四川人民出版社，2000 年，第 12—13 页；舒国藩：《刘文辉走向人民阵营》，载四川省政协文史资料委员会办公室、中共四川省委统战部党史办公室合编：《风雨同舟》，四川人民出版社，1991 年，第 267—270 页。

② 刘文辉：《走到人民阵营的历史道路》，载中国人民政治协商会议西南地区文史资料协作会议编：《抗日民族统一战线在西南》，四川人民出版社，1990 年，第 252 页。

陆军军官学堂第一期肄业回川参加新军，到1920年升任师长，1924年5月被北洋政府任命为四川省长，次年改四川清乡督办，成为四川军阀“四巨头”（刘湘、刘文辉、邓锡侯、田颂尧）之一，1926年底易帜任国民革命军第28军军长。“四一二”事变后，追随蒋介石反共，参加“围剿”川陕苏区，败于红军。红军长征途中，他在获得朱德亲函后令所部在追击中央红军中保持距离。抗战爆发后，中共罗世文与杨伯恺（邓锡侯同乡）一道做邓锡侯的工作，宣传党的抗日民族统一战线政策①。邓以第二十二集团军总司令兼45军军长率军出川抗战，亲历了地方军受歧视的滋味，在与周恩来、朱德八路军接触中又体会到相互支持的重要。刘湘去世后，他被委任为重庆行营副主任、川康绥靖公署主任，回川主持川康军务，加强了川滇康地方实力派的配合和同中共的联系。1940年成都抢米事件中，国民党特务准备逮捕中共党员杨伯恺，邓锡侯托人带信，使杨伯恺得以脱险。1944年豫湘桂战役后，周恩来亲自为邓锡侯分析形势，鼓励他坚持抗战，同时又派张友渔作为党的秘密代表联系邓锡侯。

1946年9月因兼理四川省主席的张群告假，邓锡侯被派兼代省主席，次年6月正式就职省主席，并仍为川康绥靖公署主任，集四川军政大权于一身。随着内战扩大，国民党对川省征兵征粮任务日益加重，而反内战、反饥饿的第二条战线风起云涌，使邓锡侯难以两全。全面内战形势逆转时，蒋介石寄望四川，预作安排，安插亲信，先于1947年8月撤销川康绥靖公署，削其兵权，又于次年3月逼其辞去省主席之职，改委王陵基继任，更增加了邓锡侯的不满。他借故在上海就医，4月9日寄回《告别川人书》，情绪愤懑；同日王陵基由江西到府视事，酿成“四九”惨案。在上海张澜

① 李洪、胡卡里：《抗战前后党对刘湘的统战工作》，载中共四川省委党史工作委员会编：《四川党史研究资料》1985年第10辑。

对邓说，要看清当前形势，你丢了省主席不要紧，“蒋介石必垮，共产党必胜，你在四川素孚众望，应该早些返川，团结好地方各种力量，共同迎接解放。”① 邓回川后积极开展反蒋倒王（陵基）活动。1948 年 6 月，蒋介石任命邓锡侯兼任川陕甘边区绥靖主任，驻节汉中，意欲将所部主力黄隐第 95 军调出四川，让王陵基全面掌控四川。邓与潘文华、刘文辉密商后，拒不就任新职，称部队整训，多方拖延，将黄隐部稳在成都附近，以后成为参加彭县起义的主要力量。蒋介石为笼络邓锡侯，又先后安排其任重庆绥靖公署副主任、西南军政长官公署副长官等，实际上仍是有职无权。中共通过各种渠道做邓锡侯等川军将领工作，促其走上光明大道。

对潘文华的工作　潘文华（1885—1950），四川仁寿人，早年参加新军，1909 年四川陆军速成学堂第一期毕业，与刘湘、杨森、王缵绪、唐式遵等同窗。1911 年响应辛亥革命在西藏江孜率领全连起义，失利后返川参加反袁斗争，1920 年后随刘湘转战四川各地，1926 年任第 21 军第 4 师师长，重庆市首任市长。潘同刘湘关系密切，中共不但通过对刘湘的统战工作对其产生影响，而且通过刘组织的军官团体武德励进会对刘部潘文华等高级军官开展工作，中共罗世文还通过潘的副官长夏奇峰向其宣传党的政策主张。1937 年川康整军会议中，潘文华晋升为第 23 军军长，东出四川抗战，千里奔赴江浙奉命阻击日军，掩护大军西撤，在太湖、广德战役中，所辖两师奋勇杀敌，第 144 师师长郭勋祺身负重伤，第 145 师师长饶国华为国捐躯，潘反而被诬告，受撤职留任处分。刘湘病逝后，潘护送刘湘灵柩回川，以其声望被公推为武德励进会会长，统率刘湘留川的 5 个师、2 个旅和 16 个保安团的武装力量。蒋介石见木已成舟，相继发布潘为第二十八

① 参见《当代四川》丛书编辑部：《当代四川统一战线》，四川人民出版社，2000 年，第 13—15 页；田德明：《忆晋康起义经过》，载四川省政协文史资料委员会办公室、中共四川省委统战部党史办公室合编：《风雨同舟》，四川人民出版社，1991 年，第 275 页。

集团军总司令、川康绥靖副主任（邓锡侯为主任）以示拉拢。但他坚定地继承刘湘的遗志，继续保持并加强了与中共的联系，1938 年夏，董必武、林伯渠等去汉口经成都特意去永兴巷潘公馆与其晤谈，使之对中共抗日救国方针和统一战线政策有所了解；1939 年 4 月，周恩来途径成都，潘设宴款待，周向其分析抗战形势，并希望川军将领搞好自身团结，促进西南地方民主力量团结，反对蒋介石破坏民主抗日的行为，共产党愿意在政治上给予支持，使潘深受启发。潘提出“团结川康，支持抗战，联合中共，防蒋图存”的主张，主动团结刘文辉、邓锡侯，迅速稳定了四川的局势，巩固了抗日后方基地，从兵员、物资、后勤等方面有力地支援了前方的抗战。蒋介石担心潘文华与邓锡侯和刘文辉等地方实力派连成一气，难以控制，1939 年 3 月发表其为川陕鄂边区绥靖公署主任兼第 56 军军长，驻节阆中。潘文华看穿蒋氏阴谋，称病常住成都，与中共南方局领导董必武、林伯渠、王若飞和地下党员张秀熟、郭秉毅等多次来往，中共亦派唐午国等到潘部开展联络工作，唐被委为绥署政治部副主任，之后又在潘部建立了党的支部。1942 年夏，中央派钱松甫夫妇到阆中绥署设置电台，钱被潘委为绥署参议，1944 年中共党员田一平调入侍从室被委为上校参谋，进一步密切了潘文华与中共的关系。潘文华积极支持和参加国统区的民主运动，1944 年冬由民盟主席张澜介绍及监誓，秘密加入民盟组织。在此期间，他还利用自己兼任《华西日报》和《华西晚报》董事长的身份，安排进步人士主办两报，使两报成为国统区的“民主堡垒”和“文坛中心”。

1945 年 5 月，蒋介石任命潘文华为川黔湘鄂边区绥靖公署主任兼第 56 军军长，驻节川东黔江，但又派员对其严加控制。1948 年边署移驻宜昌，所部 3 个师被肢解割划他部，只给潘留一个警卫团。潘大为不满，称病回重庆就医，被委为重庆绥靖公署副主任（后改为西南军政副长官）的虚职。王陵基任省主席，即夺去“甫系”（刘湘系）的领导权，甫系大多倒向大权在握的王陵基一边。如此，潘文华和刘文辉、邓锡侯都不满意王陵基，其后张群来川，即联合起来开展“拥张倒王”行动。同时，潘通过住在上海的张澜和中共保持联系①，1949 年 11 月回到成都与刘、邓会合，共商走向光明之策。

刘、邓、潘等大多数川军将领早与蒋介石集团矛盾重重，刘文辉在其《走到人民阵营的历史道路》中回顾了从反蒋到亲共再到走到人民阵营的具有代表性的心路历程。他总结新中国成立前一个较长时期政治生活的基本内容就是：反蒋失败，转而亲共，亲共之后，继续反蒋。反蒋是基于个人的政治野心，同样，基于个人政治上的利害关系决定走亲共的道路。首先是共产党和毛主席的统一战线政策为一切反对蒋政权而愿意向人民靠拢的人们敞开了大门；其次是随着时间的推移，政治形势越来越有利于革命人民而不利于蒋介石反动集团。“正是凭借这两个有利条件，所以我的亲共也就由假到真，即由原来利害上的暂时利用逐渐变成了政治上的长期依靠，终于脱离国民党反动集团，参加了人民阵营。”② 其言发乎肺腑，客观清醒，剖析入里，具有很大的代表性，正与毛泽东统一战线的深邃思想暗合。

三、组织反蒋统一战线

1947 年下半年，人民解放战争由战略防御转入战略反攻，事实证明有力量打倒蒋介石；统一战线也进入了一个转折点，不但老百姓不要蒋介石，就连上层分子（除了少数反动集团外）、中产阶级也不想给蒋介石抬轿子

① 《当代四川》丛书编辑部：《当代四川统一战线》，四川人民出版社，2000 年，第 15—17 页；潘凌宇：《潘文华的抉择》，载四川省政协文史资料委员会办公室、中共四川省委统战部党史办公室合编：《风雨同舟》，四川人民出版社，1991 年，第 281 页。

② 刘文辉：《走到人民阵营的历史道路》，载中国人民政治协商会议西南地区文史资料协作会议编：《抗日民族统一战线在西南》，四川人民出版社，1990 年，第 249 页。

了，也要推翻他了。10 月 10 日，中国人民解放军总部发表宣言和口号，及时提出了“打倒蒋介石，解放全中国”“工农兵学商联合起来，组织反蒋统一战线”的号召。川康各级党组织与民主党派密切联系，互相配合，开展对四川各界头面人物和上层人士的统一战线工作，并通过他们发展了更加广泛的反蒋统一战线。

争取团结四川元老带头反蒋　四川是辛亥革命滥觞之地，许多老同盟会员、辛亥老人、国民党元老曾经叱咤风云，门生部属遍布各界，地方社会影响广泛。党组织与以熊克武等为代表的四川国民党元老中的开明人士建立联系，通过他们联系并影响了大批进步人士和地方士绅。

李筱亭（1880—1961），四川宜宾人。1907 年加入同盟会，参加过辛亥革命，先后在四川江油、绵竹、绵阳、乐至等县任知事（县长），曾任职于孙中山总统府、国民党中央党部总理办公室等，国共合作时任国民党四川省第一届省委会主任。他与中共精诚合作，代表北伐军总司令部向就职国民革命军 21 军军长的刘湘授旗并监誓。在第一次国共合作破裂后的白色恐怖中，他于 1928 年春毅然加入中国共产党，从事上层统战工作。在第四届国民参政会上，他向但懋辛、朱之洪、余际唐等老同盟会员宣传中共主张。重庆谈判期间，李筱亭将四川上层军政人物的态度及立场上书毛泽东，得到亲笔回函。国民政府迁南京后，党组织决定李筱亭继续做四川国民党上层人士和辛亥革命老人的统战工作。1949 年初，全国面临解放，李筱亭抓紧时机，与王干青等人密商策反工作，鼓动熊克武出面主持“善后委员会”以迎接解放。他还策动吕超以同学关系联络邓锡侯、刘文辉等共商起义。

熊克武（1884—1970），四川井研人，1903 年留学日本，同盟会首批会员并任评议员，参加黄花岗起义，1912 年初被南京国民政府任命为蜀军北伐军总司令，1918 年任四川靖国各军总司令，兼摄军民两政。1924 年国民党第一届中央执委，拥护国共合作。9 月 22 日，孙中山下令北伐军改为建国军，加委熊克武为建国军川滇黔湘桂五省联军副总司令兼前敌总司令，并兼建国川军总司令①。11 月，熊率部移驻湖南常德，整编部队，准备参加北伐。1925 年孙中山病逝后，8 月，熊奉代大元帅胡汉民之召率部 3 万余众到达广东连山一带驻防，汪精卫、蒋介石、谭延闿等为夺其部，捏造罪名，于 10 月初设计扣捕毫无防范的熊克武和建国军川军第一军军长余际唐和喻培棣、王子骞等部属 7 人于虎门炮台，蒋力主杀熊②。经宋庆龄、李济深、吴玉章等多方营救和各方舆论压力，直到 1927 年 3 月、关押 17 个月后才被无罪释放。熊克武虽仍任国民党中央执行委员，但从此坚持反蒋。抗战开始后，任国防委员、上将军事参议员等，对前方抗战提出了积极建议。1939 年回成都寓居，蒋对他仍不放心，派宪兵做其门卫。解放战争时期，他时时关注着人民解放军的胜利进程，暗中与刘文辉、邓锡侯等商议，共同策划反蒋事宜，组建川康渝民众自卫委员会并任主任委员，积极开展反对蒋介石及其在四川的代理人王陵基的活动。

但懋辛（1887—1965），四川荣县人，1903 年赴日留学，同盟会首批会员，辛亥革命后任蜀军参谋总长、成都府知事、代理四川省长、四川陆军第一军军长等职。拥护孙中山“联俄、联共、扶助农工”三大政策，随孙中山前往北京“共筹统一建国之方略”，熊克武被蒋介石逮捕后亦遭通

---

① 四川省文史研究馆编：《四川军阀史料》第三辑，四川人民出版社，1985 年，第 110 页；四川省政协文史资料委员会：《爱国志士但懋辛》，四川人民出版社，1995 年，第 107 页。

② 关于蒋介石对熊克武的宿怨，有多种说法。马宣伟在《熊克武与建国联军川军》中称：熊克武在任四川督军时，曾将已到四川就任省警务处长的蒋介石遣回广东，使蒋介石怀恨在心。（《社会科学研究》1986 年第 2 期，第 84 页）钟子勋在《我在虎门看守熊克武等的片断回忆》中转引当事人王子骞语：1918 年熊克武任四川督军时，孙中山介绍张群、蒋介石二人来川，要熊予以较高的重要职位，张群因同但懋辛私感甚好而得任成都军事警察总监；但懋辛等都说蒋品德不好，不能留用。熊即电复孙中山婉拒蒋。蒋愤而不辞而别；张群向时任督军署军需课长的王子骞借了两千元送蒋作为离川路费。

缉。抗日战争期间，以抗日救国之民族大义为重，就任军委会上将参议，国民参政会参政员等，积极动员和团结四川各方力量，支持抗日。1946 年以陆军上将退役，次年任“国大”代表、立法委员。他反对蒋介石的独裁统治和发动内战，开展民主活动，参加了金绍先等人在立法院组织的反对蒋介石独裁的“二·五座谈会”，共商国是。1949 年初国民党代表在北平与中共和谈期间，他领衔发表了《拥护和谈的宣言》。运用其声望和影响，协助共产党地下组织影响或争取了一些国民党军政要人率部起义投诚。

开展反蒋倒王活动　率军出川抗战后投靠蒋介石的王陵基，1948 年 4 月由江西省主席改任四川省主席取代邓锡侯，对此川省军政界大多持反对态度。这促使曾经在四川军阀混战时期不断分合互斗的对手们在反蒋的共同目标下携起手来。刘文辉、邓锡侯、潘文华和熊克武、但懋辛等联合起来，利用和扩大西南军政长官公署长官张群与四川省主席王陵基这两个四川当权人物之间的矛盾，表示拥张，制造人事更迭，加剧川局动荡，从而获得生存空间，即使赶不走王陵基，也可以打击其拥蒋反共的气焰，削弱乃至破坏蒋介石对四川的政治控制。

1948 年夏秋，以熊克武为召集人，策动省参议会、川康渝的部分国大代表，组织川康渝国大联谊会，公开反对王陵基提出的征兵征粮防务等方案。一是征兵，王陵基准备每甲抽 3 名壮丁，保安团扩至 20 个团，此外成立反共自卫大队 4418 个，分队 47 004 个，合计队员达 170 万余人，全省壮丁 900 万人；国大联谊会算账：抗战期间已出兵 600 万，三年内战又大量征兵，若按一甲三丁，势必独子单丁俱不得免，引起群情大哗。二是征粮，王陵基按蒋介石要求，准备征实 900 万石，征购（借）900 万石；国大联谊会意见是“征而不借”，理由是民间欠粮收集起来可供需要，而中央历年借粮款尚未付清，不应再借。实际上贫苦农民根本无粮可欠，民间欠粮者是巨室大户，要王陵基催收实为难事。三是大巴山防务经费，王陵基提出从中央偿还借粮款中拨充；国大联谊会坚决反对，认为防务经费应由中央解决，借粮款必须直接还给借出者。他们散发书面意见，登诸报端，与省参议会共同反对；又举行座谈会，邀请王陵基和省府官员出席报告，提出质问；还推派代表向国民政府请愿，要求撤职查办王陵基，多方面增加王的困难，使其方案难于实现①。

1949 年 4 月，国内形势发生急剧变化，国民党政府拒绝在国内和平协定上签字，人民解放军百万雄师强渡长江，占领南京，向华南、西北推进，国民党军队开始退集四川。张群召集西南诸省首脑及参议会议长，认为“中央和平大计，心力已竭，大局无补，今后惟有领导西南，自保自给”。②国大联谊会抓住机会，争得张群支持，组成包括川康渝“国大”代表、立法委员、监察委员、省市参议员在内的川康渝民意代表联席会（民联会），5 月 14 日在成都召开的成立大会由熊克武主持，张群、刘文辉、王陵基均参加。张群强调团结，共渡难关；王陵基称在“御共安川”的前提下，不允许有任何反动和中间路线产生。民联会则提出且通过了政治自治、经济自治、军事自卫等应变方案，并派代表向国民政府要求撤换王陵基。

1949 年 7 月 1 日，熊克武、邓锡侯、王缵绪等商得张群同意后，成立川康渝民众自卫委员会（自卫会），推举熊克武为主任委员，邓锡侯等 5 人任常委，潘文华等 28 人任委员，包罗四川军政名流，并设总指挥部，负全省民众武装组训指挥调遣之责。自卫会以保乡自卫名义，反对王陵基的“戡乱”“扩军”政策；以“人不离枪，枪不离乡”的口号，反对王陵基集中地方武装、替蒋介石充当反共反人民炮灰的行径；提出“自治方案”，以

① 参见四川省文史研究馆、四川省人民政府参事室编撰：《四川国民党史志》，四川人民出版社，1994 年，第 299—300 页。

② 《民国川事纪要》下册，第 410 页，转引自谢本书、牛鸿宾：《蒋介石和西南地方实力派》，河南人民出版社，1990 年，第 336 页。

反对国民党政府滥发纸币，增加人民的负担；提出“军事自卫”方案，以反对蒋介石的“军事戡乱”。在总指挥部下，于东、南、西、北、中五处，分设正、副总指挥，从而分割了王陵基所兼省保安司令的部分职权，使其“反共”军事部署困难重重。于是向蒋介石告状，称自卫委员会态度暧昧，连“剿匪”“戡乱”的字眼都没有，与共产党有勾结，是纠集野心分子以自卫之名进行破坏活动，请求蒋介石勒令解散。后来，行政院长阎锡山电令川省取缔该委员会，8 月又电令民众自卫委员会改名为“反共保民委员会”，遭到拒绝，自卫会被迫转入地下，继续进行反蒋倒王活动，最终使原来蒋介石要求三个月内省政府成立 20—30 个保安团、组训 200 万人，建立从省到县、乡的“反共自卫”组织网络等目标落空①。

反蒋力量的聚集　由于美蒋反动派采取了变中国为美国殖民地的政策、发动内战的政策和加强法西斯统治的政策，“迫使中国各阶层人民处于团结自救的地位。这里包括工人、农民、城市小资产阶级、民族资产阶级、开明绅士、其他爱国分子、少数民族和海外华侨在内。这是一个极其广泛的全民族的统一战线”②。

重庆大学理学院院长、部聘教授、中国近代数学奠基人何鲁（1894—1973），四川广安人，早年加入同盟会，是留法俭学会预备学堂首批赴法留学学生。早在 1927 年国民党反动派在上海发动反革命政变之时，时任中国公学校长的何鲁就对蒋介石提出公开批评。1947 年 4 月，在国民党彻底关上国共和谈大门之后，何鲁等发起重庆大专学校教授时事座谈会，到会者二百余人。何鲁首先发言：“二十多年前，我就说过，蒋介石做得很孬，要

---

① 四川省文史研究馆、四川省人民政府参事室编撰：《四川国民党史志》，四川人民出版社，1994 年，第 301—302 页；《民国川事纪要》下册，第 404 页，转引自谢本书、牛鸿宾：《蒋介石和西南地方实力派》，河南人民出版社，1990 年，第 336 页。

② 《迎接中国革命的新高潮》，载《毛泽东选集》第四卷，人民出版社，1991 年，第 1213 页。

闯大祸；二十年后的今天，我说蒋介石做得更孬，要闯更大的祸！而且祸在眼前！”接着他列举了二十多年来国民党政府的贪污腐败的种种事实，指控了制造内战的祸首。何鲁的慷慨陈词，激起阵阵掌声。次日，《新华日报》等重庆各大报刊均报道何鲁等人的发言。

语法学家傅子东（1893—1972），早年参加同盟会，北京大学毕业后，赴美国留学获博士学位。1922 年回国后与李大钊、朱德、陈毅等有交往，曾任成都高师校长等职。后因政局迭变，蛰居上海专事译著并著《傅氏文典》等专著。抗战时期断然拒绝其北大同学、时任汪伪“行政院长”陈公博的任职邀请。1947 年回故乡四川江油，协助中共地下组织开展统战工作，控制了以地方实力首脑人物、国民党立法委员蹇幼樵为首的江（油）、彰（明）、平（武）、北（川）、青（川）、松（潘）六县山区联防总队共约 4000 余人地方武装，促其率山防总队宣布起义，为这一地区的和平解放及维护地方治安、保护档案、公产等做出了贡献①。

清末民国蜀中儒学代表人物“五老七贤”之一的邵从恩（1871—1949），四川青神县人，清末进士，后留学日本，回国任法部主事，四川法政学堂监督等。辛亥革命后，历任川南宣慰使、四川军政府民政部长、国务院法制局参事兼北京政法大学（今中国政法大学）教授等。日军侵入华北后举家回川，力主抗日。1938 年参加国民参政会，认识了中共参政员，接受了中共团结抗日、为和平民主努力奋斗的思想主张。1944 年 2 月，邵与张澜在成都联名发起组织民主宪政促进会，邵被选为主席，积极从事民主宪政宣传活动。1946 年 1 月邵参加政治协商会议，在开幕式上疾呼停止内战，和平建国。1947 年 5 月，邵“拼老命争取和平”，以 77 岁高龄之躯远赴南京参加参政会，当面质问蒋介石：“全国期望和平、停止战争，不知

① 四川省人民政府参事室编：《四川参事传略》，四川辞书出版社，2018 年，第 74—75 页。

主席有何难而必欲诉诸武力？”蒋蛮横无理地怨怼邵：“你为什么只劝我不打仗？为什么不去劝共产党呢？”邵气急中风倒地，被送医院急救，致半身瘫痪，索纸手书“内战不停我不乐”七字见报，国人称其为“和平老人”。1949 年邵从恩被邀请参加中国人民政治协商会议第一届全体会议，虽因病不能成行，但对新中国寄予厚望，兴奋地说：“和平有望，国家有幸，人民得福了！”

向楚（1877—1961），四川巴县人，精于文字音韵国文，壬寅中举，语所亲曰：国将不国，何以为荣。他积极参加反清活动和辛亥革命，先后任蜀军政府秘书院长、四川军政府秘书厅长，讨袁失败后亡命上海，伏案治学。后任孙中山大元帅府秘书，中山先生亲书“蔚为儒宗”四字横匾为赠。1918 年任四川省省署秘书长兼政务厅长，1920 年以政务厅长一职代理省长 3 年，与四川督军熊克武相处而无疑忌。1924 年，吴玉章任成都高师校长时，聘楚为国文系教授兼主任，此后楚教学数十年未断，先后兼省教育厅长、公立四川中国文学院院长、国立四川大学文学院院长等职，抗战时期作为社会贤达，历任省第一、二两届临时参议会参议员。解放战争时期，国民党四川省党部主任委员、川大校长黄季陆，反对师生参加爱国民主运动，支持纵容特务迫害进步教授，新中国成立前夕弃校飞港，于是川大教授会议公推向楚代理校长。胡宗南想驻兵川大校区，向楚多方力争拒阻。成都和平解放后，军管会接管川大，时年已 70 多岁的向楚率各学院工作人员办理移交，大小事务多有承当，接管人员赞其任事负责。楚早年参加辛亥革命，服膺孙中山，又与吴玉章、刘伯承有旧，不变的爱国情怀使之“由旧民主主义革命转入新民主主义革命，怡然理顺，了无扞隔”①，新中

① 黄稚荃：《对辛亥革命及四川教育、文化事业卓有贡献的学者向楚》，载四川省文史馆编：《四川近现代文化人物续编》，四川人民出版社，1989 年，第 316 页。

国成立后先后获选四川省人民代表、省政协委员，75岁调任四川省文史研究馆副馆长。

聚沙成塔，积水成渊，上述事例不胜枚举，向来被视为“一盘散沙”的中国各界别各阶层人士，为独立、为和平、为民主而斗争，在反对国民党蒋介石独裁统治的大潮中联合起来，在国民党统治区人民争生存的基础上建立的反卖国、反内战、反独裁的人民民主统一战线不断广泛、深入地发展，与人民解放军的作战的胜利，以及国民党军将领率部起义，汇成不可抗拒的滚滚洪流涤荡着旧世界，使蒋介石集团在人民战争包围的汪洋大海之中分崩离析。对国民党统治集团许多高官在最后走向人民阵营的现象，刘文辉有坦诚而深刻的体会。他说，“我的反蒋本是统治集团内部的争夺，却因失败而倾向于亲共。我的亲共也是违反阶级利益，亦因时势推移由假变真而导致了起义。其所有能如此，党的领导是一个决定性的因素。”“从我过去长期的政治生活实践中深切地体验到，党的伟大，党的统一战线政策的伟大。”①

第四节　广泛团结迎接解放

一、人民民主统一战线的巩固和扩大

积极响应“五一口号”　1946年6月，全面内战开始。处于经济和军事明显劣势的中共，一方面在战场上灵活主动，节节胜利；另一方面卓有

① 刘文辉：《走到人民阵营的历史道路》，载中国人民政治协商会议西南地区文史资料协作会议编：《抗日民族统一战线在西南》，四川人民出版社，1990年，第259页。

成效地开展统一战线工作，在国统区建立第二条战线。1948 年 3 月 28 日至 5 月 1 日，国民党在南京召开所谓“行宪国大”，选举蒋介石为“总统”，李宗仁为“副总统”。这些倒行逆施激起国民党统治区爱国民主运动新的发展，使民主党派和无党派民主人士更多地站到坚决反对国民党反动统治、同共产党携手奋斗的立场上来。

1948 年 4 月 30 日，中共中央发布纪念“五一”劳动节口号 23 条，其中第四、五条提出：“全国劳动人民团结起来，联合全国知识分子、自由资产阶级、各民主党派、社会贤达和其他爱国分子，巩固和扩大反对帝国主义、反对封建主义、反对官僚资本主义的统一战线，为着打倒蒋介石，建立新中国而共同奋斗！”“各民主党派、各人民团体、各社会贤达迅速召开政治协商会议，讨论并实现召集人民代表大会，成立民主联合政府。”立即得到全国人民、各民主党派、各人民团体、海外华侨团体和无党派民主人士的热烈拥护和广泛响应。1949 年 1 月 22 日，李济深、沈钧儒等民主党派的领导人和著名的无党派民主人士 55 人联合发表《对时局的意见》，一致拥护中共提出的召开政治协商会议、成立联合政府的主张。在此前后，各民主党派和各界民主人士也通过政治纲领和发表声明宣言，表明中国各民主党派和无党派民主人士自愿地接受了中国共产党的领导，接受了中国共产党的新民主主义革命纲领，决心走人民革命的道路，拥护建立人民民主的新中国。应中共中央邀请，民主党派领导人、无党派民主人士、华侨代表、少数民族和宗教界代表人物，从全国各地及海外陆续到达解放区，开始筹备新政协。人民民主统一战线不断取得胜利，1948 年 9 月 26 日，中共中央决定将中央城市工作部改名为中央统一战线工作部①，具体承办新政

① 中央统战部最早成立于抗日战争时期，1939 年 1 月 5 日，中央书记处会议决定“组织中央统一战线部”，由王明负责。

治协商会议①的各项筹备工作。

1948 年以后，全国解放战争的进展极为迅速。从 1948 年 9 月 12 日至 1949 年 1 月 31 日，历时四个多月的辽沈、淮海、平津三大战役歼灭国民党军 154 万余人，国民党政权在长江以北的力量全线崩溃。蒋介石被迫于 1949 年元旦发表“求和”声明，1 月 21 日宣告“下野”，退居幕后，由“副总统”李宗仁“代行总统职权”。“代总统”李宗仁口头上表示愿以中共所提条件为基础进行和平谈判，却企图利用谈判争取时间，以便卷土重来。南京政府最后决定拒绝在协定上签字，和谈破裂。4 月 20 日夜，解放军发起渡江战役，百万雄师强渡长江，仅三天即占领南京，标志着 22 年的国民党反动统治的崩溃。4 月 21 日，毛泽东、朱德发布向全国进军命令，解放军各路大军迅即向尚未解放的广大地区全面大进军。国民党反动势力退守西南地区，四川进入黎明前的黑暗时期。

人民民主主义纲领成为统一战线的奋斗纲领　中国共产党成立以后逐步形成了新民主主义革命的基本思想和革命理论，这种理论尽管与孙中山的新三民主义理论有着原则上的区别，但由于后者与党在民主革命阶段的纲领的基本方面有着共通性，因此，党在建立国民革命联合战线和抗日民族统一战线的第二次国共合作中，仍然以孙中山的新三民主义为号召，而没有公开强调党的新民主主义革命纲领。随着国共谈判破裂，国民党撕毁政协协议、发动全面内战，中共在坚决反击国民党反动派的进攻的同时，明确地、反复地强调和阐述了新民主主义理论和纲领。1948 年 4 月，毛泽东把新民主主义革命总路线和总政策概括为：“无产阶级领导的，人民大众

① 新政治协商会议，当时被称为“新政协”，以区别于 1946 年 1 月国民党召开的政治协商会议。

的，反对帝国主义、封建主义和官僚资本主义的革命”①。

在即将取得全国胜利的前夜，1949 年 3 月，中共中央召开七届二中全会，制定了革命胜利后新民主主义建设的蓝图；规定了全国胜利后党在政治、经济、外交等方面应采取的基本政策，使中国由农业国转变为工业国、由新民主主义转变到社会主义社会的发展方向和主要途径，以及共产党同党外民主人士长期合作的思想。会议批准由中国共产党发起召开没有反动派参加的新的政治协商会议及成立民主联合政府的建议。渡江战役之后，在解放战争即将取得全国胜利的形势下，为了回答全国人民极为关心的问题，驳斥国内外敌人的攻击和诬蔑，1949 年 6 月 30 日，毛泽东发表《论人民民主专政》，回顾中国革命的奋斗历程，指出：资产阶级共和国的方案在中国是行不通的，我们所要建立的新中国，只能是工人阶级（经过共产党）领导的以工农联盟为基础的人民民主专政。强调，中国人民已经取得的主要的和基本的经验就是两件事：在国内，唤起民众。这就是团结工人阶级、农民阶级、城市小资产阶级和民族资产阶级，在工人阶级领导之下，结成国内的统一战线，并由此发展到建立工人阶级领导的以工农联盟为基础的人民民主专政的国家；在国外，联合世界上以平等待我的民族和各国人民，共同奋斗，结成国际的统一战线②。毛泽东指出了人民民主专政的国家制度是人民民主统一战线发展的必然结果，并全面系统地阐述了即将建立的新国家的性质，各阶级在国家中的地位及相互关系，人民民主专政的基本任务，民主与专政的关系，共产党同党外民主人士长期合作的思想等。

党的七届二中全会通过的文件和毛泽东的《论人民民主专政》，为人民

---

① 《在晋绥干部会议上的讲话》（1948 年 4 月 1 日），载《毛泽东选集》第四卷，人民出版社，1991 年，第 1305 页。

② 《论人民民主专政》（1949 年 6 月 30 日），载《毛泽东选集》第四卷，人民出版社，1991 年，第 1472 页。

政协共同纲领奠定了理论和政策基础。各民主党派和无党派民主人士中的绝大多数人，在彻底推翻国民党反动统治和建立人民民主专政的中国这两个基本问题上，与共产党取得了共识，为共同纲领的正式制定创造了必不可少的政治前提。在全国各族各界广泛团结和民意基础上，1949 年 9 月 21 日至 30 日，在北京召开了由 45 个单位及特别邀请人士，有正式代表、候补代表及特邀代表共 662 人参加的中国人民政治协商会议，制定了具有临时宪法作用的《共同纲领》，宣告了中华人民共和国的成立，开始了中国历史的新纪元！

《共同纲领》既是新中国的建国纲领，也是中共的施政纲领，规定了新中国的国体、政体、国家结构形式及经济构成的总体架构，为中国人民描绘了崭新的蓝图，也成为四川统一战线工作的奋斗纲领。

中共地下党组织在白色恐怖中坚持斗争　人民解放大军秋风扫落叶，《论人民民主专政》《共同纲领》的发表和新中国的成立，给正处于黎明前的黑暗时期的四川各民主阶级、民主人士和广大人民群众带来光明和希望。同时，国民党蒋介石集团也加强了对国统区的统治，四川处于白色恐怖之中。1948 年，川东党组织先后发动的“奉（节）大巫（巫溪、巫山）”、“梁（山）达（县）大（竹）”和华蓥山地区武装起义，因对形势判断失误，低估敌人力量以及组织准备仓促等原因，均以失败告终。在城市斗争中，地下党组织对上级党组织开展对敌攻心策略的指示理解片面，以至于出现重庆地下党组织的秘密机关报《挺进报》多次寄给国民党要人的冒险行动，引起震动，导致特务从《挺进报》发行的线索入手破坏地下党组织。川东临委书记王璞等牺牲，重庆市委书记刘国定、川康特委书记蒲华辅等负责人被捕叛变，先后被捕的党员干部达 133 人，其中重庆 67 人，上下川东 41 人，川康 17 人，南京、上海 8 人，除宁沪 8 人外的 125 人中，53 人被杀害，35 人下落不明（大部分牺牲），25 人获释、脱险，4 人自首变节后仍被敌人杀害，8 人叛变投敌，造成四川党组织极为重大的损失，中共川东临委实际上已经解体，重庆市委也不复存在，中共川康特委主要负责干部以及成都市委委员均奉命撤到香港。

但是，四川党的基层组织和党员的活动并未停止。1948 年 9 月，钱瑛从北平、上海的川籍党员中抽调一批干部回四川工作，分别与川东党组织和川康特委接上关系，所属各党组织均独立战斗。1948 年底，按照党在国统区的工作重点从农村转向城市，实行“迎接解放，配合接管”的方针，党组织防止敌人破坏，加强调查研究，加强统战工作，注意整顿组织和积蓄力量。在农村建立小型武工队主要做发动组织群众工作，不再搞大的武装起义，以保存力量，避免损失。同时，在香港举办党员干部学习班，分批抽调四川地下党组织骨干到香港学习，或进入解放区学习，安排参加武汉市接管工作，取得城市接管经验等。为配合解放军的军事进攻，四川各级党组织利用国民党蒋介石反动统治出现政治、经济的空前危机的有利时机，领导四川人民展开争温饱、求生存运动，团结工人、学生和各阶层群众，只在条件成熟的农村开展小型游击武装斗争。1949 年随着解放军挺进大西南，四川各地党组织积极开展营救被关押的共产党员和民主人士，大力宣传党的人民民主统一战线政策，加强统一战线工作，进行军运策反工作，开展反破坏、反迁移，全力保护好工厂、交通、学校、机关和资材、档案、人民生命财产工作，积极配合解放大军，迎接解放。

二、群众运动广泛开展

国民党统治空前危机　首先，国统区金融经济崩溃。国民党统治集团内部除了派系林立以外，内部统治也非常腐败，蒋宋孔陈四大家族独裁专断，垄断市场，抬高物价，大发国难财，搞得民不聊生，群众对国民政府彻底失去了信心。一个失去民心的政权，注定是要走向灭亡的。1948 年 8

月 19 日，为抑制恶性通货膨胀，国民政府实行币制改革，规定银圆一元兑金圆券二元，但并无成效，不到半年时间，油、盐、柴、米等生活必需品，上涨幅度达 750 倍到 1125 倍，而教师工资仅增加 35 倍。成渝两市教师，不断采取集体请假等办法，要求增薪，终因国民党统治区经济已濒临崩溃而毫无结果。到 1949 年 6 月 25 日，国民政府规定银圆一元等于金圆券 5 亿元，而四川省政府早在 6 月 12 日就宣布银圆一元等于金圆券 7.5 亿元了，21 日重庆黑市银圆一元等于金圆券 25 亿元。1949 年下半年，国民党政府不断增印大钞，物价猛涨，自由市场的银圆与金圆券的兑换价，高达每银圆兑金圆券 70 亿元的天文数字①。金圆券彻底崩溃后，国民党政府又改发银圆券，这时蒋介石王朝即将覆亡，银圆券形同废纸。王陵基为完成蒋介石的征粮任务，在“1948 年和 1949 年间，每年都要征粮九百万市石，征借九百万市石，加上省、县级名目繁多的各项附加，每年要由全省人民拿出两千四百多万市石粮食。这是四川有史以来的征粮最高数额，比过去多征达一倍以上”②。

其次，国民党政权政治危机。随着解放战争转入进攻阶段，国民党内部分裂加剧。1946 年冬国民党违背政协协议召开非法的“制宪国大”，会议吵吵嚷嚷，成为闹剧；次年 4 月改组政府，成立所谓“多党政府”，而中国共产党和民盟等几个民主党派都拒绝参加，只有青年党、民社党为其撑门面，蒋介石更加孤立；而后蒋介石恼羞成怒，下达“戡乱令”，异想天开消灭共产党，并下令解散民盟；1948 年 4 月国民党召开“行宪国大”，在选举副总统过程中，桂系李宗仁违背蒋介石的意愿，参加副总统竞选战胜了蒋介石属意的候选人孙科，当选为副总统，“凡是二十年来对蒋介石不满的

① 四川省地方志编纂委员会编：《四川省志·教育志》，“概述”，方志出版社，2000 年。

② 王陵基：《四川解放前夕我的罪恶活动》，载中国人民政治协商会议全国委员会文史资料研究委员会编：《文史资料选辑》第 55 辑，文史资料出版社，1981 年，第 143 页。

人，大多站到李宗仁这边来了”①。蒋、桂之间的矛盾进一步激化，由暗斗进入明争，进而发展到桂系逼蒋下台；蒋介石则引退幕后操纵，策动孙科为院长的行政院南迁广州，与李宗仁任代总统的国民政府公开分离，直到1949年3月经蒋同意由何应钦任行政院长才结束府、院分离局面；蒋介石将中央银行的美元、黄金、银圆等储备全部转运台湾，代总统李宗仁不但财政上两手空空，在军事上更无余地插手，一筹莫展。玩权术于股掌之间，不但未能使蒋介石独裁合法化，反而使其更加孤立，国民党政权陷入严重分裂之中，政治危机加剧。

最后，国民党军队决战惨败。通过三大战役，国共两党在军事上的战略决战已分胜负。之后，中共通过北平和平谈判，进一步分化了国民党，争取中间力量，打击国民党死硬派。蒋介石引退后以国民党总裁身份在幕后遥控公开操纵和谈，防李亲共，分化桂系，出现“一国三公，政出多门”局面，最后下令拒绝签字，终使和谈破裂。而得到的是次日百万雄师一举过大江，秋风扫落叶。4月22日，南京政府匆促撤迁广州。7月，国民党中央非常委员会成立，蒋介石自任主席，从幕后走到前台，亲自指挥在大陆的最后顽抗，更加速了军事上的大溃败。

国民党强化统治和疯狂镇压　1947年，国民党彻底关闭国共谈判之门后，决心消灭共产党，取缔人民民主运动，进一步强化独裁统治，陆续制定颁布《戡平“共匪”叛乱总动员令》等一系列严厉镇压法令，指令各省市参议会和团体通电表态拥护，并在各地召开戡乱建国动员大会，镇压爱国民主运动。1947年11月，四川省国民党党部与三青团部合并，着力控制省政和新闻单位，全省各县建立特委会及各种汇报会等，实行国民党机关

---

① 《白崇禧先生访问纪录》上册，第479页，转引自谢本书、牛鸿宾：《蒋介石和西南地方实力派》，河南人民出版社，1990年，第306页。

特务化，集中了“中统”“军统”和三青团的大小特务，以控制四川的党政军团各个方面。① 合并后的国民党四川省党部通过各种手段严密控制省参议会，在140余名省参议员中，国民党员占70%，有的还是省党部的执、监委员，他们经常召开“党团会”商讨国民党中央的决议和布置的任务，以统一思想，便于在参议会以压倒多数通过执行；而一些国民党头目及“CC系”和“复兴系”骨干，则组成党团干事会作决策机构，被人们称为党工系。参议会斗争复杂，“党工系”大肆宣传拥蒋反共，想方设法通过南京政府下达的各种征粮借粮征兵征税等指令并全力执行，以支持其内战；而反蒋爱国民主进步的议员在中共的影响和支持下，同国民党死硬分子进行合法的斗争，并利用他们的内部矛盾，制造困难，使省党部和省政府的征实、征兵等“安川应变”图谋破产。

王陵基回川任省主席兼省保安司令，卖力实施蒋介石控制四川、征兵征粮的所谓“安川应变”计划。1948年4月9日，王陵基在成都就职当天，学生举行反饥饿、反内战示威，并到省政府请愿，王下令逮捕学生并打伤多人，制造了震惊全国的“四九”血案。王刚上任就独揽省政大权，利用所兼保安司令职权，企图扩充近20个保安团。1949年5月，王陵基密令：严禁一般失意分子借应变名义，组织非法团体，图谋不轨。同时，王选定50个重要地方设立“军民合作（防共）站”，由乡镇长当站长，加强对民众的监督和控制。他对熊克武主持川、康、渝民众自卫委员会横加攻击，称熊克武组织的自卫委员会是走中间道路，前景堪忧；筹组四川反共救国军，发表“反共戡乱到底、肃清中间路线、打击投机分子”声明。9月，他在川北调集民夫18 000名，自带口粮，为胡宗南部运输，并强拉大批壮

① 参见四川省文史研究馆、四川省人民政府参事室编撰：《四川国民党史志》，四川人民出版社，1994年，第275—276页。

丁补充胡宗南部队。1949 年 12 月 1 日，王陵基组织四川反共救国自卫军，自兼总司令，命各区行政专员兼总指挥，各县县长兼司令。12 月 7 日，蒋介石又委王缵绪、唐式遵分为西南游击第一、二路总司令，由胡宗南部担任成都防卫司令。

不甘心战场上失败的蒋介石集团妄图利用暗杀手段，对持有不同政见、希望走和平之路的国民党高级将领和著名的爱国民主人士等进行“定点清除”。根据蒋介石的命令，国民党特务在 1949 年 9 月就制订了屠杀被囚于重庆中美合作所的共产党员和爱国志士的详细计划，于 11 月 14 日开始实行。屠杀在 11 月 27 日达到顶点，江竹筠（小说《红岩》中的江姐）、许建业（小说《红岩》中的许云峰）、黄显声、周均时等 300 余人遇难，仅有 35 人脱险幸存。被囚在同一集中营的爱国将领杨虎城夫妇、杨虎城秘书共产党员宋绮云一家、《挺进报》中共特支代理书记陈然等 10 人，分别于 9 月 6 日和 10 月 28 日遇难。11 月底，蒋介石逃到成都，胡宗南便持蒋介石手谕，令四川省主席王陵基按名单抓人。1949 年 12 月 7 日，国民党军统特务烧毁位于成都市将军街的国民党四川省特种委员会（简称“省特委”）全部档案，并将关押在省特委看守所内的 32 名政治犯运至外西十二桥（今成都通惠门附近）集体屠杀，制造了“一二・七”大屠杀。此次被害人员大多为被捕的中共党员、民盟盟员、民革成员及其他进步学生和民主人士，此外还有从成都周边各县特务机关解送至省特委的政治犯。

不屈的反抗斗争　国民党蒋介石反动统治空前的政治危机、经济危机和倒行逆施，激起四川人民更大的反抗。为配合解放军的军事进攻，中共地下党组织领导广大人民和广泛团结各界人士展开了在城市的争温饱求生存运动和在农村的武装斗争。

1949 年春，四川教师、学生在中共地下党组织领导下，掀起了声势浩大的“争温饱求生存”运动，其中以重庆“四二一运动”规模最大、影响最广。1949 年 2 月初，当全国人民为解放战争的伟大胜利而欢欣鼓舞时，刚刚开学的重庆各大中学校的师生们却为生活所困扰：国民党蒋介石集团直接控制的重庆，物价水平与几个月前相比平均上涨了 1000 多倍，本来就低的师生供给标准迟迟未得调整，师生们的生活陷入了绝境。2 月 24 日，重庆大学、中央工校、省教院、女师院等校教师首先宣布罢教三日，要求国民党当局改善待遇；接着，其他学校教师也先后罢教，向政府请愿。教师们要求增加工资、改发实物的正义呼声，获得了广大学生的同情和支持。重庆党组织及时领导了这场斗争。3 月 11 日，联络全市大、中学校组织争温饱联合会，全市大、中、小学全面投入“争温饱求生存”的斗争。尽管反动当局绞尽脑汁采取分化、收买等手段进行破坏，但仍无法阻止运动的发展，迫使其答应教职工增加 3 个月平价米、学生配发食米的要求，斗争取得了部分胜利。之后，正阳法学院等 11 所私立专科以上也成立争取实物配给联合会参加请愿；重庆大学举行有 8000 多学生参加的“活命晚会”，迫使政府当局同意拨给食米。4 月，在声援南京“四一”血案时，重庆 47 所大中学校学生代表成立重庆学生争生存联合会，掀起反内战、争生存斗争的高潮。4 月 21 日，面对反动当局的镇压图谋，采取灵活策略，将原定的全市大游行改为分区或分校游行，既表达了正义的诉求，展示了团结的力量，又避免了大的损失。中共地下党组织还发动成都、自贡等地广泛开展了尊师护校活动和“争温饱求生存”的游行示威和请愿活动，正义的斗争汇成了不可抗拒的洪流。

在城市组织群众运动的同时，中共地下党组织加强基层统战工作，组织秘密农会，广泛发动群众，开展抗丁、抗粮、抗捐税、抗债的“四抗”斗争，仅上川东地区“四抗”会员就有近万人。一些地方则通过地方上层渠道和选举，建立两面政权；对乡镇一级，则采用打进去、拉出来的办法，掌握一些乡、保政权和少量营、连以下的军队和保安中队，并在已有工作基础上建立武工队，开展武装活动，先后发动了川东武装起义、华蓥山武装起义、川康边武装起义、会理武装起义等。1949 年 5 月，中共川北工委决定在所属各中心县委和县工委的辖区内，发展小型武装，大量组织脱产或不脱产的武工队，在条件成熟的地区将武工队逐步发展为游击队，在大巴山山麓和嘉陵江两岸活动。9 月，川康边金江游击支队成立，活动于四川西昌、会理一带。10 月，党在梁山、达州边境恢复建立游击队，开展抗丁、抗粮、抗捐斗争。11 月，川西彭山、中江、洪雅、沐川、马边和川北巴中等地，都先后建立游击队和农民武装。他们就地截击国民党溃军，为解放军侦察带路，维持地方社会治安，积极配合解放军胜利进军和接管。川鄂边游击队开展反征兵征粮的斗争，一直坚持到解放，配合解放军接管了石柱县，全队人员整编入解放军。在川南，党组织领导的川滇黔游击队十分活跃，他们为配合解放军解放川滇黔做出了贡献。地方党组织领导的农村武装斗争牵制了国民党军与人民解放军对抗的心力与人力，对正面战场解放军战胜国民党军队的作战行动起到了积极的配合作用。

团结各界开展护厂护校护城斗争　负责领导整个西南党组织的中共上海局委员钱瑛于 1949 年 1 月和 9 月两次指示重庆地下党组织，强调解放军即将解放全国，敌我形势发生逆转，地下党组织工作要由发动武装斗争、牵制敌人，转移到“保存力量，保护城市，迎接解放，配合接管”上来。在国民党统治区，特别是在反动派集中的城市，敌人仍在垂死挣扎，要防止国民党“困兽犹斗”，大规模地破坏城市，决不能妄自轻敌。要把统战和策反工作放到重要地位，加强上层统战工作。同时布置了护厂、护校、护城和营救关在监狱中战友的任务。但在解放大军到来之前，还是敌强我弱，因此，要注意隐蔽，保存力量，慎重行事。会后，地下党组织大力宣传党的方针政策，加强对工商界的统战工作和对国民党军政人员的策反工作，积极领导工人、学生进行护厂护校的斗争，营救被囚禁的革命志士。在重庆，川东特委派共产党员刘兆丰等与工商界、市议会的头面人物胡子昂、温少鹤、范仲渠、蔡鹤年等联系，通过他们团结更多的进步人士，在参议会中抑制削弱反动派的作用，为重庆解放减少阻力。共产党员彭友今、王建行、刘大震等通过党的外围组织“中国民主革命同盟”（简称“小民革”）和民主党派地方组织加强与文教、金融、财政界的上层人士联系，团结广大进步人士。

党组织发动群众护城、护厂、护校。国民党在其政权行将崩溃之际，决定对重庆和成都等重要城市进行大破坏。国民党军、警、宪、特在重庆执行大规模破坏计划，各兵工厂、发电厂、钢铁厂等成为其破坏的主要目标。为了有效保护工厂和人民生命财产，1949 年 7 月，川东特委专门召开会议调整组织机构，进行具体布置，决定加强在国民党军队中的军事工作，加强调查研究，做好护校、护厂、保护国家财产和档案工作，积极营救狱中被捕同志。专门成立了策反和护厂领导机构，指派专人负责。为了迎接解放军进城，配合接管工作，川东特委一面利用策反过来的反共保民军一个师的兵力和部分警察人员维持市内秩序；一面紧张地与各界人士会商，共同欢迎解放军代表团。经过多方面的努力，重庆的工厂和市政设施大多被基本完好地保护，重庆解放时轮渡车辆畅通，生产水电不停，全市治安良好，市面平静，没有发生重大问题，比较顺利地实行了接管，使重庆一解放即走上顺利的建设发展道路。

与此同时，成都、自贡等地的党组织也专门成立了护厂领导机构，在工厂成立“护厂联谊会”“工人自卫队”“工人纠察队”等护厂组织。成都党组织为做好对敌斗争工作和迎接解放，配合接管，各区委之间从 6 月起主动打通横向联系，共同领导全市的统战、策反、护校、护厂斗争。在学校，党组织通过成都民主青年协会等外围组织，组建了各种形式的护校队，保护学校重要设施。

三、刘邓潘起义

刘邓潘彭县起义 刘邓潘起义经过了长期的准备过程。早在1949年初刘文辉应蒋介石之召赴京前，就与在雅安的中共电台负责人王少春商议对策，并请示周恩来具体指示。他派24军参谋长杨家桢到上海会见张澜、杨虎等人商讨对策，又派曾庶凡到香港会见龙云等人，龙云提出刘邓潘与云南的卢汉互通声气，“希望西南同时起义，不让蒋介石有苟延残喘的余地。一切情况请向张表老（张澜）汇报”。① 5月，刘文辉派杨家桢与邓锡侯商讨采取联合行动，筹组由杨家桢代表刘文辉、陈离代表邓锡侯、张志和代表民盟组成的联合参谋部，统一筹划川康起义工作。8月，云南卢汉联络刘文辉并通过他联系邓锡侯、潘文华，相约在适当时机共同起义。这时，中共地下党组织、川康民革、民盟等对刘的部属和邓锡侯、潘文华也分别开展联系和策动起义工作。10月，国民党政府逃往重庆后，起义步伐加快，刘文辉对西康军政做出部署后率随员到成都联络各方，刘、邓、潘约集熊克武、邓汉祥等人，筹商起义的具体计划；潘文华给其子、第235师师长潘清洲发电，令其听从中共四川省工委指示，收拢部队向川北转移；同时派人联络各县地方力量共同行动。

中共中央一直关注刘文辉等起义的进展情况并及时给予指导。10月，党中央指示王少春争取刘文辉联合西南实力派一道起义，用自己的行动写自己的历史，在解放西南中立功。随着战事重心转向西南，蒋介石到重庆，刘文辉担心遭蒋毒手，几经犹疑，终于下定决心，请王少春请示周恩来，周复电意：大军行将西指，希望积极准备，相机配合，不宜过早行动，招

① 《成都文史资料》，第21辑，第23—24页。

致不必要损失。[①] 12 月 5 日，周恩来电告王少春："望即转告刘自乾（即刘文辉）先生，时机已到，不必再作等待。"并提出要坚决拒绝蒋匪一切伪命，联合邓锡侯等先生有所行动，响应刘、邓两将军的《四项忠告》。指出行动的关键在勿恋成都，而要守住西康、西昌，不让胡宗南匪军侵入。万一窜入，应步步阻挡，争取时日，以利解放军赶到后协同歼敌。[②]

11 月 30 日，重庆解放，蒋介石飞逃成都，仍企图以康滇为最后据点，负隅顽抗。11 月 30 日、12 月 1 日，蒋介石连续两天召见张群、刘文辉、邓锡侯、王陵基、熊克武等人，声称放弃重庆系战略转移，要求川康合作，刘、邓配合王陵基，进行"川西大会战"，又要刘、邓与退到成都的胡宗南合署办公，一起指挥作战。张群找刘文辉、邓锡侯商讨所部参加川西会战等事，刘、邓则以部队散处康（定）宁（西昌）雅（安）等地，远水难救近火为由敷衍。张又通知要刘、邓的家眷与熊克武、向传义、邓汉祥等人先去台湾，刘、邓则一推二拖，熊克武等则避居城外。刘、邓商议采取抽象敷衍、具体抵制之策，12 月 5 日晚，在成都玉沙街公馆宴请张群、顾祝同、胡宗南、萧毅肃、王陵基、邓锡侯等人，以宴代会。席间，刘文辉表态说："我是大军阀，又是大官僚、大地主、大资本家，样样占齐了，共产党搞的是无产阶级革命，哪里还会要我！"刘、邓巧妙周旋，麻痹对方。

第二天凌晨，刘文辉接王少春转来的周恩来"（起义）时机已至"的电报，心里更为踏实，与身边亲信加紧准备。晚得郭勋祺密告，蒋介石已撤销成都卫戍司令部，另成立成都防卫总司令部，任命胡宗南部第三军军长盛文为防卫总司令，接管成都全部防务。7 日，蒋介石侍从室通知该日下午 4 时约见刘文辉、邓锡侯，面对蒋介石的步步进逼，两人深感凶多吉少，

---

① 《成都文史资料》，第 21 辑，第 40 页。

② 中共四川省委党史研究室：《中国共产党四川历史》第一卷，中共党史出版社，2021 年，第 486 页。

决定马上分头出走，秘密避走出城。修书送蒋介石，措辞委婉地称因与王陵基等有隙，只好退居乡间，不问军政要务，以便中央放手无碍也。次日上午，王缵绪赶来传达蒋介石的话：他同刘、邓等过去的一切都是出于误会，无论如何请刘、邓回去，一切都好商量，如不见信，可以叫蒋经国来作质。又拿出刚任西南军政长官的顾祝同的信，称蒋介石已决定撤掉王陵基，请刘、邓主持川省军政大计云云。刘、邓不为所动，王无功而返。

9 日，刘、邓等到龙兴寺，与先期到达的部众、中共川西地下党组织、川康地下党组织、川东地下党组织和解放军二野派遣人员，民革、民盟等民主党派有关人员会合。随之潘文华也从灌县赶到龙兴寺，共商起义事宜及应变对策。为协调和加强起义工作，解放军代表、中共和民主党派代表、进步人士及起义部队将领等有关方面人士成立综合小组，推民盟西南总支部负责人潘大逵为综合小组组长。下设组织、参谋、宣传、情报、保卫、策反等 6 个组，朱德钦、张浩然、张伯英（张钫）、万里、张鹏翼、胡克林分为小组负责人。①

10 日晨，他们收到云南省主席卢汉发出的已于 9 日宣告起义的密电，嘱刘邓潘共同行动，争取会同四川诸将领，逮捕蒋介石。各方人员召开联席会议，商定起义具体安排，组织力量将人民解放军的宣言和布告，刘邓潘告四川民众书、起义通电等翻印散发张贴，并派员协同中共地下党组织和各方民主人士分头同周边部队联络、策动和支持起义。刘文辉将原拟的起义通电与邓潘及诸将领和中共地下党组织、民主党派人士磋商斟酌，统一思想，修订电文，电告留雅安的副官交由中共电台发出。为了体现西南

① 李里：《潘大逵生平大事年表》，载潘大逵：《风雨九十年——潘大逵回忆录》，成都出版社，1992 年，第 303 页；寿明、达生、凌子：《秋风落叶——国共两党在大陆上的最后一战》，漓江出版社，1992 年，第 235—236 页。

同时起义之约，电稿日期写为12月9日。这一历史性起义通电全文如下：

北京毛主席、朱总司令并转各野战军司令暨全国人民公鉴：

蒋贼介石盗窃国柄廿载于兹，罪恶昭彰，国人共见。自抗战胜利而还，措施亦形乖谬，如破坏政协决议各案，发动空前国内战争，紊乱金融财政，促成国民经济破产，嗾使贪污佥壬横行，贻笑邻邦，降低国际地位，种种罪行，变本加厉，徒见国计民生枯萎，国家元气断绝。而蒋贼怙恶不悛，唯利是图。在士无斗志，人尽离心的今天，尚欲以一隅抗天下，把川康两省八年抗战所残留的生命财产，作孤注一掷。我两省民众，岂能忍与终古。文辉、锡侯、文华等于过去数年间，虽未能及时团结军民，配合人民解放军战争，然亡羊补牢，古有明训，昨非今是，贤者所谅。兹为适应人民要求，决自即日起率领所属宣布与蒋、李、阎、白反动集团断绝关系，竭诚服从中央人民政府毛主席、朱总司令与中国人民解放军第二野战军刘司令员、邓政治委员之领导。所望川康全体军政人员，一律尽忠职守、保护社会秩序与公私财产，听候人民解放军与人民政府之接受，并努力配合人民解放军消灭国民党反动派之残余，以期川康全境早获解放。坦白陈词，敬维垂察。

刘文辉　邓锡侯　潘文华叩

一九四九年十二月九日

接着，刘邓潘各部将领黄隐、谢无圻、杨晒轩、陈离、马毓智、万里、刘元瑄、伍培英、刘元琮、潘清州、严啸虎、潘大迥等同时发出通电，拥护起义。

是日深夜，刘文辉收到王少春转发周恩来电报指示："如果蒋胡以大军压境，而我二野又一时难以到达，则应向雅安以南撤退，节节抗拒胡军南进，以利我军追击与截击。"[①] 根据周恩来的指示，与中共及各方面研究，刘邓潘做出相应军事部署，同时利用胡宗南部盛文接管城防，要求四川地方团队撤出成都以外 40 里的命令之机，将安置在大慈寺的与二野联系的电台和 95 军军部及直属部队合法移出成都。他们一面指挥起义部队牵制和阻截胡宗南部，一面派出人员对集结在温江、郫县、崇宁（今唐昌镇）、新都、广汉、什邡等地的国民党军队开展起义策反工作，化解彭县之危。

在蒋介石眼皮底下，在胡宗南重兵近在咫尺之处，刘邓潘起义的成功体现了准备的周密充分，时机的准确把握，地点开放中的隐秘，以及以能海法师为代表的龙兴寺僧人以及各界人士和广大民众绝不想让使成都遭殃、百姓受苦的"川西大决战"发生的共同愿望。民心就是保密网，民意就是根据地。

刘邓潘彭县起义是在人民解放军进军西南，围歼胡宗南集团及川境残敌的紧要关头实施的义举，是解放战争时期最后一次大规模起义。

四、国民党将领起义投诚

对国民党军的统一战线工作　中国共产党历来重视对敌军的统战工作。毛泽东早就指出："在中央军和杂牌军中，应该广泛地开展统一战线的工作，即交朋友的工作。"[②] 解放战争时期，中国共产党反对独裁内战、争取和平民主团结的政治主张和统一战线政策在国民党军队中产生极大影响。早在蒋介石发动内战初期的 1945 年 10 月，中共就争取了国民党军冀察战区总司令兼第十一战区副司令长官兼新 8 军军长高树勋，率部两个师 1 万余人在河北邯郸内战前线举行反内战起义，由此开始的"高树勋运动"成

① 寿明、达生、凌子：《秋风落叶——国共两党在大陆上的最后一战》，漓江出版社，1992 年，第 236 页。

② 《毛泽东选集》第三卷，人民出版社，1991 年，第 714 页。

为国民党军队中有爱国心的广大官兵的旗帜①。人民解放战争进入战略决战阶段，随着国民党蒋介石集团的政治孤立和军事失利，国民党上自“剿总”司令、集团军总司令、省政府主席，下至警察局长、师旅长等，更是纷纷倒戈，率部起义，脱离蒋介石，投向共产党。这种起义“与解放区军民的抵抗，蒋管区人民的民主运动鼎足而三，这三个潮流汇合一起，必然会直接造成反动派的军事失败”②，进而在政治上动摇其整个军心，失去民心，加速蒋介石集团的崩溃和灭亡。

1949 年 4 月 25 日，在解放军占领南京，宣告国民党反动统治的覆灭之后两天，毛泽东、朱德发布《中国人民解放军布告》，宣布了约法八章：保护全体人民生命财产；保护民族工商农牧业；没收官僚资本；保护一切公私学校、医院、文化教育机关、体育场所和其他一切公益事业；除怙恶不悛的战争罪犯及罪大恶极的反革命分子外，凡属国民党各级政府的大小官员，凡不持枪抵抗、不阴谋破坏者，人民解放军或人民政府一律不加俘虏，不加逮捕，不加侮辱；为确保城乡治安、安定社会秩序，一切散兵游勇均应向当地人民解放军或人民政府投诚报到；有准备、有步骤地废除农村中的封建的土地所有权制度；保护外国侨民生命财产的安全。这个通告宣布了中国共产党对新解放区的基本政策，起到了明确政策、安抚民心、瓦解震慑敌人的效果。

在解放大西南战役中，毛泽东明确指出，“在武力打击的同时必须兼用政治教育的方式”，进一步加强了对国民党军的统一战线工作。四川的地下党组织如川东、重庆、川康、成都党组织和香港等地党的支部、工委、特委等纷纷派人潜入国民党部队中做争取工作。二野、一野敌工部情报处派

① 参见《朱德选集》，人民出版社，1983 年，第 191 页。

② 《朱德选集》，人民出版社，1983 年，第 192 页。

出了100多名特工潜伏到国民党部队中进行瓦解和策动起义的工作。同时，民盟、民革、农工党等民主党派也派员通过多种渠道对国民党官兵作策反工作。

11月21日，二野司令员刘伯承、政委邓小平发出《向西南伪军政人员提出四项忠告》（以下简称《四项忠告》）：（一）国民党军队应立即停止破坏，停止抵抗，听候收编；（二）国民党机关学校工作人员应立即保护好原有财产、用品、档案，听候接收；（三）国民党特务人员应痛改前非，改过自新；（四）国民党乡保人员应立即在解放军指导下，维护地方秩序，为人民解放军办差，有功者赏，有罪者罚。① 最后表示：黑暗与光明，死与生，两条路摆在你们面前，不容徘徊，望早抉择。《四项忠告》犹如重磅炮弹，在西南国民党军政人员中引起了强烈的震荡。在国民党政权分崩离析之际，许多人十分惶恐，都想戴罪立功，以求中共的谅解，有的还为找不到党的关系，不得其门而苦恼，《四项忠告》的发表给他们指出了光明出路。

国民党高级将领起义风生水起　国民党军兵败如潮涌向四川，解放军一野、二野、四野多支部队英勇攻击、阻击、追击，并结合政治攻势瓦解敌军，自东南北三面紧追逼近成都，至12月20日，胡宗南等部共6个兵团、19个军、52个师，完全陷入解放军大包围圈中。22日，胡宗南在新津召集所属将领军事会议，决定分路向西昌方向突围，但第二天却率先乘飞机逃往海南岛，加速混乱瓦解。在退路截断、大势已去的情况下，国民党高级将领纷纷起义、投诚，掀起投向人民阵营的风潮，创造了世界战争史上的奇迹。他们归宿一致，心路历程却异彩纷呈。

首先起义的是川鄂绥靖公署副主任董宋珩和第十六兵团。董宋珩

① 参见张继禄主编：《中国共产党四川历史大事记》（民主革命时期），四川大学出版社，1997年，第384页。

(1891—1954)，四川仁寿人，与川鄂绥靖公署主任孙震系同乡，从陆军小学、中学到保定军校都是同期同学，又在川军当师长起与孙震长期合作，从第29军到第二十二集团军出川抗战，再到第五绥靖区，一直是其副手，孙对董既倚重又防范，从没有让其单独管过一个军或其他独立单位。解放战争中，第五绥靖区主力第41、47军合编为第十六兵团，孙震向蒋介石保荐侄儿孙元良为兵团司令，董遂成空头副主任。在第五绥靖区改为川鄂绥靖公署，董被委为副主任后回家休养，一天也未就职。在淮海战役中孙元良侥幸逃脱，被歼的第十六兵团以川军重建，孙仍为兵团司令。1949年夏，地下党组织与董多次接触，向其宣传党的政策，打消其顾虑，劝其利用当前有利时机，返回部队领导起义，为人民立功。董于12月初重返部队，策动川鄂绥署及所辖第十六兵团起义，中共党员杨叔明随身协助工作。14日，他受孙震委托，应刘邓潘邀请赴彭县开会，进一步商讨准备起义事宜。17日返回后向孙震、杨森转告：“彭县方面均望我部与其统一行动，脱离蒋介石，以保全军安全，以使百姓免遭祸害。”宋说：“我部经过长途跋涉，解放军尾追不舍，如继续西撤，一则刘邓潘已宣布起义，不予假道；二则我军已疲惫不堪，再无力行动。”遭到杨森斥责，但第二天，杨森和孙震却同机逃往台湾了。至19日陆续到达广汉的张宣武第41军、严翊第47军所部得知孙震已逃走，由其侄、十六兵团司令孙元良代行绥署主任，无不唉声叹气，各军师长纷纷求见董宋珩和兵团副司令曾甦元，探听消息，寻找出路，取得一致意见，请宋、曾主持起义。于是董宋珩、曾甦元与杨叔明等商议，决定组成起义指挥所，通知各部向什邡、绵竹转移。21日夜，董宋珩召集各部队师团长会议，公开共产党员身份的杨叔明向大家介绍了形势及共产党的起义政策，参会官佐一致拥护董、曾领导起义。22日董宋珩、杨叔明等亲赴彭县请邓锡侯阅并代发起义通电。同日，第79军军长龚传文率部由川东败退至什邡，经接洽亦愿参加起义，于是起义通电又增补了第79军所部官佐签名。23日，失去对各军师控制的孙元良拒绝了曾甦元的敦促劝降信，见势不妙，次日凌晨带领仅有的警卫部队乘车逃走。

紧接着是第十五、二十两个兵团一起起义。第十五兵团司令兼第108军军长中将罗广文（1905—1956），四川忠县人，系陈诚嫡系。为策动罗起义，罗旧部、曾任傅作义部副师长的陈济生，在随傅北平和平解放后，主动受命，冲破重重封锁，于1949年11月来到罗部，向老友现身说法，打破共产党共产共妻、傅作义起义后被监禁等国民党造谣污蔑之词，再经军参谋长贾应华修书致罗广文，详述傅作义率部起义情况和党的各项政策，劝其相机立功。罗有所感，先后提拔贾应华为兵团副参谋长、参谋长。二野进展神速，罗部从南川向重庆退却中发生混乱，各军师互相联系不上，失去在重庆起义的时机。12月8日罗广文偕贾应华到成都，住其连襟杨叔明家，得到消息说蒋介石对罗在重庆打败仗很生气，决定予以惩办；又有旧部从渝来见，带来二野首长刘伯承、邓小平向他的致意和问候，并报告了在重庆投诚时解放军第三兵团司令员陈锡联接见情况，罗广文深受感动，认为自己为蒋介石卖命几十年，落得当替罪羊，面临杀身之祸，而共产党宽大为怀，不念旧恶，指出明路，对比鲜明，坚定起义信心。11日晚，即以探亲为名乘车偕贾应华（第95军军长黄隐妹夫）到灌县，同黄子谷、黄慕颜，解放军二野情报处工作人员周超，以及民革曹惠文等协商起义问题。罗广文所部陆续到达新都，经过收容整理重新组建第十五兵团后，向邓锡侯部靠拢。16日，胡宗南命令罗部向刚起义的刘邓潘进攻，罗不但不执行反而向刘邓潘通报了情况。21日，胡宗南再令罗广文部、陈克非部向东突围，以掩护胡宗南部主力向西康突围。罗乃按兵不动，次日与陈克非商定起义，令所部移驻郫县。25日，二野敌工部朱德欣应邀到罗广文团以上军官会上阐明共产党对起义部队政策，发给每人一份《共同纲领》和《约法八章》，作为学习和遵循的依据。接着，召开兵团所属连以上军官大会，罗广文宣读起义通电，正式宣布起义。

第二十兵团司令少将陈克非（1903—1966），浙江天台人。1949 年 12 月 4 日受蒋介石召见指令，当其收容宋希濂残部、进驻郫县诸事完成，11 日再去成都北校场中央军校复命时已经人去楼空，对前几天还在慷慨激昂地大讲“有匪无我，有我无匪，挽狂澜于既倒”的总裁却自己先跑了大感意外和失望。他拜访了原豫陕鄂边区绥靖主任、陆军上将张钫。张钫（1886—1966）是辛亥革命元老，曾任河南省代主席，1938 年 2 月任军事参议院副院长、院长，解放战争后期被委为鄂豫陕绥靖区主任、国民政府顾问，被授予陆军上将军衔等。1949 年 8 月底到成都，环顾时局，忧郁彷徨之后，决定弃暗投明。张钫为陈克非分析时局，大势所趋，人心所向，晓以利害。陈克非自感与共产党敌对近 20 年，积怨很深，疑虑踌躇，于是请张钫写介绍信，12 月 21 日派副军长段成涛去彭县与刘邓潘联系，试探虚实，得到二野敌工部朱德欣的肯定答复：向人民起义是光荣的，共产党的起义政策是不变的，并以三日为期。陈克非反复思考形势如此，起义至少可以避免部队的冻饿和牺牲，还可找寻家属，免于骨肉分离，但又担心共产党是否真会原谅自己。23 日，当陈准备贯彻胡宗南东进命令，如约与胡宗南电话联系时，却得知胡已于早晨从广汉飞到海南去了，顿时感到不能再作替死鬼，于是立即与罗广文联系，共同商定两个兵团一起起义，随后派员向朱德欣、陈离表达两兵团起义决定。23 日，陈克非召开各军长会议，说明部队处境和起义的利害得失，表示起义决心。其时，到会的第 118 军军长方暾已与刘文辉、邓锡侯取得联系，正暗地作起义准备，听到陈克非之言，心中大喜，首先表态支持，其他人也跟进同意。当夜，参照刘邓潘的起义通电，陈克非自拟了起义通电稿，24 日上午召集各军师长会议，宣布起义，到会者一一在起义通电上签名，下午送往彭县，当晚发出。

朱鼎卿（1902—1982），湖北新洲人，1949 年 2 月 21 日调任湖北省政府主席兼全省保安司令、军管区司令。7月所属保安司令部、军管区改组为湖北省绥靖总司令部，兼任总司令。败退湘西后，将所有以湖北军政名义的机构一律取消，改为第三兵团，朱任司令官兼暂编第8军军长，由孙震指挥。11月下旬待朱将约3万人的兵团编定到万县衔接时，孙震已经西逃，朱见势不妙，亦令部队西逃，沿途混乱不堪，私逃甚多，一路到达新都附近，打听到胡宗南、孙震等大员已飞台湾，陷入绝境的他想到了1928年时的老上级贺龙，决心不再跑了，也不再打了，谋求和平是唯一出路。得到兵团参谋长李超君等部众赞同。25日，正在派出人员联系起义时，其部与解放军先头部队在金堂赵镇附近接触，于是立即与解放军联系，暂编第9军军长杨达主动到解放军前线部队联络，避免了冲突。随之，朱鼎卿派代表到金堂赵镇与解放军联系起义，受到解放军60军180师的热情接待，26日召开兵团部官兵大会，率部7000余人正式宣布全军起义。

危难时刻，胡宗南仍然以牺牲非嫡系部队掩护嫡系部队突围的做法，引起第十六、十五、二十兵团官兵的极大不满，从而加速了他们的起义。而胡直辖的第七、十八、五等3个嫡系兵团之间及其内部也是矛盾重重，钩心斗角，在胡宗南逃离成都后，他们或主动或被动，最终投向人民阵营。

西安绥靖公署副主任兼第七兵团司令裴昌会的起义一波三折。裴昌会（1896—1992），山东潍坊人。1948年4月，由第一战区副长官任改组的西安绥靖公署副主任（胡宗南为主任）兼第五兵团中将司令官。他参加过“围剿”红军，又同八路军配合抗战，还占领过延安。保定军校的出身，使他一直与以胡宗南为首的黄埔系将领有矛盾。早在1948年末，就秘密通过旧部李希三，与中共方面进行联络。1949年西安绥署撤出西安，裴昌会率第五兵团驻宝鸡。李希三带来解放军欢迎他起义的口信，裴动了在此起义的念头，但因没有可靠部队，不敢贸然行动。解放军一野表示等条件成熟，有了把握为好。9月下旬，新疆警备司令陶峙岳率部起义，甘肃平凉专员兼省保安司令部副总司令周祥初密电裴昌会，劝其相机起义。胡宗南本不信任裴昌会，又截获密电，加深怀疑。此时，其亲信、原华北剿总副总司令兼第四兵团司令李文带着几个军师长逃离平津转到汉中，胡借机让李文任第五兵团司令，而让裴昌会改任新组建的第七兵团司令驻广元，并将其夫人及儿女劫往台湾，之后又令裴部断后，阻击解放军以掩护李文兵团、李振兵团南撤。12 月初，李希三随西北军杨虎城旧部第 38 军归建，裴昌会拟以之为起义主力军，但其军长李振西态度含糊而作罢。12 月中旬，解放军逼近大巴山防线，裴由广元退至剑阁，再次电召李振西到兵团商议起义事，而李一方面表示绝对遵从裴的起义决定，另一方面又表示要回去同官佐商议准备，匆匆返回后最终失去联系。解放军节节逼近，李只好率部撤离，23 日退至德阳孝泉镇。李希三与一野敌工部杜绍先（原高树勋的参谋长）来到，转告一野总部希望在德阳一带起义的指示。裴昌会为在凤县、广元、剑阁先后几次准备起义皆未成功而惭愧，深感有负一野总部的希望和重托，立即将向毛泽东主席、朱德总司令的起义通电交李、杜代为转发，同时命令所属部队立即停止抵抗，就地起义。至此，裴昌会率部 18 000 余官兵在德阳起义。25 日，贺龙和十八兵团司令员周士第、副司令员王维舟、政治委员李井泉、政治部主任胡耀邦等从梓潼县赶赴德阳县会见裴昌会，接头谈心，消除其顾虑。1950 年元旦，在进入成都的入城式上，裴与贺龙并肩站在敞篷车上，接受全城百姓的鲜花掌声，他激动得热泪盈眶："鄙人何德何能，能享受如此殊荣，此生足矣！"进城后，裴昌会又利用他同"西北王"胡宗南所属部队的关系，通过电台号召胡宗南的残部起义投诚，避免战争延长造成人员伤亡及人民涂炭，并对西安绥靖公署遗留在成都的人员，登记造册，减少了混乱和损失。

国民党第十八兵团司令官兼第 65 军军长中将李振（1900—1988），广东兴宁人。早年参加粤军，1945 年 9 月任 65 军军长。1947 年 9 月，解放军发起豫西作战，直逼潼关，威胁西安，该部由武汉空运西安，改隶西安绥靖公署。1949 年春任新建十八兵团司令兼 65 军军长。7 月扶眉战役兵败后，对蒋介石集团和胡宗南拉帮结派、偏袒亲信、借刀杀人、排除异己的种种行径不满。1949 年 11 月初，李振的秘书从广州辗转到达甘南徽县，带来中共中央华南分局第一书记、广东军区司令员兼政治委员叶剑英特别派人向李振的老上司莫希德带的口信："请转告李振司令官，他如要起义，就应及时起义，再后就没有机会了。"① 此时李振因部队分散难以集中、事关重大不便轻率行动的缘故，只有把起义暂搁心头，准备伺机而动。12 月 6 日，李振率部退入四川到达绵阳，见到被俘释回的原 36 军少将政治部主任陈定。陈定，李振同乡，1948 年 8 月在与一野战斗中被俘，经学习自愿返回做策反工作，来到李部以后便与其密商起义问题。7 日蒋介石特别召见李振，令其率部向西昌转移集中，顶不住就逐步向云南、缅甸边界转移，等待第三次世界大战爆发，就是反攻之时。李返回与陈定密商后，争取部属支持起义，但有的部署疑虑犹豫，只有继续等待时机。随后胡宗南令李开赴成都，运不走的物资就地销毁，李振则反其道而行之，委任陈定为兵团部科长，清查在绵阳的仓库，命令各仓库负责人妥善保管，并交代陈定将来移交一野。根据陈定提供的信息，李振率部移防成都当天，找到第七兵团（司令官裴昌会）副司令官兼第 30 军中将军长鲁崇义联系"找出路"问题，但未得回应。对蒋胡的困兽犹斗，李提出："为国家保存点元气，为老百姓减少些损失，为双方减少些伤亡，还是照北平办法，和的好。"24 日，李率兵团部 65 军军部及 187 师移驻成都牛市口，确定率部起义。几经周折，面见郭勋祺相谈甚欢，当即请其将五兵团和十八兵团共同制订的作战计划转送成都中共负责人并派员与之联系，随即增派兵力加强城防，保

---

① 李振回忆，刘学超整理：《三十七年的戎马生涯》，1986 年。

护工厂、电厂，防止被人破坏，还以个人名义将起义通电登在报上。经过高兴亚、郭勋祺联系中共地下组织同意后，12 月 25 日，李振约同鲁崇义一起率部在成都起义，保全了成都及绵阳地区军用仓库大量物资。

24 日晚，第五兵团及胡宗南残部在李文指挥下企图突围西逃，遭解放军有力堵击和团团围困。26 日解放军全面反攻。在解放军军事打击和政治争取下，27 日第五兵团司令李文率 5 万余人投诚。

起义、投诚部队中，包括了国民党军的不同派系、不同军兵种的部队。除了川军等当地部队，也有从外省逃来的粤军、西北军，甚至还有不少中央军部队。从部队建制看，既有正规作战部队，还有后勤部门和军事院校等非作战单位，如陆军大学、宪兵学校、中央炮校等，部分海空军部队也加入其中，甚至还包括了许多国民党军政高官。此外，参加起义的还有不少非正规部队，包括“西南第一路游击军”“川东挺进军”“反共救国军”“人民协作军”及部分县区保安团等。这些部队大都是在国民党政权即将灭亡、经济崩溃的情况下建立的，当时正规军尚且缺衣少食，受冻挨饿，就更顾不了这些游杂部队了，起义成为他们最好的出路。

通盘筹谋，无缝衔接，润物无声，水滴石穿。共产党、民主党派和正义人士等各方面对国民党军队从下层到上层的长期持续地推进统一战线工作，终于在 1949 年 12 月下旬短短几天时间内，争取了国民党 6 个兵团起义和 1 个兵团投诚，在川西平原写就了世界军事史的奇迹。据统计，在西南战役中，国民党起义将官达 200 余名，起义部队番号达 110 个，起义人数占敌军被歼总数的 60%①，充分显示党的统一战线工作配合武装斗争所取得的巨大成果。

---

① 孙冠楠：《解放大西南彰显我军政治工作优势威力》，《中国国防报》2018 年 12 月 27 日，第 4 版。

五、水到渠成四川解放

国民政府再度迁川与逃离　抗战胜利后，国民政府于1946年5月由重庆还都南京。4月恢复军事委员会委员长重庆行营，7月改称国民政府主席行辕；1948年6月改为国防部重庆绥靖公署。次年5月升格为西南军政长官公署，以加强对川、康、云、贵、渝四省一市的控制，作为反共战略的最后基地，而以四川为重点。1949年4月21日解放军一举突破千里长江防线，国民政府匆促撤返其发祥之地广州。8月18日，国民党政府宣布重庆为新行都。10月14日，广州解放，同日国民党政府代总统李宗仁率其中央机关乘飞机撤迁重庆。蒋介石寄望西南，图谋确保四川，割据西南，等待国际事变，重演十多年前退据四川而后图反攻之梦，国民党政府垂死挣扎的疯狂也使四川陷入最黑暗的时刻。

早在1948年夏，在人民解放战争中节节失利的蒋介石就开始着意经营四川，布兵鄂西北。1949年1月，蒋介石发表引退文告的第二天，立即召见四川省主席王陵基和西康省主席刘文辉，积极准备固守四川。张群对王、刘说，西南是最后的堡垒，四川又是西南的心脏；别的地方可以丢，四川不能丢；到必要时，中央将调百万大军来保卫四川。张群随之就任重庆绥靖公署主任，加紧扩军备战。在改为直属行政院的西南军政长官公署后，仍以张群任长官，又先后发表邓锡侯、王缵绪、钱大钧、贺国光、孙震、潘文华等为副长官，意图笼络人心，聚集力量，固守四川。

1949年夏，南京、武汉、西安、上海相继解放后，蒋介石集团加强了西南排兵布阵，增设川陕甘边区绥靖公署，主任胡宗南，副主任裴昌会，辖第七（裴昌会）、第十八（李振）、第五（李文）三个兵团共13个军，绥署设绵阳；将湘鄂边区绥靖司令部改组为川黔湘鄂边区绥靖公署，主任宋希濂，驻恩施，辖第十四（钟彬）、第二十（陈克非）两个兵团共6个军；

增设贵州、云南两个绥靖公署，辖第十九（何绍周）兵团共4个军，形成以四川为中心、由北到南的外围屏障圈；四川境内，将川东绥靖司令部改组为川陕鄂边区绥靖公署，主任孙震，副主任董宋珩、陈兰亭、罗广文，驻万县，从川东到川南有第十五（罗广文）、第十六（孙元良）、第二十二（郭汝瑰）三个兵团6个军的兵力，以及刘文辉第24军（驻雅安）、黄隐第95军（驻成都、德阳）、王克俊第21军（驻乐山）、杨森第20军（驻重庆），以及地方警备部队、宪兵部队、保安团队和师管区等以及大批其他土杂武装。外围、中心加保安团队，总兵力在90万人左右，形成所谓“百万重兵”固守四川之势。

在湖南和平解放后，1949年8月下旬，蒋介石从广州飞抵重庆，召开西南长官公署扩大会议，川黔康各省主席和川陕甘鄂湘各区将领与会，提出“确保大西南”的方针，做出“死守四川”的军事部署。会前，为配合人民解放军声北击东、在秦岭及大巴山一带的军事佯攻计划，西南长官公署代理参谋长刘宗宽经过与中共联络员商量，精心设计“情况判断”，巧与胡宗南部参谋长沈策共商，以三国邓艾伐蜀为证说明解放军必从川北进军，获沈策连连点头称赞，于是趁机请其出面在会上做这个“情况判断”，正中下怀。在8月25日召开，有蒋介石、蒋经国、钱大钧、刘文辉、罗广文、宋希濂、杨森等参加，张群主持的会上，沈做情况判断报告，得到与会者一致同意①。会议决定以陇南与陕南为决战地带，调整兵力部署，将重点防御转到秦岭、大巴山一线，并电令布防川东的罗广文第十五兵团，星夜开赴川西北青川、平武一带，在川陕甘边境紧急布防。国民党的防御重点从川东转移到川西北，为解放军迅速突破川东南防线增加了有利条件。

① 刘宗宽：《战斗在敌营中》，载四川省政协文史资料委员会办公室、中共四川省委统战部党史办公室合编：《风雨同舟》，四川人民出版社，1991年，第300—301页。

刘宗宽（1905—1992），陕西蒲城人，黄埔军校第三期和陆军大学特二期毕业，西北军杨虎城部上校团长、少将副旅长；1937 年后，任少将高级参谋、师长、陆军大学将官班少将副主任等，1943 年加入中华民族解放行动委员会（农工民主党前身）。1946 年 6 月，刘宗宽出任重庆行营少将参谋处长，1949 年任西南军政长官公署中将副参谋长、代理参谋长。他早在抗战时期就与南方局有联系，1949 年 5 月与中共秘密联络员房显志、黄克孝取得联系，陆续将国民党在西南的部队情况向中共做了详细汇报。

党中央和毛主席制定了大迂回、大包围和军政兼施、恩威并重的战略方针，并从战略战术上对解放大西南做出全面、具体部署，指出“在武力打击的同时必须兼用政治教育的方式”，进一步加强了对国民党高级将领的统战工作。11 月 1 日，解放军发动西南战役，二野主力和四野一部大迂回、大包围，三兵团主力在四野第 47、50、42 军配合下，从湖北巴东至贵州天柱间宽约千里的地域内实行钳形合击；以第五兵团第 16、18 军和第三兵团第 12 军在解放贵州后继续迅速经黔西北迂回川南泸州、宜宾一带，坚决切断宋希濂部向黔滇退却的道路，并力求歼敌于长江南岸。解放军迅速突破布防薄弱的黔川湘结合部，宋希濂集团防线全线崩溃，23 日第十四兵团司令钟彬在涪陵白涛乌江畔被生擒。11 月中旬，由台北飞重庆的蒋介石察觉解放军意图后，急调孙元良部由川东到重庆外围布防；将刚开到川西北青川、平武的罗广文部星夜调回川东，当罗部开到南川已疲惫不堪，还未完成布防，便遭解放军迎头痛击，被歼大半；又亲自下令征调 800 辆汽车，将防守秦巴山脉、被视为胡宗南部最精锐的第一军赶运重庆，加强川东南防线。刘宗宽又及时将情报告知二野。解放军加速进军，成功地将援敌歼灭于重庆外围，加速了重庆的解放。①

30 日，重庆解放，半月前才从台湾飞重庆亲自指挥西南战役的蒋介石，不得不又仓皇飞往成都，刚起飞不到半小时，解放军就攻占了机场。奉令死守重庆的卫戍司令杨森，也在同日早晨逃离重庆。国民党反动派逃跑前夕进行了疯狂的大屠杀，300 多名被关押在渣滓洞、白公馆集中营的中共党员、民盟盟员和革命志士惨遭杀害。

国民党中央党政军机构高官逃迁成都，总统府驻北校场，行政院驻商业街，中央党部驻省党部。蒋介石困兽犹斗，成立临时作战指挥部，企图拼凑宋希濂、罗文、孙震各兵团残部阻挡解放军向成都推进，并调胡宗南主力部队集结成都附近，在成都平原上同解放军做最后决战。但大势已去，宋希濂、罗文、陈克非、杨森、孙震、孙元良等部已溃不成军，又四散奔逃，各寻出路。12 月 7 日晚，蒋介石在成都召开紧急会议，决定将国民政府迁往台湾，在成都设大本营，指派参谋总长顾祝同取代张群兼任西南军政长官公署长官，胡宗南为副长官兼参谋长代行长官职权，全权指挥川、康地区的国民党军作战。8 日，国民政府行政院长阎锡山、副院长朱家骅和陈立夫、总统府秘书长、参军长等要员从成都飞逃台湾。而刘邓潘彭县起义和遍地开花的大批国民党高级将领的阵前起义彻底打破了蒋介石的美梦。

国内和平协定最后修正案助力地区性和平解放　毛泽东在 1949 年新年献词中发出“将革命进行到底”的号召，明确指出，必须“用革命的方法，坚决彻底干净全部消灭一切反动势力”，有足够的力量能在不很久的时间内全部消灭国民党政府的残余军事力量，但为了早日结束战争，减少人民的

① 刘宗宽：《国民党垂死挣扎的反动战略部署及其最后覆灭》，载中国人民政治协商会议四川省委员会文史资料研究委员会编：《四川文史资料选辑》第 18 辑，四川人民出版社，1979 年。

痛苦，仍愿意和南京国民党反动政府及其他任何国民党地方政府和军事集团进行和平谈判，而以惩办战争罪犯、废除伪宪法和伪法统、改编一切反动军队等八项条件为谈判基础。经过谈判，国共双方代表一致同意《国内和平协定（最后修正案）》，共 8 条 24 款①。

北平和谈虽然没有成功，但是对争取地区性的和平解放却发挥了巨大的政治威力。4 月 21 日，毛泽东、朱德发布的渡江令指出："向任何国民党地方政府和地方军事集团宣布国内和平协定的最后修正案。对于凡愿停止战争、用和平方法解放问题者，你们即可照此最后修正案的大意和他们签订地方性协定。"② 渡江战役后发生的湖南起义、绥远起义、新疆起义等，基本上都是根据这个协议精神原则办理的。这些起义现实地给聚集西南和四川的国民党军政机关和人员以重大影响。刘、邓、潘等大多数川军将领早与蒋介石集团矛盾重重，到 1949 年，面临国民党统治的即将垮台，是为其殉葬还是另谋出路，也引起他们激烈的思想斗争。邓锡侯回忆说，"明知蒋政权必败，却并未预料崩溃得那样迅速；虽明知共产党必胜，但对中共政策和个人前途仍疑惧重重"；这时北平、湖南两地的和平解放，给我们"指出了明确的政治方向"③。虽然四川省主席兼保安司令王陵基在 6 月省参议会上作施政报告时，仍然顽固声称决心"保川御共"，"决不容许酝酿局部和平"④，并在 11 月 24 日，四川省政府实行所谓一元化战时体制，各厅处人员保留十之三四，以一部留守，一部随行办公。但刘、邓、潘却加快了起义的步伐，并成功地举行了彭县起义，首先宣告了西康省的和平

① 参见《毛泽东选集》第四卷，人民出版社，1991 年，第 1451—1456 页。

② 《毛泽东选集》第四卷，人民出版社，1991 年，第 1451 页。

③ 邓锡侯：《我在川西起义的经过》，载中国人民政治协商会议全国委员会文史资料研究委员会编：《文史资料选辑》第 17 辑，中华书局，1961 年，第 19—20 页。

④ 四川省文史研究馆：《1949 年四川大事记》，载四川省政协文史资料委员会：《回忆四川解放》（续集），四川教育出版社，1989 年，第 475 页。

解放。

12月12日，第24军代军长刘元瑄根据中共地下党组织的意见，在雅安召开隆重的起义宣誓大会，西康省民政厅长代行省主席张为炯通电全省各县宣布起义。次日，在雅安成立西康临时军政委员会，推刘文辉为主任委员，刘元瑄为副主任委员，其他成员有刘元琮等5人，及中共、民盟、民革代表各2人，共13名委员。布告全康，接管西康军政事务，迎接解放，并反击胡宗南部与王陵基的保安团的进攻，直到解放军第12军赶到会师。驻西昌的24军136师伍培英起义撤离西昌时，遭贺国光袭击，边打边撤，损失较大，退至冕宁，由中共地下党员伍精华派人将他们送出彝区到达富林，坚守大相岭，切断从成都、乐山通往西昌的道路，与贺国光部对峙，直到解放军到达。

自贡市12月5日和平解放。1949年春，张志和利用他作王陵基高等顾问的关系，安置民盟秘密成员甘绩丕出任自贡市市长。8月民盟省支部负责人张志和、张松涛、吴汉家研究决定，派徐志诚协助工作。10月介绍中共地下党员唐星平到自贡与甘洽谈自贡起义问题。甘根据中共意见，与潘文华的返乡部将杨续云（盟员）合作，积极策反，掌握了自贡军警、税警警备大队和整个川康盐管局税警部队的指挥权。11月中旬，甘绩丕先后召开城防和各机关负责人会议，宣传中共统战政策和二野刘邓的《四项忠告》等，强调保护盐场设施和机关档案，加强治安防范，为准备起义约束纪律。国民党当局成立“叙泸警备司令部”，杨续云被委为第一分区司令部副司令兼自贡戒严指挥部指挥。12月5日，他们率领军警及政府机关2700余人宣布起义，迎接解放军入城接收政权。新中国成立后，西南军政委员会于12月30日任命甘绩丕为自贡市副市长。

南充县12月10日和平解放。1949年夏秋，中共南充地下党组织采取多种形式，宣传解放战争胜利发展，并将《约法八章》《四项忠告》贴在各乡醒目地方，起到了破除谣言、安定民心、震慑敌人、促使伪乡保人员转变立场等效果。随着解放军向四川推进，一些国民党上层人士思想发生动摇，地下党组织抓紧开展统战工作，促使了南充专员杨东柏等一批军政人员弃暗投明；争取地方武装，在已掌握南充民众自卫总队的大多数中队的基础上，策反了副总队长张恢先，并抢在当局企图破坏城市和处决政治犯之前，解救了被监禁的中共党员和进步人士。10 日凌晨，解放军大兵压境，国民党县、专署及军、警、特、保安团纷纷逃跑，只剩下自卫总队 500 多人时宣布起义，成立南充县临时治安委员会，分派自卫总队官兵维持全城治安，保护机关、仓库、银行及一切公私财物，防止隐蔽的少数国民党匪特及散兵游勇的骚扰和抢劫，安排得力官兵保护好进入南充城的水陆交通要道，派出人员与解放军联络。新中国成立后，中共地下党员和部分民主人士参加临时治安委员会，并改称解放委员会，继续维持地方治安，支应解放军部队粮草，直到 1950 年 1 月 8 日军管会正式成立。

四川中共与民盟、民革、农工党等地下组织密切配合，建立联合机构，策动了多地军警、保安部队和政府机关起义，迎来不同大小的多个区域性和平解放。

成都解放　蒋介石逃到成都后亲自指挥意图固守成都，一日三见胡宗南；胡宗南调亲信盛文的第三军入城，成立“成都防卫总司令部”，命令地方团队撤出市区 40 里，接管市区城防；出动中央陆军军官学校及其游击干部训练班（简称游干班）学员和武装部队数千人沿街示威游行，杀气腾腾；颁布“格杀勿论十条”，将监禁的共产党人和爱国民主人士杀害于十二桥和王建墓；委任王缵绪为“反共救国军”西南第一路游击总司令、唐式遵为第二路游击总司令，以及川西北、川东南反共救国军和各种反共游击纵队总指挥等名号，纠集武装匪特，组织反革命叛乱，一气委任了十余个军长；频繁召见地方人士，以收买人心。

10日晨截获在昆明宣布起义的云南省主席卢汉要求刘文辉会同四川各将领扣留蒋介石的电文后，蒋介石如惊弓之鸟，下午匆忙离开成都飞往台湾。蒋经国在日记中写道："此次身临虎穴，比西安事变时尤为危险，祸福之间，不容一发。记之，心有余悸也。"①

在解放军声北击东打破了蒋介石"以陇南与陕南为决战地带，而不在川境内与共军周旋"② 图谋之后，刘、邓、潘彭县起义又中心开花，再次打乱了蒋介石"川西决战"的部署。与彭县起义同时，国民党第二十二兵团司令兼72军军长郭汝瑰率所部1.5万名官兵在宜宾宣布起义，既堵死了胡宗南、宋希濂部南逃云南的退路，又为二野第五兵团的西进和北上让开了道路。岷江上游和下游两地的起义中心开花，配合人民解放军关闭了胡宗南集团逃窜康、滇的大门，彻底粉碎了国民党蒋介石在川西建立"陆上基地"梦想。天时地利人和，义旗一举，成都战局为之大变。16日，上任不到10天的西南军政长官公署主任顾祝同也逃离成都。

之前，北线解放军贺龙统率第十八兵团与二野密切配合，先在秦岭一线佯攻，突而不破，有效滞留胡宗南集团于秦巴山区；在二野攻入四川，胡部慌忙南撤时，中央军委将第十八兵团划归二野建制，从宝鸡、汉中入川，追而不迫，进占川北、川中重镇，为友军迂回抢占川康要地赢得时间；在友军断绝敌军退路后，又迅速跟踪追击，与南线部队一起将胡宗南部及国民党其他残余部队压缩在成都附近及周围地区。

南线解放军继解放川东、重庆之后，第三、第五兵团的五个军日夜兼程，一路从东、从南攻击前进，迅速解放宜宾、泸州、内江、自贡、乐山、峨眉、眉山、洪雅等地，12月19日在峨边县沙坪大渡河畔活捉川湘鄂黔边

① 曾景忠、梁之彦选编：《蒋经国自述》，团结出版社，2005年，第314页。

② 曾景忠、梁之彦选编：《蒋经国自述》，团结出版社，2005年，第285页。

区最高决策委员会主任宋希濂，后又相继攻克邛崃、大邑、崇庆等县，完成对川境国民党军残部的包围。

12月21日，刘伯承、邓小平发出成都战役命令，南北两线解放军迅即投入战斗。22日，胡宗南不顾蒋介石要其死守成都的一再电令，采取丢卒保车之策，要罗广文等众非嫡系部队阻击解放军进攻以掩护其直属部队李文兵团等突围撤往西康，但各部经过政策学习或策反工作，不愿再当替死鬼，都在自谋出路，使得胡宗南惊慌失措，丢下部队于23日飞逃海南岛，加速了国民党军的分化崩裂，众多国民党高级军政首脑相继起义、投诚，投入人民阵营，唯独接替胡宗南指挥的第五兵团司令李文负隅顽抗，24日集中6个军向雅安方向突围，在新津、邛崃一线被解放军分割包围，阵地逐一摧毁，其残部被围于邛崃地区。27日下午2时，李文率二十几名将领及部属，以及随逃的四川省主席王陵基的3个保安团共5万余人投诚，王陵基只身潜逃，2月6日在江安被擒。至此，川西战役即告结束，30余万敌军瞬间瓦解冰消。

国民党地方实力派、民革、民盟、农工党以及各阶层民众各尽其能，互相协调，与我们党密切配合，为解放成都做出了重要贡献。1949年春，成都原与省委失去组织联系的共产党员罗髫鱼、胡春浦、田一平等自动组织成立党的临时工作委员会（临工委），开展统战、策反工作，并建立外围组织“民主实践社”，重点做国民党军政人员和上层人士的策反和统战工作。1949年12月，成立以郭勋祺为总司令、胡春浦为政治委员的西川人民保卫军总司令部（保总）。郭勋祺，大革命时期倾向共产党，参与国共合作，掩护陈毅等共产党人脱险；在追击长征中的红军时奉刘湘令实行“剿共”又“存共”的任务；抗战时期所部与新四军互为犄角，交往密切，被蒋介石借故卸去其军权；1947年冬又逼迫其出山打内战，但用而存疑，安插亲信监督。1948年7月襄阳之战中，身为第15绥靖区中将副司令的郭勋祺与司令康泽同时被俘。刘伯承急电前线将其送至中原军区，随后同陈毅等前往看望，相谈甚欢，赠以毛泽东《新民主主义论》等书。郭当即自荐回川策反川军，返川途中被挡获，软禁于南京，直到蒋介石宣布引退后才获释。返川途中先后说服金振声、杨续云等辞职回川开展策反起义。郭返回成都后找到地下党组织临工委，在其领导下开展策反工作。郭不顾国民党特务严密监视的风险，创造机会向川军将领和可靠朋友宣传他在中原军区受到的优待和共产党不咎既往、立功受奖的政策，减少他们的顾虑，促成多支部队起义。“保总”在做策反工作，发表《和平公约》，维护成都社会秩序，迎接解放军入城，配合解放军和平解放成都等方面做出了积极贡献。

同时，熊克武、邓锡侯等为迎接解放，在反蒋倒王斗争中筹组了由上而下的川康渝民众自卫会，分割了王陵基所兼保安司令部分职权，后来虽因拒绝在名称前加“戡乱”“反共”字眼被迫结束，但转入地下继续反蒋倒王活动，嗣后参加了刘邓潘起义的行列。中共地下党组织抓住组建成都民众自卫队之机，经乔毅夫、张斯可等推荐，川康民革成员和民主实践社（中共临工委外围组织）成员乔曾希获任成都民众自卫队少将副总队长（总队长由市长冷寅东兼）。他按照临工委的布置，牢牢掌握民众自卫总队，作为地下党组织的武装力量，维持社会治安，保护人民生命财产，迎接解放，同时掩护地下党组织活动，策反在成都的国民党军政人员及部队起义。为此，在有关方面配合下，慎重选用各大队、中队队长等骨干队伍，动员市民出钱出力在街区修建木栅，成功将自卫队留在城内保境安民，对胡宗南部盛文第三军组建的成都防卫总司令部（防总）控制成都形成干扰，还配合策反了其黄埔同期同学“防总”副参谋长何其杰等核心成员和负责炸毁成都的工兵团长、宪兵团营长等头面人物，以及实施爆破任务的 123 师，确保了历史古城成都幸免于难。① 众叛亲离的成都防卫总司令盛文深夜潜逃，成都实际形成无人管理的“真空”地带。早与中共地下党组织建立联系的成都市市长冷寅东，12 月 25 日在智育电影院召开有知名士绅和市府、自卫总队及其所属各级机关 600 余人的会议，宣布正式起义，接受中国共产党地下党组织的领导。随之成立四川省会临时治安委员会，以维持社会治安，防止散兵游勇和不法之徒乘机破坏。

成都和平解放了，不仅刘、邓、潘及其部下数十位将领未走，国民政府军事参议院上将参议吕超、田颂尧，川湘鄂边区绥靖副主任陆军中将陈兰亭，四川省财政厅长兼省银行董事长邓汉祥、省参议长向传义、省高院院长苏兆祥、成都警备区司令严啸虎、警察局长熊倬云等军政要员也没有走，成都市历任市长钟体乾、余中英、李铁夫、乔诚等离任官吏都没有走，旧省市政府机关的主要官吏绝大部分都留守机关，没有出逃，纷纷参加起义，民族资本家也大多未走，城市、工矿企业、学校和机关的文件档案未受破坏，避免了生灵涂炭，城市破毁。这与历代政权更迭中的四川，特别是与明清交替时的四川赤野千里和辛亥年末成都发生兵变、全城劫焚的满目疮痍相较，不但优劣好坏立判，更重要的是具有 2300 多年建城史的历史名城成都由此获得彻底解放和新生。

12 月 27 日，南北两线解放军在成都胜利会师，成都这座被国民党蒋介石集团视为最后堡垒的西南重镇宣告和平解放，千年古城成都完好无损地回到人民的怀抱。29 日，成都市 123 个单位联合组织四川省会各界庆祝解放大会，欢迎解放大军胜利进入成都。30 日，贺龙、李井泉、王维舟、周士第等率领中国人民解放军第 60 军举行了盛况空前的入城式，受到中共地

① 参见乔曾希：《保护成都 迎接解放》，载四川省政协文史资料委员会办公室、中共四川省委统战部党史办公室：《风雨同舟》，四川人民出版社，1991 年，第 446—449 页；《一位进步人士的 1949》，《成都晚报》2009 年 12 月 26 日。

下党组织、各民主党派、各界人民群众和刘文辉、邓锡侯、潘文华的代表及其他起义部队将士们的热烈欢迎。五星红旗与各色彩旗标语翻飞飘扬，鼓乐秧歌口号鞭炮交响回荡，威武雄壮的解放军队伍经驷马桥进入市区，从上午 10 时到下午 4 时一直在欢迎的人群中缓缓移动，整个成都沉浸于欢乐的海洋……

四川解放是在中共中央的正确领导和解放区军民的有力支持下，中国人民解放军和四川各级党组织及其广大党员，紧紧依靠全川各界别各阶层人民群众英勇奋斗取得的伟大胜利，是中国共产党长期细致的统战工作的重大成果，是中共与各民主党派和爱国民主人士共同奋斗的重大成果，是人民民主统一战线的重大成果，充分显示了统一战线、武装斗争、党的建设三大法宝综合运用表现出的震古烁今的强大威力和永恒魅力，为中国新民主主义革命统一战线增添了独具特色的四川篇章。

第五章
四川统一战线的巩固和发展

从中华人民共和国成立，到社会主义改造基本完成，这是一个过渡时期。这一时期，党领导人民由新民主主义革命过渡到建立和巩固新生的人民民主专政的国家政权，恢复和发展国民经济，实现了从新民主主义到社会主义的历史性转变，确立了社会主义基本制度，为当代中国一切发展进步奠定了根本政治前提和制度基础。四川更经历了划区设治、撤区建省、川渝合并、川康合并等行政区划的急剧变化，统一战线在这一历史进程中书写了特色鲜明的四川篇章，与全国一道实现了中国历史上最深刻最伟大的社会变革。

第一节　人民民主统一战线书写新篇章

一、建立人民民主政权

与中华大地几千年来的历代政权更替不同，中华人民共和国从中央到地方的各级人民政权，是彻底打碎旧的国家机器之后在全新的基础上建立起来的。人民民主专政是中国工人阶级、农民阶级、小资产阶级、民族资产阶级及其他爱国分子的人民民主统一战线的政权，共产党同各民主党派及一切爱国民主人士一道参加人民政府，共同管理国家事务。统一战线地位作用发生了历史性变化。随着四川的解放，四川统一战线工作任务也从配合武装斗争、争取新民主主义革命胜利，发展到肃清国民党残余势力，镇压反革命叛乱，建立和巩固人民政权，为恢复和发展国民经济而共同奋斗。

人民民主统一战线的历史性发展　中华人民共和国的成立，揭开了中国历史的新篇章，人民民主统一战线开始进入新的历史发展时期。全国各民族、各民主阶级、各民主党派、各人民团体、广大华侨、各界民主人士和其他爱国分子都先后加入了统一战线，国民党统治集团中的一部分地方实力派也脱离了反动营垒，转到人民革命一边。以《中国人民政治协商会议共同纲领》（简称《共同纲领》）为团结合作的共同政治基础，中国人民民主统一战线达到了空前广大的规模和空前牢固的团结。

1950 年 3 月，第一次全国统战工作会议在北京召开。中央统战部部长李维汉作了题为《人民民主统一战线的新形势与新任务》的报告，指出新中国成立后统一战线已经发生了历史性变化，其主要任务是争取尽可能多的力量，为实现《共同纲领》，稳步实现党在新时期的历史任务而奋斗。毛泽东听取了会议情况的汇报，针对会议中反映出来的问题做了重要指示。周恩来到会连续做了两次报告，主要讲国内外形势和如何处理好人民民主统一战线中的阶级关系、党派关系、民族关系和上下级关系的问题，并就大家在讨论中争论较多的问题做了回答。会议研究讨论和明确了新中国成立后统一战线工作的新任务以及各方面统战工作的基本方针政策，提高了人们对新中国统一战线工作的必要性和重要性的认识，着重纠正了“左”的关门主义倾向，也指出了敷衍主义和迁就主义的危害。

毛泽东针对共产党内存在的严重的“左”的关门主义倾向，强调要在党内广泛开展统一战线政策的宣传教育，使大家认识到统一战线的必要性。

他指出：无产阶级只有解放全人类，才能最后解放自己。中国工人阶级单求得自己的解放不行，必须求得四个阶级的共同解放。这一概括，把统战工作的重要性提到了一个新的战略高度。在1950年6月召开的党的七届三中全会上，毛泽东在向全会提交的《为争取国家财政经济状况基本好转而斗争》书面报告中再次强调，要认真地团结各界民主人士，帮助他们解决工作和生活问题，克服统一战线工作中的关门主义倾向和迁就主义倾向。毛泽东还发表《不要四面出击》的重要讲话，着重阐述了报告所依据的战略策略思想，针对有些地区"左"的倾向导致阶级、阶层及民族之间关系紧张的问题，提出了"不要四面出击"的战略策略方针。他指出：全党都要认真地、谨慎地做好统一战线工作。要在工人阶级领导下，以工农联盟为基础，把小资产阶级、民族资产阶级团结起来。不要四面出击，树敌太多，造成全国紧张。

四川是中国大陆解放较晚的地区之一，也是旧中国反动势力的最后聚集地区之一。与全国其他地区一样，解放初期的四川面临着错综复杂的国际环境与国内形势，党和人民面前还存在着许多困难。在国际上，以美国为首的帝国主义，坚持与中国人民为敌的立场，企图在政治上孤立、在经济上封锁、在军事上包围新中国。党和人民必须继续同其侵略政策和战争政策进行较量。在国内，四川的突出问题是：在军事上，国民党溃逃时留下的大批残余力量，同当地恶霸势力以及惯匪相勾结，以土匪游击战的方式捣乱破坏，他们寄希望于帝国主义对中国的干涉和"第三次世界大战"的爆发，妄图卷土重来，严重危及社会政治新秩序的建立和稳定。在经济上，新四川继承的是一个十分落后的千疮百孔的烂摊子，生产萎缩，交通梗阻，民生困苦，失业众多；特别是国民党统治下长期的恶性通货膨胀，造成物价飞涨、投机猖獗、市场混乱的局面，给国民经济的恢复带来极大的困难。面对严峻的形势和困难，党和政府以恢复和发展生产为中心任务，巩固和发展人民民主统一战线，最大限度地团结一切可以团结的力量，努力医治战争创伤，完成民主革命遗留任务，建立和巩固新生的人民政权。

在全国第一次统战工作会议召开期间，1950 年 3 月 26 日，中共中央西南局第一次统战工作会议召开。西南局第一书记邓小平在会议上作《全党重视做统一战线工作》的报告，指出统一战线是决定革命胜利的三大因素之一，没有统战工作，任何一件事情都办不好；统战工作是共产党的总路线的一部分，是要贯彻到底的；要广泛地团结工人阶级、农民阶级、小资产阶级、民族资产阶级和社会各阶层人民。

接管城市政策的贯彻　《共同纲领》规定：凡人民解放军初解放的地方，一律实行军事管制，取消国民党反动政权机关，自上而下委任人员组成军事管制委员会（简称“军管会”）和地方人民政府，领导人民建立革命秩序，并在条件许可时召开各界人民代表会议，逐步地代行人民代表大会的职权，选举各级人民政府。在少数民族地区实行民族区域自治，建立民族自治机关。

解放四川的接管准备工作早在 1949 年夏秋，解放军进入四川之前就开始了。根据统一部署，军管会在入城前对接管的城市进行调查研究，掌握基本情况，确定接管对象，制定接管方案，对入城人员进行教育，讲解城市政策，介绍接管经验，学习入城手册，制定规章制度，建立相应工作机构和人员。解放军组建了二野西南服务团、十八兵团南下干部团等随军参加接管接收，四川地下党组织川东特委、川康特委负责人介绍和提供四川和重庆的相关情况，随二野进军西南的胡子昂等民主人士还向参加接管的有关人员介绍了财政、金融等方面的情况。据此，重庆、成都、自贡、南充、雅安等四川几个主要城市解放以后，迅速建立军管会。军管会为所在行政区域军事管制期间最高行政权力机关和军事机关，统管本区域内的军事、民政等事宜，接管旧政权机关和军事机关，接收一切公共事业、产业和物资，没收官僚资本和封建地产，建立和维护社会秩序，组织恢复生产，保障人民生命财产的安全，筹备召开各界人民代表会议。下设各专门接管委员会，接管国民党机构。

解放初期，反动残余势力嚣张，制造谣言，扰乱治安。各城市一解放，军管会便立即与各界人士座谈，宣传《共同纲领》、解放军的《约法八章》和党的各项政策，听取各界人士的意见建议，宣传政策，安定人心，开展接收接管工作。各地确定了按接管对象，分轻重缓急，接管并重、先接后管、边接边管等接管步骤和办法，保证了接管的顺利。

在解放各地、实施军事管制的前后，四川各地党组织迅速建立起来，隶属由邓小平、刘伯承、贺龙分别任第一、第二、第三书记的中共中央西南局。1949 年 11 月 30 日，中共重庆市委成立，陈锡联、张霖之、曹荻秋分任第一、二、三书记。12 月 10 日，中共川北区临时工作委员会在进军途中成立，次年 2 月在南充正式成立，胡耀邦、赵林分任第一、二书记。12 月 19 日，中共川南区委在自贡成立，李大章、彭涛任第一、二书记。12 月 26 日，中共川东区委在重庆南岸成立，谢富治任书记。1950 年 1 月 20 日，中共川西区委在成都成立，李井泉、王新亭、龚逢春分任第一、二、三书记。1 月 25 日，中共西康区委（1953 年 2 月改称省委）在成都成立，廖志高任书记。

隶属以刘伯承为主席的西南军政委员会的四川各地政权机构也纷纷建立起来。1949 年 12 月 11 日，重庆市人民政府在重庆成立，陈锡联任市长。1950 年 1 月 1 日，川东人民行政公署在重庆正式成立，阎红彦任主任。同日，川南人民行政公署在自贡成立（驻地同月移至泸县），张国华任主任（同年 2 月由李大章接任）。2 月 7 日，川西人民行政公署在成都成立，李井泉任主任。同月 24 日，川北人民行政公署（以下简称行署）在南充成立，胡耀邦任主任。4 月 26 日，西康省人民政府在雅安成立，廖志高任主席。

在此前后，四川四区一省一市以及下辖的市、区、县都根据各地不同的特点建立起各级党政组织。

建立各界人民代表会议　建立各界人民代表会议（简称各代会）制度，是解放战争时期各解放区工作的重要经验总结。早在 1948 年冬，中央明确规定：在城市解放后实行军事管制的初期，应以各界代表会议为党和政权领导机关联系群众的最好组织形式。各界代表会为人民代表大会召开前的临时政府的协议机关，“可看作人民代表大会的雏形”①。新中国成立后，毛泽东更加注重发挥各代会的作用，多次强调其重要意义，1949 年 10 月 13 日在对一个县召开各代会的情况和经验的批示中强调指出：这是一件大事。如果一千几百个县都能开起全县代表大会来，并能开得好，那就会对于我党联系数万万人民的工作，对于使党内外广大干部获得教育，都是极重要的。还多次指出，党员不要太多，略微超过一半即够，要注意吸收大批中间分子，争取他们向我们靠拢，并详细指明各代会应包括的各阶层人士。

四川各地解放后，面对纷繁复杂的局面，党从初始即注意分化地主阶级，争取开明士绅，争取民族资产阶级，壮大人民民主力量，巩固和扩大人民民主统一战线。在建立军管会统管军事、民政等事宜的同时，按照《共同纲领》的规定，在尚不具备立即普选的情况下，迅速召开各代会，代行人民代表大会职权。1950 年 1 月 23 日至 29 日，重庆市举行首届各界人民代表会议，距该市解放不到 2 个月的时间。刘伯承、陈锡联、邓小平先后做施政报告、工作报告、总结报告，会议通过了有关建设新重庆的 212 件提案，选举产生重庆市第一届协商委员会，陈锡联任主席。西南局发出迅速召开各界人民代表会议的指示，责成各省委、区委及各地委立即迅速

① 中央档案馆编：《中共中央文件选集》第 17 册，中共中央党校出版社，1992 年，第 532、533 页。

召开县人民代表会议，要求各地认真运用人民代表会议的方法，团结多数，孤立反动派，取得主动，使工作能比较顺利地进行。据此，各行署区首先召开县一级的各代会，至 1950 年 4 月，除个别少数民族聚居县外，已有 133 个县（市）召开了各代会。在此基础上，6 月下旬，9 月上旬、中旬及次年 4 月上旬分别召开川北、川西、川南、川东区各代会，听取报告，选举产生了首届协商委员会。在组建各界人民代表会议、协商委员会中，按照统筹兼顾、全面安排的方针，在各级吸收了数以万计的有影响的民主党派成员、无党派民主人士、从地主阶级分化出来的开明士绅、原国民党军政人员、民族资产阶级代表人物、少数民族和宗教界上层人士等各界代表人士参加，仅四个省一级行署区的各代会中，就有党外上层人士 1131 人。各行署区协商委员会副主席中共党员和非中共人士基本对半，有的地方非中共人数还超过中共人数。

四川地区各市、区、省首届各界代表人士会议协商委员会领导人

地区	主　席	副主席	开会时间
重庆市	陈锡联	曹荻秋　胡子昂＊　何　鲁＊	1950.1.23—29
川西区	李井泉	郝德青　钟体乾＊　李宗林　彭迪先＊	1950.9.6—11
川东区	谢富治	余际唐＊	1951.4.6—10
川南区	李大章	王维纲　罗忠信＊	1950.9.9—15
川北区	胡耀邦	赵　林　卢子鹤＊　张雪岩＊	1950.6.23—7.1
西康省	廖志高	金昭典　阿旺加措＊　阿伐普木子＊　刘元瑄＊	1951.5.11—17

注：后缀＊者为非中共党员。

各界人民代表会议代表广泛。如，川东区首届各代会 479 名代表中，有农民 140 人，工人 60 人，青年、妇女各 50 人，民主党派 10 人，军队 20 人，政府 27 人，工商界 35 人，文化教育界 40 人，少数民族 2 人，还有机关和特邀人士等。川北区首届协商委员会 47 名委员中，有共产党 5 名，民盟4名，民革2名，青年团2名，政府4名，军队3名，工人2名，农民4名，妇女3名，学生1名，工商界、文教界各4名，科技界2名，自由职业1名，少数民族2名，还有特邀代表等。中共通过各代会及其协商委员会这个统一战线组织及其他形式，宣传政策，听取意见，沟通思想，凝聚力量。邓小平、贺龙都分别在重庆市第一届各代会和成都市各界人士座谈会上，宣传、阐释党和政府的政策，使各界人士深受教育和鼓舞。各代会具有广泛的群众基础，充分体现了人民民主专政的统一战线性质，促进了地方人民政权的建立和巩固，增进了党同人民群众的联系，避免和减轻了新旧政权交替、社会剧烈变革可能产生的动乱和破坏，有力推动了接管、施政、清匪、反霸、减租、退押、恢复与发展生产、调整工商业、生产救灾等工作，并积累了民主建政的经验，为人民代表大会制度的建立做了充分的理论和实践准备。

吸收非中共人士参加人民政权　毛泽东指出，在中国人民解放事业中，各民主党派和无党派人士都做出了自己的贡献，对做过贡献的各民主党派的领导人，应该在政府里安排职务，不能忘记老朋友。在政权建设中，毛泽东特别提出要“网罗各方民主人士”，使他们参加到各级政权中来。“政府也是统一战线的，一定要合作好”①。为了使人民民主专政从一开始就成为统一战线的政权，在各地建立军管会、各代会吸收相当数量的民主人士和其他爱国人士参加的基础上，各级政府及其部门的建立，都注意安排了一批非中共的爱国民主人士担任重要领导职务。

7月27日正式成立的西南军政委员会组成人员中，刘伯承任主席，6位副主席中，共产党员3人（贺龙、邓小平、王维舟），非中共人士3人（熊克武、龙云、刘文辉），全川非中共人士担任委员的24人，副秘书长、

① 《毛泽东文集》第六卷，人民出版社，1999年，第10页。

主任、部（局）长 7 人（高兴亚、熊子骏、周钦岳任副秘书长，李筱亭任人民监察委员会主任，但懋辛任司法部长，邓锡侯任水利部长，李振任高参室主任），还有多人担任西南军政委员会各委员会或部门领导副职。1953 年 2 月 28 日，由西南军政委员会改设的西南行政委员会正式成立①，主席刘伯承，副主席贺龙、邓小平、熊克武、龙云、刘文辉、王维舟、宋任穷、卢汉、邓锡侯等 9 人，5 名非中共人士中四川有熊克武、刘文辉、邓锡侯 3 人；四川的非中共人士周钦岳任秘书长，高兴亚、熊子骏仍为副秘书长。

四川各省级政府及其部门领导非中共人士任职情况：

重庆市政府副市长胡子昂，市政府工作机构负责人 14 人职，其中正职 4 人（监察委员会主任胡子昂，企业局长徐崇林，教育局长肖华清，文化局长艾芜）；

川东行署有副主任余际唐，委员 18 人，副秘书长、主任、厅（局长）10 人职，其中正职 3 人（民政厅长李洪涛，工商厅长余际唐，交通厅长周绍轩）；

川南行署有副主任罗忠信，委员 13 人，副秘书长、主任、厅（局长）18 人职，其中正职 5 人（民政厅长罗忠信，商业厅长肖则可，交通厅长郭汝瑰，农林厅长彭焕章，文教厅长曾庶凡）；

川西行署有副主任钟体乾，委员 28 人，副秘书长、主任、厅（局长）20 人职，其中正职 5 人（监委主任彭迪先，民政厅长邱翥双，交通厅长郭勋祺，农林厅长程复新，水利局长吴应琪）；

川北行署有副主任裴昌会，委员 16 人，副秘书长、主任、厅（局长）12 人职，正职 5 人（工商厅长奚致和，工业厅长裴昌会，交通厅长谭卫根，

① 西南行政委员会，代表中央人民政府在各地区领导和监督地方政府，本身不再是一级地方政权。

文教厅长贾子群，法院院长张雪岩）；

西康省有副主席张为炯、格达、夏克刀登、果基木古，委员 15 人，主任、厅（局长）、区副主席、专员 14 人职，其中正职 3 人（教育厅长杨立之，民政厅长刘元瑄，雅安专员曹惠文）。

民主人士中，后来个别同志恢复了共产党党籍，有少数同志加入了共产党。出任政府各委、部正职的民主党派和无党派民主人士，有权独立负责地领导各自部门的工作。此外，新政府还任命一批民主党派及无党派爱国人士为政府参事，参与人民政权建设工作。

四川地区各区、省、市人民政府的组成，以中国共产党的坚强领导，体现工人阶级领导国家政权的根本属性；同时以各民主党派、无党派民主人士等各界代表人士参加政府，体现统一战线政权、政治协商、团结合作的人民民主原则，生动反映了中国共产党在长期的革命斗争中，团结各民主党派、无党派民主人士和各界别、各阶层人民群众一道反对帝国主义及国民党反动独裁统治，共同创建新中国的实际进程。这对于团结鼓舞全川各族各界人民参加新中国的各项改革和建设、巩固人民民主专政，具有重要的意义。

团结争取知识分子　知识分子历来是统一战线中的一个重要方面。中国知识分子的数量很少。解放初期，知识分子队伍主要由三部分组成：从旧社会过来的知识分子占当时知识分子的大多数，他们绝大多数是爱国的；在革命队伍中成长起来的知识分子，不少人成为党政机关中的骨干；从海外归来的知识分子，包括著名的专家学者在内，人数虽不多，但成为新中国现代科技的骨干和脊梁。

解放之初，在接管旧政权的一切公共事业中，对生产和教育部门采取原封不动、整套接管的方针，使之能“一面开工，一面清点”，“一面接受，一面复课”，并依据具体情况，逐步废除其反人民反科学的制度和内容，保留符合人民利益和科学的制度和内容。同时，在成都、南充、重庆开办人民革命大学，先后招收和培训了上万名青年学生、知识分子和在职留用人员、大学或中学教师等，为刚解放的四川输送了大量干部和建设人才。1952 年 7 月 4 日，川北区委统战部发出不能轻易裁减老秀才的指示，要求各县邀请老秀才参加各界人民代表会议，原机关确需裁减的也要安排进适当机关，对已遣返回家的，要设法解决他们的生活困难或恢复工作。

当时，由于刚从旧社会进入新社会不久，帝国主义、封建买办思想在知识分子中还有很大影响。许多人对新的社会事物不了解、不熟悉，大多有重新学习的愿望，以适应新形势的巨大发展和变化。所以，党对知识分子实行团结、教育、改造的方针。1951 年 11 月 30 日，中共中央发出《关于在学校中进行思想改造和组织清理的指示》，要求在学校教职员和高中以上学生中普遍开展学习运动，号召他们认真学习马列主义、毛泽东思想，联系实际，开展批评和自我批评，进行自我教育和自我改造。1952 年 1 月 5 日，人民政协做出《关于开展各界人士思想改造的学习运动的决定》，号召各民主党派、各级政府机关、各人民团体以及宗教界积极参加思想改造学习运动。于是，形成了一个全国规模的包括各界知识分子参加的思想改造学习运动。1952 年秋，知识分子思想改造学习运动基本结束。经过这次学习运动，广大知识分子认真学习马列主义基本理论，学习时事政治和社会发展史，通过参观或参加抗美援朝、土地改革、镇压反革命三大革命运动，思想政治觉悟有了很大的提高，初步树立了为人民服务的思想，基本上划清了敌我界限，《共同纲领》成为大家思想认识和行动的准则。后来周恩来评价说：“思想改造运动，批判了许多反动思想，初步解决了大多数知识分子为谁服务的问题”，“通过思想改造运动，确实帮助了知识分子的绝大多数基本上渡过了社会主义革命这一关”。①

在这次学习运动中，在制定执行具体政策的过程中，也存在一些偏差，主要是有些地方的领导指导思想上有急于求成的倾向，方法过于简单，是以群众运动的形式进行的，某些问题处理比较粗糙，使有些知识分子的自尊心受到某种程度的伤害。有些地方在思想批评中是非界限混淆，把学习研究西方科学技术与崇美思想混为一谈，造成思想混乱，使一些学术研究受到影响。

改造整编旧军队和对旧军政人员给予生活出路　正确对待和处理旧人员，是解放后的四川统战工作的一个重要内容。对于国民党反动统治的政治机构，如国民党的军队、警察、法庭、监狱及其各级党政组织，有计划有步骤地全盘彻底摧毁，以清除国民党腐朽的国家机器及其军政制度；但是对国民党政务和军事部门的旧人员，则实行经过改造后给予工作和生活出路的政策。毛泽东在为中共中央起草的文件中指出：“极谨慎地清理国民党统治机构，只逮捕其中主要反动分子，不要牵涉太广”②。中央于 1949 年 9 月发出的《关于旧人员处理问题的指示》明确提出，对旧人员不能用裁撤遣散的方法，党及人民政府有改造和在工作中养活这些人的责任，准备在全国解放后，在一定时期内，包括新旧军政人员在内，养活 900 万到 1000 万人。除作恶多端、严重贪污及依靠门子吃饭等而为群众所十分不满者应予撤职依法办理外，一般均予留用。这在财政上会有很大困难，但是可以解决的，在政治上十分必要。中央提出了“适当降低待遇，三个人的饭五个人匀着吃”的解决办法。对所有国民党军政机关的留用人员采取

① 中共中央文献研究室编：《建国以来重要文献选编》第十册，中央文献出版社，2011 年，第 268、270 页。

② 《再克洛阳后给洛阳前线指挥部的电报》，载《毛泽东选集》第四卷，人民出版社，1991 年，第 1323 页。

"包下来"的政策，给予生活出路。

四川是国民党在大陆的残余部队最后的藏身之地，据不完全统计，全川起义、投诚国民党军有7个兵团及其他部队共约41万人，是解放战争历次战役中人数最多的。他们大多是在解放军大军压境或被解放军包围的情况下不得已而起义的，情况十分复杂。起义后，有的虚报人数，以增加同共产党讨价还价的资本；有的隐藏特务，包庇坏人；有的仍然抓兵征粮，骚扰地方，抢劫百姓；还有的散布谣言，进行反动宣传，甚至故意开枪打炮制造混乱；有些人包括某些高级将领，存在着严重的抵触、对立情绪；更有甚者，有少数部队在国民党特务分子的挑拨煽动下，与当地土匪恶霸、帮会头子勾结起来发动叛乱。

1950年1月10日，西南局、西南军区就处理与改造起义、投诚的国民党军队的指示指出，在原则上必须坚持彻底改造的方针，但在方法上必须有策略、有步骤，细心耐心，分别不同对象，分别轻重缓急。按照对起义、投诚人员"包下来"的原则和"宜集不宜散，宜养不宜赶，集中处理，认真改造，分别对象，逐步处理，使之各得其所"的政策，1950年1月下旬，西南军区抽调上千名干部，组成若干工作团，分赴全川各地，对原国民党起义投诚部队，按中国人民解放军建军原则，从政治上、组织上、军事制度上进行彻底改造和整编工作。改造工作步骤一般为：一是宣传政策，安定情绪，联络感情，了解情况；二是整顿组织；三是开展民主运动与诉苦运动；四是进行整编。在改造过程中，正值西南全区进行紧张的征粮和剿匪斗争，少数起义、投诚部队经匪特策动叛乱，解放军采取坚决、迅速、彻底歼灭的措施，扑灭了叛乱，保证了改造工作于同年9月完成。胡宗南部等国民党嫡系部队的起义部队，分别调往华东、中南和西北地区与解放军混编；其他临时组建的部队、地方团队和游杂武装则就地整编，有的编入解放军或留作县武装，大多数人员遣送回乡参加生产；将级和上校级起义军官，集中到西南军区和军政大学各分校研究班学习。在川的起义、投诚国民党军官兵经过改造、整编，他们中不少人编入解放军、参加剿匪和抗美援朝战争。

对改造和整编工作，原国民党起义将领给予积极响应和主动配合。比如，国民党十八兵团司令李振率部起义后，1 月奉命移驻梁山（今梁平县）后，即报请派军代表来兵团进行改造和整编，3 月西南军区方派来军事代表杨国宇等到兵团工作。当时情况异常复杂，少数人受国民党反动宣传的毒害很深，思想跟不上形势的变化，在起义部队中有的起义后又叛逃，有的还杀害军事代表，李振部个别营以下单位也出现过类似情况。有鉴于此，李振认为应迅速整编，以免夜长梦多，6 月，主动在川东军区会议上建议：尽先撤销起义部队兵团和军的指挥机构，然后对起义部队按照愿留者适当安排，不愿留者给予资遣的原则进行整编。7 月，十八兵团和 30 军司令部撤销，李振被调任川东军区第二副司令员（司令员王近山，第一副司令员曾绍山），鲁崇义任第三副司令员。当年抱着“牺牲个人”“听天由命”想法率部起义的李振，30 多年后的回顾表达了众多起义将领的肺腑之言：“在川东军区任职期间，除领导同志不断向我宣传党的政策和解放军部队的情况外，我与解放军部队有了更多的实际接触，从而使我深刻体会到人民解放军是具有高度革命理想，为消除压迫和剥削、建立社会主义和共产主义而奋斗的人民军队，所执行的三大纪律、八项注意和三大民主（政治民主、军事民主、经济民主），都是基于崇高的革命理想建立起来的，因而干部和战士有高度的自觉性，团结一致，为共同的理想而奋斗。再不像国民党部队的上下之间一切为私，部队之间派系林立、互相猜忌，官兵之间等级森严、互相敌视，军民之间，军队压迫人民，人民仇视军队。从亲身经历的对比，认识了两种军队本质的不同，找到了国民党百万军队被消灭的主要原因，更相信共产党领导的事业必胜，更感到我所选择的起义道路走对了。”①

在改造整编中，按照“爱国一家，既往不咎，一视同仁，量才录用，妥善安置”政策，对起义投诚人员中的高级将领均在军队和地方做了较高的政治安排和实职安排，并对首先起义的四川地方实力派将领，在政治上、经济上予以适当照顾。

20 余名起义将领担任了政府或军队地、师级以上的领导职务。原国民党西康省政府主席兼第 24 军军长刘文辉历任西南军政（行政）委员会副主席、四川省政协副主席、国防委员会委员、全国政协常委、全国人大常委、林业部长等；原西南军政长官公署副长官邓锡侯历任西南军政委员会委员兼水利部长、西南行政委员会副主席、四川省副省长、国防委员会委员、全国人大代表等；原西南军政长官公署副长官潘文华任西南军政委员会委员；原国民党西安绥靖公署副主任兼第七兵团司令裴昌会历任西南军政（行政）委员会委员、川北行署副主任兼工业厅厅长、西南纺管局局长、国防委员会委员、全国人大常委、重庆市副市长等；原国民党第十八兵团司令兼第 65 军军长李振历任解放军川东军区副司令员、西南军区高参室副主任、西南军政委员会高参室主任、四川省政府参事室主任、全国政协委员、全国人大代表、省政协副主席等；原国民党第二十二兵团司令兼 72 军军长郭汝瑰历任川南行署委员兼交通厅厅长、南京军事学院教员、全国政协委员、全国黄埔同学会副会长、中国人民解放军军事历史研究会副会长等；原西康省政府民政厅厅长、代理西康省主席张为炯历任西康省人民政府副主席、西南军政委员会委员、成都市政府副市长、四川省副省长、全国人大代表等；原国民党 24 军代军长刘元瑄历任解放军 62 军副军长、西康省军区副司令员、西康省政协副主席、西康省政府委员兼民政厅厅长、四川

① 李振回忆，刘学超整理：《三十七年的戎马生涯》，1986 年。

省体委副主任、省人大常委会副主任、全国政协常委等；原国民党 24 军副军长、西昌警备司令部副司令伍培英历任解放军 62 军独立师师长、南京军事学院教员、四川省人委参事室副主任、全国政协委员等；原国民党 95 军军长黄隐历任解放军川西军区副司令员、川西行署委员、四川省军区高参室主任、四川省政府委员、全国人大代表等；国民党六届中央执行委员、国民政府顾问、豫陕鄂边区绥靖主任、陆军上将张钫任全国政协委员、中央文史研究馆副馆长等；国民党六届中央监察委员、监察院监察委员、陆军退役上将吕超任西南军政委员会委员；等等。

1955 年由军队转四川地方安排的 87 名国民党将校级军官中，由省委统战部安排在省和成渝两市政府参事室的 57 人（将级 39 人，校级 18 人），由省委组织部分配到国家机关和企事业单位工作的 26 人（将级 1 人，校级 25 人）。因民愤大不便安排的，发生活费养起来的 4 人。1200 余名校官以上军官陆续参加各界人民代表会议协商委员会、人民政协或在国家机关工作，很多人担任了领导职务。对 7 万余名上校以下起义军官也做了适当安置。一大批有技术专长的青年军官则分配到解放军各部队、机关工作或送进学校深造。刘文辉、邓锡侯、裴昌会、李振、陈离等数十名国民党起义将领被授予解放勋章，另有多人被授予解放奖章，以表彰他们为中国人民解放事业做出的贡献。①

二、巩固新生的人民民主政权

在建立和巩固政权、恢复国民经济的同时，党领导人民开展了抗美援朝战争、土地制度改革和镇压反革命的三大政治运动。这三大运动的矛头

① 《当代四川》丛书编辑部编：《当代四川统一战线》，四川人民出版社，2000 年，第 26—27 页。

直指帝国主义、封建主义及国民党反动派的残余势力，是巩固新生的人民民主政权，彻底完成新民主主义革命和实现《共同纲领》的需要。在三大运动中，党不断巩固和发展广泛的人民民主统一战线，把一切可以争取团结的力量都团结起来，取得三大运动的胜利；三大运动的胜利开展，使人民民主统一战线在经受了重大的考验和锻炼后进一步巩固和发展。

拥护清匪镇反　西南地区是蒋介石在大陆最后的根据地，贵阳解放次日，蒋介石、阎锡山即在四川推行“总体战”，实行“军政一体化”，随之成立 5 个反共保民军，并制订了破坏计划。在败退前，国民党特务机构有计划地在云、贵、川、康四省建立了 15 个游击区和 140 部秘密电台；开办“游击干部训练班”，培训了数千名骨干分子。匪首多为国民党溃逃军官、潜伏特务、恶霸地主、惯匪等，有很大一部分是由国民党军队在溃散过程中形成的；另外，在起义部队改造的过程中，有些军官仍然坚持反动立场，与反动地主、土匪合伙向政府进攻；个别起义部队经匪特拉拢，叛变为匪。各地国民党潜伏匪特同地主反动武装相勾结，利用反动会道门组织，并借助在旧中国源远流长的匪患，对新生的共和国进行颠覆和破坏，残杀党政军人员和下乡征粮工作队员，严重危害社会治安、经济恢复、城乡建设和新生的人民政权。1950 年 2 月 5 日，“川西人民反共救国军龙潭寺支队”在成都郊外龙潭寺、石板滩制造暴乱，残杀解放军第 60 军 178 师政治部主任朱向离等军政人员 40 余人；2 月中旬，成都周边双流、温江、郫县、新津等 14 个县城被土匪围攻。川东区匪特组织暴乱活动于 1950 年 3 月达到顶点，全区 35 个县、市除 3 个县外都发生了暴乱。1950 年 2 月 26 日至 4 月 13 日，川北军区机关所在地的南充市内的大部分民房，包括川北行署机关办公大楼在内，均被土匪烧毁，匪特在川北区暴乱 90 余次，杀害和打伤征粮人员 72 人，抢劫、烧毁国家公粮 105 万多公斤。西康省，1950 年 2 月中旬，“雅安反共救国军”第三路总指挥胥纯儒、游击司令罗子洲等网罗匪众万余人围攻雅安；“西南反共救国军”第15军军长程志武勾结天全匪首李元亨，纠集匪众3000余人，攻打天全县城①。到3月中旬，全川股匪有数字可计者，计川东约14万，川西约20万，川南川北各约10万，另西康之雅安1万，西昌会理国民党残部贺国光部近1万。四川解放之初，潜伏的匪特慑于解放军的声威，不敢轻举妄动。其后不久，匪特便蠢蠢欲动，陆续开始了叛乱。先由零星小股试探性的骚扰破坏，逐渐合成大股，由以抢劫经济物资发展成为有纲领、有组织的政治土匪，打出“反共”旗号，提出“抗粮、保烟、反禁银”等口号煽动蛊惑，并发展到大规模地攻打县城。

针对四川各地出现的反革命武装暴乱情况，解放军西南军区命令所属部队全面开展剿匪斗争。成都战役后，国民党西南军政长官公署及第1、27、69、124军等残部逃到西昌。国民党以贺国光为西昌警备司令，并令从成都飞逃海南岛的胡宗南返飞西昌“戴罪立功”，建立反共基地，等待国际形势变化。1950年3月12日，解放军发起西昌战役，24日解放康定，胡宗南、贺国光于26日飞逃台湾，27日西昌解放。至4月7日，西南军政长官公署副长官唐式遵和第69军军长胡长清等毙命，宁雅联防军司令、新编第11军军长羊仁安、124军军长顾介侯等国民党将领被俘，共歼灭国民党残军1万余人，拔除了国民党在中国大陆的最后一个据点。经过连续进剿、反复“围剿”，到1950年7月底，全川各地腹心地带、交通要道已基本净化，至年底，全川共剿灭匪敌57万多人②。朝鲜战争爆发后，土匪自以为梦寐以求的美蒋“反攻大陆”的时机到了，暴乱一度再起。到1951年上半年，全川绝大部分地区消灭了土匪，剩余逃往阿坝黑水的国民党残余匪特三千余人也在1952年7月解放军发起的黑水战役中被消灭，粉碎了蒋

① 张洪林等：《邓小平与西南剿匪》，《百年潮》2020年第10期。

② 中共四川省委党史研究室编写：《中国共产党四川历史大事记（1950—1978）》，四川人民出版社，2000年，第13页。

介石妄图建立“西南游击根据地”进行反共的梦想，基本除去了四川的匪患[①]。

1950 年 10 月，中共中央发出《关于镇压反革命活动的指示》，要求对一切继续进行反革命活动的分子，必须坚决予以严厉制裁，纠正镇压反革命工作中“宽大无边”的偏向，全面贯彻“镇压和宽大相结合”的政策。各地开展了以打击土匪、恶霸、特务、反动党团骨干分子和反动会道门分子为重点的镇压反革命运动。1953 年 10 月，各地镇反运动相继结束。经过镇反运动，国民党旧政权遗留下来的反革命残余势力和黑社会势力基本上得以扫除，社会秩序得以稳定，新生的人民民主政权得以巩固。

各地贯彻执行“军事进剿、政治攻势、发动群众”的方针，在对土匪武装进行强有力的军事清剿的同时，注意从政治上争取一切可以争取的力量，结成清匪统一战线，发动和组织民主人士、开明士绅下乡，协助剿匪征粮工作。组织一批担任各代会代表、委员和政府委员等有影响的民主人士参加剿（清）匪委员会，有的随军做土匪的争取瓦解工作，成立群众工作队（组），召开各界代表大会和群众大会，展开发动群众工作，广泛开展政治攻势，使匪特内部日益动摇分化、纷纷投诚自首。川北区通过政治瓦解的匪特达 2 万多人；川西区委统战部通过具有号召力的十几个袍哥头子做工作，很快在温江、郫县、广汉等地争取了数千名匪特自新。民主人士参加清匪，对稳定社会秩序发挥了特殊的作用。毛泽东对这种做法给予了肯定[②]。

对镇压反革命运动，各民主党派都表示坚决拥护，号召成员投身运动，协助政府，检举反革命分子，并向群众广为宣传。在镇压反革命运动开始

---

① 参见张洪林：《邓小平与西南剿匪》，《百年潮》2020 年第 10 期。

② 《当代四川》丛书编辑部编：《当代四川统一战线》，四川人民出版社，2000 年，第 25 页。

时，党外人士中有些人划不清敌我界限，主张对反革命分子施“仁政”，特别是有些与国民党反动派有历史联系的人，思想上震动更大。通过多种方式同各民主党派和无党派民主人士以及各界代表人士进行充分协商，通报镇反情况，介绍重大案件，宣传镇反政策，解除各种疑虑。西南军政委员会委员兼司法部长但懋辛发表了《怎样贯彻“镇压与宽大相结合”》的署名文章，《新华日报》连载三天，起到了指导运动的作用。有的地方还注意邀请民主党派和无党派人士参加对反革命案件的调查处理和评议。民主党派的许多地方组织和基层组织积极组织成员学习和宣传党和政府的有关文件精神。通过学习和事实的教育，许多党外人士划清了界限，坚定了立场，壮大了革命声势，有力地支援了镇压反革命运动。

开展抗美援朝运动　1950 年 6 月 25 日，朝鲜内战爆发。美国随即出兵朝鲜进行武装干涉，同时派遣第七舰队入侵台湾海峡，并将战火燃烧到中国东北边境，中国再次面临来自外部侵略的严重威胁。在这个危急关头，应朝鲜党和政府的请求，中共中央和中央人民政府决定抗美援朝、保家卫国。10 月 19 日，中国人民志愿军奔赴朝鲜前线，与朝鲜军民并肩作战，抗击美帝侵略者。最后迫使美帝不得不于 1953 年 7 月 27 日在停战协定上签字，取得了抗美援朝战争的胜利。

在抗美援朝斗争中，人民民主统一战线成员表现了高度的反帝爱国热情，并做出了重要贡献。抗美援朝开始后，少数党外上层人士思想有顾虑，认为美国军事力量强大，对战争前途比较担心。川南、川东、川北、重庆、川西和西康先后成立中国人民保卫世界和平、反对美国侵略委员会分会，组织大规模的群众集会，游行示威，时事学习，和平签名，以及订立爱国公约，开展优抚募捐慰问活动，听志愿军归国代表报告，控诉美帝罪行等群众性活动。1950 年 11 月中旬，四川各地区的中共党委和各民主党派相继发表联合宣言，坚决拥护中共中央发出的“抗美援朝、保家卫国”的号召，推动大规模的抗美援朝、保家卫国的群众运动在全川各地迅速全面展开。1951 年 6 月，四川各地响应全国抗美援朝总会号召，开展了捐款、捐献飞机和大炮等运动。至 1951 年底，重庆市捐款 564 万元；川东区义购飞机 36 架，折合人民币 561 万元；川西区捐献飞机 26 架、大炮 6 门、高射炮 4 门；川北区捐款 719 万元；西康省捐款 43 万元；川南区捐献飞机 30 架。至 1952 年 1 月，全川人民捐款达 3350 万元。民主党派和各界人士在成员中广泛开展爱国主义和国际主义的教育，组织学习和宣传有关文件，揭露美帝国主义纸老虎的本质，逐步消除崇美、恐美、亲美等各种不正确的认识，增强了爱国主义、国际主义和民族自尊心，并且成立宣传小组，深入城乡进行普及抗美援朝的宣传教育。他们以极大的热忱参加赴朝慰问团，慰问伤病员和烈军属，推行爱国公约，踊跃捐款购买飞机大炮。各民主党派、人民团体和党外上层人士还纷纷发表宣言、声明，坚决拥护抗美援朝，以实际行动支援抗美援朝的斗争。轰轰烈烈的抗美援朝运动及其辉煌胜利，极大地激发了四川人民的爱国主义和国际主义觉悟，进一步促进了人民民主统一战线的巩固和发展。

参加土地改革运动　按照《共同纲领》规划，在清匪反霸、减租退押取得成效的基础上，从 1950 年 11 月土地改革试点开始到 1952 年 7 月，四川各区分三期或四期开展了大规模的土改运动，一期比一期做得踏实仔细。土改大致分五步：第一步，宣传政策，发动群众，培训骨干，整顿基层农会组织；第二步，划分农村阶级成分，贯彻阶级路线和政策；第三步，开展对地主的斗争，没收地主的土地，征收富农出租的土地、房屋；第四步，查实田亩数量和产量，公平合理分配土地，填发土地所有证；第五步，总结工作，检查处理遗留问题，布置生产，建立健全乡村政权，订立爱国公约等。

对于土地改革运动，大多数民主人士表示拥护和赞成。由于民族资产阶级、民主党派和无党派民主人士中一部分人同地主阶级和土地有着千丝万缕的联系，其中一些人本身就是地主兼工商业者，一些人则是从地主阶级中分化出来的，他们的自身利益同土地改革存在矛盾。因而，他们对土改有程度不同的疑虑，有不少人流露出“和平土改”的主张，认为“不要发动群众斗争”，甚至还有人对土改抱有抵触情绪，说“地主养活了农民”。通过学习，不少民主人士提高了认识，表示要为圆满地完成土地制度改革而努力奋斗。1950 年 6 月，在以讨论土地制度改革问题为中心议题的全国政协一届二次会议上，刘文辉在大会上表明了支持和拥护土改的立场，他说：“我就是一个大地主，拿四川的话来说就是‘大绅粮’。我将无保留地献出我所有的土地，分给农民。”①

在土改中，各级党组织十分注意争取其他社会力量，特别是同地主阶级和土地有千丝万缕联系的民主人士一起，共同完成消灭几千年的封建剥削制度的历史任务。爱国起义将领邓锡侯说：我愿诚挚地拥护这样一个土地改革，我要坚决地放弃本阶级的利益，来服从全国人民的利益，我抱定决心，不仅做到军事上的起义，更要做到阶级上的“起义”。

1950 年 8 月，毛泽东指出，土改千载难逢，应该欢迎民主人士到各地去视察。1951 年 2 月，川西区组织了 47 名上层民主人士下乡参加土改试点工作，深受教育，成都市副市长、著名作家李劼人回来后到处宣传土改的好处，建议川西提前土改。次月 30 日，毛泽东在中共中央转发《川西区党委关于组织党外民主人士参加土改的经验》时批示指出：“除抗美援朝工作必须和各民主党派民主人士一起去做不必再说外，土改镇反两项工作，也必须使各民主党派民主人士参加，越多越好。”随后，北京、天津等地组织

① 中共中央统一战线工作部：《中国共产党统一战线史》，中共党史出版社，2017 年，第 194 页。

几批上层民主人士到四川参观或参加土改。四川各区、市委继续组织了大批民主人士下乡，仅川北区就分三批组织了6000多名各界人士参加土改。全国政协组织的由章乃器任团长，胡愈之、陈志伟任副团长的西南土改工作团于5月中旬到达四川，分批赴各地参加土改。组织民主党派成员、党外民主人士和专家教授等参观和参加土改，使他们亲见其事，亲闻其声，深受教育，提高认识，不仅基本上接受了党和国家的土改政策，还积极主动利用自身的社会影响，广泛宣传，消除疑虑。

四川第一期土改在1951年5月上旬完成，到1952年5月，川东、川南、川西、川北四个行政区的土地改革运动结束，西康省在汉族聚居区进行的土改也于7月结束。除少数民族聚居县外，四川完成土改的有130个县、7个市、7496个乡，占总乡数的94.12%，人口5403万多人，占总人口的98.6%。通过土改，3600多万无地少地的农民，共分得4700多万亩土地、800多万件农具、25万头耕牛、1200多万间房屋和1.5亿多公斤粮食。① 通过土地改革，四川改变了农村土地占有的状况，摧毁了封建制度的经济基础，彻底消灭了地主阶级，使深受剥削压迫的贫苦农民获得了土地等基本生产资料，摆脱了千百年来封建土地制度的人身束缚，实现了“耕者有其田”的梦想。

对民主人士的保护和照顾 在土改、镇反和其他社会改革运动中，一些问题涉及许多上层民主人士，中国共产党对他们实行了原则上保护的政策。1951年1月召开第二次全国统战工作会议，中心议题就是三大运动中的统战工作问题。会议提出，当前统一战线的任务是与三大运动相结合，积极争取知识分子、工商界、宗教界、各民主党派、民族人士等参加三大

① 中共四川省委党史研究室编写：《中国共产党四川历史大事记（1950—1978）》，四川人民出版社，2000年，第58页。

运动和适当工作，在运动中使他们受到教育，并经过运动，推动和扩大统一战线。会后中央立即下发了《关于进一步加强统战工作的指示》。同年3月和6月，中共中央又先后发出《关于在镇压反革命中处理涉及民主党派民主人士爱国分子问题的指示》《关于在土改和镇反中对高级民主人士家属照顾和宽大处理的规定》，指出：对于新中国成立前已开始参加反蒋斗争，已经与我们合作的民主人士特别是高级民主人士，对于真正起义的军官，在土改和镇反中，必须有意地予以特殊的照顾或宽大处理。

贯彻落实中央对民主人士实行保护和照顾的政策，四川对有关人士开列了保护名单。在农村退押中，对四川著名的民主人士熊克武、钟体乾、夏仲实等几十人分别采取减、缓、免的办法。川北行署决定，对担任行署一级职务的民主人士，有困难的可以借薪退押，并拨1万元帮助全区某些有较大影响的开明士绅过关，以利于争取团结他们投入反封建斗争。在土改中，川西区成立了七县农民联合办事处，说服农民不对开明士绅进行面对面的斗争，在“赔”“罚”问题上给予必要的照顾，帮助过关。在镇反中，对民主党派、民主人士中历史上有反动党团问题的人，按照中央有关指示做区别处理。在反霸斗争中，涉及民主人士和起义将领时，也根据不同情况区别对待，适当照顾，实行“既往不咎”的政策，不算历史旧账，较好地团结争取他们参加了反封建统一战线。8月，中共中央西南局统战部制定了《关于长期保护上层党外人士及专家的规定》，明确提出了保护的范围，使保护措施具体化、规范化、长期化，要求对于上层党外人士和技术专家，采取积极的态度加以保护、教育、提高，领导他们一起前进，进一步稳定了多数，团结了一大批，争取了更多的党外朋友。

各地认真贯彻中央《关于进一步加强统战工作的指示》，将统一战线工作与三大运动结合起来，将照顾同盟者利益与提高其觉悟结合起来，实现了广泛的大团结，为三大运动做出了积极贡献。人民民主统一战线通过三大运动的考验和锻炼得到空前发展和深入，三大运动的胜利完成为整个国家从新民主主义向社会主义过渡提供了重要保障。

国民经济迅速恢复和发展　四川解放较全国为晚，清匪、反霸、土改、镇反等社会改革任务更加集中和艰巨，“三反”“五反”等政治运动比较频繁，面对严峻形势和重重困难，贯彻中央和西南局指示精神，四川各行政区党委和政府以恢复和发展生产为中心任务，巩固和发展人民民主统一战线，在政权新旧交替的大变动大改组中，在处理新政权与旧人员的关系方面，对旧人员没有采取简单的一推了之的办法；在没收官僚资本的过程中，接管企业实行保持“原职、原薪、原制度”的“三原”政策，对旧政府的公教人员实行“包下来”的办法；在废除封建土地制度的同时使地主能够生活、保存富农等；在处理公有经济与私有经济之间的关系上，在坚持和巩固国有经济的领导作用和社会主义的发展方向的前提下，充分利用和发挥私营经济在国计民生中的积极作用。在政治上争取和团结一切可能团结的人，调动一切积极因素，化消极因素为积极因素，影响扩大到海外，在国外华侨、留学生中出现了少有的一个回国建设红色家园的热潮。四川国民经济迅速恢复和发展，特别是新中国修建的第一条铁路——成渝铁路于1952年7月1日建成并全线通车，四川人民近半个世纪的铁路梦想终于成为现实，带动了四川经济，尤其是交通沿线地区经济的快速恢复和发展。社会风尚和人们精神面貌发生了深刻变化，社会秩序有了根本性好转，人民民主统一战线进一步巩固和扩大，整个社会呈现出安定有序、蓬勃发展的局面。

第二次世界大战中，欧亚大陆的大部分国家都受到战争的破坏和摧残，战后都面临经济恢复的共同使命。在相同的任务面前，不同经济基础、不同社会制度、不同经济体制的各个国家恢复到战前水平所用的时期也各不相同，意大利4年，法国、英国大致6—7年，苏联工业用8年、农业花10

年，日本5年。与这些国家比较，中国作为一个大国，经济恢复开始的时间较多数国家晚了3—4年，经济恢复的资金、物力、经济基础和技术水平等条件，以及在国际环境和对外贸易等条件方面较多数国家显得更加困难而严酷。但新生的中华人民共和国，在胜利完成翻天覆地的繁重的社会改革任务和进行抗美援朝、保家卫国战争的同时，只用短短三年时间就医治好多年的战争创伤，全国工农业生产1952年底恢复到历史的最高水平，以国内的经济、政治形势的巨大变化而昂首屹立于世界东方①。这在世界经济史上，不能不说是创造了一个经济恢复和发展的奇迹。包括巩固和发展人民民主统一战线在内的这一时期的成就和经验也成为中国经济政治发展的一笔常忆常新的宝贵财富。

三、宗教制度的民主改革

贯彻宗教信仰自由政策　四川是多宗教的省份，有道教、佛教、伊斯兰教、天主教、基督教五种主要宗教。此外，还有传统民间信仰和原始宗教信仰。四川宗教传播的历史悠久，信教群众较多。近代以来，在时局的急剧变幻中，传统宗教受到多重冲击，也开始注入新的因素，发生新的分化；外国传教士控制下的天主教、基督教不可能改变“洋教”的面貌和中国人对它的反感与抵触；宗教界有识之士为寻求民族独立和复兴呼喊、抗争。在近代救亡图存的紧迫而严酷的现实斗争中，中国各宗教的信众对于改变现实生存状态的要求和急迫程度与非宗教信徒没有根本差异。当中国共产党实行宗教信仰自由政策，建立与宗教界的统一战线时，中国宗教界爱国民主人士和信教群众同非宗教信徒一道同情、支持和参加了党领导的新民主主义革命斗争。到1949年，四川道教有道士4177人，宫观787座；

① 任杰、梁凌：《中国政府与私人经济》，中华工商联合出版社，2000年，第213页。

汉传佛教有僧尼 24 361 人，寺庙 12 262 座；藏传佛教有职业宗教者 8 万余人（一说 12 万人），寺院 747 座（一说 927 座）；伊斯兰教有信众 4 万余人，阿訇约 300 人，清真寺 156 座（一说 197 座）；天主教有教区 8 个，信徒约 30 万人，神职人员 453 人（外籍 176 人，中国籍 277 人），修生 1500 余人，教堂 246 座；基督教教派团体 34 个，信徒约 5 万人，神职人员 855 人（外籍传教士 337 人，中国籍牧师 208 人，传道员 310 人），教堂 346 座。①

新中国成立后，四川各级行政区多次召开干部会和宗教界人士座谈会、学习会，学习《共同纲领》，广泛宣传和实行宗教信仰自由政策，巩固和发展同宗教界爱国民主人士的统一战线。选拔和安排宗教界人士参加各界人民代表会议，参加人民代表大会和政治协商会议，就贯彻宗教信仰自由政策听取他们的意见和建议。邀请宗教界爱国人士分期分批参加了清匪反霸、土地改革和“三反”“五反”运动。1951 年成都基督教女青年会总干事钟国英等随中国人民志愿军慰问团赴朝鲜参加慰问活动。政府还邀请宗教界人士参加成渝铁路通车典礼等重大活动。1956 年 6 月到 7 月，省人委宗教事务处组织 21 名宗教界上层人士参观正在兴建的武汉长江大桥等。同时，党实行积极慎重的工作方针，针对各种宗教的实际情况制定具体政策，领导宗教界割断与帝国主义、封建主义和官僚资本主义的联系，肃清其影响，完成新民主主义革命在宗教领域的任务，使宗教真正成为中国信教群众自办的宗教事业，走上正常发展道路，使宗教界逐渐与新社会相适应。

基督教爱国运动　天主教在清代末年由欧洲传教士传入四川，1896 年法国传教士从其他欧洲传教士手中夺得在四川的永久传教权；基督教于

---

① 四川省地方志编纂委员会编：《四川省志·宗教志》，“概述”，四川人民出版社，1998 年；《当代四川》丛书编辑部编：《当代四川统一战线》，四川人民出版社，2000 年，第 255 页。

1877 年传入四川。在近代，天主教、基督教在中国的传播是同西方帝国主义列强的侵略和扩张联系在一起的。西方天主教会、基督教会的传教士凭借不平等条约进入中国内地，以征服者兼救世主的姿态居高临下，把佛教和道教贬为“邪教”，在传教中挑拨教徒与非教徒间的纠纷，一部分西方传教士利用“治外法权”为所欲为，从福音的传布者变成财富的掠夺者和政治的压迫者，酿成无数次的教案。据不完全统计，1859 年至 1934 年，四川共发生较大规模的民教冲突、教案 154 次，居全国之冠①。西方国家对基督教采取了双重标准，一方面在其国内推进近代以来的政教分离；另一方面在对外扩张中充当保教国，把海外传教作为政治工具。接踵而来的两次世界大战使以西方文明价值体系代表自诩的基督教遭到严重怀疑和冲击，不能不对西方控制的在华基督教产生更直接的影响，在 1920 年至 1925 年的非基督教运动期间，基督教三大派教徒人数仅增 2 万人②。有民族自尊心的中国基督教会有识之士做过改变“洋教”面貌的努力，如基督新教的自立运动，天主教“中国化”运动等，四川天主教会直到 1930 年才划分出万县、南充、乐山三个教区由中国神职人员（主教）管理，但根本无法改变教会人、财、物的支配权、管理权掌握在外国人手中的局面。

新中国的成立，为中国天主教、基督教摆脱西方殖民主义、帝国主义势力的控制创造了最根本的条件。新中国成立前后，特别是朝鲜战争爆发后，外国传教士多次召开“应变会议”，做出多种敌意对策，散布“共产党消灭宗教”的言论，制造恐怖心理，号召教徒起来“应付共产党的挑战”。一些教会组织还被帝国主义用作进行间谍活动的机关，在各地破坏土地改革、抗美援朝和镇压反革命运动。西方传教士诱使教徒自绝于自己的国家

① 四川省地方志编纂委员会编：《四川省志·宗教志》，“概述”，四川人民出版社，1998 年。

② 任杰：《中国共产党的宗教政策》，人民出版社，2007 年，第 281 页。

和民族，把教会推到了绝境，激起包括天主教、基督教神职人员和教徒在内的广大中国人民和信教群众的极大义愤。四川各级党委把天主教、基督教的革新运动作为反对帝国主义侵略的重要组成部分，支持天主教、基督教信徒通过召开座谈会、报告会，举办学习班，开展爱国主义宣传教育，并结合实际控诉和揭露帝国主义利用宗教进行文化侵略与间谍活动。1950年9月，《人民日报》发表吴耀宗等人《中国基督教在新中国建设中的努力途径》宣言后，9月30日，南充基督教人士集体座谈，一致拥护宣言，并在革新签名册上签名；10月15日，重庆市26个教派和团体200余人集会成立“革新学习会”，到1952年8月，全省有6690人在革新宣言上签名，汇入全国基督教革新运动的洪流。

与此同时，各级人民政府积极帮助基督教、天主教解决了一些重大问题。首先，坚决同破坏“三自”爱国运动的敌对势力作斗争，使中国教会的领导权开始转移到爱国的宗教界人士手里。到1954年底，在四川的天主教和基督教的外籍传教士615人全部离境，结束了外国传教士的控制和干涉。其次，接办教会文化教育救济机关。对接受美国津贴的宗教团体，完全改由中国教徒自办。同时，对中国基督教、天主教在自治、自养、自传中遇到的暂时困难，政府给予支持和帮助。再次，支持建立教会爱国组织。全省成立省、市、县级爱国宗教团体110个，其中天主教54个、基督教56个。这些爱国宗教团体成立初称革新会、革新促进会、“三自”革新会等，50年代中期全国性机构建立后，规范为天主教称爱国会，基督教称三自爱国运动委员会。在开展天主教、基督教反帝爱国运动的过程中，培养造就了一大批宗教界爱国积极分子，为建立爱国宗教组织奠定了组织基础。

广元发起中国天主教反帝爱国运动　与中国基督教的“三自”爱国运动首先从东部大城市上海的基督教会上层人士发起不同，中国天主教会的反帝爱国运动则由西部边远山区的教堂神父带头发出了第一声呐喊。领衔发起人是四川广元县天主教神父王良佐。

王良佐（1920—1997），四川绵阳人，幼时进入培养天主教会传教人才的备修院，经中修院而大修院毕业，1948 年 9 月祝圣为神父，被派往成都教区最北沿，地处川、陕、甘结合部山区的广元县乡村任本堂神父。他既难以容忍法国传教士的歧视和同为神甫而极不平等的待遇，更对外国人把持中国天主教教会非常不满，如梵蒂冈教廷 1946 年就声称在中国建立由中国神职人员自己管理的“圣统制”，但教会的权柄并没有交给中国人，到全国解放时，全国 143 个教区分别隶属 38 个外国修会，仅有 24 个教区由中国人当主教。就四川天主教会而言，自法国巴黎外方传教会夺得四川传教控制权后，法国传教士特别专横跋扈，四川教案频繁，“大量估买土地，兴建教堂，勾结官府，欺凌良民，生杀予夺，任其喜怒。对教会内，则施行家长独裁统治”①。1948 年底成都教区法国人主教病故，次年初在成都教区范围内推选主教，54 位中国神甫一致选出本教区一位中国人当主教，结果却是获得 24 票的法国人被任命为主教。中国教士有受骗之感，但被天主教会严格的教规束缚，没有申诉的地方和机会，种种不平令其气愤。

四川解放后，因法国传教士调成都，1950 年 3 月，王良佐继任广元县城天主堂神父，新中国日新月异的变化给其强烈的震撼和教育。其时，就天主教区来说，广元所属的成都教区主教所在地为川西行署所在地成都；就行政区划来说，广元县隶属署治广元的剑阁专署，再隶属区治南充的川西行署区。也就是说，广元的天主教会教区与行政区划是自然分离的，而南充教区主教又是中国最早的几个由中国神职人员担任主教的教区之一，从而使地处边远的广元成为天主教会严密控制体系中相对薄弱之处，这成

① 王良佐：《中国天主教反帝爱国运动的发起忆略》，载张廷翰主编：《川北统战工作史料选辑》，内部发行，1994 年，第 154 页。

为王良佐最先成功发起天主教自立革新运动的一个重要条件，而中共川北区委的统战工作则促使王良佐的爱国意识星火发展为天主教自立革新运动的燎原烈火。

1950 年 7 月，中共中央发出对基督教、天主教工作的指示；9 月，基督教《三自宣言》发表；特别是全国抗美援朝运动中，川北区党委加强对各地宗教界人士的宣传、教育和争取工作，推动天主教、基督教的反帝爱国运动，派出区委统战部、剑阁地委统战部和广元县委统战部干部向教徒宣传党的宗教政策，启发他们的反帝爱国觉悟，进而由爱国教徒尚锡祝等重点做神甫王良佐的工作，之后又直接与其联系恳谈。经过多次谈话，结合自身经历思考，王良佐认识到帝国主义利用宗教侵略中国的罪行，现在“中国人民站起来了”，“我们这些受歧视、遭辱骂、被奴役的神职人员和修生同样也应该站立起来，摆脱外国势力的奴役和控制，由中国神长教友自己管理教会。这犹如耶稣在世时听政府的命令，爱自己的祖国一样，是符合教规教义的”①。随后王决定响应吴耀宗的倡议，研究起草了革新宣言。1950 年 11 月 30 日下午，王良佐和教徒尚锡祝、王复初、孙克强等，发表了《自立革新运动宣言》，500 多名教友在宣言上签名。宣言揭露了帝国主义百般利用天主教会作为侵略中国的先锋、把持中国教会的罪行，提出：“基于爱祖国爱人民的立场，坚决与帝国主义者割断各方面的关系，并肃清亲美、恐美、媚美的思想，自力更生，建立自治、自养、自传的新教会。不让教会的纯洁再受帝国主义的玷污。”由此发起了中国天主教自立革新运动，树起了反帝爱国、独立自主自办教会大旗，谱写了中国天主教历史的新篇章。同年 12 月，《川北日报》《新华日报》等先后全文发表这个宣言，

① 王良佐：《中国天主教反帝爱国运动的发起忆略》，载张廷翰主编：《川北统战工作史料选辑》，内部发行，1994 年，第 156—157 页。

给予支持。

广元天主教自立革新宣言很快在川北、重庆、成都和西南各地得到热烈响应。1950 年 12 月，成都教区主教驻地成都平安桥等 5 所教堂成立学习组，发表自立革新宣言，有 1000 余中国神长教徒签名。重庆各教堂组织成立天主教学习委员筹备会，并于次年 1 月 6 日召开自立革新运动大会，重庆天主教区中国籍代理主教石明亮等神长教徒 1000 余人参加，发表自立革新运动宣言，各区县神长教徒 6000 余人签名响应；同月 16 日，管辖邻水、广安、岳池、西充、南充、蓬安、营山、射洪、潼南、安岳、乐至等 13 县的天主教南充教区主教王文成、副主教钟亮和 13 县的司铎、教徒代表 330 人，发表自立革新宣言，号召教区天主教徒行动起来，展开爱国革新运动；此外，川北区的江油、遂宁、剑阁等地天主教徒相继响应，发表革新宣言。到 1951 年 6 月，四川参加自立革新运动的县市已达 55 个，神长教徒13 000 余人①。四川八个教区在爱国爱教的中国神长带领下，冲破了梵蒂冈教廷的种种阻挠和破坏，掀起了声势空前的反帝爱国、自立革新运动。

对天主教的革新运动，中共中央和中央政府给予了积极支持和正确引导。《人民日报》12 月 12 日发表报道，又于 1951 年 1 月 8 日发表社论予以坚决支持，提出，希望各地天主教徒以及各级主持教务的主持人，能够对这一运动予以积极赞助，使我国天主教的革新工作和基督教的革新工作并驾齐驱。中央人民政府政务院文教委员会于 1951 年 1 月 17 日举行茶话会，邀请华北地区的天主教人士座谈天主教革新问题。会上，周恩来阐述了党和政府对天主教的政策，支持广大爱国的天主教徒积极参加天主教的革新运动，并指出：“天主教和基督教的自治、自养、自传是能够实现的。凡依

① 四川省地方志编纂委员会编：《四川省志·宗教志》，四川人民出版社，1998 年，第 279 页。

靠人家而不靠自力更生的决不能自强，凡自主者才有前途。”① 此后，中国天主教界的爱国运动迅速发展到全国。

佛教、道教、伊斯兰教废除封建特权制度 佛教和道教是中国具有独立教团和合法地位诸教中发展最久、影响最大的两个宗教，是漫长的中国封建社会的两根重要精神支柱，对中国政治、经济和文化思想都产生过长期而深刻的影响，成为中国传统文化的重要组成部分。近代中国沦为半殖民地半封建的社会，佛教和道教与中华民族一切传统文化一样，既受到殖民帝国主义的压迫和西方思想的冲击，又被当作封建文化的堡垒而受到民主革命浪潮的冲击，面临寺观荒芜、人才凋零的全面危机。1898 年，湖广总督张之洞提倡发展新式教育，试图没收全国寺产的 70%以充教资，这一“寺产兴学”运动一直持续到民国初年，使佛道教的物质基础受到严重损害。辛亥革命后，民国政府虽然提出了信教自由政策，使古老的佛道教合法存在，但具体法令使许多宫观庙宇停止宗教活动，改作学校、机关、兵营等，更有一些军阀、政客、豪强乘机不断侵夺寺产，中饱私囊。为寻求民族独立和复兴，佛教、道教有识之士进行了不懈的呼喊与抗争；广大佛教徒同人民群众一道，积极投身于救亡图存运动之中；为顺应时代潮流和现实社会，佛教道教界人士着手进行整顿和改革。

四川解放后，贯彻《共同纲领》，汉族地区在自下而上的群众性土地改革和清匪反霸的急风暴雨中，革除了佛教、道教和伊斯兰教中的种种封建制度和特权，揭露和打击了披着宗教外衣的反革命分子和不法分子。在政治上，佛教、道教摆脱了反动阶级的利用和控制，宗教界爱国民主人士成为中国共产党领导下的统一战线的组成部分，推举和邀请包括佛教、道教

---

① 中共中央文献研究室编：《周恩来年谱（1949—1976）》上卷，中央文献出版社，1997 年，第 119 页。

在内的宗教界爱国人士参加各级各界人士代表会议、政协会议和人大会议，参与新中国的革命和建设大计的讨论、制定及领导人的选举等国家大事。在经济上，革除寺观地主经济，走上自养道路。土地改革中，征收了寺庙、宫观和清真寺在农村中的土地并分给了租地的农民，废除了高利贷，从而摧毁了佛教、道教和伊斯兰教的封建剥削制度。城市实行了房产改革，寺观原来出租的房屋同其他私人出租房产一样归入地方政府房产管理部门统一管理，获取一定租金。宗教职业人员也同当地农牧民一样分得一份土地和牲畜，从事力所能及的劳动，成为自食其力的劳动者。佛教界发扬“农禅并重”的传统，道教界发扬“人人应劳作，自食其筋力”的教义，建立了各种生产劳动组织。这些寺院、宫观的僧、道劳动生产组织后来都集体参加了当地的农业合作社、高级合作社等，走上了以集体劳动生产为主的自养道路。对上层僧道在生活上予以优待，支持其力所能及地参加生产劳动，他们由靠地租剥削收入的剥削者，转变为自食其力的劳动者。在宗教制度上，废除等级制度，反对上层僧侣对下层僧侣的封建压迫，肃清混乱，改革陋习，建立寺观民主管理制度。同时在清规戒律方面，自动取消了一些与国家法律相抵触的条款，如罚跪、杖责、处死等侵犯人权的内容。旧社会很多人是因为生活所迫而不是为着宗教信仰走进寺观的。在新社会，他们看到消灭剥削压迫制度后沸腾的新生活新前途，从而焕发对生活的新希望；许多僧道，特别是散布农村的小寺观的僧尼道众，纷纷辞别寺观，回家分地务农或进城工作，从而出现宗教职业者人数锐减，以至有的寺观无宗教职业者的现象。名山都邑的著名寺观变动较小，基本保持原状，但加强了自我教育，成立学习小组或学习委员会，积极参加反帝爱国和抗美援朝等爱国主义教育运动，组织生产，管理寺庙宫观，保护宗教文物，植树造林，精神面貌发生了深刻变化，有的年轻宗教人员还参加了中国人民志愿军。与此同时，积极促进宗教界在“爱国爱教”基础上的团结进步，寺观摆脱了反动阶级的控制和利用，先后成立省、市、县的佛教协会、道教协会、伊斯兰教协会等宗教团体。

维护宗教界的合法权益　1949 年 12 月 17 日，解放军进驻峨眉县仅 7 天，即张贴布告保护中国佛教四大名山之一的峨眉山。1952 年，在财政非常困难的情况下，重庆市拨款 6.2 万元维修寺庙。在土地改革、清匪反霸、宗教革新等运动中，党和政府把宗教作为一种历史必然的社会问题和群众问题来对待，反对单纯依靠行政命令的简单办法处理宗教问题，不进行反宗教的运动。1953 年，省政府在一份通报中指出，在处理教会房产中应采取适当方式，退还已占用之礼拜堂或寺庙；严禁强占、打毁教堂，摧毁神像，谩骂教徒等；对于历史文物、古代建筑要严加保护，耐心说服并制止拆毁寺庙、捣毁神像等行为，对带头破坏历史文物古迹的干部，应根据具体情况予以处分；不愿还俗的僧尼，应准其在寺庙居住。1953 年至 1956 年，四川省政府拨款对 24 座寺庙进行维修。1954 年 4 月，四川省第一次宗教工作会议根据宪法规定的宗教信仰自由政策，检查贯彻执行情况。此后，每次全省召开统战、宗教工作会议，都强调尊重和保护宗教信仰自由，坚持政教分离，维护宗教合法权益，保护正常宗教活动。

党和政府实行宗教信仰自由政策，发展同宗教界爱国民主人士的统一战线，团结广大信教群众，开展反帝爱国运动和宗教制度的民主改革，清除了教会中的帝国主义势力，打击了披着宗教外衣的反动分子，使中国宗教界成为独立自主自办的宗教事业，信教群众同不信教群众一起参加新中国建设。

四、人民民主统一战线的发展

过渡时期的总路线　1952 年底到 1953 年初，中国的发展面临新的形势和新的问题。抗美援朝可望胜利结束，土地改革的任务已在全国范围内基本完成，国民经济恢复工作提前实现预定目标，第一个五年计划即将开始。根据实践的发展和形势的变化，1952 年 9 月 24 日，毛泽东在中央书记处会议上首次提出“中国怎样从现在逐步过渡到社会主义去”的指导思想和大致设想：现在就要开始用 10 年到 15 年的时间基本上完成社会主义改造，而不是 10 年或者更长的时间以后才开始过渡。经过多次讨论，1953 年 12 月，中共中央确定了党在过渡时期的总路线：“从中华人民共和国成立，到社会主义改造基本完成，这是一个过渡时期。党在这个过渡时期的总路线和总任务，是要在一个相当长的时期内，逐步实现国家的社会主义工业化，并逐步实现国家对农业、对手工业和对资本主义工商业的社会主义改造。”这是一条社会主义工业化和社会主义改造同时并举的路线，二者相互联系、相互促进，体现了发展生产力与变革生产关系的辩证统一。1954 年 9 月，全国人大通过的《中华人民共和国宪法》将党在过渡时期的总路线作为国家在过渡时期的总任务确定下来，成为团结和动员全国人民共同为建设一个伟大的社会主义国家而奋斗的新的纲领，人民民主统一战线也进入一个新的发展阶段。

四川统一战线的新格局　在完成国民经济恢复任务后，为适应国家大规模建设需要，1952 年 9 月 1 日，根据中央人民政府决定，川东、川南、川西、川北 4 个行署区撤销，合并成立四川省，四川地区形成四川省、西康省和重庆市两省一市的格局。1954 年 7 月，重庆市由中央直辖改为省辖。1955 年 10 月 1 日，西康省撤销，金沙江以东区域划归四川省建制，至此形成了四川以后持续 42 年的行政区划格局。与行政区划调整和党政机构重组相联系，四川统一战线展现出崭新的格局和面貌。

1952 年 9 月 1 日，中共四川省委正式成立。经中央决定：李井泉为中共四川省委书记，李大章、赵林、阎红彦分任第一、第二、第三副书记。1954 年重庆市与四川省合并后，李井泉、李大章、曹荻秋分别任省委第

一、第二、第三书记。1955 年四川、西康合省后，李井泉、李大章、廖志高、阎红彦分任省委第一、第二、第三、第四书记。

1952 年 9 月 1 日，四川省人民政府正式成立。中央人民政府任命原川西行署主任李井泉为省政府主席，原川南行署主任李大章、川东行署主任阎红彦、川西行署副主任钟体乾和川南行署副主任余际唐为副主席。1953 年 9 月，又任命李筱亭为副主席。这样，在省人民政府 6 名正、副主席中，有 3 名非中共人士。省人民政府实行委员会制，关系全省的重大施政方针、政策，经省人民政府委员会全体会议讨论通过，日常政务由主席、副主席和秘书长参加的行政会议讨论决定。遵照 1954 年通过的《宪法》，1955 年 1 月召开了四川省第一届人民代表大会第二次会议，选举产生了四川省人民委员会，李大章为省长，邓锡侯、阎红彦、任白戈、钟体乾、余际唐为副省长，王叙五等 49 人为委员。5 名副省长中有非中共人士 3 名。四川省人民委员会既是地方国家行政机关，又是省人民代表大会闭幕期间的常务机构，负责召开省人民代表大会，并对省人民代表大会负责和报告工作。

1954 年 8 月 1—8 日，四川省人民代表大会第一届第一次会议在成都举行。参会代表 678 名，审查并批准了省政府主席李井泉所作的工作报告，批准重庆市政府关于重庆市的基本情况及 1954 年工作任务的报告，通过拥护中华人民共和国宪法草案的决议。会议选出朱德、张澜、吴玉章等 87 人为四川省出席第一届全国人民代表大会的代表，其中非中共人士 48 人。截至会议闭幕，共收到代表议案、建议 125 件（合并 77 件）。实行人民代表大会制的中华人民共和国国家政权，仍然是人民民主专政政权，它既体现了工人阶级的政治领导，又反映了人民民主统一战线的广泛性。

人民政协四川省委员会的建立　四川解放后各级行政区各界人民代表会议既是统一战线组织，又代行人民代表大会职权，协商委员会为各界人民代表会议的常设机构。1952 年 10 月，随着四个行署区撤销，合并建立四川省，原川东、川南、川西、川北各界人民代表会议协商委员会组成联合办事处，继续执行四川省各代会常设机构和政协四川省地方组织的职能。1954 年七八月间，四川省、西康省和重庆市先后召开了人民代表大会，各界人民代表会议也完成了它的历史使命，联合办事处不再具有常设机构职能，仍作为人民民主统一战线地方组织之一发挥作用，四川省政协成立后，联合办事处结束。

1955 年 1 月 20—23 日，中国人民政治协商会议四川省第一届委员会第一次会议召开。会议传达了全国政协二届一次会议精神，听取和通过了川东、川南、川西、川北各界人民代表会议协商委员会联合办事处的工作报告，选举产生政协四川省第一届委员会，选举中共四川省委第一书记李井泉任省政协主席，刘文辉、赵林、张曙时、李筱亭、但懋辛、程子健、胡子昂、徐孝刚、潘大逵等 9 人为副主席，副主席中党外人士超过一半；委员 283 人，其中非中共人士 209 人。1955 年 10 月，西康省并入四川省建制，原西康省各族各界代表人士增补进四川政协。1956 年 3 月，省政协一届二次会议召开，补选和增选廖志高、降央伯姆（女，藏族）、徐崇林、夏克刀登（藏族）、果基木古（彝族）为副主席。到 1955 年，全省各省辖市、专辖市和 22 个县先后设立政协，共有政协委员 2266 人。

中国人民政治协商会议是中国人民民主统一战线的组织，同时也是中国共产党领导的多党合作和政治协商的重要机构。作为政协成员的各民主党派、无党派人士和各界代表人士，通过彼此联系、共同发挥作用的统一组织机构——政治协商会议，参与国家大政方针的协商决定并监督其实施；同时，他们又通过各自独立的组织系统和单独发挥作用的渠道，动员和团结各自所联系的社会人士投入新中国建设。

党委统战部门的建立　适应统一战线建立和发展的要求，中共中央于 1935 年 10 月到达陕北后，从组织上加强统一战线工作机构建设，在地方和军队中陆续建立了以统一战线工作命名的专门工作机构。1938 年秋，党的六届六中全会通过的《关于各级党委暂行组织机构的决定》规定，在区委以上各级党委之下设立统一战线工作部。1939 年 1 月 5 日中共中央统战部正式成立，同时还成立了由王明、毛泽东、王若飞、王观澜、高自力等组成的统一战线委员会。以后改为中央城市工作部，再到 1948 年 9 月改名为中央统一战线工作部，管理国民党统治区工作、国内少数民族工作、政权统战工作、华侨工作及东方兄弟党的联络工作，并具体负责筹备召开新政协的工作。

在国统区的四川，各级党组织都担负统战工作任务，乃至每个党员都是统战工作者。四川省级党组织所建立的最早的统一战线工作专门机构，是 1938 年 1 月 10 日恢复重建的四川省工委，罗世文任省工委统战部长。1938 年 11 月下旬，省工委结束后成立的川西特委（川康特委）设统战部，由张曙时为统战部长。在某些县委亦设统战委员（如 1939 年 1 月成立的万县中心县委，刘孟伉任统战委员）。皖南事变后，形势急剧恶化，按照隐蔽精干方针，四川党的各级领导机关一般不设书记和部门。

新中国成立后，统一战线领导者的地位发生了历史性变化——中国共产党从领导人民为夺取全国政权而奋斗的党，成为领导人民掌握全国政权并长期执政的党。在处理自身的转轨问题上，中国共产党十分注重执政党的自身建设，及时进行整风整党，教育培训，反腐防变，提高党政干部的思想水平、执政水平和组织水平等，较为迅速、稳妥地实现了从农村到城市，从革命战争到和平建设的巨大而深刻的转变。党加强统一战线工作，1950 年 3 月 16 日举行了第一次全国统战工作会议，原定半个月的会议实际开了一个半月，会议强调要在党内广泛开展统一战线政策的宣传教育，提出各级党委要抽调政治上比较强的干部去加强统一战线工作部门的工作；确定统战部门的主要职责是“了解情况，掌握政策，安排人事，调整关系”。周恩来在讲话中，就统战部门的工作问题指出：“它既是党委的参谋部，又是政治部，又是组织部，又是办事机关。”其主要工作是掌握政策、协调关系、配备干部。会议就工会和其他人民团体是否带有统一战线性质的问题指出，工会既是工人阶级的群众性组织，同时也带有统一战线性质。青联、学联、妇联这些团体都带有统一战线性质，其他学术团体也是一样。强调统战政策是要全党贯彻的，尤其是党组更应注意，首先是政府中党组，其次是人民团体中党组。要使全党同志了解，团结、带领非党群众同我们党一起前进是统一战线的基本任务，任何部门的工作都不能与统战工作相脱离。①

新中国成立后，中共中央西南局设统战部，首任统战部长由西南局第二书记、西南军政委员会主席刘伯承兼任。四川地区重庆市、各行署区和西康省党委均设统战部，首任部长分别为：

重庆市委统战部长由市委书记曹荻秋兼任，从 1950 年 4 月到 1954 年 6 月；

川东区委统战部长由川东区委第一副书记、川东行署主任阎红彦兼任，从 1949 年 12 月到 1952 年 8 月撤区；

川南区委统战部长由川南区委书记、行署主任李大章兼任，从 1950 年 3 月到 1952 年 8 月撤区；

川西区委统战部长由川西区委常委、成都市市长、川西军区司令员兼政委周士第兼任，统战部 1950 年 1 月成立；

川北区委统战部长由川北区委书记、行署主任胡耀邦兼任，从 1950 年 2 月到 1952 年 7 月；

西康区委统战部长由西康区委委员、西康军区代司令员方升普兼任，

① 《周恩来统一战线文选》，人民出版社，1984 年，第 172 页。

从 1950 年 2 月到 1951 年 1 月。

四川合省后，1952 年 8 月中共四川省委统战部成立，首任统战部长由成都市市长李宗林兼任。西南局撤销后，西南局统战部长程子健改任四川省委统战部长，李宗林副之。四川各级地方党委也普遍建立了统战部。

成立政府参事室　在新中国政权建设中，毛泽东特别提出要“网罗各方民主人士”，早在 1949 年 4 月 7 日就电示华东局领导人，提出上海解放后“设立某种咨询机关例如参议室”，并明确指示：“不但上海如此，整个京沪杭区域都应注意此点。”新中国成立后，中央人民政府任命一批民主党派及无党派爱国人士为政务院参事，参与人民政权建设工作，并在 11 月正式设置政务院参事室。12 月 16 日，政务院第 11 次政务会议通过《大行政区人民政府委员会组织通则》，对各大行政区人民政府委员会提出了“得设参事室”的明确要求，此后，各省市和部分重点城市政府也设立了政府参事室，成为政府的统战性、咨询性机构而长期存续。

四川解放后，川东、川南、川西、川北行政公署分别任命一批民主党派和无党派民主人士为行署参事。1952 年 11 月 19 日，行署撤销建立四川省后，成立了四川省人民政府参事室，1955 年 1 月更名为四川省人民委员会参事室。熊杨、高兴亚先后任主任。1952 年四川省政府首批任命省政府参事 32 名，到 1956 年共任命参事 63 名。重庆市政府参事室 1953 年 5 月成立，王若任主任，首批任命参事 7 名。

成立文史研究馆　中央文史研究馆是毛泽东亲自倡议设立的。北京解放前夕，毛泽东提出，共产党对德高望重、生活困难的老学者的生活应有一个安排，要设一个机构。新中国成立后，毛泽东、周恩来请符定一、柳亚子、章士钊诸位先生参加筹划事宜，并指定林伯渠、齐燕铭同志负责办理此事。1951 年 7 月 29 日，政务院副总理董必武郑重宣告政务院文史研究馆成立。次年 9 月 5 日，邓小平主持制定《中央人民政府政务院关于设置文史研究馆的决定》，要求在各省及中央和大行政区的直属市均设文史研究馆。

12月15日，四川省人民政府文史研究馆正式成立，刘孟伉任馆长，1955年增加馆长张宾吾。政府聘请了一批馆员，他们大都饱尝旧中国苦难，经历革命风云变幻，有着广泛的社会联系和多方面的特长，是文化界的耆年硕学之士，或是全国知名，或为一方之望。老先生们入馆后老有所养，喜见政治清明，焕发了生命的青春，他们或修史编志，或著书立说，或潜心书画，或诗词唱和，创造出了不平凡的业绩。

第二节　建立合作共事关系

一、建立多党合作和政治协商制度

“长期共存、互相监督”方针的提出　1949年9月，中国人民政治协商会议召开，标志着中国共产党领导的多党合作和政治协商制度的正式确立。这是一种既不同于苏联一党制，也与欧美多党制有着根本区别的具有统一战线性质的新型政党制度。中国共产党从领导人民为夺取全国政权而奋斗的党，成为领导人民掌握全国政权并长期执政的党，各民主党派、无党派民主人士明确宣布接受中国共产党的领导，中国共产党同各民主党派和无党派民主人士建立起新型的亲密合作共事关系。以《共同纲领》为团结合作的共同政治基础，中国人民民主统一战线达到了空前广大的规模和空前牢固的团结。

随着新中国的成立，中国统一战线领导者的地位和统一战线的政治基础都发生了历史性变化。面对革命的巨大胜利，中共党内一部分人滋长了骄傲自满情绪和以功臣自居的思想，表现在统一战线问题上的“左”的关门主义倾向，忽视统一战线的重要性，看不起民主党派和无党派民主人士，对于安排民主党派和无党派民主人士担任人民政府领导职务不服气，发牢骚，讲怪话；瞧不起统战工作，说“统战路线，地主路线；民主观点，糊涂观点”。同时在少数同志中存在着敷衍主义和迁就主义的倾向，认为统战工作只是一种手段，拉拢拉拢而已；对有明显错误的观点不进行必要的批评教育，而是一味迁就。这些错误思想和倾向，严重阻碍统一战线工作的开展。

新中国成立后，一些民主党派领导人认为，民主党派是为争取民主而成立的，现在有了民主，历史使命已经完成，开始酝酿取消、解散或合并。其中中国人民救国会认为其政治主张已经实现，于 1949 年 12 月 18 日在北京自行宣告解散。周恩来知道后对主要负责人沈钧儒说：沈老先生，怎么连个招呼都不打？这个组织不能解散啊！1950 年 3 月上旬，毛泽东结束历时 89 天的苏联访问回到北京后，得知这一消息，感到非常惋惜，认为这种做法“不应该”，又听说九三学社也要解散，当即表示不同意，还亲自出面吁请有关民主党派领导人不能再解散各自党派，强调：“民主党派不能取消，不但要继续存在，而且还要继续发展。”在紧接着召开的第一次全国统战工作会议上，毛泽东指出：要充分看到民主党派的作用。有人认为民主党派只是一根头发的功劳，一根头发拔不拔去都没有什么关系。这种说法是不对的。民主党派和民主人士是联系资产阶级、小资产阶级的，从他们的背后联系看，就不是一根头发，而是一把头发，就不可藐视。他还指出，从整体看，从长远看，必须要民主党派。我们对民主党派在抗战时有“团结、抗战、进步”的口号，今天应该是“团结、建设、进步”。要团结他们，使他们进步，帮助他们解决问题，要给事做，尊重他们，当作自己的干部一样，手掌手背都是肉，不能有厚薄。对他们要平等，不能莲花出水有高低[①]。周恩来指出："各个民主党派，不论名称叫什么，仍然是政党，都有一定代表性。但不能用英、美的政党标准来衡量他们。他们是从中国的土壤中生长出来的。""民主党派在人民民主统一战线中起着相当重要的作用"；"有些工作他们去做有时比我们更有效，在国际上也有影响"。[②] 毛泽东、周恩来明确肯定了新的历史条件下民主党派的性质和作用，确立了党对民主党派工作的总方针。

经过三年的艰苦奋战，新中国不但建立和巩固了新生的人民政权，而且奇迹般地恢复和发展了国民经济，进而实施《共同纲领》规定的人民代表大会制度。为了在实行人民代表大会制时能继续充分发挥民主人士的作用，1953 年 6 月召开了第四次全国统战工作会议。中共中央和毛泽东听取会议汇报时，批评了党内一部分同志对民主人士采取敷衍或排斥态度，认为在我国的过渡时期，人民民主专政的国家政权中需要吸收一定数量的民主人士，这不取决于任何党派、个人的主观好恶，而是由我国特殊的历史条件和革命建设的需要所决定的，那种把普选看成排斥民主人士的机会，或把民主人士看作包袱的观点是错误的。会议认为：新中国成立以来，大多数民主人士都已有了不同程度的进步。人民代表大会制度的实行，绝不意味着要削弱统一战线，而是更应使之巩固和加强。

1954 年 9 月，全国人大一届一次会议隆重举行，全面贯彻和体现了人民民主统一战线的理论和政策思想。大会通过的《中华人民共和国宪法》以《共同纲领》为基础，又是《共同纲领》的发展，其明确指出："我国人民在建立中华人民共和国的伟大斗争中已经结成以中国共产党为领导的各民主阶级、各民主党派、各人民团体的广泛的人民民主统一战线。今后在

① 《建国以来毛泽东文稿》第一册，中央文献出版社，1987 年，第 292—294 页。

② 《周恩来统一战线文选》，人民出版社，1984 年，第 167—172 页。

动员和团结全国人民完成国家过渡时期总任务和反对内外敌人的斗争中，我国的人民民主统一战线将继续发挥它的作用。”国家根本大法为人民民主统一战线的巩固和发展提供了最根本的法律保证。

在 1956 年社会主义改造基本完成、社会主义制度基本建立的新的历史条件下，民主党派是否有必要继续存在下去，在共产党内和民主党派内部又出现不同的看法。按照有些人的观点，各民主党派的阶级基础主要是民族资产阶级和小资产阶级，进入社会主义了，剥削阶级已不复存在，民主党派自然是“皮之不存，毛将焉附”。1956 年 4 月、5 月，毛泽东先后在中央政治局扩大会议、最高国务会议上做了《论十大关系》的讲话，以苏联为鉴戒，全面论述了社会主义革命和建设中的十大关系。在党与非党的关系方面，他首次提出了“长期共存、互相监督”的方针。他说，在社会主义条件下，几个党要比一个党好，“不但过去如此，而且将来也可以如此，就是长期共存、互相监督。”共产党和民主党派为什么要长期共存？毛泽东回答：“在我们国内，在抗日反蒋斗争中形成的以民族资产阶级及其知识分子为主的许多民主党派，现在还继续存在。在这一点上，我们和苏联不同。我们有意识地留下民主党派，让他们有发表意见的机会，对他们采取又团结又斗争的方针。一切善意地向我们提意见的民主人士，我们都要团结。”“这对党，对人民，对社会主义比较有利。”此后，党的八大和党章确立了共产党和民主党派“长期共存、互相监督”的方针。

“长期共存、互相监督”这“八字方针”的提出，标志着中国共产党领导的多党合作和政治协商制度在社会主义条件下得到确立，为在整个社会主义历史阶段中国共产党同民主党派和党外人士实行合作共事奠定了理论基础。

各民主党派组织的清理与整顿　1950 年春召开的第一次全国统战工作会议确立了党对民主党派工作的总方针，就是帮助他们团结、进步和发展，同他们真诚合作，充分发挥他们的积极作用。1951 年初，第二次全国统战工作会议中心议题之一就是帮助民主党派组织发展问题。毛泽东说，民主党派“就应当发展”，并提出民主党派的发展对象主要应是中上层代表人物，因为这些人物代表性大、作用大、影响大。1952 年 6 月第三次全国统战工作会议研究制定了《关于民主党派工作的决定》，确立了着重吸收中上层有代表性人物的各民主党派发展方针。这些会议和文件精神的贯彻，巩固和发展了党同民主党派的团结合作。

新中国成立后，各民主党派相继召开了全国代表会议或中央会议，确定新中国成立后的政治纲领和组织方针。会前，一些党派内部发生争论，焦点是组织的存废问题和要不要以《共同纲领》为政治纲领。各党派内部的进步分子对企图脱离共产党领导的言行进行了坚决斗争，对一些右翼分子采取了“政治严肃、组织宽大”的原则，做到既坚持原则，又坚持团结。中共中央明确表示：凡与中共有合作奋斗历史的各民主党派，在政治上不存在存废问题，希望各党派内部作必要的整顿，以达到长期合作的目的。之后各民主党派的中央会议都再次明确宣布接受中国共产党的领导，以《共同纲领》作为各自的政治纲领，同时确定在组织上进行清理整顿，并在此基础上发展成员。各民主党派针对自己组织内程度不同的组织不纯、派系纷争和领导机构不健全等问题，都做出清理整顿组织的决定。

为了帮助各民主党派组织发展，中国共产党和各民主党派协商，根据各个民主党派组织成员的历史情况，确定了各民主党派活动主要范围和组织发展重点。即：

民革主要以原国民党员及在职的旧公务人员的中上层为主；

民盟以文教界的中上层知识分子为主，首先应吸收一批大学教授和文教界有影响的上层人士；

民建以工商业资本家及其代表人物为主，与工商界有联系的知识分子、资本家代理人，私营企业中的高级职员亦可吸收；

民进以中小学教职员和文化出版界人士为主要发展对象，在社会上较有影响的上层知识分子、大学教职员亦可吸收；

农工党以公职人员、与经济建设有关的中上层人员和医务工作者为主；

致公党以归国侨胞及与华侨有联系的人士为主；

九三学社以科学技术界的高、中级知识分子为主；

台盟的发展对象是祖国大陆上的台湾省籍同胞。

此外，为避免引起有关国家的疑虑和外交纠纷，经协商确定，各民主党派原在国外以及香港、澳门等地建立的分支组织，停止活动。

四川各民主党派组织的整理与发展　四川是民盟、民建、九三学社和民革前身之一的三民主义同志联合会等民主党派的发祥地，各民主党派的许多创始人、领导骨干都曾长时间在四川活动，渊源深，传统厚，影响大。四川各行政区支持各民主党派分别成立整顿委员会，暂停组织发展及对外活动，重新登记党员，清洗了那些混进民主党派组织的反革命分子，终止了政治面目不清的人的党派关系，调整了内部纠纷及领导成分。民革、民盟、民建、农工党分别重建了临时领导机构。由于社会历史原因，四川解放前各民主党派成员都很少。新中国成立初期，四川党组织贯彻中央对民主党派工作的方针政策，帮助各民主党派发展组织。1951 年根据西南统战工作会议意见，川西区首先在成都市选择机关、学校试点。随后，各民主党派在省、市各级机关、学校范围，建立起直接由各党派省、市机关领导的公开的基层小组和分部，按照确立的各民主党派组织发展重点发展成员。四川各民主党派由 1952 年合省前成员总数的 1716 人，发展到 1957 年 5 月的 6845 人；同期，地方组织由 25 个发展到 41 个，基层组织由 17 个发展到 314 个。四川合省后，在各民主党派组织进一步发展基础上，先后筹建了民革、民盟、民建和农工党四个民主党派省级组织，并有九三学社、民进的地方组织和成员。

中国国民党革命委员会（简称民革），前身之一的三民主义同志联合会（民联）于 1945 年 10 月 28 日创建于重庆。1946 年初民联中央迁往上海，在重庆地方组织“临时工作组”。中国国民党革命委员会于 1948 年 1 月 1 日在香港正式成立。1948 年夏至 1949 年春，在四川地区建立了有杨杰、黎又霖等的“民革川东区分会”、以刘文辉为首的“民革川康分会”、周从化等人成立的另一个“民革川康分会”，以及在西康由陈强立等人建立的民革组织。1949 年 11 月，中国国民党民主派第二次代表会议决定，参加人民政协的中国国民党革命委员会、三民主义同志联合会和中国国民党民主促进会合并为一个组织——中国国民党革命委员会。新中国成立后，成都、重庆分别成立了民革临时工作委员会。1951 年春，民革川康临时工作委员会建立，由熊克武等负责。1952 年民革西康省筹备委员会成立（1955 年 10 月川、康合省后，随之与四川民革组织合并）。川西、川南、川东、川北四个行署区合省后，1952 年 11 月 1 日，民革四川省分部筹委会在成都成立，由钟体乾等负责。1955 年 2 月因西南行政区撤销，民革四川省分部筹委会改组。同年 5 月，民革四川省第一次代表大会召开，选举成立民革四川省委，但懋辛任主任委员。

中国民主同盟（简称民盟），于 1941 年 3 月 19 日将 1939 年 11 月在重庆成立的统一建国同志会扩大改组为中国民主政团同盟，1944 年 9 月 19 日改团体会员制为个人参加，并改名为中国民主同盟。1944 年 11 月民盟四川省支部在成都成立，之后先后建立了民盟重庆市支部和民盟西康省支部筹委会。四川解放后，民盟川西、川北支部和川南临时工委，以及重庆市支部、西康省支部临时工委先后建立。川西、川南、川东、川北四个行署区合省后，1952 年 11 月 30 日，民盟四川省支部临时工作委员会在成都成立，彭迪先任主任委员。1954 年 2 月 12 日，民盟四川省第一次代表大会在成都召开，选举产生民盟四川省支部委员会，彭迪先任主任委员。因西南大行政区撤销，川、渝合省，1955 年 1 月，民盟四川省支部改组，原民盟西南总支部副主委、重庆市支部主委潘大逵任主任委员。西康省撤销后，民盟西康省支部随之与四川民盟组织合并。根据修订的民盟章程，1956 年 4 月，民盟四川省支部报经民盟中央批准，改称民盟四川省委员会。

中国农工民主党（简称农工党），1927 年大革命失败后，邓演达等酝酿成立新的政党，并以中华革命党名义活动。1930 年 8 月 9 日在上海正式建党，定名为中国国民党临时行动委员会。1935 年 11 月 10 日改党名为中华民族解放行动委员会。1941 年参与发起成立中国民主政团同盟，成为其中的组成部分。1946 年 5 月，其中央机关由重庆迁到上海。1947 年 2 月 3 日改名为中国农工民主党。早在 1928 年，农工党的前身——中华革命党就开始在四川发展组织，开展活动。1938 年冬，中华民族解放行动委员会中央由汉口迁重庆，1946 年 5 月在重庆成立了四川省干部会，1947 年 3 月农工党重庆市党部成立。1950 年 1 月，农工党在四川成立了重庆市整理党务委员会，3 月 26 日改为重庆市临时工作委员会，1951 年 7 月 11 日，成立农工党重庆市工作委员会，黄鹏豪为主任委员。1953 年 3 月 23 日，农工民主党四川省工作委员会成立，夏康农任主任委员。1956 年 12 月，选举产生农工党四川省第一届委员会，刘星垣任主任委员。

中国民主建国会（简称民建）于 1945 年 12 月 16 日在重庆成立。1946 年 2 月民建重庆分会成立，是民建在新中国成立之前四个分会（重庆、上海、港九、北平）中最早建立的一个分会。4 月，民建总会迁沪后，成立“四川会务指导员办事处”，委派黄墨涵为召集人。国民党宣布民建为非法团体后，重庆分会活动转入地下，组成核心领导小组，徐崇林为召集人。1951 年，民建成都分会、民建西南区办事处相继成立。1955 年 2 月，民建四川省工作委员会成立，胡子昂任主任委员。

九三学社于1946年5月4日在重庆正式成立。1946年10月，九三学社总社从重庆迁往北平。同年10月27日九三学社重庆分社成立，是九三学社在全国最早建立的地方组织之一。由于在重庆的九三社员纷纷复员离渝，重庆分社无形解体。重庆解放后不久，成立了九三学社重庆分社筹备小组，税西恒、谢立惠等9人为小组成员。1951年9月3日，九三学社重庆分社理事会成立，后改为委员会，税西恒为主任委员。1953年1月10日，税西恒专程到成都宣布九三学社重庆分社成都小组正式成立，3月改为直属九三学社中央的九三学社中央成都直属小组，文藻青、郑衍芬为召集人。1954年9月，九三学社成都分社筹委会成立，柯召任主任委员。1956年5月，九三学社成都分社成立，柯召任主任委员。

民主党派积极发挥作用　民主党派在进行自身建设的同时，认真贯彻执行《共同纲领》，参与对国家重大问题的协商和决定，积极参加抗美援朝、土地改革和镇压反革命三大运动和“三反”“五反”运动。1953年党在过渡时期总路线公布后，各民主党派为实现过渡时期的总任务，积极投入社会主义改造实践，在国家政治生活中主要发挥了“参、代、监、改”作用。参，就是参加国家事务的管理，参与国家重大问题的协商、决定和执行；代，就是代表它们所联系的阶级、阶层的利益，反映这些阶级阶层人们的意见和要求，协助国家适时地调整阶级关系，促进多党合作的发展；监，就是在国家政治生活中，通过统一战线对共产党和国家机关的工作进行监督，提出批评和建议；改，就是推动和帮助各自组织成员学习马列主义理论和时事政策，进行自我教育和自我改造。

四川解放后，重庆、川东、川南、川西、川北和西康六个省一级行政区的各界人民代表会议协商委员会都吸纳了民主党派和无党派民主人士，民主党派负责人胡子昂、余际唐、罗忠信、钟体乾、裴昌会、张为炯分别担任了副市长、副主任、副省长等职。1952年9月四川合省时，有181名民主党派和无党派民主人士分别在西南行政区和四川省人民政府担任与原职务相当的职务；成立了川东、川南、川西、川北各代会协商委员会联合办事处，各代会协商委员会中各民主党派和无党派民主人士继续发挥作用。人民代表大会制度建立后，1955 年，四川省各民主党派成员当选全国、省、市（县）、区等人民代表的共计 409 人；安排为全国、省、市（县）政协委员的共计 221 人。

作为政协成员的各民主党派，通过彼此联系、共同发挥作用的统一组织机构——人民政治协商会议，参与国家大政方针的协商决定并监督其实施；同时，各民主党派又通过各自独立的组织系统和单独发挥作用的渠道，动员和团结它们各自所联系的社会人士投入新中国建设。各民主党派的代表人物还在中央和地方人大、政府及其部门中担负各种职务，直接参与国家事务的管理。他们参加国家事务的管理，参与重大问题的协商、决定和执行，代表和反映他们所联系的阶级、阶层的合法权益和合理要求，对党和国家的重大决策、对宪法和法律的制定和实施、对重要政策的决定等提出意见和建议，要求和帮助成员及所联系的群众参加国家建设，在各自岗位积极贡献力量；同时在自愿的基础上，组织成员学习马列主义理论和国家的大政方针，进行思想改造，培养拥护社会主义的进步分子。民革川康临时工委在重庆开会，经历过辛亥革命以来各种战乱的但懋辛深有体会地发言说：抗美援朝的决策很正确，过去我们中国总是跪在列强脚下求生存，而我们敢于和世界上最强大的美帝国主义做斗争，把中华民族的气概提高了，正如毛主席说的中国人民真正站起来了。我国开展以反贪污、反浪费、反官僚主义为内容的“三反”运动大得人心，共产党接过了国民党留下的腐败、涣散、落后的一大堆难以理顺的局面，我都认为无法收拾，而共产党却有能力收拾它。在短短 3 年时间里，理顺了财政，经济好转，全国人民纳入正常生产轨道，生活有所改善，呈现着生机勃勃、民安国泰的景况。

像这样治理国家，相信不用很久我国就会强盛，令人心悦诚服。

1956 年 5 月，为贯彻毛泽东提出的中共同民主党派“长期共存、互相监督”八字方针，中央统战部发出《关于组织和推动民主党派、民主人士检查统战工作的意见》，四川省采取内外结合的办法，召开各种类型的座谈会，推动各民主党派和民主人士对改进统战工作提出意见和建议，推动省人民委员会各厅局及学校、企业对党与党外人士合作共事关系进行全面检查，改善政协、民主党派、工商联等机关和统战部门的关系，在克服包办代替的同时，加强了对民主党派的政治领导。通过统战工作大检查，调整了关系，活跃了统一战线内部的民主生活，调动了民主党派为社会主义服务和接受社会主义改造的积极性。各民主党派、无党派民主人士在为新中国政治经济文化建设做贡献中不断进步和发展，也为中国共产党同各民主党派、无党派民主人士长期合作奠定了重要的政治基础、思想基础和组织基础。

二、党外人士的学习、教育和思想改造

坚持建设和改造并举的方针　新中国成立以后，国家建设急需大量人才。从旧社会走来的党外人士和知识分子的绝大多数受过三座大山的压迫，有程度不同的革命性，但资本主义、封建主义思想仍有很大的影响，许多人对党的政策和新的社会事物不了解、不熟悉，大多有重新学习的愿望。党和政府根据中国旧知识分子“可为人民服务”，但又与“旧社会有着千丝万缕联系”的二重性特点，对他们一方面采取积极引导进行改造思想、“大量吸收、大胆使用”的方针政策；另一方面狠抓学习和教育，大量培养新的知识分子，从而使新旧知识分子在社会主义过渡时期，不但在自我思想改造方面取得进步，而且为国民经济恢复和发展、社会主义改造的胜利做出了积极贡献。

四川解放后，各地在各代会、协商会以及各团体内成立了学习委员会或学习小组，各级统战部门普遍组织上层民主人士成立高级学习组，通过座谈、讲习等多种方式，学习《共同纲领》、时事政治等，普遍受到深刻教育，思想觉悟明显提高，对土改、镇反、抗美援朝、“三反”、“五反”和知识分子思想改造运动，都诚恳表示拥护和支持。1952 年 11 月，四川省成立了省市（成都）两级联合的学习委员会，全省有 93 个县（市）成立了各界人士学习委员会。在思想改造运动中，中共各级党组织建立了思想改造运动领导机构，统战部门配合有关部门直接到重点学校、单位，大力推动各民主党派组织和高级知识分子在运动中帮助其成员和所联系的群众端正态度，解除顾虑。

1953 年底，过渡时期总路线公布后，部分民主党派成员和党外人士出现了思想动荡和混乱，担心“民主党派寿命不长了”、害怕“不要统一战线了”。中共四川省委组织各民主党派和党外人士深入学习党在过渡时期的总路线，学习《中华人民共和国宪法》等，通过座谈会、专题报告会，参观或参加“一化三改造”和社会主义建设等形式，帮助他们澄清思想疑虑，正确理解和把握自身在过渡时期的地位、任务和作用，为总路线总任务做出积极贡献。对他们工作和思想中的问题和缺点进行适当批评，对他们的意见及时反映并协同有关部门加以解决，从而使他们的精神面貌发生了根本变化。四川大学文史专家、民国时期名列蜀中“五老七贤”的庞石帚拥护共产党，热爱新中国，1956 年到北京参会，写了一组纪行诗，《抵京》诗云：“铜驼荆棘痛骚除，阊阖晴开气象殊。我与刘郎心事别，玄都今日胜仙都。”自注：“余以一九三四年旅旧京，今二十二年矣，气象一新，为之神往久之。”爱国之忱、振奋之志溢于笔端。一些具有特殊技能的专家教授还自愿奉献出看家本领。成都工学院教授、民建会员张栓公开了享誉世界的制革方法——张栓法，产科专家、农工党成员刘云波积极推广无痛分娩法。1955 年 6 月，中国科学院学部委员会成立，首批学部委员中有四川大学的柯召、四川医学院的刘承钊、西南农学院的侯光炯、重庆大学的乐森玙等教授。

召开知识分子工作会议　社会主义建设事业的发展，需要更好调动和发挥知识分子作用。1954 年春召开的第五次全国统战工作会议提出，要把文教、科技方面的统战工作也列为统战部门的工作重点。1955 年，中央统战部根据民盟中央费孝通等人的调查及参照有关材料，综合编写了《高级知识分子目前存在的困难和问题》，指出了对高级知识分子存在估计不足、信任不够、使用不当、安排不妥、待遇不公、帮助不够等问题，引起了中共中央的高度重视。1955 年 11 月 23 日，毛泽东主持会议，决定召开全面解决知识分子问题的会议，并成立由周恩来负责的中共中央研究知识分子问题十人领导小组，进行会议筹备工作。周恩来指示各省、自治区、直辖市党委及有关部门，先期对知识分子问题进行调查研究，并将有关情况及时报告中共中央。

据此，1955 年 12 月 25 日至 31 日，中共四川省委召开知识分子工作会议，全面分析了全省知识分子的状况，指出当时全省 8190 名高级知识分子，绝大多数是拥护社会主义的。会议根据中共中央有关指示，强调知识分子是劳动人民的一部分，并对高级知识分子的工资问题、在知识分子中发展党员问题、处理知识分子的历史遗留问题和安排使用问题等提出了初步意见。12 月 20 日至 24 日，中共重庆市委召开知识分子工作会议，参加会议的有市委委员、各部门和各区委负责人以及有关企业、大专院校、医院的党员负责人。会议讨论了中共中央《关于知识分子问题的指示（草案）》，回顾了几年来重庆市知识分子工作的基本情况，检查了工作中存在的问题，研究了工作的全面规划。会后市委建立由任白戈负责的知识分子五人小组。

1956年1月中央召开知识分子问题会议，周恩来做报告，系统阐述了知识分子在社会主义建设事业中的重要地位和作用，指出“必须依靠体力劳动与脑力劳动的密切合作，依靠工人、农民、知识分子的兄弟联盟。我们现在所进行的各项建设，正在愈来愈多地需要知识分子的参加”；首次明确指出我国知识分子的“绝大部分已经成为国家工作人员，已经为社会主义服务，已经是工人阶级的一部分”；提出正确地使用和帮助知识分子不断进步是党和国家极其重要的任务；提出了知识分子工作的方针措施、知识分子改造的道路，并发出“向现代科学进军”的号召①。毛泽东号召全党努力学习科学知识，同党外知识分子团结一致，为迅速赶上世界先进科学水平而奋斗。

四川省贯彻中央知识分子问题会议精神，在党内全面检查党的知识分子政策的贯彻执行情况。1956年5月2日，省委发出《关于贯彻执行〈中共中央关于知识分子问题的指示〉的指示》，提出各地区和单位无法妥善安置的高级知识分子，须报上级主管部门或省委研究知识分子问题十人小组办公室，由省统筹安排。省委要求各级党委采取有效措施安排好知识分子的工作和生活，帮助知识分子进行思想改造，加强知识分子中的建党工作。各级统战部门召开党外知识分子座谈会，了解和反映他们的意见和要求，协同有关部门解决了部分知识分子安排使用、合作共事和生活待遇等方面的问题。

党外人士的培训　1956年初，随着生产资料私有制的社会主义改造进入高潮并基本完成，我国开始进入社会主义历史时期。1956年2月16日至3月3日在北京召开的第六次全国统战工作会议制定并通过《一九五六年到

---

① 周恩来：《关于知识分子问题的报告》（1956年1月），载中共中央文献研究室编：《建国以来重要文献选编》第8册，中央文献出版社，2011年。

一九六二年统一战线工作的方针》（简称七年方针），指出，从实现社会主义改造这个过渡时期的任务来说，资产阶级分子、知识分子、大多数少数民族、民主党派都走过了有决定意义的一步。会议正确分析了社会主义改造完成后统一战线面临的新形势和新任务，提出要把教育工作当成今后统战工作一项中心工作，经过工作实践的教育，经过政治理论的学习，帮助资产阶级分子、高级知识分子和民主人士的思想改造，逐步做到同他们已经变化和正在变化着的政治地位和社会地位相适应，为社会主义建设服务，为最后实现生产资料私有制的国有化获得思想上的准备。但对调动党外人士为社会主义建设服务这一点强调得不够。

成立社会主义学院　为贯彻七年方针，1956 年 5 月，中共四川省委批转省委统战部、宣传部《关于 1956—1957 年两年内组织和帮助民主人士、资产阶级分子以及社会上旧中、上层分子进行学习的初步规划》，批准建立四川省政治学校和重庆市政治学校。省政治学校的主要任务是：根据自愿原则，分期分批吸收省市级和市所属县（市）的党外人士参加学习，给他们以马克思列宁主义基础知识和时事政策教育，使其逐步接受用马列主义的观点和方法观察事物和处理问题，更好地为社会主义服务。在毛泽东命名中央社会主义学院后，四川省政治学校更名为四川省社会主义学院，重庆市政治学校更名为重庆市社会主义学院。

三、对党外人士安排使用

安排选任党外人士　早在新中国成立之初的第一次全国统战工作会议上，就明确指出：各级人民政权机关和协商机关是统一战线工作的中心环节，政权机关统战工作的主要内容是建立共产党与党外人士合作的正确关系，一要同党外人士沟通政策思想，二要使党外人士有职有权。选拔安排党外人士进入人大、政协和担任政府部门领导职务，是坚持同党外人士合作共事的重要条件，也是完善和发展中国共产党领导的多党合作和政治协商制度的需要。为了在实行人民代表大会制度时，能继续充分发挥民主人士的作用，1953 年夏召开的第四次全国统战工作会议提出，人民代表大会制度的实行，绝不意味着要削弱统一战线，而是更应使之巩固和加强。新中国成立以来，大多数民主人士都已有了不同程度的进步，在实行人民代表大会制时，对民主人士的安排，应与人民代表的选举、政府人员的选任、统一战线组织及其他诸方面人事的安排结合起来，通盘筹划。对各方面新的代表人物和在工作上有特殊贡献者，应适当提拔。凡有民主人士的地方，自县市以上各级人民代表大会、人民政府、统一战线组织、部分人民团体和其他组织，都要注意做好民主人士的安排工作。1954 年 3 月召开的第五次全国统战工作会议，专门研究了人民代表大会制实行后对党外人士的安排工作问题，强调在实行人民代表大会制后，在国家权力机关和管理机关中，仍然需要安排民主人士。明确提出，人物安排应从全国、省市的人大、政府、政协等方面通盘考虑，适当安排，尽量减少兼职，以便提拔和吸收一批新的代表人物，扩大阵容；过去已经安排，这几年又有贡献、有进步的，一般都要予以适当安排；为适应社会主义建设和改造的需要，安排中应吸收一批文教科技人员和私营工商业中有代表性的人物及有代表性的妇女；民主人士在省、市人大代表中的比例，省可占到 30%，市可占到 35%。会议形成的文件经中共中央批准转发各地执行。

中共四川省委认真贯彻中央文件精神，在选举四川省人大代表时，确定了对党外人士的安排原则，要尽量照顾原 4 个省一级行政区的各代会中应当选的民主人士。凡愿参加统一战线的阶级、阶层都要适当安排，不能因人民代表大会的实行，取掉任何一个阶级或阶层；对过去已经同中共合作的民主人士，原各代会的代表，一般都要继续选为人民代表大会代表，或分别从政府机关、部分人民团体及统一战线组织等其他方面适当考虑安排。对各方面的代表人物以及在工作上有特殊贡献者，应适当安排与提拔。

第一届人大非中共人士安排 四川省人大一届一次会议于1954年8月召开，代表总数673人，次年川康两省合并，原西康省人大代表即为四川省人大代表。首届四川省人大代表总数801人，其中党外人士315人，占代表总数的39.33%。选举产生出席全国人民代表大会代表87人，其中党外人士48人。据成都、重庆、自贡3个省辖市和7个专辖市及128个县的调查，人民代表中有党外人士3965人。

第一届人民政协非中共人士安排 人民政协四川省第一届委员会，由中国共产党、民主党派和人民团体等24个单位组成。1955年1月，省政协一届一次会议共有省政协委员283人，其中非中共人士209人，占73.85%；选出常委63人，其中非中共人士43人，占68.3%；选出副主席9名，其中非中共人士6人。1955年10月，西康省并入四川省建制，原西康省各族各界代表人士增补进四川政协。1956年3月，省政协一届二次会议召开，经过补选和增选，15名副主席中非中共人士11人：刘文辉、李筱亭、但懋辛、胡子昂、徐孝刚、彭劭农、潘大逵、降央伯姆（女，藏族）、徐崇林、夏克刀登（藏族）、果基木古（彝族）。

1949年9月第一届全国政协会召开时，四川尚未解放，西南局安排的全国政协委员共5人，其中有常务委员邓小平、桑吉悦希（天宝）、熊克武3人，委员卢作孚、刘文辉2人。1954年12月四川有第二届全国政协委员20人，其中党外人士17人，刘文辉为常务委员。1956年二届二次会议四川增加全国政协委员16人，其中党外人士12人。

政府及其部门领导职务的安排 1952年9月，四川4个省一级行政区撤销合并成四川省，181名党外人士分别在西南行政区和四川省人民政府担任与原职务相当的工作。1954年西南行政区撤销，西南区的116名参事及部、局以上的党外人士中，由四川安排67人，其他调中央有关部门及其他省安排。

在合省组建期间，非中共人士中，钟体乾、余际唐、李筱亭、邓锡侯等 4 人担任了省人民政府副主席，杨达璋任副秘书长，有省人民政府委员 45 人，厅局长 24 人（占厅局长总数的 21.62%，其中 4 人担任正职：民政厅长罗忠信、交通厅长谭卫根、农林厅长程复新、水利厅长郭勋祺）；3 个省辖市、7 个专辖市副市长各 1 名，11 个专区副专员 12 名；46 个副县长。

1955 年 1 月，四川省人大一届二次会议选出的省人民委员会委员 63 人，其中党外人士 31 人，占 49.21%。

合省期间，经过细致工作，四川省、市、县三级当选为人大代表、人民委员和政府部门副科以上实职、政协委员以上的各界非中共人士共 6666 人。同时设立了省和重庆、成都市等政府参事室，吸收了一批上层民主人士参加政权建设。

合作共事有职有权　吸收非中共民主人士参政是中国共产党的长期政策。四川解放以后，中共四川地方组织注意同党外人士建立良好的合作共事关系。非中共人士直接参与国家和地方事务的管理，中共党组织要求中共党员要主动密切联系，搞好合作共事，使他们有职有权，积极帮助他们履行职责，做出成绩。中共中央西南局书记邓小平、西南军政委员会主席刘伯承和各行政区党政负责人，在党内会议和多种场合，针对各界人士的思想状况，反复宣传和阐释党同党外人士长期合作的政策，明确表示：同党外人士实行民主合作的原则，是固定不移的，是永远不变的。邓小平在 1951 年西南局统战工作会议上的讲话中指出：党中央和毛主席一再强调统战工作，全党要有带领广大党外人士到社会主义的远大眼光。还提出政权机关的每一个党员干部要联系几个党外人士，并亲自拟定了西南军政委员会各部负责人联系党外人士的名单。1953 年四川省委统战部在总结政权机关工作时指出：中共四川各级组织认真贯彻对党外人士的使用要有职有权的精神，各厅、处、局，中共与党外领导干部进行分工，建立了集体办公制度、学习制度。1955 年 4 月，中共四川省委部署全省深入检查人事安排工作和政权机关、政协组织的统战工作，通过一年多的检查，省委针对存在的问题指示：在工作中要充分使用党外人士，放手发挥他们的作用，这是当前加强统战工作的关键所在，切不可只安排不使用，把他们冷在一边。还对加强与党外人士的协商，认真听取党外人士的意见，帮助党外人士实行有职有权和守职尽责等作了明确规定。

中共同党外人士长期合作共事的政策及实际工作的细致入微，对民主党派和党外人士产生很大的触动。担任西南军政委员会委员兼司法部长的但懋辛与副部长黄远新共同协商司法部的工作，合作密切。他常说："我们是非党干部，又是民主党派成员，接受党的领导要真，尊重党的干部要诚。只有这样才能团结一致把工作搞得更好。"他劝导在新政府任职后自感有职无权的有些老同事说，你们"这是既不懂得共产党工作习惯，又不愿意学习新的工作方法的缘故。我通过学习、思考，不感到有职无权。如我当司法部部长时，他们研究工作的意见，开会时向我汇报了，我有啥主张、意见就发表出来，就是有职有权，我学了共产党办事光明磊落的工作方法"。热情鼓励从旧社会走出来的同事们认识新社会，开始新生活。

第三节　对私营工商业的利用、限制、改造

一、恢复和调整工商业

经济上，四川与中国其他地方一样，继承的是一个十分落后的千疮百孔的烂摊子，国民党败退台湾时，带走大量物资和资金，生产萎缩，百业

凋敝，失业众多，特别是国民党统治下长期的恶性通货膨胀，造成物价飞涨、投机猖獗、市场混乱的局面，加之实行“包下来”的政策，国民党政府留下的数百万军政公务人员需要供养，因工商业的萧条和破产产生的大量失业人员需要救济，还有部分工矿交通以及文教事业亟待恢复，这些都使财政支出巨大。给国民经济的恢复带来极大的困难。

新民主主义的经济方针　没收封建地主阶级的土地归农民所有，没收官僚垄断资本归国家所有，保护民族工商业，是新民主主义革命的三大经济纲领。具有临时宪法作用的《中国人民政治协商会议共同纲领》规定：“中华人民共和国经济建设的根本方针，是以公私兼顾、劳资两利、城乡互助、内外交流的政策，达到发展生产、繁荣经济之目的。国家应在经营范围、原料供给、销售市场、劳动条件、技术设备、财政政策、金融政策等方面，调剂国有经济、合作社经济、农民和手工业者的个体经济、私人资本主义经济，使各种经济成分在国营经济的领导之下，分工合作，各得其所，以促进整个社会经济的发展。”这是一个多种经济成分并存的经济结构，它不同于同时期一些国家混合经济体制的基本特点就在于：突出了国营经济的社会主义性质和领导作用。在国家政权性质发生根本变化中，通过变革和继承，中国多种经济成分的内容和相互关系发生了根本的变化。

新中国成立以后，新生的人民政权迅速地通过没收官僚资本、汉奸和反革命分子资产，以及通过转让、征用等方式将外资企业收归国家经营，在有关国计民生的重要行业确立了国有经济的控制地位；同时，通过统制外贸、打击市场投机，建立了强大的国营商业和外贸企业。基于对旧中国政府的工矿企业、金融系统、贸易公司和铁路、航运等庞大的国家垄断资本的没收、接管，新中国建立和发展了国有经济，顺利进入了这些重要行业，并确立了对国民经济的领导地位。掌握了整个国民经济命脉的社会主义性质的国有经济成为整个社会经济的领导力量，为国家调节各种经济成分提供了有力的物质手段，并决定着全社会经济的性质和发展方向。

四川一解放，各地军管会和人民政权迅速没收官僚资本，接收敌伪和反革命分子的财产，并以此为基础建立起国有经济。1949 年 12 月，重庆市军管会向原国民党政府所属的 80 个官僚资本企业派出军代表，没收了 12 728万元人民币（旧币）的固定资产，占当年重庆全市工业固定资产的 79%。1950 年 1 月 13 日，成都市军管会宣布依法没收官僚资本归国家所有。四川各地共接管银行 155 家，中国保险公司、中国农业保险公司、中央信托局产物保险处三家机构以及旧职员工 6484 人。全川各地分别清理、没收官僚资本，将其改变为全民所有制企业，或在没收官僚资本股份的基础上，初步建立起四川第一批公私合营企业。

保护民族工商业　保护民族工商业，是新民主主义革命经济纲领之一。旧中国私人资本在其漫长曲折的发展过程中，虽然始终没有形成自己的独立体系，但在整个国民经济中却占相当大的比重，是一支不可忽视的力量。私营商业尤为庞大，1950 年为 402 万户，占全国商业总户数的 98%，从业人员 662 万人，商品销售额为 182 亿元，占全国商业机构批发额的 76%、零售额的 84%①。新中国经济建设的根本方针，是使包括私人资本主义经济在内的各种经济成分在国有经济领导下，分工合作，各得其所，以促进整个社会经济的发展。对有利于国计民生的私营经济事业，实行鼓励其经营的积极性并扶助其发展的政策。在接管城市中，新政权把正确对待民族工商业的问题作为重点。毛泽东指示：对民族工商业要好好保护，接收工作要“原封原样，原封不动”；做好城市工作要依靠工人阶级，还要团结好民族资产阶级，跟他们保持长期的统一战线；“对于官僚资本要有明确界

① 中共中央统一战线工作部：《当代中国的统一战线》（上），当代中国出版社，1996 年，第 89 页。

限，不要将国民党人经营的工商业都叫作官僚资本而加以没收”，小官僚和地主所办的工商业则不在没收之列；一切民族资产阶级经营的企业严禁侵犯。顺利接管城市为恢复工商业奠定了基础。这与数年前抗战胜利后，国民党大员到原沦陷区变“接收”为“劫收”的局面形成了鲜明对照。

1950 年春第一次全国统战工作会议上，毛泽东、周恩来批评了对民族资产阶级强调斗争和限制、要求提前消灭资本主义的错误思想。会议指出，无论在政治上还是经济上，对民族资产阶级都必须执行既团结又斗争，斗争为了团结的方针，并强调，在目前要特别注意同民族资产阶级搞好经济上的合作，以巩固政治上的合作。6 月，党的七届三中全会提出利用、限制私人资本主义，做出调整工商业的重大决策。

但是，许多工商业主半信半疑，一方面对摆脱帝国主义、封建主义和官僚资本主义的统治感到鼓舞；另一方面又认为共产党是工人阶级的政党，担心对资本家及其资产的处置。一些人对共产党保护民族工商业的政策已有所闻，但又心存疑虑，担心被“共产”，害怕被“清算”。从中共中央到各城市中共党委、人民政府或军管会积极开展对工商业主的工作，公布有关私营工商业的各种政策法令；多形式多渠道会见当地工商界代表人物，与各行各业同业公会负责人座谈，阐述共产党和人民政府保护民族工商业的政策和国民经济建设的根本方针；安排工商界代表人士参加各级各界人士代表会议、政治协商会议以及其他领导职务。

1950 年春，周恩来派人到香港向卢作孚转达了党对民生公司的意见，使他大为感动。原来民生公司在加拿大订购了 9 艘轮船，向国民党政府申请贷款 230 万美元还本付息。他以为国民党政府看在民生公司航运在抗战中贡献卓著，抗战胜利后民生公司曾几次以远低于市价之运费为国民政府还都南京复员运输，并在内战期间将 18 艘大小轮船编为专船，供国民政府差遣的面上，会同意贷款，但却碰了软钉子，被东推西拖，一无所获。为此他食不甘味，夜不能寐。相反，新中国成立后，人民政府在外汇非常困难的情况下，同意偿还船款，并愿在中加建交后继续担保，使民生公司绝处逢生。1950 年 6 月，卢作孚由香港返回内地，补选为全国政协委员，被任命西南军政委员会委员等。从 1949 年到 1951 年上半年，经过一年多的努力，民生公司在新中国成立前夕被迫留在香港、航行海上以及从台湾脱险到香港的共 18 艘轮船全部开回广州，价值近 2000 万美元。

四川解放后，各行政区按照《共同纲领》规定，以发展生产、繁荣经济为目标，贯彻公私兼顾、劳资两利、城乡互助、内外交流的政策，在迅速建立国营经济的同时，大力恢复和发展私营工商业。人民政府和国营经济部门还采取各种措施，对有利于国计民生的私营工商业进行大力扶持。一是发放工商贷款。四川解放不久，就成立了银贷团，到 1950 年底，各地对私营工商业的贷款共计 1180 万元。二是提供原料，收购成品。同期，国有公司收购棉纱 10 512 件、布 66 070 匹。三是委托私营工厂加工，私营商店代购、代销。广元大华纱厂经理苏先劼面对企业困难信心不足，川北行署主任胡耀邦多次与其恳谈，帮助其树立信心，之后，中国花纱布公司对大华纱厂实行加工代纺，解决纱厂的购销问题，苏先劼非常感动。四是发动企业职工协助资本家克服困难，搞好生产经营。同时，西南贸易部批准私营宝元通公司全部转为国营，政务院批准四川畜产公司与中国猪鬃公司合并，公司人员进入国有公司。经过各方面的共同努力，私营工商业度过了战争破坏带来的困难时期，在短期内恢复了生产经营，而且初步建立了社会主义经济与资本主义经济之间的联系，出现了一些国家资本和私人资本联系或合作的国家资本主义。

平抑物价和调整工商业　恶性通货膨胀是国民党统治后期的顽疾。解放后，投机者认为共产党必然如国民党一般需要滥发钞票“饮鸩止渴”，无力控制物价，继续疯狂囤积外币、金银和各种物资，进行投机活动。以上海为先导，内地跟进，从 1949 年 4 月到 1950 年 2 月，不到一年的时间，就出现四次全国性的猛烈而全面的涨价风。随着各大城市相继解放，国民党政府发行的金圆券迅速崩溃，金银和外币成为抢手货。1950 年四川刚解放，紧接着许多地方就发生反革命武装暴乱，物资交流受阻，不法奸商趁机进行黄金白银的黑市投机，哄抢物资，囤积居奇，扰乱市场，牟取暴利，土匪暴乱更以“反禁银”口号煽动蛊惑。

稳定的币值和稳定的物价，是经济正常运行和社会稳定的重要前提。新中国成立后，官僚资本已被没收和取缔，市场中的投机者一般属于民族私人资本范畴，而民族私人资本是新民主主义经济的组成部分之一，受国家政权的保护，国家不宜简单采取行政强迫的办法加以取缔、没收和限制，而应充分运用市场规则，将经济办法与行政措施结合起来。为了维护合法工商业者的利益，建立正常的经济秩序，根据西南财政委员会发布的关于禁用银圆的指示，四川各地开展了禁止黄金白银流通的斗争，使人民币稳步占领市场。各地建立市场管理委员会，实行工商登记，取缔无证经营，规范市场交易，严禁投机违法行为，多措并举，加之政治和军事形势的稳定，生产的恢复，使物价迅速回落，逐渐平稳。这场涉及全国的稳定币值、平稳物价的斗争结束了国民党统治时期连续十几年的通货膨胀和物价高涨局面，为安定人民生活、恢复和发展生产创造了有利条件。这场斗争的胜利，赢得了全国人民，包括愿意从事正常合法经营的资本家的广泛支持。

人民政府针对恶性通货膨胀和投机资本几路出击，迅速实现了全国金融物价基本稳定的目标。统一财经之后，物价稳定了，但产品卖不出去了，1950 年春夏之交，私营工商业遇到了新的困难，人心浮动，国民党匪特乘机活动。私营工商业的困难，引起了党和政府的高度重视。中央多次召开会议，迅速研究和实施调整的方针政策，做出了调整工商业的决定。调整的基本原则就是《共同纲领》所阐述的经济建设的根本方针，其实质就是在半殖民地半封建经济被打碎后，按照新民主主义经济的轨道来重新安排工商业，使新民主主义经济建设的根本方针得以全面准确地加以实行。中央确定：在“公私兼顾、劳资两利”的方针下，抓好调整公私关系、劳资关系和产销关系，重点是调整人民政府和国有经济同私人资本主义经济之间的关系。

调整公私关系，是调整工商业的中心，其实质就是要在确保国有经济领导地位的前提下，使私营工商业在国营工商业的领导下，分工合作，各得其所。调整的措施主要有：扩大对私营工商业的加工订货和代购代销，由重点大厂扩展到一些中小型厂，由主要产品扩展到一般日用品；调整公私商业的经营范围和价格，在不允许投机的前提下，国有商业在经营范围、市场管理、价格等方面，给私营商业以出路；国有银行扩大贷款，降低利率；调整税收负担，简化征税手续，帮助合法的私营工商业渡过难关。调整劳资关系的原则是：确保工人民主权利，有利发展生产，劳资问题通过民主协商解决。调整产销关系则主要是在国有经济领导下通过各行业内部以及各行业之间的协调，克服私营工商业在生产和经营中的盲目性和无政府状态，统筹兼顾，力求产销平衡。调整本着面向生产，面向农村和人民大众，面向原料产地和销售市场的原则进行。

1950 年 6 月，成渝铁路动工修建，带动四川国营和私营工商业的共同发展，仅重庆就有 428 家私营机器厂得到加工订货单。在此期间新政权还把进军西藏、抗美援朝的大批加工订单分配给私营企业。同年 7 月，四川各行政区把各地的国营贸易公司转为国营专业公司，主要经营粮食、煤炭、花纱布、食油、食盐、石油六种关系国计民生的上游原料物资，其他商品市场则大部分让给私营商业。同时调整了地区批零差价，大力组织土特产的大宗运销。吸收私营工商业代表人物参加各代会，在改造旧工商组织的基础上筹建工商业联合会，1950 年 12 月 30 日，政务院公布《私营企业暂行条例》。经过政府的大力调整，工人群众的大力协助，以及私营工商业者的积极努力，私营工商业渡过难关并很快转入正常发展轨道。1951 年被称为私营工商业的“黄金时代”。

“五反”运动中的统战工作　随着私营工商业的恢复和发展，许多资本家出于逐利的阶级本性，力图摆脱工人阶级和国营经济的领导，主张：国营只搞重工业，私营搞轻工业；国营只搞原料工业，私营搞制造工业，“互不干扰”地平行发展，平分天下。在经济上，资本家在经营困难的时候要求国家扶持，在发展的时候则力图摆脱国家的限制，企图将风险转嫁给国家和广大劳动人民，将利润归于自己；一部分不法分子更不择手段，从事各种违法活动，尤其是行贿、偷税漏税、盗骗国家财产、偷工减料、盗窃经济情报的被称为“五毒”的违法行为相当普遍。少数资本家违法严重，情节恶劣。在“三反”中暴露出来的不法资本家“五毒”问题，引起各级党政机关的高度警惕，人民群众对此义愤填膺。于是，继 1951 年 12 月开始在国家机关和企事业单位开展以反对、抵制旧社会恶习和资产阶级腐蚀为主要内容的“三反”运动后，1952 年 1—6 月，按照中央的指示，四川各地在私营工商业界开展了反行贿、反偷税漏税、反盗骗国家资财、反偷工减料和反盗窃国家经济情报的“五反”运动。

在“五反”运动中，新政权对民族资产阶级上层人物，根据其实际表现，区别对待，从宽处理，帮助他们过“关”，团结了大多数愿意服从国家政策法令的资本家。重庆市工商联召开各区工商联负责人、各行业工会组长 1000 多人参加的动员大会，表示拥护政府号召，做好税收自查补报工作。据统计，重庆市参加“五反”运动的工商户，完全守法户占 28.82%，基本守法户占 57.26%，半守法半违法户占 12.05%，严重违法户占 1.5%，完全违法户占 0.37%。成都市的完全守法户占 13.1%，基本守法户占 68.5%，半守法半违法户占 16.2%，严重违法户和完全违法户占 2.2%。

四川最后核定的“五反”退补数是3365万元。到1954年止，收款2081万元，占应补退款总数的61.85%①。“五反”运动有力打击了不法资本家严重的“五毒”行为，在工商业者中普遍进行了一次守法经营教育，并为后来用和平方式进行对资本主义工商业的改造作了重要铺垫。

再次调整工商业　“五反”运动中，私营工商业普遍陷于困境，经营消极，市场出现停滞。在“五反”运动结束后于1952年6月召开的第三次全国统战工作会议，审慎研究了党对民族资产阶级的政策，决定在新的情况下再次调整工商业，照顾私营工商业者的合法权益。

根据中央部署，中共四川省委在充分调查研究后，一是针对资本家最感紧张的退赃补税问题，进行实事求是的核减，时间放宽，实行先活后收、先税后补的方针，即首先使私营工商业能够继续经营下去，先收税，然后补款。四川最后核定的“五反”退补数是3365万元。到1954年止，收款2081万元，占应退补总数的61.85%②。对相关的遗留问题也进行了妥善处理。二是调整批零差率和批发起点，适当缩减国有公司、合作社的经营范围和经营品种，规定加工订货的合理利润，让私商有利可图。三是银行增加了对私营商业的贷款，以扩大加工订货及收购产品。1953年上半年，各地对私营商业的贷款共计4616万元，超过其全部资本总额，并对缴税困难的工商户实行了“减、免、缓”政策。同样，对私营工业，各地通过扩大加工订货、调整公缴利润、降低银行贷款利息、扩大贷款额度等措施加以扶持和调整，同时在重点县市建立加工订货委员会，加强对私营工业加工订货的管理和针对业主的工作，并纠正工人监督过广过多和在福利方面要求过高等偏差，使资方的财产所有权、经营管理权和人事调配权得到保

① 《当代四川》丛书编辑部编：《当代四川统一战线》，四川人民出版社，2000年，第142—143页。

② 《当代四川》丛书编辑部编：《当代四川统一战线》，四川人民出版社，2000年，第143页。

证。经过调整后，公私紧张关系得到了缓解，私营工商业者的情绪得到了安定，私营工商业主生产经营的积极性得到了提高。这次调整，对恢复和发展私营工商业，促进城乡物资交流，活跃城乡市场，进而推进国家经济建设，都产生了重要影响。

到1952年底，四川实现社会总产值53.4亿元，国民收入36.74亿元，按可比价格计算，分别比上年增长19.2%和11.8%。1952年实现工农业总产值59.08亿元，比上年增长16.8%，比1949年增长35.8%，三年平均年递增10.73%。其中工业总产值为16.08亿元，比上年增长44.5%，比1949年增长1.2倍，三年间平均年递增30%，比重由16.8%上升到27.2%。农业总产值为43亿元，比上年增长9%，比1949年增长18.8%，三年间平均年递增5.9%。① 全川恢复了国民经济，工农业产品产量除个别产品外都超过了新中国成立前的历史最高水平。

二、私营工商业的社会主义改造

利用、限制、改造政策　对私人经济的政策，中国共产党继承了孙中山“节制私人资本”的主张，并有了新的发展。1945年4月毛泽东在《论联合政府》中指出：“按照孙先生的原则和中国革命的经验，在现阶段上，中国的经济，必须是由国家经济、私人经济和合作社经济三者组成的。”1948年9月，东北全境解放后，张闻天首次提出，东北经济在解放后基本上由五种经济成分构成，这就是国有经济、合作社经济、国家资本主义经济、私人资本主义经济、小商品经济②。1949年3月，中共七届二中全会分析研究了中国经济五种成分的状况及党必须采取的正确政策。全会决议

---

① 中共四川省委党史研究室编写：《中国共产党四川历史大事记（1950—1978）》，四川人民出版社，2000年，第72页。

② 《张闻天选集》，人民出版社，1985年，第396页。

指出："对内的节制资本和对外的统制贸易，是这个国家在经济斗争中的两个基本政策。谁要是忽视或轻视了这一点，谁就将要犯绝大的错误。"确定了夺取政权后对中国私人资本主义经济采取既利用又限制的政策，及实现社会主义改造的必由之路。1950 年 4 月，在第一次全国统战工作会议上，中共中央进一步阐明了对资本主义工商业的利用和限制政策，及对民族资产阶级又团结又斗争、以团结为主的政策。一方面对"左"倾冒险主义的观点进行批评和纠正，在 1950 年、1952 年年中先后两次调整工商业，促使私营工商业的恢复和发展。另一方面，也对资产阶级的投机和不法经营活动进行坚决斗争，而有解放初期的"银圆之战""棉纱之战"和 1952 年的"三反""五反"斗争。

《共同纲领》提出了"在必要和可能的条件下，应鼓励私人资本向国家资本主义方向发展"的思路。新中国对资本主义工商业的社会主义改造，实际上从接收大城市之日起就开始了。接收大城市时，将私营企业中的战犯、汉奸、官僚股权收归国家，一批企业成为公私合营企业。在国民经济恢复时期，国家在调整工商业中，对私营工业采取加工订货、统购包销的政策，也把私营企业纳入了国家计划的轨道。1952 年 9 月 5 日，设立在重庆的私营民生轮船公司改为公私合营，这是新中国成立后的第一家公私合营的大型企业。尽管其时这些经济形式还没有作为改造资本主义工商业的措施被明确提出来，但在事实上已使私营工商业走上从初级到高级国家资本主义的道路，亦即在实际上进行着社会主义改造。

1953 年春，中共中央统战部长、政务院秘书长李维汉率调查组去武汉、南京、上海等地，调查总结党对资本主义工商业实行利用和限制政策的情况和经验。调查报告认为：国家资本主义是主要形式和主要环节。中共中央和毛泽东对这个调查报告十分重视，两次召开政治局扩大会议，讨论并同意了这个报告，确定了经过国家资本主义改造资本主义工商业的方针。在1953年6月召开的第四次全国统战工作会议上，李维汉作了题为《关于利用、限制、改造资本主义工商业的意见》的报告，详尽阐述了对民族资产阶级实行和平改造的方针。中央统战部把对资本主义工商业的政策，概括为“利用、限制、改造”并为中央所肯定，进而在1954年《宪法》中，将“利用、限制、改造”确立为国家对资本主义工商业的政策。这样，从1949年3月党的七届二中全会提出的利用、限制城乡私人资本主义的政策，发展为利用、限制、改造的方针政策，经过国家资本主义的途径，用和平的方法，逐步实现资本主义生产所有制的变革和对资产阶级分子的教育、改造。

从1953年起，中国从国民经济恢复时期转向有计划的大规模经济建设时期。1953年12月，中共中央制定了党在过渡时期的总路线，对资本主义工商业的社会主义改造是党在过渡时期总路线的一个重要组成部分。根据中央部署，1953年12月26日，四川省委批准成立省人民委员会财经委员会第四办公室，其职责为在省委统一领导下，联系和协助有关部门贯彻执行党对资本主义工商业的“利用、限制、改造”政策和对资产阶级分子的团结、教育、改造的政策，重点是抓公私合营。下设工业组、商业组和政治联络组。1954年1月，在四川省委召开的扩大会议上，省委第一副书记李大章作了关于国家资本主义的专题报告，会议拟出《关于1954年整理、扩展公私合营企业的初步意见》，计划除进一步扩大中级、低级形式的国家资本主义范围外，要对41个大型厂进行公私合营。会后，分别召开了地委书记、宣传、统战工作等会议，对贯彻扩大会议精神作了具体安排和布置。

开展总路线的宣传教育 1953年底，过渡时期总路线公布后，四川开展了全省性的大张旗鼓学习和宣传活动，通过学习和宣传，除少数民族地区外，全省有 90%以上的人受到教育[1]，为实现我国社会主义工业化，实现对农业、手工业和资本主义工商业的社会主义改造奠定了思想基础。四川在工商业者中进行了有领导、有准备、有针对性的宣传学习活动。1954 年元旦过后，四川省工商联筹备委员会即召开扩大会议，传达贯彻全国工商联代表大会的精神和决议，宣传过渡时期国家对资本主义工商业实行社会主义改造的问题。省委第一副书记李大章到会讲话，对私营工商业进行社会主义改造与国家资本主义问题作了详尽的解释和阐述，同时结合工商界的思想动态，对私营工商业者的前途做了说明。会议阐明了进行社会主义改造的政策，澄清了工商界的思想混乱和顾虑，安定了工商业者的情绪。到会代表表示了“争取利用，接受限制，欢迎改造”的态度，认为“只要听政府的话，跟着总路线走不会错”，“几年来所焦虑的前途问题，这次得到解决了”。

随后，四川各县、市也陆续召开工商联委员扩大会议，逐级传达学习总路线精神，消除私营工商业者的顾虑。全省工商界层层传达学习讨论会议精神，做到家喻户晓，深入人心，为公私合营作了必要的思想舆论准备。一批代表人士和骨干分子，以积极经营的实际行动，主动争取公私合营。到 1954 年下半年，自贡市就有 40 多家私营工商户主动申请合营。但也有部分私营工商户认为对私改造是“三面架机枪，只有走一方”，“形势所迫，大势所趋，迟走不如早走”。

有计划地开展公私合营 1953 年底，四川省委派出 4 个工作组到乐山、万县、江津和成都等地调查私营工厂的生产、劳资关系和利润分配等情况，部分工商业集中的专区也按省委要求，对本地私营工厂做了典型调查和情

---

① 中共四川省委党史研究室编写：《中国共产党四川历史大事记（1950—1978）》，四川人民出版社，2000 年，第 94 页。

况分析。次年2月，省财经委员会第四办公室对成都、万县、南充等33个市县的私营商业进行了资金、从业人员、经营动态的分析，向省委提出了对私营商业改造的意见；同年上半年，又对全省（不包括重庆、西康）公私合营企业和雇工10人以上的私营工厂的公私关系、行业构成等进行了调查，调查结果为全省共有10人以上私营工业企业2904个。连续三次的大规模调查，为分期分批开展对私营工商业的社会主义改造打下了基础。

1954年是有计划地扩展公私合营工业的第一年。中财委计划会议确定了“巩固阵地、重点扩展、作出榜样、加强准备”的工作方针。9月，政务院制定《公私合营工业企业暂行条例》，阐明了在合营企业中公私双方的地位，规定了合营企业利润分配原则，使得公私合营工业有章可循，加快了改造私营工业的步伐。经西南局两次会议和中共四川省委的几次研究，确定国家投资135万元，将29户钢铁、纺织、食品等大型私营工业企业扩展为公私合营企业，占私营大型企业744户的3.9%，资产总值的40%，生产总值的24%，职工人数的13.7%。12月召开的第二次全国扩展公私合营工业计划会议要求，按行业作通盘规划，统一安排；分别情况，或实行个别合营，或采取以大带小、以先进带落后的办法实行联营合并或公私合营，为加快对资本主义工业的改造找到了途径。

1955年1月，中共中央批转第二次全国扩展公私合营工业计划会议报告，确定实行“统筹兼顾、合理安排”的方针，在扩展公私合营的方式上，采取“个别合营与按行业改造相结合”的办法。据此，四川继续有计划地扩展公私合营，原计划扩展263户，实际完成275户（包括重庆）。当年底，四川公私合营工业企业产值达到45 788万元，比1953年增长83%，一批有影响的私营工业企业实现了公私合营。

与此同时，对问题较多而与国计民生关系较大的原有公私合营工业企业进行了整顿，对私营商业则采取排挤、代替大批发商，安排零售商的办法。1955 年 4 月，省委批转省财经委《对目前市场安排的几点意见》的批示中指出，为防止不应有的歇业与失业现象，活跃城乡交流，各地在安排市场的各种具体措施上，要认真贯彻“稳定零售商，适当发挥城乡中小贩运商的积极性，有计划地排挤大批发商”的方针①。之后，财经委召开会议，对粮食、食盐、酒、食油、食糖和棉花六个关系国计民生的农产品和副食品行业通过经销代销进行全面安排，到 1955 年 11 月，全省已有 3630 个城镇对这六个重点行业私营商业进行了安排，共安排了 78 340 户，约占全省私商总数的 18%。重庆市到 1955 年 8 月底，食糖、食油、颜料、布绸四个行业的 1095 户私营零售商，全部采取经销形式，按计划纳入国家资本主义轨道。11 月，在批发方面，国营商业所占比重已达 91.4%，粮食、油脂、薪炭、布绸、屠宰等五个行业批发业务已于 1954 年 4 月前全部由国营取代；零售方面，采取经销形式和订立供销合同已达 5194 户。到 1955 年底，全省私营商业批发额所占比重由 1953 年的 17.16%下降到 3.77%，同期，私营零售额所占比重由 1953 年的 49.42%下降到 20.95%，公私合营的商业批发总额由 1953 年的 0.28%上升到 10.91%。

全行业公私合营　1955 年 12 月，中共四川省委召开第 11 次全体扩大会议，学习中央《关于资本主义工商业改造问题的决议》，通过了省委《关于贯彻执行中央关于资本主义工商业改造问题指示的报告》。该报告提出，在第一个五年计划期内，对资本主义工商业的改造，是要将资本主义工商业户 95%按行业改造，其关键在于完成 1956 年的改造计划。在工业方面，1956 年将全省雇用 10 个职工以上的私营工业 3043 户（产值 1.6 亿元）全部改造完毕；雇用 4—9 个职工的私营工业计划改造户数达到 75%以上，到

① 中共四川省委党史研究室编写：《中国共产党四川历史大事记（1950—1978）》，四川人民出版社，2000 年，第 96 页。

1957 年改造完毕。在城市私营商业方面，1956 年纯商业坐商改造户数 93%，饮食业坐商改造户数 50%；服务业坐商改造户数 60%，各种摊贩总计改造户数 50%，到 1957 年，全部商业改造 95%。在农村私营商业、手工业和私营交通运输方面，也分别制订了改造计划。该报告还提出，准备在第二个五年计划期内，即到 1962 年底或以前，争取逐步地使公私合营的企业基本上过渡到国有化。决定成立对资改造领导小组，省级各主要部门、地（市）委成立相应的组织机构，提出在第一个五年计划内，也就是在两年内分期分批将资本主义工商业户的 95%按行业改造的计划。随后，省委对资改造领导小组成立，省委副书记陈刚任组长，省委统战部长程子健任副组长；制定了《四川省改造私营工商业初步规划意见》，并强调在各行业业务主管部门归口分管的前提下，还必须加强其所管辖的各部门的联系与统一安排。次年 1 月上旬，四川省委对资改造领导小组召开有各地、市委对资改造领导小组负责人参加的第一次工作会议，就 1956 年对资改造做出具体部署。

“五反”运动为私营工商业社会主义改造准备了条件，粮棉统购统销的实行大大地促进了改造的进程，而农业合作化运动高潮使原计划用 15 年左右时间实现的由个体私有制到集体所有制的转变，在短短 4 年间完成了，推动原拟定的已经加速的用两年时间分期分批实现全行业公私合营的计划被突破。1956 年 1 月 10 日，北京市政府宣布全市 35 个工业行业的 3990 家工厂和 42 个私营商业行业的 13 973 户坐商全部实行公私合营，对四川产生极大影响，各地工商界人士也都纷纷向政府提出全行业合营的申请。1956 年 1 月 14 日，成都市委发出《关于在全市私营工商业中开展社会主义高潮的计划》，改变了原来分两年（1956—1957）完成的对私改造的安排，决定组织全市各方面力量，放手发动群众，立即掀起对私改造高潮。同日，成都市工商联召开成都市私营工商业者迎接社会主义改造高潮积极分子大会，市区工商联全体委员、各行业公会全体委员、行业组长、会员代表和部分私营工商业者家属代表共 2000 多人参加，通过了迎接社会主义改造高潮的倡议。在这种情况下，政府只好采取一次批准、全面合营的办法，即先承认全行业公私合营，然后进行清产核资，确定利息，并实行企业改组、人事调整、生产安排等。1956 年 1 月 16 日，重庆市 30 万人集会游行，欢呼社会主义改造提前一年半到两年胜利完成。1 月 17 日，成都市人民委员会在人民南路广场举行庆祝全市私营工商业实行全行业公私合营和全市手工业合作化大会，省长李大章接受了成都市私营工商业职工代表和私营工商业者代表的报喜。

重庆、成都、自贡三个省辖市十万余私营工商业企业职工、资方和各方代表分别在本地举行庆贺报喜游行集会。随之，省政府召开第二次对资改造工作会议，加紧工作安排。到 1 月下旬，宜宾、泸州、万县、雅安、内江和南充市人民委员会分别先后批准全市私营工商业的公私合营与合作，形成对资改造的高潮。到 1956 年 3 月中旬，全省私营工商业全部实现公私合营、完成社会主义改造，全省 3 个省辖市、8 个县级市和 219 个场镇的私营工商业经批准实现公私合营和合作化。全省私营工业共合营 6863 户，占总户数的 91.9%；私营商业共合营 43 万余户，占总户数的 95%以上①。

三、实现对民族资产阶级的和平赎买

为适应公私合营高潮迅速到来的形势，毛泽东说：在全行业合营高潮中，资本家既然交出了生产资料，我们在合营后的一些具体问题上，就应该从宽处理，不应斤斤计较，专打小算盘。中共中央和国务院制定并实行了对资产阶级的以和平赎买、从宽照顾为核心的一系列方针政策。1956 年

① 《四川日报》1956 年 3 月 18 日。

1 月，省委对资改造领导小组特急电报通知：在公私合营中一律不准让资本家交代政治、历史问题，以免引起工商界思想混乱。3 月以后，四川认真贯彻执行中央有关指示，对全行业公私合营后的主要遗留问题逐一进行了处理。到 1956 年 6 月，全省 61 万余私营工商业者实现了全行业公私合营。

从宽从了的清产核资　明晰资产是公私合营的基础，公私合营本应在明晰资产后进行，但在公私合营高潮中整个过程倒了过来，先承认合营，再清产核资。1956 年 4 月，中共四川省委批转省委对资改造五人小组的报告，对合营企业的股价标准、租赁关系的处理、债权债务的处理做出明确规定，同时专门就清理债权债务中资方负债很大和资不抵债的问题请示中央。根据中央指示，省委又批转对资改造五人小组提出的处理意见。在公私合营中对私营企业资产的核清中，根据实事求是、公平合理的原则，采取“从宽从了”方针，对企业在私营时期的各种债务和财产关系问题，包括敌伪财产、对公欠款、抽走的资金、呆滞物资等在内尽可能加以了结。清产核资一般采取资方自估自报，同业评议，职工监督，由公方、工人、资方代表组成的行业委员会审核，政府主管业务机关核准的方式进行，做到一般私股都能保留适当的股权，以免过多破产。这项工作于当年上半年完成，核定全省私股为 6001 万元。

从宽从简的定息原则　公私合营后自己的收入是私方非常关心的问题。对资改造采取了分两阶段的赎买方法。第一阶段实行“四马分肥”，即在全行业公私合营前实行企业利润分配按国家所得税、企业公积金、工人福利费、资方红利四个方面平均分配，各占企业全年盈余总额的 1/4。第二阶段对私股实行定息的办法，即全行业公私合营后，把原来分给资本家的利润改为按照固定资产价值付给定额利息。1956 年 3 月，省委对资改造五人小组选择重庆、成都、自贡、万县等 16 个重点地区，对私方 1953 年、1954

年利润分配实得、应得进行了调查，了解到他们对定息的希望是：4 厘最好，5 厘、6 厘不敢想，1 厘、2 厘不甘心。起初提出了对私方 1 厘至 6 厘的定息意见，一般不要使其所得少于他们在合营高潮前的实际所得。中央确定了“从简从宽”的定息原则，毛泽东同意陈云的意见：不分工商，不分大小，不分盈亏，不分地区，不分行业，定息统一为 5 厘（5%），个别需要提高息率的企业，可以超过 5 厘。这使他们喜出望外，很受感动。8 月，各地贯彻省委意见，陆续发放了 1956 年上半年的定息。起初定息以 7 年为期，以后又两次延期，直到 1966 年 9 月。

1955 年 10 月 1 日开始执行的人民币存款基准利率为活期存款年利率 2.88%，远低于 5%的定息标准。而且，按照“四马分肥”阶段的利润分配比例，5%的定息相当于企业每年的毛利率达到 20%，这远远高于正常企业长期中的经营利润。因此，从财务的角度看，按照持续十年的 5%定息发放所计算得到的企业现值远远高于企业的实际固定资产价值。在当时的整体经济体制环境下，公私合营并不存在“定息过低”“工商业者受损”的情况。

此外，还给资本家及其代理人安排工作，在福利待遇上，执行宽大政策。国务院专门发文，对新公私合营企业工资改革做出规定，在职私方人员的原有工资不降低，低的以后随着工资制度改革逐步调高。实行高薪不降，也是一种赎买，照顾了私营工商业者的原有生活水平，使之安心接受改造，为国服务。

改造私营工商业者　在对资改造中，资本家成了被改造的对象，他们中许多人感到抬不起头来，认为自己是剥削者，政府将来肯定不会用自己。党对民族资产阶级跟对地主阶级和官僚资产阶级采取不同的政策。毛泽东向他们解释说：对资本家的安排主要是两个，一个是工作岗位，一个是政治地位，要通统地安排好。刘少奇、周恩来、陈云等在向党内干部和私营工商业者的多次报告中反复肯定，私营工商业者中不少人具有生产技术专长和经营管理能力，是私营企业留下的一笔可贵的社会财富，要尽可能使用起来，不应让他们坐“冷板凳”。中共中央、国务院规定，对企业在职的私方人员，一律包下来，按量才使用，适当照顾的原则，安排工作，以充分利用他们的才干，为社会主义建设服务。

四川 80%以上的私方人员都有一定的专长和管理能力。按照中央政策原则，政府对大部分私方人员进行了实职安排，对其代表性人士还做了政治安排。到 1956 年底，在公私合营工业方面，共安排私方和从业人员 168 122 人；在公私合营商业方面，共安排私方和从业人员 32 393 人，共计安排私方和从业人员超过 20 万人。据自贡、南充、西昌等 67 个市县统计，原私方人员被安排为经理、厂长和门市部主任以上的达 6196 人。1956 年上半年，被选为各级人民代表的 937 人，人民委员 182 人，各级政协委员 397 人，各级工商联委员 1450 人等。在人事安排后，党要求公股代表和共产党员，要充分认识和估计资方人员的积极作用，要尊重私方人员的合法权益和合理意见。1956 年 9 月 23 日，四川省人委第四、五、八办公室联合召开全省工业、商业公股代表及企业工会主席座谈会，就加强对资产阶级分子的团结教育改造进行专题讨论，会后形成了《改进公私合营企业中公私共事关系若干具体问题的试行办法（草案）》。

公私合营后，私方人员的大多数自动接受改造，在企业生产经营中发挥积极作用，在劳动实践中逐步将自己改造成为自食其力、服务于社会主义建设事业的劳动者。从 1956 年 5 月起，全省各地办起工商讲习班，组织工商界人士用两三个月时间学习时事政治、社会发展史、企业管理经营知识等。通过在工商讲习班学习，工商界人士一般在思想觉悟上有所提高，感到剥削可耻、劳动光荣；认识到个人的前途命运与新中国的光明前途是一致的。据成都、重庆、江津等 121 个市县的初步统计，参加社会主义劳动竞赛获物资奖的私方人员有 8818 人，被评为先进生产者的有 18 906 人。

中国共产党根据中国的历史和现实的条件，在社会主义改造中继续保持同资产阶级的联盟，确定了对资本家实行和平赎买的政策。同其他社会主义国家相比，中国对私人资本主义的改造，既不是采取剥夺的方式，也不是采取由国家付出一大笔赎金的购买方式，而是创造了在相当一段时期内让资本家继续从企业分得一部分红利和股息的赎买办法。这不仅有效地减少了资本家对私有制变革的抵抗，降低了国家财政负担，而且继续发挥了资本家在扩大生产、增加国家税收、改进企业管理和生产技术、培养和训练技术工人和技术人员等方面的积极作用。由于党正确地实施了过渡时期总路线和相应的一整套改造方针和政策，加上民族资产阶级中的进步分子和大多数人在社会主义改造过程中起了有益的配合作用，这两方面结合起来，使中国成功地实现了马克思、列宁曾经设想的对资产阶级的和平赎买。经过改造，消灭了资本主义剥削制度，成功地实现了资本主义工商业的国有化，使中国进入社会主义初级阶段，为开始大规模的社会主义建设奠定了基础和打开了大门。

当然，这一改造的过程中也存在一些缺点和失误，主要是：改造后期步伐过急，工作较粗；改造面过大，尤其把相当一部分独立经营的小商小贩、小手工业者也带进公私合营企业，并把他们混同为资产阶级分子一样对待；改造后，对一部分原工商业者的使用和处理失当。但整体来说，正如邓小平评价的："我国资本主义工商业社会主义改造的胜利完成，是我国和世界社会主义历史上最光辉的胜利之一。"① 对资本主义工商业社会主义改造的完成，标志着党领导人民实现了从新民主主义到社会主义的历史转变，标志着社会主义基本经济制度在中国建立起来了。

① 《邓小平文选》第二卷，人民出版社，2000 年，第 186 页。

四、工商联的建立和发展

四川工商联的建立　在一盘散沙的旧中国，没有全国性的工商界组织。1949 年，工商界作为一个方面参加了中国人民政治协商会议筹备会和第一届政协全体会议。新中国成立后，工商界提出了组建全国工商业联合会的要求。经过深入调查研究，经中央同意，1951 年 11 月，全国工商业联合会筹备处正式成立，陈叔通任主任。1952 年 6 月，中华全国工商业联合会筹备代表会议召开，产生了全国工商联筹备委员会。1953 年 10 月，全国工商联第一届会员代表大会召开，宣告全国工商联的正式成立，陈叔通任主任委员。

1950 年，四川有私营工商业者约 90 多万人。各地解放后，普遍吸收旧商会、旧工业会、旧同业公会等工商界代表人士参加各界人民代表会议。1950 年 4 月，重庆、成都、自贡、川北区和南充市等在改组改造旧商会、旧工业会、旧同业公会（如商会、对外贸易同业公会、银钱业公会等），并在吸收国有企业、合作社作为会员的基础上分别成立了市、区工商业联合会筹备委员会。随后，四川各县、市工商联筹委会陆续建立。“五反”运动中，各地工商联和同业公会进行了改组。1952 年 8 月，政务院颁布《工商业联合会组织通则》。按照通则规定，到 1953 年 6 月前，全省建立了 148 个市、区、县工商联或筹备委员会，区、乡分会 888 个，工商联小组 1575 个。四川合省后，在原川东、川南、川西、川北四个行署区工商联筹委会合并的基础上，开始筹建四川省工商联，1953 年 2 月成立筹备处；6 月 17 日四川省工商业联合会筹委会成立，彭劭农为主任委员；到 1956 年 8 月，全省已建立了 163 个市、区、县工商联，还有 9 个筹备组织。

1956 年 8 月 21—27 日，四川省工商业联合会第一次会员代表大会召开，正式成立四川省工商业联合会。会议选举产生第一届执行委员会，委员 165 人，常务委员 47 人，正、副主任委员 14 人，彭劭农任主任委员。

副省长邓锡侯、省政协副主席刘文辉、省工会副主席吴子瑜到会祝贺。省委统战部长程子健就大家关心的公私关系等问题发表了讲话。

投入三大运动 1952年8月，政务院颁布的《工商业联合会组织通则》规定：工商业联合会是各类工商业者联合组成的人民团体。会员对象是国有企业、私营企业、公私合营企业、合作社或合作社联社、手工业者、行商、摊贩。其主要工作对象是私营工商业者。国有企业和合作社的代表参加工商联，是为了发挥社会主义公有制的主导作用和社会主义公有制代表的骨干作用，以保证党的领导的实现。

四川工商业者大多都兼有土地。1950年《土地改革法》颁布后，他们对土改运动心存疑虑。为配合土改工作顺利开展，各地工商联积极向工商业者宣传讲解党的保护民族工商业的政策，帮助他们了解土改的必要性，消除其思想顾虑；同时组织了“赔罚分会”“支援土改委员会”等，协助处理工商业者减租退押和土改中的问题；工商联还组织工商业者下乡参加反封建斗争，使其对土改和党的政策有切实的感受，推动他们改变了原来的思想、立场和观点。在镇反运动中，工商联对成员加强政策宣传，进行内部清理，帮助工商界人士提高认识，划清界限，分清敌我，主动检举控诉反革命分子；教育成员提高革命警惕，防止反革命分子的破坏和捣乱，对工商业者进行了一场有效的政治教育和阶级教育。抗美援朝运动中，各级工商联积极动员会员以“集体纳税，月税月清”的实际行动支援抗美援朝。工商界积极参加抗美援朝爱国捐献活动，据1951年底统计，仅重庆市抗美援朝捐献飞机大炮委员会收到的工商界捐款就可购买战斗机26架。

推动总路线的宣传教育 1953年10月中华全国工商联一届会议通过决议，郑重宣告接受和拥护过渡时期的总路线和对私营工商业所采取的利用、限制、改造政策。1954年1月上旬，四川省工商联筹委会召开扩大会，着重宣传过渡时期国家对资本主义工商业实行社会主义改造的政策，以扩大公私合营的范围。全省私营工商业界主要代表人物 377 人到会。省委第一副书记李大章结合工商业界的思想动态，对私营工商业者的前途作说明。各地工商联组织自上而下层层传达讨论，大张旗鼓地学习宣传过渡时期的总路线和这次会议的主要内容，既向工商界宣传了政策，清除了顾虑，也在工商界教育和培养了大批骨干，为公私合营做了必要的思想准备和组织准备。1955 年 12 月，省工商联筹委会召开常委扩大会，传达毛泽东的指示和陈毅、陈云等在全国工商联会议上的讲话，安排布置工商联和民建会工作，推进了当地对私改造方针措施的落实。

1956 年春，公私合营高潮时，其中有手工业者 20 多万人组织手工业社（组）后，还有私营工商业者约 61 万人。同年上半年，有各级工商联委员 1450 人。1956 年 8 月，省工商联一届会议研究了大力培养进步核心分子及协助政府做好企业合营中的各项工作等问题。

四川省工商联的筹建和成立，成功地将四川地区历史悠久、分散、自行管理的带有封建色彩的工商业界的行会组织逐步转变为党和政府领导下的工商业界全省性统一组织，将城市私营和个体经济纳入有组织的管理，从而为政府与私营经济沟通交流信息、实施调控和管理提供了重要渠道、纽带和桥梁，在恢复和发展经济、调整工商业、对资改造等重大社会政治经济活动中发挥了独特作用，成为统一战线的一个重要方面。

第四节　四川少数民族地区统战工作

一、少数民族地区的解放

四川的少数民族　中国是各族人民共同缔造的统一的多民族国家。四川是中国一个多民族的地区，除汉族外，有 52 个少数民族，其中世代居住在四川，人口超过 5000 的少数民族有彝、藏、羌、苗、回、土家、傈僳、纳西、蒙古、满、布依、白、傣、壮 14 个。在长期历史进程中，四川少数民族地域分布广泛，相对集中，主要聚居于四川西部的高原和山地。今甘孜、阿坝、凉山州等四川西部地区，早在战国和秦汉以前就已进入较为发达的文化时期，出现了“西南夷”及“西羌”各个部落。公元 4 世纪，吐谷浑国建立，其势力范围南至四川阿坝西部松潘。7 世纪初，吐蕃王朝在青藏高原兴起，与南诏合兵攻蜀，“率众二十余万屯松州西境”，将现川西北部分地区纳入其统治并形成一次移民高潮，而对康区则实行部落联盟制，东来的吐蕃人与当地居民交往融合，逐步形成了由安多、康区、嘉绒等文化方言区组成的四川藏族聚居区域。原来在川西高原世居的羌人部落在吐蕃东扩中，有的内迁，有的被征服。少数民族聚居地区占全省总面积超过 60％。

各少数民族的经济、社会发展水平很不平衡，各种社会经济形态并存。与汉族聚居区相邻近的地区是地主经济占统治地位，而边远地区的少数民族则分别处在封建农奴制、奴隶制以至原始公社制末期等不同社会发展阶段。各少数民族的政治制度和政权形式也很复杂，有以父系血缘为纽带的家支制度，还有土司、部落头人和千百户制度，等等。即使社会制度和汉族地区大致相同的少数民族地区，在政治、经济、文化和生产力发展水平方面，也和汉族地区有很大差距。各少数民族与汉族共同遭受帝国主义、封建主义、官僚资本主义压迫和剥削，同时由于历史上反动统治者长期实行民族压迫和民族分裂政策，各民族之间，主要是少数民族和汉族之间存在着很深的隔阂。

民国时期，国民党政府在三民主义旗号下，在民族问题上一度提出过“五族共和”、“反对民族压迫”乃至“民族自决”的口号，但主要继承了清政府的民族政策关注点，关注的是内蒙古、新疆、西藏等边陲地区，而对西南地区特别是四川地区的少数民族并不关切。国民党在全国只确定了汉族、满族、蒙古族、回族（实际指新疆维吾尔族）、藏族五族的地位，并不承认西南非汉族人群的政治和文化地位。20 世纪三四十年代，四川彝族中较有文化的人士多次向南京请愿，争取国民党政府对于“夷苗民族”的承认，争取同蒙古族、藏族一样的地位与待遇①。国民党蒋介石势力入川后，从扩张在川势力，抑制和制约地方实力派等目标出发，设立了西昌行辕，拉拢“土著精英”，与西康省主席刘文辉的势力明争暗斗。抗战胜利后，国民党当局仍然实行歧视政策，不承认彝族的民族地位，面对川康彝族等参政的诉求采取消极态度，加速了少数民族政治人物的离心倾向。解放战争中，随着解放军战略反攻推进，国民党政府希图仿照抗战时期旧例，将西南建设为负隅顽抗的基地。1948 年 3 月，贺国光宣布经国民政府与川、康、滇三省政府协商，成立川康滇三省边区设计委员会，并将“首在治夷，次在开发”作为该委主旨，企图笼络彝族上层人士，将其转化为反共武装力量。4 月，组织由宁属（今凉山自治州）各彝支头人代表组成的“川康彝族观光团”到南京、上海等地参观。他们一方面对国民政府的礼遇做出种种政治表态示好效忠，但又对中央政府没有承认其民族地位的核心诉求失望。国民党统治集团对少数民族有根深蒂固的歧视心理，观光团成员争取民主的言行受到猜疑，加速了对国民政府的失望。部分成员开始聚焦于共产党，寻求新的出路，国大代表李仕安经民革成员何培荣介绍，与 8 位川籍国大代表前往上海，在杨虎家中插香盟誓，秘密参加民革外围组织兴中学社，返回成都后与民革川康组织取得联系并开展地下工作。观光团成员罗大英、傅正达等通过拜访龙云与其家族建立联系，返回西昌后开始策动

① 参见温春来：《身份、国家与记忆：西南经验》，北京师范大学出版社，2018 年。

起义。组建彝族青年联谊会，积极寻找中共地下党组织。

1948 年 4 月，川康特委副书记马识途到西昌，向中共西昌工委及在西昌、冕宁、会理等县的地下党组织传达了中央十二月精神，指出地下党组织在“长期埋伏，隐蔽精干”政策下埋藏的红色种子，是“开花结果”的时候了。决定积极发展党员，特别是彝族党员；大力发展地下武装，积蓄力量，迎接全国解放；注意做好统战工作，瓦解敌人；等等。据此地下党组织先后吸收了彝族青年刘世昌、傅正达等入党，随即改他们自己组建的彝族青年联谊会为“川康彝族青年革命先锋队”，作为外围的地下党组织。到西昌解放时，中共地下党组织在西昌发展少数民族党员 34 人，其中彝族党员 30 人。

四川少数民族地区的解放　1949 年 12 月 9 日，国民党西康省政府主席、24 军军长刘文辉与川军将领邓锡侯、潘文华在四川彭县通电起义，宣告西康和平解放。12 日，西康省代主席张为炯在康定通电宣布拥护西康和平起义。1950 年 2 月 1 日，中共西康区委书记廖志高等领导人进驻雅安，开始担负西康省党政军的领导工作。隶属西南军政委员会的西康省辖雅安、西昌、康定 3 个专区及川康合省后划归西藏的昌都地区，省会设雅安。3 月初，国民党军从川西北阿坝溃败窜逃康定，成立“康定政务委员会”，烧杀抢掠，原西康省一批汉藏官员被枪毙甚至活埋，少数起义官员又投靠国民党军。西康省代主席张为炯发电请求解放军进军康定。解放军在西昌战役中迅疾进军康定，飞夺泸定桥，3 月 24 日，旧西康省省会康定解放，受到藏汉回等各民族人民的热烈欢迎，打破了国民党在康区建立根据地进行游击战的梦想。3 月 27 日建立军管委，并成立中共康定地委，开展对旧政权的军事接管工作，实现了西康省涉藏地区的和平解放。1950 年 4 月，中国人民解放军第 18 军从康定分南北两线进军西藏，接管沿路各县。西康省成立各族各界人民支援委员会，各族群众响应号召，积极支援第 18 军进藏。

西康涉藏地区的和平解放为解放军进军西藏和西藏的和平解放做出了独特的重要贡献。

在西昌战役中，1950 年 3 月 27 日人民解放军解放西昌，4 月 2 日成立军管会。在凉山地区，3 月 28 日，国民党宁属靖边彝务 3 团团长、西昌屯委会少将彝务指挥官罗大英起义，并率彝兵击毙溃逃的西昌警备司令部警备团团长邱莼川等近百人，俘虏国民党军统特务少将处长黄逸公等官兵近千人；争取彝族土司、国民党立法委员、第 27 军副军长岭光电投诚，4 月 10 日昭觉和平解放。至此，西康省所辖雅属、康属、宁属全部解放，4 月 26 日，西康省人民政府在雅安成立，廖志高任主席，张为炯、格达活佛（藏族）、夏克刀登（藏族）、果基木古（彝族）、鲁瑞林、刘聚奎、白认任副主席。

在成都战役前后，大批美蒋特务和散兵游勇逃窜至阿坝州境内，组织成立“反共救国军”负隅顽抗。解放军迅速向阿坝地区进军。从 1949 年 12 月 17 日解放军一野一部从武都文县进入南坪区，南坪和平解放起，到 1950 年 10 月，阿坝州十六区所辖各县相继解放，废除旧制，并于 1950 年成立了茂县专区，隶属川西行政公署。之前，1949 年解放军一野进军大西北，阿坝麦桑土官华尔功臣烈派人到兰州谒见彭德怀司令员，表示拥护中国共产党，华被委任为阿坝保安司令。1951 年 9 月 8 日，成立了临时军政委员会，不久成立中共茂县地委和茂县专员公署。

建立民族事务委员会　新中国的成立，开创了中华民族历史的新纪元，为实现各民族平等互助、团结合作、共同走向繁荣昌盛开辟了广阔前景。西南军政委员会从成立起即设立民族事务委员会，与财政经济、文化教育、人民监察、政治法律并列为五个委员会之一。1950 年 6 月，中央人民政府委员会批准任命西南军政委员会副主席王维舟兼主任委员，张冲、天宝、梁聚五任副主任委员，于式玉等 30 人为委员。川南、川北、川西行署也设置了民族事务委员会。1952 年 11 月，四川省人民政府建立民族事务委员会，省政府副主席阎红彦兼民委主任。1954 年 3 月 1 日，经中共中央西南局批准，中共四川省委民族工作委员会成立，与省府民族事务委员会合署办公，省委副书记阎红彦兼任书记。1952 年 12 月，西康省人民政府民族事务委员会建立，苗逢澍任主任。1954 年 9 月，中共西康省民族工作委员会成立，省委副书记苗逢澍兼任书记。

实行慎重稳进方针　1950 年 3 月，第一次全国统战工作会议要求，必须采取有效办法，逐步消除历史上造成的民族间的仇恨、隔阂、猜忌、歧视和不信任的心理，尤其着重反对汉民族中的大民族主义倾向，同时在少数民族中反对狭隘民族主义倾向。4 月政务院会议提出，民族工作的方向和目的是要尽量减少民族间的隔阂和矛盾，加强和巩固各民族人民的团结，并尽可能有计划有步骤地帮助各少数民族逐渐发展其政治、经济和文化，进而确立：对于少数民族内部的改革，按照各民族大多数人民的觉悟和志愿，采取慎重稳进的方针。

鉴于少数民族地区的复杂情况，新中国成立以后四川各行政区认真贯彻党的民族政策，结合本地少数民族地区的社会经济政治实际状况，制定了一整套与汉族地区有所区别的少数民族工作方针、政策和措施，并努力抓好贯彻落实。1950 年 3 月，西康区委制定了进入西康涉藏地区各项工作和具体政策规定，把争取团结上层，实现民族平等，消除民族隔阂，建立区域自治政府，作为民族工作的中心任务。强调：少数民族工作是康区首要的工作问题，应遵照《共同纲领》及二野前指的指示谨慎处理；对帝国主义在康势力和影响采取肃清的方针；要大力宣传党的各项政策，特别是少数民族政策，以争取广大群众和各界人士。西康军区司令部发布布告，对康区人民在红军长征时期的支援表示衷心感谢，宣传党的民族平等、团结互助、信教自由、不进行土改等政策，希望康区人民协助政府和解放军肃清匪特，支援解放军进军西藏，以完成解放中国的伟大任务。

中共西康区委在进军西昌中强调，彝民工作是宁属地区（即今凉山地区）长期艰苦的重大工作，需有专人负责，要正确执行《共同纲领》规定的民族政策等。西康区委专门发文，提出反霸、减租、退押和解决债务问题，在少数民族聚居地区均不进行，并要求在出布告时，应专门召集彝民或藏民代表会议或座谈会详细加以说明。在少数民族聚居的大小凉山地区不搞土改，在获得真正赞成等条件的民族杂居地区可以搞减租、土改。

在社会改革方面，党和人民政府坚持慎重稳进的方针，根据少数民族地区大多数人民及与人民有联系的领袖人物的志愿，并主要地经过他们自己去进行。茂县于 1951 年在 3 个羌、汉杂居乡实行“减租保佃”，建立农民协会和农民武装组织，逐步产生了一批民族干部和积极分子，提出了要求废除封建所有制的强烈呼声。与此同时，地方党委和政府与羌、回民族中的上层人士反复协商，他们面对来自群众的压力，大多数愿意放弃剥削，接受改革。针对这种情况，采取了保证改革后他们在政治上有一定地位和生活水平不降低的办法，以和缓的方式比较顺利地实现了民主改革。

消除民族隔阂　新中国成立后，党把消除民族隔阂、加强民族团结作为民族工作一项重要任务。为了解各民族的生活状况，加强与各民族人民的联系，从 1950 年开始，中央就向全国各民族地区派出访问团，省、自治区和地（州）、县也配合中央民族访问团，先后派出了若干个民族访问团、慰问团和工作组。1950 年 9 月，中央慰问团到达康定，传达党中央和中央领导同志对康区各族人民的亲切问候，并深入涉藏地区慰问，具体指导和帮助进行自治政权的筹建工作。1951 年、1952 年，川西人民行政公署组织访问团，代表中共中央、中央人民政府和毛泽东主席以及西南大区和中共川西区委、区政府，访问茂县专区（现阿坝州），看望和慰问少数民族，做民族上层人士的工作。到 1953 年，四川省组织了少数民族各方面人士 1500

人到内地参观。

1950 年 6 月，针对部分民族地区党委和干部在对待民族问题时态度不够慎重，不及时将发生的问题和处理问题的情况向上级汇报、请示，进而妨害党的民族政策贯彻落实的现象，中共中央发出了《关于慎重处理少数民族问题的指示》，制定了严格的请示报告制度，提出关于各地少数民族内部的社会改革，特别是有关少数民族的宗教信仰、风俗习惯，及土地制度、租息制度、婚姻制度的改革等，必须从缓提出，在没有得到各中央局和中央的批准之前，各级党委不得在少数民族人民中提出这些改革和发布有关这些改革的决议和口号，不得在报上进行有关这些改革的宣传。《指示》还明确要求：在少数民族中进行工作，必须首先了解少数民族的具体情况，并从各少数民族的具体情况出发来决定当地的工作方针和具体工作步骤。必须严格防止机械搬用汉人地区的工作经验和口号，必须严格禁止以命令主义方式在少数民族中去推行汉人地区所实行的各种政策。

1952 年 12 月，根据西南局《关于检查回汉杂居区对回民政策的指示》，四川省委责成省委统战部、省民委组成检查组分赴新都、叙永、古蔺等地检查回汉杂居区民族政策的执行情况。同月初，西南局和中央统战部分别批转康定地委关于在藏族地区纠正大汉族残余思想工作的总结报告。1953 年 1 月，西康区委召开民族工作会议，四川省委印发《关于民族政策执行情况的初步检查报告》，6 月，四川省委统战部印发《关于检查对回民执行民族政策情况的综合报告》。这些会议和文件，强调必须尊重少数民族的风俗习惯和宗教信仰，要认真落实党的民族政策。

在改善各民族相互关系的同时，各地还针对少数民族内部团结问题进行大量工作。如凉山地区，历史上从没有建立过统一的地方政权，家支头人互不隶属，谁也管不了谁，盛行原始的血亲复仇制度，相互之间经常发生械斗“打冤家”，规模有大有小，大的多个家支卷入，参加人数达两三万之众；有的“冤家”持续几十年甚至十几代之久。近世随着步枪等现代武器的引入，大小凉山有枪支五六万之多，“打冤家”的激烈和破坏程度加剧。加上历代地方官家“以夷制夷”“分而治之”，挑拨离间，推波助澜，使社会内部更加四分五裂，对社会经济造成极大破坏。新中国成立后政府着力民族团结，至1955年就调解了各“家支”间的“冤家”纠纷达1.5万余件。阿坝、甘孜两地也调解了多起土司、头人间的“冤家”纠纷，促进社会秩序稳定和生产的发展。

贯彻宗教政策　各地执行党的宗教信仰自由政策，明令尊重各少数民族的宗教信仰，不经邀请，不得随便进入庙宇寺院和祠堂，遇到祭祀、跳神或念经时，要保持严肃态度，不得哗笑；尊重少数民族宗教习俗。1950年5月，西康省政府主席廖志高、副主席鲁瑞林专门致信西康省各寺庙及僧侣，重申党和政府的宗教政策，希望在民族平等、宗教信仰自由的基础上加强合作，共同搞好西康省的工作。从1950年到1955年间，在人民政府机构中从政的宗教界上层人士达118人，政府机关还为参政活佛喇嘛及少数民族工作人员提供宗教活动场所。政府拨出40多万元专款，维修寺庙和发放布施，对老弱病残的贫苦喇嘛和扎巴进行社会救济，调解各教派之间各教内部的纠纷①。

培养使用少数民族干部　各地采取各种措施大力培养劳动人民出身的少数民族干部。1951年6月1日，西南地区第一所民族教育高等学校——西南民族学院在成都成立并举行第一期开学典礼，邓小平为该学院题词：“各兄弟民族团结在毛主席和中央人民政府的周围，建设一个独立强盛、繁荣富强的新中国。”该校建校之初以培养政治干部为主、急需的专业干部为辅，面向全国招生，主要招收少数民族考生。各地除在工作中放手使用和

① 四川省地方志编纂委员会编：《四川省志·政务志》，方志出版社，2000年，第317—318页。

大胆提拔少数民族干部外，还普遍开办了各种民族干部训练班和民族干部学校。到 1953 年底，四川省办民族小学 55 所，少数民族学生 13 984 人，其中中等学校少数民族学生 875 人；建立国有贸易机构 69 个，培养少数民族贸易干部 104 人。西康省在甘孜、凉山办民族小学 78 所，有少数民族学生 2259 人；设立了 16 个技术指导站，畜牧兽医工作站 9 处，培养了一批藏、彝初级兽防工作人员；卫生工作人员发展到 251 人，其中少数民族卫生人员 100 余人。

少数民族干部的成长，充实了各级政权机构，为少数民族人民行使自治权利，开展各项工作增添了重要的骨干力量。到 1953 年，四川省有少数民族干部 1300 余人；西康省已有少数民族干部 4000 多人，其中任处长、县长以上职务的有 102 名①。1954 年 12 月，四川省民工委制定《四川培养少数民族干部五年计划初步意见》，提出采取多种措施和途径，大力提拔和培养少数民族干部，以加快民族地区的经济文化建设。

二、团结争取少数民族上层人士

四川少数民族上层人士　少数民族上层人士是指少数民族中有一定代表性和影响的人士。在民主革命和社会主义改造与建设时期，四川少数民族上层人士主要包括：保留原始公社制残余的少数民族土官、头人，处于奴隶制发展阶段的少数民族的家支头人、奴隶主，步入封建制度发展阶段的少数民族的土司、贵族、地主、牧主、千百户，以及不同社会形态下宗教界的少数民族的教主、阿訇、毛拉、活佛、大喇嘛和其他宗教上层等一些在经济上、政治上居统治地位的人物。据解放初不完全统计，凉山地区

① 四川省地方志编纂委员会编：《四川省志·政务志》，方志出版社，2000 年，第 318 页；中共四川省委党史研究室编写：《中国共产党四川历史大事记（1950—1978）》，四川人民出版社，2000 年，第 102 页。

彝族有大小家支 200 多个，大小头人 3400 多人，其中影响较大的上千人。四川康区（今甘孜州地区）有大小不等的土司 120 多个，土司、头人 1500 多人；安多（今阿坝州地区）的土司（包括一些千百户）、牧主、地主有 1000 多人①。其他各少数民族都有数量不等的上层人士。

少数民族上层人士一方面属于统治阶级，长期剥削压迫包括本民族在内的劳动人民，相互之间存在着对抗性的阶级矛盾；另一方面，他们中的大多数具有爱国主义立场，在抵御帝国主义侵略和反抗历代封建政权的民族压迫中发挥过作用，在本民族中有一定的威望和影响，群众往往把他们视为本民族的代表。加之长期历史遗留下来的民族隔阂严重，上层人士对群众控制严格。宗教影响极深，尤其是四川涉藏地区，虽然基本没有形成政教合一制度，但历来有宗教参与世俗事务的传统，从而使少数民族地区社会生活有浓重的宗教氛围。还有国民党匪特利用民族矛盾造谣煽动破坏，群众不了解共产党的民族政策等诸多原因，从而使做好少数民族上层人士的团结争取工作，成为在少数民族地区开展工作的必要条件。

团结争取上层人士　红军长征经过川南苗区、川西南彝区和川西涉藏地区时，就开展了争取团结少数民族上层人士的工作。1935 年，中央红军先遣队司令刘伯承率部到达冕宁，争取当地彝族首领果基约达“歃血为盟”，并亲自护送红军顺利通过彝区；红军总司令朱德争取康区白利寺格达活佛参加了中华苏维埃博巴政府；红四方面军李先念争取康区最大的德格土司为红军筹集了大批粮草。红军和共产党的优良声望和崭新风貌在四川少数民族地区广为传颂，影响较大。

四川解放后，少数民族地区的党组织和人民政府，贯彻“慎重稳进”的民族工作方针，努力争取团结少数民族上层人士参与建设新政权。1950

① 《当代丛书》编辑部编：《当代四川统一战线》，四川人民出版社，2000 年，第 234 页。

年 1 月，西康区委书记廖志高在《入康动员报告》中明确指出：对民族工作首先要团结上层比较进步的人士，不要怕“右”，只有通过上层，才能接近下层。3 月初又指出：民族工作首先是民族团结，首先要取得其信任，不能先去发动阶级斗争，凡是妨碍团结的政策都不要用，重点在争取上层。4 月，西昌解放后建立的军管会，吸收彝族党员瓦扎木基、果基木古等多位彝族上层人士为委员，参加管理地方各项军政事务。1950 年 12 月召开西昌地区各族各界人民代表会议，产生西康省西昌地区专员公署，4 名副专员中，彝族 2 名；34 名专署委员中，彝族 14 名，藏族 4 名，回族 1 名，少数民族占多数。少数民族上层人士参加政府工作，体现了党的民族平等政策，在少数民族中引起强烈反响。西昌地委采取请下山来、登门拜访和召开座谈会等方式，与民族上层人士广泛联系，宣传党的民族政策；同时组织他们到内地参观，目睹祖国的伟大，体验中华民族大家庭的温暖。1950 年 6 月，召开有 136 个家支头人参加的座谈会，逐步消除了他们对党和政府的疑虑，扩大了团结。

1953 年 2 月，四川省委召开少数民族工作会议，指出当前少数民族工作的中心任务是巩固团结已争取过来的上层分子，进一步争取动摇乃至与我们对立的上层分子，其他工作都是为这一工作创造条件。会议强调，要解除少数民族内部人民被压迫被剥削的痛苦，绝不能照搬汉区社会改革的激烈的阶级斗争办法，而是必须首先采取争取少数民族中与群众有联系的上层分子。唯有如此，才能更好地孤立和打击汉族土匪特务，更好地解决少数民族问题。同年 5 月，阿坝州举办土官、头人联谊会，有影响的民族上层人士、宗教上层人士、工商界代表和全州党政军主要负责人 250 多人参加。会议就民族团结、社会治安、政权建设、发展生产等问题进行协商和讨论，并做出决议，对有显著成绩的民族、宗教界上层人士和群众予以奖励。联谊会的形式，成功促进了党和政府与各方面人士的联系，巩固和发展了统一战线。

妥善安排上层人士 少数民族地区解放后，从建立军管会到召开各族各界人民代表会议，再到建立民族区域自治机关，都十分注意对民族上层人士的安排使用。甘孜州从1950年至1955年，占上层人士多数的700多人当选为各代会代表和各级人民代表，许多有工作能力的上层人士参加了各级政府的工作。阿坝州1956年底统计，在各级政府、政协、企业、学校及其他群众团体中，安排上中层人士601人，其中民族上层人士458人，担任州人委委员、州政协常委、处（局）长、参事、正副县长、县政协副主席等县级职务90人。凉山州在1955年2月以前，先后安排800多名民族上层人士在州、县、区自治机关担任领导职务，占上层人士总数的四分之一。西昌地区有635名少数民族上层人士参加了政府工作，其中担任副专员2人，县级职务47人。

民族上层人士参加新生的人民政权和本地民族自治政府建设，增强了向心力和凝聚力，激发了积极性和主动性。四川解放后，甘孜白利寺五世格达活佛被任命为西南军政委员会委员、西康省人民政府副主席。他给朱德总司令发电报，请缨入藏劝说西藏当局接受和平解放，到达昌都后被英国特务毒害，为统一战线事业献出了宝贵生命。虽然劝和活动没有叩开和平解放西藏的大门，但他沿途宣传新中国的民族政策和宗教信仰自由政策，影响了西藏大量僧俗官员和群众。四川解放后，阿坝麦桑土官华尔功成烈任四土、阿坝、绰斯甲临时军政委员会副主席，兼阿坝藏族自治区（县）人民政府主席，积极参与黑水剿匪和草地剿匪。1951年1月靖化、懋功叛乱被解放军平定后，特务头目、川康边区反共突击军中将总指挥周迅予，中将副总指挥何本初①带少数亲信潜入阿坝投奔华尔功成烈，与已到的国民党中央军校教育长、游干班主任王旭夫一起被华尔功成烈保护起来。人民政府知道周迅予等匪首藏在阿坝一带，并受到华的保护。为了促华觉醒，在华的面前绝口不提周匪等事。1953 年 6 月，周迅予之子周健全因与头人的警卫连长发生内讧而暴露被捕。在党和政府真诚的尊重、耐心的等待之下，经过长期思想斗争，华最后主动说明并交出了所藏匿的三匪。华后来当选为阿坝藏族自治州副州长、全国人大代表。

当时也有因忽视上层人士统战工作而产生的教训。1949 年底，在解放大军压境下，平武县旧政权自动宣布解散，建立了由地下党员任县长、吸纳上层人士参加的政务委员会，在地方实力派、五县山防总队副总队长宋北海等支持下维持局面，并组织地方武装七八百人击溃来犯的国民党溃军三千余人。1950 年 2 月建政后，该县工委不研究统战工作，各代会一拖再拖，也未宣传党的统战方针，认为“平武县找不出一个民主人士”，认为政务委员会非法而予以撤销。对四川解放前曾掩护过地下党同志、解放后自动缴枪、带头交完公粮的宋北海，县工委因其曾经反共反人民而怀疑提防。更发生当地头人王某因叛匪供出其关系等问题被扣后，引发藏民携枪进城将其劫走的事件。这不但加深了本来就因当年张国焘在此地杀戮过重而心存顾虑的地方士绅的疑惧，而且使原本持中间态度的上层人士消极疏离，甚至准备为匪，“结果积极的消极中立，而中立的走向反对，反对的就更加反动了。我们没有团结住一个民主人士，以致连圈子都没有了”②。以致在国民党特务唆使下，发生了以国民党溃军为骨干的上千人的土匪叛乱。情

① 何本初，原第 16 区（茂县）行政督察专员兼保安司令，1950 年 3 月 3 日在茂县率部起义，旋在赴成都途中叛逃。

② 川北军区司令部：《平武叛乱是怎样发生的》，载张廷翰主编：《川北统战工作史料选辑》，内部发行，1994 年，第 116—117 页。

况上报川北区委后，川北区委书记兼统战部长胡耀邦立即找到正在南充开会的平武县有关部门负责人，批评他们的错误，指出：统战工作要大胆放手，这个不相信，那个也不可靠，那怎么行。并提出具体办法：宋北海在国民党恐怖时期就保护过地下党组织，有山防队，给他个副县长，让他去剿匪，比你派一个团进山还要强，效果还要大①。后来照此办理，不到一个月叛乱就基本上宣告平息，而且影响了一大批党外人士团结在党和政府周围。

使用一个人，团结一大批。人民民主统一战线逐步扩大，许多上层人士消除了疑虑，积极支持本民族的进步事业。争取少数民族群众参加剿匪工作，与少数民族群众建立了良好的关系，少数民族地区广大群众由最初助匪抗我或怀疑观望，转变为助我剿匪，自动将匪首和枪支交出。西康省凉山彝族民众主动捉拿土匪、特务近千人。

1956 年 6 月，四川省委民工委《全省民族、宗教上层人物安排的大概规划意见》中的统计数据显示，全省少数民族地区共有封建主、牧主、地主阶级约 22 000 户，全省应发薪金的上层代表人物共 4400 人左右，其中安置在州机关的为 1000 人左右，安置在县一级机关的为 3000 人左右，安置在区乡一级的为 400 人左右。全省共有喇嘛约 68 100 人，决定对其中有代表性的 2000 名喇嘛发薪金，对各个喇嘛庙中的一些老弱伤残人员约 3500 人，定月发给救济费；对全省伊斯兰教阿訇教长及梅里凡共 308 人或发给薪金，或发给生活补助金②。

---

① 代淑筠：《川北统战工作片断》，张廷翰主编：《川北统战工作史料选辑》，内部发行，1994 年，第 179—180 页。

② 中共四川省委党史研究室编写：《中国共产党四川历史大事记（1950—1978）》，四川人民出版社，2000 年，第 134 页。

三、民族自治地方的建立

四川西部行政区划沿革　中国历代中央政府对今四川西部的治理滥觞于秦。秦统一巴蜀以后，公元前 316 年在今阿坝州内松潘县始置湔氐道，汉代置羁縻州县，置官设道。唐时建置时有兴废，演变频繁。宋朝怀柔、互市、授职，逐步加强了管理。元朝创立土司制度，分封当地首领担任世袭官职，分别进行管理和统治。元以后，历明、清以至民国时期，对四川涉藏地区的行政区划虽有某些局部调整和变动，但在 13 世纪中叶形成的基本格局则沿袭下来。

川西北今阿坝州地区（安多地区）的藏、回、蒙古、汉等民族杂居。松潘地区清嘉庆年间在镇压千户反抗后，当地农区土司大部被废，充屯兵驻防；牧区改授土官；设置茂州、松潘、杂谷、懋功等四厅。嘉绒地区自乾隆时期大小金川之役后改土归流，废除土司，代之以屯守备制。民国时期实行川边新政，改厅州为县，继后设屯殖督办公署，1935 年改为四川省第 16 行政督察署，但保留了土司制。

明代将康区隶于设在河州（今甘肃临夏）的西安行都指挥使司。清康雍年间将整个康区纳入四川管辖范围。雍正四年（1726），清廷将元明以来的康区分为川滇藏三部分，川属部分大致即为今甘孜州境。清末，英国侵藏，清廷加强对康区的治理，实施改土归流，设置道、府、州、厅、县政权组织，由清王朝派遣流官直接进行统治。但辛亥革命后康区土司纷纷自行恢复。民国初年，在康区设立川边特别行政区，1935 年划入西康省筹备委员会管辖，1939 年建立西康省，省会康定。

川西南凉山地区，秦汉以前称古邛都国或邛都部落，西汉武帝元鼎六年（公元前 111）正式设置越嶲郡，隋唐为嶲州，南诏称建昌府，元称罗罗斯宣慰司，明为四川行都司，清称宁远府，民国称宁属。解放军在 1950 年

3月发起西昌战役，解放了宁属地区。

民族区域自治制度　对采用什么样的国家结构形式来解决多民族国家统一问题，中国共产党进行了不懈探索。一开始就拒绝了将苏俄和欧美通行的联邦原则用于中国各省，明确指出“联邦的原则在中国本部各省是不能采用的”；同时在“蒙古、西藏、回疆等边疆少数民族地区（旧藩部）实行自治，建立民主自治邦”；又提出“只有打倒资本帝国主义以后，才能实现平等和自决”，从而将共同对外的反帝斗争作为实现平等和自决的前提条件。① 根据共产国际民族理论，党的文件在一个较长时期内都时有“民族自决”“联邦制”等字句，但同时又在实践中，立足中国数千年统一国家的基本国情，着眼维护中华民族整体利益，对在统一的国家内实行民族区域自治做出探索，红军长征途中在四川帮助少数民族建立了甘孜博巴政府等。1945年2月，中国在雅尔塔会议上痛失外蒙古后，中共意识到，用联邦制解决民族问题存在着被大国操纵和利用而导致国家分裂的巨大危险，从而转为把民族区域自治作为解决国内民族问题的基本方式。1947年，内蒙古自治政府成立，为建立区域性民族自治提供了成功的范例。1949年9月，全国政协第一届全体会议通过的《共同纲领》明确规定：“各少数民族聚居的地区，应实行民族的区域自治，按照民族聚居的人口多少和区域大小，分别建立各种民族自治机关。”

新中国成立后，党把在少数民族聚居的地方推行民族区域自治作为民族工作的一项主要任务。主政西南的邓小平高度重视少数民族问题，在他的努力下，1950年11月，西康省藏族自治区成立，成为新中国最早成立的相当于省辖市一级的民族自治地方。在总结全国各少数民族地区开展民族

① 《中国共产党第二次全国大会宣言》（1922年5〔7〕月），载中共中央文献研究室、中央档案馆编：《建党以来重要文献选编（1921—1949）》第5册，中央文献出版社，2011年。

工作经验的基础上，1952 年中央人民政府批准施行的《民族区域自治实施纲要》明确规定：各民族自治区同为中华人民共和国领土的不可分离的一部分。各民族自治区的自治机关同为中央人民政府领导下的一级地方政权，并受上级人民政府的领导。并对民族自治地方的建立、自治机关的组成、自治机关的自治权利等重要事项做出明确规定。1954 年《宪法》确定将民族自治地方分为自治区、自治州、自治县三级，县以下的少数民族聚居区设民族乡，使民族区域自治制度更加符合我国的实际情况。

四川民族区域自治地方的建立　根据《共同纲领》和《实施纲要》的规定，新中国成立后在少数民族聚居的地方全面推行民族区域自治，逐步建立起一批民族自治地方。1954 年，根据宪法的规定，国务院发布指示，将过去各地建立的民族民主联合政府，依照不同情况和条件，逐步改建为自治州、自治县或民族乡。

成立西康省藏族自治区。康定 1950 年 3 月 24 日解放后，成立军管会，西康涉藏地区和平解放为康区实行民族区域自治创造了良好条件。中共西南局选定西康涉藏地区为实践民族区域自治的“样板”——西康省藏族自治区的筹建工作，开启了党的民族区域自治政策的四川实践。1950 年 11 月 17 日至 24 日，西康省涉藏地区首届各族各界人民代表会议在康定召开。出席代表共 302 人，其中藏族 217 人，占 71.86%；汉族 65 人，占 21.52%；彝族 15 人，占 4.97%；回族 5 人，占 1.65%。选举人民政府委员 25 人，桑吉悦希（藏族，中共党员）当选为主席，夏克刀登、苗逢澍、阿旺加措、洛绒顿巴当选副主席。24 日，西康省藏族自治区人民政府宣告成立，这是新中国成立后第一个相当于省辖市一级的民族自治地方。1955 年 3 月，根据 1954 年《宪法》规定，西康省藏族自治区改称西康省藏族自治州；11 月，更名为四川省甘孜藏族自治州。

成立凉山彝族自治区。凉山地区解放初由中共乐山地委、西康省西昌地委、云南省昭通地委分别派出工作团开展工作。1952年4月，中央人民政府批准建立凉山彝族自治区，从西昌专区划出。8月成立中共凉山工委和四川省军区凉山指挥部领导工作。1952年9月25日至10月7日，西康省凉山各族各界人民代表会议在昭觉召开。出席会议代表301人，其中彝族上层人士（黑彝）135人，占44.85%；彝族平民（白彝）及青年51人，占17%；汉族15人，占5%；苗族1人，占0.3%；其他99人。会议选举产生西康省凉山彝族自治区人民政府委员46人，其中彝族37人，汉族8人，苗族1人；瓦扎木基（彝族，中共党员）任主席，王海民、张荣、周全杰任副主席。1955年4月自治区改为自治州。该州是中国最大的彝族聚居区的民族区域自治政权，也是凉山地区历史上第一个统一的政权机构，是继西康省藏族自治区人民政府之后的四川第二个地区级民族区域自治政权。境内有汉、彝、藏、蒙古、纳西等十余个世居民族。1955年11月，更名为四川省凉山彝族自治州。原属乐山专区的雷波、马边、峨边三县及原属西昌专区的越嶲（今越西）县划入凉山彝族自治州。

成立四川省藏族自治区。1952年12月21日至29日，四川省藏族自治区第一届各族各界人民代表会议在刷金寺召开，选举成立藏族自治区人民政府和各族各界人民代表会议协商委员会，天宝当选为藏族自治区人民政府主席，张承武、索观瀛（藏族）任副主席。1955年11月，根据1954年《宪法》规定，四川省藏族自治区更名为四川省阿坝藏族自治州。

到1956年，四川省境内先后成立了木里藏族自治县（1953年2月19日）、跷碛藏族乡（1952年）、白马藏族乡（1956年）、木座藏族乡（1956年）等一批少数民族自治地方。

四、推进少数民族地区民主改革

农业区民主改革的逐步推进　少数民族地区的民主改革的主要内容，

是废除封建土地所有制、奴隶制和一切封建特权，解放和安置“娃子”（奴隶）。按照慎重稳进的少数民族工作方针，新中国在少数民族地区进行的反对封建主义的民主革命，是争取经过和平改革的方法来实行的。和平改革是特殊的阶级斗争形式，但采取的是温和、迂回、曲折和改良的方式方法。四川少数民族地区的民主改革，是在四川盆地地区基本完成土地改革三年之后，根据少数民族不同地区的实际情况，对农区、牧区、寺院等采取了有所区别的政策，首先在农区进行。

阿坝州在1954年7月四川省藏族自治区首届各族各界代表会议第二次会议上通过了对岷江以东羌、汉居住地区进行土地改革的提案；8月，四川省人大一届一次会议批准了四川省藏族自治区代表团提出的进行土地改革的提案。1954年10月，在汶川县威州、雁门两乡进行农区土地改革试点，至年底结束；随后稳步在岷江以东的民族杂居乡进行了土地改革，至1955年春完成。

自1954年6月起，全国人大及省、州、县多次组织力量在甘孜州开展调查研究，为制定民主改革的方针和政策收集第一手资料，在调研基础上制定了民主改革方案。11月中共康定地委正式向西康省委报送《关于藏族自治区改革的初步意见》，次年3月西康省委向中央报送《关于在西康省少数民族地区准备实行民主改革的初步计划》，提出重点试点民主改革的具体计划和方针、政策，创造改革条件，逐步进行改革，初步计划至1961年完成民主改革。

1955年，汉族地区的农业合作化高潮和第一个五年计划的蓬勃开展，给包括部分进步上层人士在内的各少数民族人民以极大的震动，使他们产生了进一步改变本民族状况的强烈愿望。在藏族地区，1955年农牧民群众针对农奴主进行的集体抗粮、抗差、抗债斗争即达数百起。在彝族地区，许多奴隶群众不堪奴隶主的压榨，以集体逃亡表示反抗。仅1955年下半年，几个民族聚居县逃跑的奴隶就达4000多人次，他们纷纷到人民政府中要求保护，并集体写血书、按手印，要求政府迅速实行民主改革。据此，1955年9月22日，中共四川省委和西康省委联合向中央上报在藏族农业地区、彝族地区实行民主改革的初步方案，提出从1955年冬起，按照协商、和缓的方针，通过民主改革试点，逐步地、和平地消灭奴隶制（彝族地区）、农奴制（藏族地区），废除土司制度，发展农业生产。

省人大通过三州民主改革决议　1955年11月28日至12月6日，川、康合省后的第一次人代会——四川省人大一届三次会议在成都召开。根据甘孜、阿坝、凉山三州包括民族上层人士在内的代表的提案，会议通过了在三州实行民主改革的决议。会后，省民委召集民族工作座谈会，经广泛征求意见，协商通过了关于民主改革的文件，随之各州分别开始民主改革。

阿坝州农业区的民主改革，经过汉族居住区推向民族杂居区，进而从1955年11月开始，推向岷江以西的少数民族聚集区并全面开展。到次年4月，农区10个县的民主改革基本完成。在农区的民主改革中，以有利于民族团结、有利于发展生产的原则，充分考虑民族特点，规定了许多从宽的政策：在民族杂居区，对少数民族地主只没收土地、森林、水渠，对其多余的房屋、农具、耕畜和粮食，分别采取征收和国家按市价的办法分配给农民；在少数民族聚集区，只没收地主土地，其他财产一律不动，对富农只没收其出租的土地，对地主、富农都不算细账、不挖底财，不算旧账，保护他们经营的畜牧业和工商业；地主和农民一样分得一份土地，不进行面对面的斗争。本着“长期团结、教育、改造”的方针，对少数民族上层人士在民主改革中都进行了安置和照顾。对有工作条件且愿意参加工作的安排了工作，年老体弱不能参加工作的，在生活上给予适当补贴。共安置少数民族领袖人物和宗教界人士65人。农区民主改革的顺利成功为后来牧区民主改革创造了条件，提供了经验。

甘孜州的民主改革首先从1956年元月开始，在丹巴县和康定县的两个区进行土改试点，同年3月结束。与此同时，在康东和康北的其他农业地区进行废除封建特权和差役、调整债务、解放娃子三项改革，到4月底基本完成。通过三项改革运动，发动和组织起群众，剥夺了地富的武装，实行了“枪换肩”，建立了农民自己的武装，为今后在这些地区全面民主改革打下了基础。牧区继续实行不斗不分、不划阶级、牧工牧主两利的政策。给喇嘛分两份地，家中、寺庙各一份。

凉山州也同时进行了民主改革，此外，还有西昌专区的87个彝族聚居乡及乐山专区彝族聚居的马边县也进行了民主改革。

至1956年4月，全省藏、彝族地区人口211万余（包括28万汉族），农业区人口有190万，其中83.5万人的地区完成了民主改革，占农业区人口的44%①。

民主改革坚持和平协商原则　四川少数民族地区的民主改革从1956年3月正式开始，有计划地分期分批进行。具体分四步：第一步，宣传民主改革的性质、目的、内容和方针政策，发动群众；第二步，核实剥削者各户对生产资料、生活资料和奴隶、娃子的占有情况，解放娃子，安置奴隶；第三步，划分阶级成分，没收、征收、分配土地和牲畜；第四步，建立乡村基层政权。

民主改革中，采取自下而上和自上而下相结合，在坚持依靠群众，发动、组织和武装群众的同时，坚持和平协商原则，同上层人士层层协商，反复协商，认真协商。一是就和平民主改革的具体内容方法等重大问题，邀请具有代表性和有名望的上层人士学习讨论，提高认识，增进共识，反

① 中共四川省委党史研究室编写：《中国共产党四川历史大事记（1950—1978）》，四川人民出版社，2000年，第133页。

复协商，茂县专区各县成立以民族上中层人士为主体的民主改革委员会，协商有关民主改革事宜。二是组织出席四川省人代会的上层人士，就民主改革的实施办法座谈讨论，交换意见，根据所提意见，修改完善实施民主改革的实施办法。三是组织出席州、县人代会的上层人士对本地民主改革的实施办法具体协商、讨论、修改。甘孜州 1956 年 1 月 16 日至 3 月 23 日召开的州人民委员会和州政协委员扩大会议具体协商讨论民主改革问题，与此同时，农业地区各县也相继召开县人委扩大会议，协商讨论所在县的民改问题。凉山州于 1956 年 2 月召开三届一次人代会，到会代表 565 人，其中上层人士代表 330 人。代表们发表意见和建议制定了本州民主改革具体办法。四是组织上层人士参观民主改革试点。这些试点在民主改革中，对地主、奴隶主政治上从宽，经济上赎买，生活上不降低现有生活水平，方式上和缓，按政治态度的不同予以分别对待等处理方式，得到各族劳动人民和民族、宗教上层人士的支持和拥护。许多民族上层人士参观试点后，为党和政府的宽大让步政策所感动。茂县地委组织全区 20 多名民族上中层人士到土地改革试点乡参观，通过实地了解，普遍认为，“这样的土改并不恼火”“很松活”，而后纷纷要求土地改革，使土改逐步在全区推开①。凉山州普格县长吉吅呷呷说，我愿意在共产党和人民政府领导下，废除不合理的奴隶制度，并当众“喝血酒”为誓，回去带头进行民主改革。通过团结上层的工作，封建农奴主阶级内部一些较为进步的人士，也表示拥护和赞成实行民主改革、废除封建农奴制度。

实行和平赎买政策 1956 年 7 月 22 日，毛泽东主席召集周恩来、陈云、彭真、邓小平、陈毅、李维汉、张经武、张国华等开会，讨论了四川民族地区的民主改革等问题，李维汉作汇报，毛泽东作了许多插话。在李

① 《当代四川》丛书编辑部编：《当代阿坝》，当代中国出版社，1993 年，第 67 页。

维汉汇报到关于平息叛乱，继续贯彻执行“以政治争取为主，结合军事打击”的方针，宣布停下来谈判时，毛泽东说：这个办法很好，应当坐下来谈判，我们有缺点就讲缺点，有错误就讲错误，这样也才能说服拉萨方面。李维汉汇报到对所有叛乱分子，宽大处理，不咎既往，在平叛中和平叛后都不杀人时，毛泽东说：可以一个不杀，民愤很大的，拖他一二年，群众气平了，就可以不办了。李维汉汇报到发展党团员问题时，毛泽东说：发展党是一个很重要的问题，一定要好好地发展。要注意培养少数民族的党员干部。现在，民族之间还有些不信任，这是可以理解的。我们是共产党，就要做到民族之间的完全信任。要做到这一点，就要听取少数民族的意见。正确的就采纳，不正确的要说服，说不服就等待。李维汉汇报到划阶级问题时，毛泽东问现在划的地、富占多少。廖志高说，省委意见，地、富占人口的比例准备到7%，个别不超过8%。毛泽东说：我看多了，汉族地区一些地方也不过7%～8%，划百分之三四五就可以了。对少数民族中的地主应该宽一些。我们对资本家都是赎买政策，对他们应该比对资本家更宽大一些。民主改革是必要的，改革的决心是正确的，战争的性质基本上是阶级斗争，而不是民族斗争。战争的那一方面即叛乱的头子认为是民族斗争性质的，他们用“保卫民族和宗教”欺骗了一部分群众，这个战争带有群众性。打是不得已的，现在又要停下来，就是要争取群众，解决这个群众性的问题，把民族和宗教的旗帜从他们手中拿过来。从我们方面来说，战争的目的是解放少数民族中的大多数人民，使他们生产发展，生活改善。李维汉讲到怎样讲就怎样做，要讲政治信用，现在少数民族对我们不信任时，毛泽东说：要做到叫人家相信，就要创造必要的条件，就是“唱对台戏”，先党内后党外，叫他们说心里话。不说心里话的团结是假团结，那种团结是不巩固的。应该说明白民主改革是必要的，改革的决心是正确的，但是我们是有缺点的。缺点就是：协商不够，听意见不够，准备不够，让步不够，灵活性不够。中央对这些事，也有责任。过去没有专门讨论过，今天讨论了四个多钟头，我们就主动了①。

24日，周恩来向在京的民族上层人士传达中共中央讨论四川少数民族地区民主改革等问题时指出，四川甘孜、凉山州的改革是必要的，要力争实行和平改革，有关改革的问题要根据群众意愿，经过和上层人士协商，经其同意再去进行。改革内容不外两条：一条是使广大人民获得解放；另一条是使上层人士失去对土地和奴隶或农奴的所有权，但得到政府的安置。在少数民族地区处理任何事情都要考虑民族问题，任何事情都要和少数民族干部商量。要认真发展党员，建立党组织；要大力培育和提拔少数民族干部，让他们在自治机关的部门担任主要领导。要帮助解决群众生产、生活困难，对上层人士要养起来。同时指出了四川少数民族工作中进行民主改革协商不够，估计不足，准备不够，尊重不够，等候不够，让步不够，灵活性也不够等缺点、错误和偏向问题。中央还就四川涉藏地区、彝区民主改革中，对地富成分及其耕畜、农具、粮食和房屋等多余款项浮财、寺庙等问题也做出了明确指示②。

7月26日至8月4日，省委召开民族工作会议，传达贯彻中央对四川省民族工作的指示精神。会议决定继续贯彻执行和平改革的方针，并制定了若干具体政策的补充规定，修订了民主改革实施办法。要求奴隶主、封建主、地主和富农成分比例控制在总户数的5%以内。确定了关于解除奴隶主、封建主武装和其他问题的具体原则。决定在民主改革期间，采取调解的方式，本着为群众撑腰、争取喇嘛寺中立的原则，逐步解决各种问题。

① 中共中央文献研究室编：《毛泽东年谱（1949—1976）》第二卷，中央文献出版社，2013年，第594—595页。

② 中共四川省委党史研究室编写：《中国共产党四川历史大事记（1950—1978）》，四川人民出版社，2000年，第135—136页。

已改革地区对封建主、奴隶主在没收、征收中超越政策界限部分，一律不再退还①。同时，进一步确定了养活上层人士问题的处理原则。

少数民族地区的民主改革，是一场深刻的社会变革，摧毁了延续逾千年的奴隶制度和封建农奴制度，百万奴隶和农奴获得解放，基本生产资料回到了劳动人民手里，劳动人民从此成为社会的主人。民主改革得到绝大多数民众及民族上层人士的拥护，争取团结了一切可以团结的力量，尽可能降低以至消除了部分群众、主要民族和宗教上层人士的反对或抵制，少数民族跨越了历史发展阶段，直接进入社会主义社会。民族区域自治政权在严峻考验中得到巩固和发展，大批劳动人民出身的少数民族干部成长起来，消除了不平等的民族关系，增进了民族团结，掀开了民族平等、民族团结、共同进步的新篇章，社会主义道路在各族人民面前展示了广阔的前景。

新中国成立和社会主义过渡时期的四川统一战线实现了重大历史性转变：一是统一战线领导者的地位发生了历史性变化。中国共产党从领导人民为夺取全国政权而奋斗的党，成为领导人民掌握全国政权并长期执政的党，各民主党派明确宣布接受中国共产党的领导，中国共产党同各民主党派的四川地方组织建立起新型的亲密合作关系；二是统一战线政治基础发生了历史性变化。《共同纲领》和国家宪法成为统一战线各方面团结合作的共同政治基础和行为准则，人民民主统一战线内部团结更加巩固；三是统一战线地位作用发生了历史性变化。人民民主专政是中国工人阶级、农民阶级、小资产阶级、民族资产阶级及其他爱国分子的人民民主统一战线的

① 中共四川省委党史研究室编写：《中国共产党四川历史大事记（1950—1978）》，四川人民出版社，2000 年，第 136 页。

政权，四川地区的共产党同各民主党派及一切爱国民主人士一道参加人民政府，共同管理国家和地方事务；四是统一战线组织形式发生了历史性变化。建立了由中国共产党、各民主党派、各人民团体、各地区、人民解放军、各少数民族、国外华侨及其他爱国民主分子的代表所组成的中国人民政治协商会议四川地方组织，并成为国家政治制度的有机组成部分长期存在；五是统一战线任务发生了历史性变化。人民民主统一战线主要任务由新民主主义革命发展到巩固新生的人民民主专政的国家政权、恢复和发展国民经济，然后开始对生产资料的社会主义改造和大规模的社会主义建设。这一时期，四川经历划区设治、撤区建省、川渝合并、川康合并等行政区划的急剧变化，党领导人民实现了从新民主主义到社会主义的历史性转变，实现和巩固了工人、农民、知识分子和其他各阶层人民的大团结，加强和扩大了广泛统一战线。社会主义制度的建立，为当代四川一切进步和发展奠定了重要基础。

主要参考资料

一、重要文献资料

中央档案馆编：《中共中央文件选集》（第 1—18 册），中共中央党校出版社，1989—1992 年。

中共中央文献研究室、中央档案馆编：《建党以来重要文献选编（1921—1949）》（第 1—26 册），中央文献出版社，2011 年。

中共中央文献研究室编：《建国以来重要文献选编》（第 1—20 册），中央文献出版社，1992—1998 年。

《毛泽东选集》（第 1—4 卷），人民出版社，1991 年。

《毛泽东文集》（第 1—8 卷），人民出版社，1999 年。

《建国以来毛泽东文稿》（第 1—13 册），中央文献出版社，1987—1998 年。

中共中央文献研究室、中共湖南省委《毛泽东早期文稿》编辑组编：《毛泽东早期文稿》，湖南出版社，1990 年。

《朱德选集》，人民出版社，1983 年。

《周恩来统一战线文选》，人民出版社，1984 年。

邓小平：《邓小平文选》（第1—3卷），人民出版社，1994年。

中共中央统一战线工作部、中共中央文献研究室编：《邓小平论统一战线》，中央文献出版社，1991年。

习近平：《论中国共产党历史》，中央文献出版社，2021年。

中共中央党史研究室：《中国共产党历史》（第1卷），中共党史出版社，2011年。

《中国共产党简史》，人民出版社、中共党史出版社，2021年。

胡绳主编：《中国共产党的七十年》，中共党史出版社，1991年。

中共中央文献研究室编：《毛泽东年谱（1893—1949）》（上、中、下），人民出版社、中央文献出版社，1993年。

中共中央文献研究室编：《毛泽东年谱（1949—1976）》（第1—6卷），中央文献出版社，2013年。

中共中央文献研究室编：《朱德年谱（新编本）》（上、中、下），中央文献出版社，2006年。

中共中央文献研究室编：《周恩来年谱（1949—1976）》，中央文献出版社，1997年。

《吴玉章文集》，重庆出版社，1987年。

知识出版社编：《一大回忆录》，知识出版社，1980年。

王健英编著：《中国共产党组织史资料汇编：领导机构沿革和成员名录》，中共中央党校出版社，1995年。

中共中央统战部编著：《中国共产党统一战线史》，中共党史出版社，2017年。

李维汉：《统一战线与民族问题》，人民出版社，1981年。

王兆国：《贯彻“三个代表”要求，发展壮大爱国统一战线》，华文出版社，2002年。

中央统战部、中央档案馆编：《中共中央抗日民族统一战线文件选编》（上、中、下），档案出版社，1984—1986 年。

中央统战部、中央档案馆编：《中共中央解放战争时期统一战线文件选编》，档案出版社，1988 年。

罗湘民主编：《历次全国统战工作会议概况和文献（1988—1998）》，华文出版社，1998 年。

中共中央统一战线工作部：《当代中国的统一战线》（上、下），当代中国出版社，1996 年。

赤耐主编：《当代中国的宗教工作》（上、下），当代中国出版社，1999 年。

中国民主同盟中央文史资料委员会编：《中国民主同盟历史文献（1941—1949）》，文史资料出版社，1983 年。

中国民主同盟中央文史委员会编：《中国民主同盟历史文献》（上、下），文物出版社，1991 年。

二、四川文献资料

中央档案馆、四川省档案馆编：《四川革命历史文件汇集》，内部资料。

中共四川省委组织部、中共四川省委党史研究室、四川省档案馆：《中国共产党四川省组织史资料（1949—1987）》，四川人民出版社，1994 年。

中共四川省委党史研究室：《中国共产党四川历史》第一卷，中共党史出版社，2021 年。

张继禄主编：《中国共产党四川历史大事记》（民主革命时期），四川大学出版社，1997 年。

中共四川省委党史研究室编写：《中国共产党四川历史大事记（1950—1978）》，四川人民出版社，2000 年。

中共江油县委党史办公室编：《四川马克思主义运动先驱者——纪念王右木诞生一百周年》，四川大学出版社，1988 年。

四川省政协文史资料委员会编：《四川文史资料集粹》（第 1—6 卷），四川人民出版社，1996 年。

中国人民政治协商会议西南地区文史资料协作会议编：《抗日民族统一战线在西南》，四川人民出版社，1990 年。

中共成都市委党史研究室编：《八年抗战在蓉城》，成都出版社，1994 年。

四川省政协文史资料委员会成都军区政治部联络部编：《回忆四川解放》，四川教育出版社，1989 年。

张廷翰主编：《川北统战工作史料选辑》，内部出版，1994 年。

四川省政协文史资料委员会办公室、中共四川省委统战部党史办公室合编：《风雨同舟》，四川人民出版社，1991 年。

潘大逵：《风雨九十年——潘大逵回忆录》，成都出版社，1992 年。

郭汝瑰：《郭汝瑰回忆录》，四川人民出版社，1987 年。

李振回忆，刘学超整理：《三十七年的戎马生涯》，1986 年。

四川省政协文史资料委员会荣县政协文史资料委员会：《爱国志士但懋辛》，四川人民出版社，1995 年。

中共江油市委党史工委编：《王右木研究》，四川大学出版社，1989 年。

匡珊吉、郭全、刘邦成：《顺泸起义》，四川大学出版社，1988 年。

中共四川省委党史工作委员会主编：《土地革命战争时期四川党领导的武装斗争》，四川大学出版社，1987 年。

中共达县地委党史工作委员会编：《川陕革命根据地斗争史》，华夏出版社，1989 年。

中共南充市委党史研究室、南充市老区建设促进会：《南充苏区》，内部出版，2011 年。

朱成源主编：《长征在雪山草地》，四川民族出版社，1986 年。

中共四川省委党史研究室、四川省中共党史学会编：《抗战时期的中共四川组织》，四川人民出版社，2015 年。

《当代四川》丛书编辑部编：《当代四川统一战线》，四川人民出版社，2000 年。

《当代四川》丛书编辑部编辑：《当代阿坝》，当代中国出版社，1993 年。

郑长德、周兴维主编：《民主改革与四川藏族地区经济发展研究》，民族出版社，2008 年。

民盟四川省委文史委员会编著：《四川民盟史稿》，四川人民出版社，1995 年。

中共四川省委统战部：《四川统一战线人物录》，四川科学技术出版社，1993 年。

四川省人民政府参事室编：《四川参事传略》，四川辞书出版社，2018 年。

任杰主编：《中国西部概览・四川》，民族出版社，2000 年。

四川省地方志编纂委员会编：《四川省志・政务志》，方志出版社，2000 年。

四川省地方志编纂委员会编：《四川省志・宗教志》，四川人民出版社，1998 年。

四川省地方志编纂委员会编：《四川省志・教育志》，方志出版社，2000 年。

四川省文史研究馆编：《四川军阀史料》（第 1—4 辑），四川人民出版社，1981—1985 年。

四川省政协文史资料研究委员会、四川省人民政府参事室合编：《川军抗战亲历记》，四川人民出版社，1985 年。

三、相关著作文章

《中国统一战线全书》编委会编：《中国统一战线全书》，国际文化出版公司，1993 年。

于刚主编：《中国各民主党派》，中国文史出版社，1987 年。

中共重庆市委统战部、重庆市统战理论研究会：《民主党派在重庆》，1995 年。

王夫玉编著：《第三党历史》，东南大学出版社，2013 年。

陈旭麓：《近代中国社会的新陈代谢》，上海人民出版社，1992 年。

刘惠恕：《中国政治哲学发展史：从儒学到马克思主义》，上海社会科学院出版社，2001 年。

韦庆远主编：《中国政治制度史》，中国人民大学出版社，1989 年。

徐矛：《中华民国政治制度史》，上海人民出版社，1992 年。

任杰、梁凌编著：《共和国机构改革与变迁》，华文出版社，1999 年。

王相钦主编：《中国民族工商业发展史》，河北人民出版社，1997 年。

任杰、梁凌：《中国政府与私人经济》，中华工商联合出版社，2000 年。

任杰：《中国共产党的宗教政策》，人民出版社，2007 年。

李松林、齐福麟、许小军等：《中国国民党大事记》，解放军出版社，1988 年。

韦显文、支绍曾、耿成宽等编写：《国民革命军发展序列》，解放军出版社，1987 年。

曾景忠、梁之彦选编：《蒋经国自述》，团结出版社，2005 年。

匡珊吉、杨光彦：《四川军阀史》，四川人民出版社，1991 年。

肖波、马宣伟：《四川军阀混战（1917—1926）》，四川省社会科学院出版社，1986年。

王功安、毛磊：《国共两党关系史》，武汉出版社，1988年。

刘统：《北上：党中央与张国焘斗争始末》，生活·读书·新知三联书店，2016年。

寿明、达生、凌子：《秋风落叶——国共两党在大陆上的最后一战》，漓江出版社，1992年。

谢本书、牛鸿宾：《蒋介石和西南地方实力派》，河南人民出版社，1990年。

乔诚、杨续云：《刘湘》，华夏出版社，1987年。

四川省文史研究馆、四川省人民政府参事室编撰：《四川国民党史志》，四川人民出版社，1994年。

张兴定、陈岳军、阚孔璧主编：《国民党在大陆和台湾》，四川人民出版社，1991年。

温春来：《身份、国家与记忆：西南经验》，北京师范大学出版社，2018年。

简奕、黎余：《青山遮不住，云开总有时——试析新发现的第一届团中央文献对破解四川早期党团史诸谜团的重要作用》，《毛泽东思想研究》2014年第2期。

任杰：《王右木是党的早期统一战线工作开拓者》，载《王右木研究》，四川大学出版社，1989年。

梁凌：《王右木开创了以手工业工人为主体的工人运动》，载《王右木研究》，四川大学出版社，1989年。

简奕：《重庆最早党支部之一：中共綦江支部》，《红岩春秋》2016年第1期。

黎余：《“潘吕缔约”事件引起的风波》，《红岩春秋》2020 年第 3 期。

叶介甫：《吴玉章在重庆的革命岁月》，《红岩春秋》2020 年第 10 期。

裴国法、罗淑惠：《英雄的川滇黔边区红军游击纵队》，《西南师范大学学报》（人文社会科学版）1987 年第 3 期。

吕伟权：《饶国华将军事略》载，《成都文史资料选辑》第 10 辑，内部发行，1985 年。

金雷：《“桃色将军”陈离》，《档案春秋》2013 年第 2 期。

《中共党史资料》《四川文史资料选辑》《成都文史资料》及部分地区文史资料。